IPv6 技术——新一代网络技术

王相林　编著

机 械 工 业 出 版 社

本书突出IPv6技术理论和应用，说明从IPv4向IPv6过渡中需要注意的问题，透彻分析IPv6技术的各个主题，注重开拓IPv6技术深层次的内容，指出解决IPv6技术问题的思路和途径。

本书共9章，主要内容包括：IPv6研究的历程、IPv6的制订依据、IPv6技术新特性、IPv6技术的推广和部署、IPv6技术标准研究、IPv6的结构、IPv6与相邻层协议的关系、IPv6的地址分类、IPv6地址配置技术、ICMPv6、IPv6邻居发现技术、IPv6路由技术RIPng、IPv6的OSPFv3、IPv6的BGP-4、IPv6安全技术、IPv6的安全要素、IPv6中的加密、IPv6中的认证、密钥交换协议、IPv6过渡的技术、过渡需要采取的措施、IPv6与底层网络技术、移动IPv6技术等。

本书适合计算机科学与技术领域的科研人员、研究生和高年级本科生，以及从事计算机网络、IPv6网络技术和下一代网络研究和应用的IT专业人员阅读。对需要了解下一代因特网（NGI）和下一代网络（NGN）的核心技术IPv6的读者，本书也是有益的读物。

图书在版编目（CIP）数据

IPv6技术：新一代网络技术/王相林编著．—北京：机械工业出版社，2008.3（2012.1重印）

ISBN 978-7-111-23468-5

Ⅰ.I… Ⅱ.王… Ⅲ.因特网-协议(计算机) Ⅳ.TN915.04

中国版本图书馆CIP数据核字(2008)第018051号

机械工业出版社（北京市百万庄大街22号 邮政编码100037）
责任编辑：王保家 徐 凡 责任校对：李秋荣
封面设计：王伟光 责任印制：乔 宇
北京机工印刷厂印刷（三河市南杨庄国丰装订厂装订）
2012年1月第1版第3次印刷
184mm×260mm·15.75印张·384千字
标准书号：ISBN 978-7-111-23468-5
定价：26.00元

凡购本书，如有缺页、倒页、脱页，由本社发行部调换

电话服务
社服务中心：(010) 88361066
销售一部：(010) 68326294
销售二部：(010) 88379649
读者购书热线：(010) 88379203

网络服务
门户网：http://www.cmpbook.com
教材网：http://www.cmpedu.com

前　言

计算机网络技术的掌握和应用水平，反映了一个国家的科学技术水平，而构成信息社会的基础设施的计算机网络，对国民经济的发展起到至关重要的作用，对下一代因特网（NGI）和下一代网络（NGN）中的核心技术IPv6的研究和了解，已经成为21世纪我国国家建设和发展的重要内容。NGI、NGN已经确定其核心技术为IPv6，IPv6技术的知识和学习成为计算机网络研究与应用的热点。国家发展与改革委员会在2003年已经立项，投入大量经费开展IPv6技术的研究。本书可以较好地配合IPv6技术的学习，满足对IPv6核心技术学习的基本要求。

本书涵盖了IPv6技术的主要内容，包括IPv6技术发展历史、IPv4与IPv6的比较、IPv6技术核心的内容和IPv6技术部署中的措施等。本书内容循序渐进、脉络清晰，清楚地讲解了IPv6核心技术是什么、为什么、怎样用，可以使对IPv4比较熟悉，又对IPv6有一定了解的读者看到IPv6技术的广阔性和多样性，比较容易学习和掌握从IPv4技术过渡到IPv6技术的知识。

本书共9章，主要内容包括：IPv6研究的历程、IPv6的制订依据、IPv6技术新特性、IPv6技术的推广和部署、IPv6技术标准研究、IPv6的结构、IPv6与相邻层协议的关系、IPv6的地址分类、IPv6地址配置技术、ICMPv6、IPv6邻居发现技术、IPv6路由技术RIPng、IPv6的OSPFv3、IPv6的BGP4+、IPv6安全技术、IPv6的安全要素、IPv6中的加密、IPv6中的认证、密钥交换协议、IPv6过渡的技术、过渡需要采取的措施、IPv6与底层网络技术、移动IPv6技术等。

本书突出IPv6技术的主要内容，说明了从IPv4向IPv6过渡中，在理论、应用和工程方面需要注意的问题，透彻地分析了IPv6技术的各个主题，注重开拓IPv6技术深层次的内容，指出了解决IPv6技术问题的思路和途径，使IT专业人员以及从事计算机网络研究和应用的工程技术人员，可以很容易地通过阅读本书，掌握和了解IPv6技术的主要内容。

本书是在IPv6技术研究和教学工作基础上完成的，讲述清晰易懂，除告诉读者IPv6应用中需注意的问题外，还结合网络应用，讲解了IPv6核心技术的基本理论、来龙去脉，以及需要注意和说明的问题，使读者能做到举一反三、触类旁通。

由于有关IPv6技术的书籍较少，而计算机网络技术的建设对IPv6知识的学习又是十分迫切的，因此，希望本书可以为下一代网络技术的研究和应用提供很好的学习途径和参考。

本书适合计算机科学与技术领域的科研人员、研究生和高年级本科生，以及从事计算机网络、IPv6网络技术和下一代网络（NGN）研究和应用的IT专业人员阅读。对需要了解下一代因特网（NGI）和下一代网络（NGN）的核心技术IPv6的读者，本书也是有益的读物。

吴阿明、王源参加了书稿修改工作；卢庆菲、李蓓蕾、洪伟烨、江宜为、王慧娟、陈国峰参加了书稿校对工作。

由于作者水平有限，书中难免存在不妥之处，恳请读者批评指正。

作者的联系方式：wangedu@163.com。

作者

目　录

第1章　IPv6 概述

1.1　计算机网络体系结构

计算机网络是计算机技术和通信技术相结合的技术，计算机网络技术还涉及到微电子技术、光通信技术和智能控制技术。计算机网络是通过通信协议和传输介质把分散在不同地点的计算机设备连接起来，实现资源共享和数据传输的系统。计算机网络是一个复杂的系统，对计算机网络系统的设计采用分层的方法，把计算机网络的功能分散到每一层，可以简化复杂问题的处理，也便于对计算机网络系统的维护和扩充。

与人类日常生活中的通信需要使用协议一样，计算机网络采用网络协议进行通信，协议是通信双方彼此遵循的规则和约定。计算机网络的设计采用开放的体系结构，所谓开放，是指不同厂商生产的计算机网络硬件、软件设备采用大家遵循的计算机网络体系结构参考模型，使所生产的设备可以方便地实现互连。计算机网络采用分组交换，把需要传输的数据分割成小数据段，加上网络协议首部，形成协议数据单元（PDU，Protocol Data Unit）在网络中传输，这些协议首部是通信传输的规则和约定，是冗余的，但是不可缺少的。

计算机网络中两台计算机之间的通信，类似于人类社会中两个人之间的讲话，一次成功的通信一般可以分为 3 个阶段：连接建立阶段、数据传输阶段、连接释放阶段。计算机网络中通信的计算机首先要找到对方，要实现这一点，就需要设计和建立网络中计算机的连接标识，也就是说要建立计算机网络中的寻址机制。Internet 中采用 IP 地址标识网络中一个节点接口的连接。计算机网络中数据分组在经过路由器时，路由器根据分组中目的 IP 地址在路由表中查找出适合该分组的转发路径。

1.1.1　计算机网络体系结构概述

计算机网络体系结构是计算机网络中的分层和协议的集合。计算机网络体系结构描述了计算机网络设计时应该遵循的层次功能划分、每一层协议的标识和格式，并涉及到层与层之间的联系、层与层之间接口的实现方法，以及层与层之间服务的关系和对等层的概念。

计算机网络中的层次应划分为多少层为好呢？层次数不能太多，也不能太少。层数太多会使网络体系结构过于复杂，层之间的接口过多，给网络设计带来困难。层数过少会造成网络功能的界面不清楚，每一层实现的内容太多，给层功能实现带来不便。早期的计算机网络体系结构层次一般多为 7 层或 8 层，例如 IBM 公司的系统网络体系结构（SNA，System Network Architecture）和美国数字设备公司（DEC，Digital Equipment Corporation）的网络体系结构 DecNET，以及国际标准化组织（ISO，International Standardization Organization）给出的开放系统互连参考模型（OSI，Open System Interconnection）。

伴随着计算机网络技术的发展，计算机网络体系结构的描述也发生了变化，目前，计算机网络体系结构的层次划分一般采用 5 层结构，自顶向下依次为：应用层；运输层；网络层；数据链路层、物理层。5 层计算机网络体系结构如图 1-1 所示。

计算机网络中的地址分为逻辑地址和物理地址，物理地址为硬件地址，逻辑地址为软件地址。物理地址有网卡地址，有时也称为 MAC 地址。逻辑地址有前面提到的 IP 地址，主要用来标识计算机网络中一个节点中网络接口的连接，逻辑地址还有端口地址，用来标识应用进程。域名地址也是逻辑地址，与 IP 地址对应，主要是为了便于记忆和使用，在应用时通过域名解析系统转换为对应的 IP 地址。要找到计算机网络中的某一台主机，最后必须通过物理地址。之所以采用逻辑地址，是为了进行网络中计算机设备的连接、实现网络互连，简化计算机网络中的寻址处理，以及区分和标识不同的应用。计算机网络中的地址，以及地址与层次的关系如图 1-2 所示。从图中可以看出，数据链路层及其以下层的地址为硬件地址，网络层及其以上层的地址为软件地址。

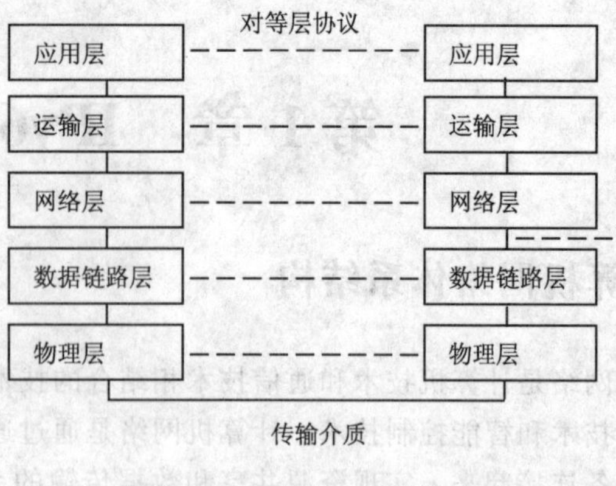

图 1-1　5 层计算机网络的协议体系结构

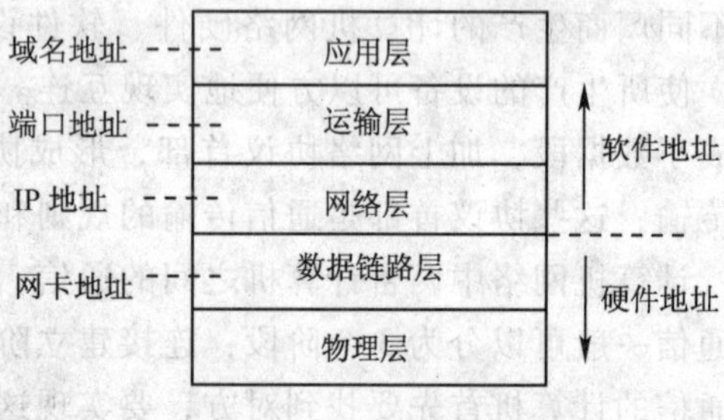

图 1-2　计算机网络中的地址及与层次的对应

计算机网络中的体系结构有时也称为“洋葱头”式的体系结构，在发送方，需要传输的应用数据，沿着自顶向下依次经过应用层、运输层、网络层、数据链路层和物理层，在经过每一层时，都要加上该层的协议首部信息，构成每一层的协议数据单元 PDU。在数据链路层不仅要加上协议首部，还要加上协议尾，组成数据链路层的协议数据单元帧。这一过程叫做封装，也称为打包和协议封装。网络中传输的协议数据单元，在经过网络中的路由器和交换机这些中间节点时，需要根据中间节点的层次结构，进行拆封和再封装。到达接收方后，自底向上依次经过物理层、数据链路层、网络层、运输层和应用层进行拆封（拆封也称为拆包），最后，把应用数据交给应用进程。

需要说明的是，这里说的协议首部就是每一层要实现的网络控制协议，也是每一层协议数据单元中的控制部分，每一层通过协议实现该层的功能。有时协议首部也称为协议报头。不同系统中的同一层称为对等层，在打包和拆包过程中实现了对等层之间的通信，用虚线标识，好像是两个对等层之间在通信一样，而实际的信号通路在发送端系统是垂直向下、经过网络传输介质连接到通信的另一端。对等协议的打包、拆包通信过程如图 1-3 所示。

人们会问，为什么要加各层的协议信息？这些协议信息是为了实现应用数据的可靠传输，分别解决计算机网络中的数据在不同网络部位传输时需要处理的问题。当然，这些协议信息是冗余信息，但又是必不可少的。

计算机网络体系结构和组成，也分为资源子网和通信子网两个部分，又称为网络边缘和网络核心。资源子网负责计算机网络中数据的发送和接收，是数据源端点和数据目的端点。资源子网的设备包括上网的计算机设备，例如计算机、网络打印机、手持移动设备等，用作计算机网络中的端节点。通信子网负责数据的传输、交换和连接，以及通信控制，例如路由

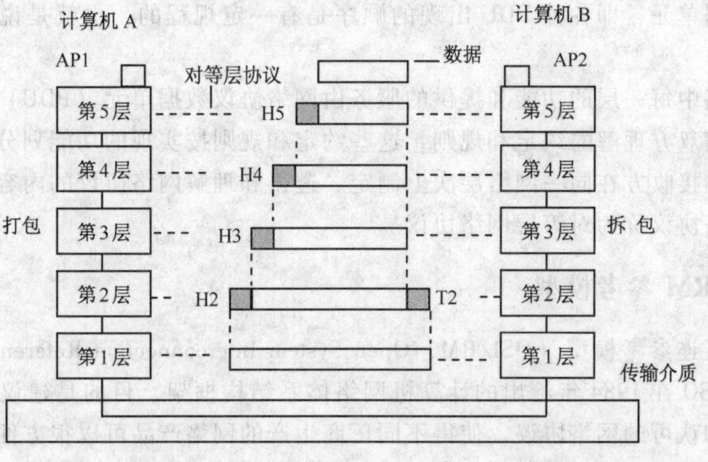

图 1-3　对等协议的打包、拆包通信过程

器、交换机等，用作计算机网络中的交换节点和访问节点。计算机网络中两级子网的概念如图 1-4 所示。

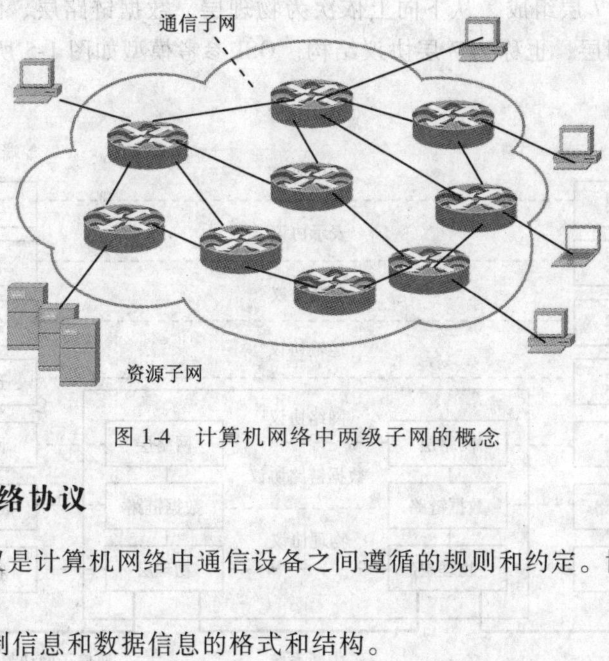

图 1-4　计算机网络中两级子网的概念

1.1.2　计算机网络协议

计算机网络协议是计算机网络中通信设备之间遵循的规则和约定。协议的 3 个基本要素是：

（1）语法　控制信息和数据信息的格式和结构。

（2）语义，用若干二进制位表示的具体含义，例如是何种控制信息、给出何种动作或响应。

（3）同步，通信过程中各种动作的先后顺序，有预先规定好的通信步骤。同步是可以设计的。

计算机和计算机网络中传输的是二进制位（bit）流。计算机网络中计算机设备之间通信采用的是二进制语言，这些二进制位流携带着控制信息和数据信息，用计算机网络协议将这些二进制位流构成协议数据单元（PDU）。PDU 有一定的语法格式。若干二进制位组成一个字段，字段值有确定的语义，代表通信双方彼此可以理解的含义。同步用来协调哪些协议数据单元先传输，哪些协议数据单元后传输，以及在一些协议数据单元传输后，下面应该传输哪些协议数据单元，即各种 PDU 出现的顺序是有一定规程的，也就是说是可预知的，这就是同步。

计算机网络中每一层的功能和提供的服务由网络协议数据单元（PDU）描述和实现。网络协议涉及通信双方理解的约定和规则，这些约定和规则按实现的功能划分到不同的层次上实现。发送方和接收方在同一网络层次上制定、遵循和理解网络协议的内容。不同系统中同一层次上的网络协议称为对等层网络协议。

1.1.3 OSI/RM 参考模型

开放系统互连参考模型（OSI/RM，Open System Interconnection Reference Model），是国际标准化组织 ISO 在 1984 年给出的计算机网络体系结构框架，目的是建议大家遵循一致的网络层次结构和认可的网络协议，使得不同厂商生产的网络产品可以很方便地互连，实现彼此开放。OSI/RM 的国际标准编号为 ISO 7498。OSI 主要针对计算机网络的发展迫切需要解决多个厂商的网络产品不能互连的问题。与开放对应的是封闭，封闭系统指的是一个厂商的网络产品只能在自己的产品之间互连，而不能与其他厂商的产品互连和兼容。

OSI 参考模型由 7 层组成，从下向上依次为物理层、数据链路层、网络层、运输层、会话层、表示层和应用层，也称为 7 层协议结构。OSI 参考模型如图 1-5 所示。

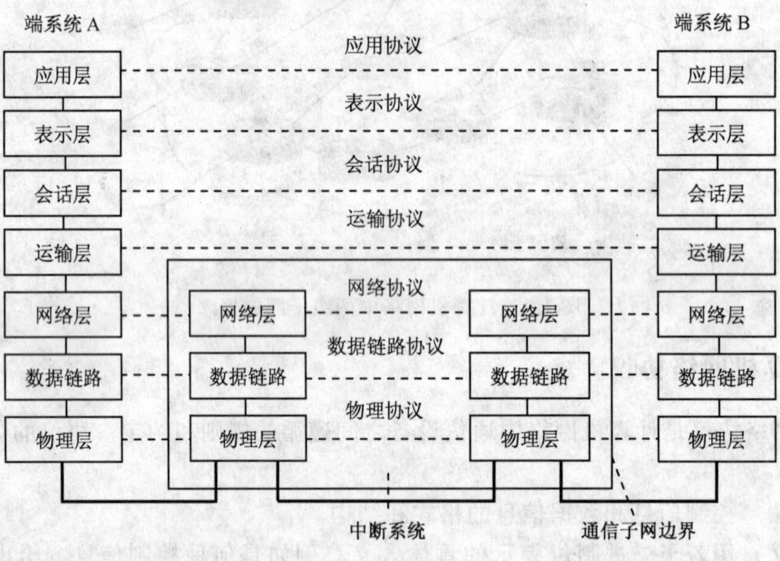

图 1-5　OSI 参考模型

这里需要说明的是，OSI 给出的是一个计算机网络体系结构框架，提供在设计计算机网络时参考的模型，以及研制计算机网络硬件和软件时遵循的理念。一个具体的计算机网络实现过程，并不要求完全按照 OSI/RM 给出的层次协议结构来设计。可以类比房屋建筑的系统结构来理解 OSI 的作用。例如，明代风格的建筑，是从房屋的外形和内在结构讲的，是讲这些房屋具有明代房屋的特征和外貌，而一所具体的明代房屋则要涉及到房屋的具体设计、房屋的位置等属性。

1.1.4　TCP/IP 模型

TCP/IP 是 Internet 采用的网络协议，TCP/IP 是 Internet 的语言。TCP/IP 是事实上的工业标准，由于种种原因，国际标准化组织 ISO 并没有把 TCP/IP 纳为国际标准。TCP/IP 的研究是在 1974 年开始的，1983 年 TCP/IP 用于 ARPANET 网络。1990 年 ARPANET 网络退出使用，演变为今天的 Internet 因特网。

TCP/IP 是一个协议簇的标识，TCP/IP 的层次结构如图 1-6 所示。在 TCP/IP 中没有定义相应的物理层和数据链路层，而是结合这两层的特性给出一个网络接口层，从技术的层面上讲，这是 TCP/IP 很重要的设计思想。TCP/IP 不规定物理层和数据链路层的内容，只要能够把 IP 分组作为数据封装到这些底层网络的帧中传输，就可以与所有类型的通信子网进行网络协议捆绑，这些底层网络可以是局域网、广域网、无线网等。这种设计思想真正实现了不同网络的互连，是 TCP/IP 得以长期应用和发展的核心技术。

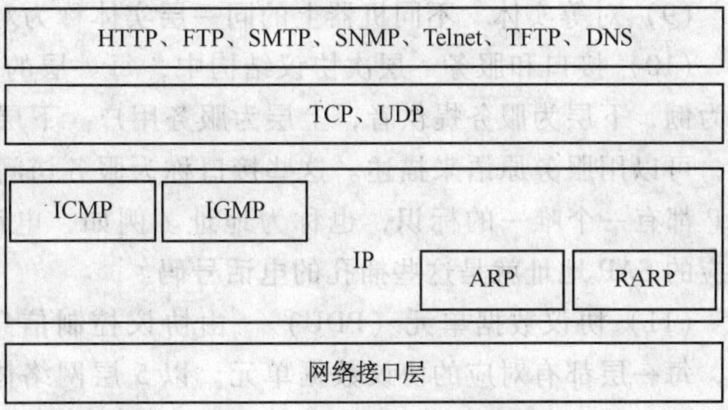

图 1-6　TCP/IP 层次结构

TCP/IP 中最重要的两个协议是 IP 和 TCP。IP 实现计算机网络的互连和网络中计算机的寻址，提供无连接的数据报服务，是尽力交付的服务。目前使用较多的 IP 协议的版本号为 4，也称为 IPv4。现在正在研究和推广使用的网络协议是 IPv6。TCP 是面向连接的网络协议，实现端节点到端节点的可靠数据传输，是一个复杂的运输层协议，以弥补 IP 网络服务存在的缺陷，为应用层进程提供可靠的运输服务。

1.1.5　网络中的基本术语

计算机网络是综合的技术，涉及许多理论概念和技术知识，对计算机网络中基本术语进行规范和了解对学习计算机网络很重要。

（1）节点　一般指网络中的主机（计算机）或路由器，又分为访问节点、交换节点和端节点，前两者的例子是路由器，后者的例子是主机。端节点用作信源和信宿，访问节点直接连接信源和信宿，交换节点与其他节点连接，主要用于传输、交换和通信控制。节点能够发送、接收和转发网络中的协议数据单元（PDU）。

（2）信源（源）　发送数据的计算机。

（3）信宿（目的）　接收数据的计算机。

（4）传输介质　提供网络和计算机之间传输的信道，即提供信号传输的通路。传输介质分为有线传输介质和无线传输介质。常用的有线传输介质有双绞线和光缆，常用的无线传输介质有红外线、微波、无线电和激光。无线传输介质是利用电磁波频谱中一些波段的特性进行信号的传输。

（5）信号的传输方向　以 A 与 B 之间传输为例，可以分为 3 种情况：单向传输，即 A 只能传给 B；双向交替传输，在某一时刻 A 可以传给 B，在另一个时刻，B 可以传给 A；双向同时传输，在某一时刻，A 可以传给 B，B 也可以传给 A。对应上述 3 种情况，以前术语分别为单工、半双工、全双工通信。

（6）面向连接　通信的双方在通信时，需要建立连接。

（7）无连接　通信的双方在通信时，不需要建立连接。

（8）网络实体（Entity）　实体是网络协议层次中的活动元素，实体可以是软件实体或硬件实体，例如一个进程，或一个芯片。

（9）对等实体　不同机器上的同一层实体称为对等实体（Peer Entity）。

（10）接口和服务　层次协议结构中，每一层的功能是为它的上层提供服务。以两个层次为例，下层为服务提供者，上层为服务用户。下层为上层提供的服务通过层之间的接口进行，可以用服务原语来描述。这些接口称为服务访问点（SAP，Service Access Point），每个 SAP 都有一个唯一的标识，也称为地址。例如，电话系统中的 SAP 可以是标准电话插孔，对应的 SAP 地址就是这些插孔的电话号码。

（11）协议数据单元（PDU）　由协议控制信息和数据信息组成，与网络中的层次联系，每一层都有对应的协议数据单元。以 5 层网络体系结构为例，自顶向下各层次 PDU 的名称：应用层是报文（Message）；运输层是报文段（Segment）；网络层为分组（Packet）；数据链路层为帧（Frame）；物理层为位流（Bits）。PDU 用于对等实体之间执行它们的同等层协议。

（12）服务质量（QoS，Quality of Service）　用于评价每种服务的特性，计算机网络中的服务质量涉及信道的容量、延时、带宽、数据丢失等参数。

（13）服务与协议的关系　服务定义了两层之间的接口，协议定义了同等层实体之间的协议数据单元（PDU）。实体利用协议来实现它们定义的服务，只要提供的服务可以满足，协议的格式可以不予限制。网络服务需要靠网络协议来实现。

1.2　IPv4 的局限性

1.2.1　IPv4 的基本知识

IPv4 是在 1974 年开始研制的，最初用于 ARPANET，目标是在网络硬件受到损坏后，尽量减少对整个网络的影响，把网络中复杂的可靠性问题留到网络边缘解决。IPv4 实现了提供尽力交付的服务，采用 IP 地址这一逻辑地址实现了网络的互连，以及网络中计算机设备网络接口的连接标识，为不同网络和网络中计算机设备的互连起到重要作用。IPv4 的格式如图 1-7 所示。

在 TCP/IP 中，各种数据格式常用 4 个字节、32 位为单位描述。现在的 Internet 是基于 IPv4 的，IPv4 的最大的特点是简单易用。

IPv4 格式分为固定部分和可变部分。固定部分有 20 个字节，含有 12 个字段，其中有 3 个字段用于分组的分片处理。可变部分含有可选字段，长度是可以变化的，有时需要填充位，符合以 32 位为一个单位的描述要求。

IP 数据报固定首部包含有 12 个字段，下面介绍每个字段的含义。

1）版本 VER，占 4 位，记录 IP 的版本。这里使用的 IP 版本号为 4，即 IPv4。通信双方

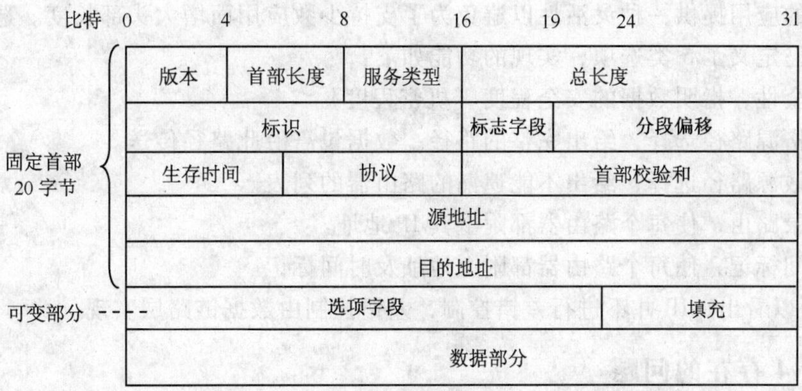

图 1-7 IPv4 格式

使用的 IP 版本要一致，该字段的值为 0100。

2）首部（报头）长度 IHL，占 4 位，表示 IP 数据报首部的长度（以组为单位，一个单位 4 个字节），取值为 5～15，默认值为 5，即首部固定部分为 20 字节。IP 数据报首部中包括了选项部分，选项占据的长度由该字段指明。

3）服务类型 TOS，占 8 位，其格式为 PPPDTRC0，其中 PPP 三个位特定义了 8 个优先级，D 位为延迟，T 位为吞吐量，R 位为可靠性，C 位是新增的，表示选择代价更小的路由，最后一位未使用。优先级、延迟、吞吐量、可靠性、更小代价路由可任意组合。主机通过此字段告诉子网它所要求的服务。该字段早期很少使用，1998 年以后随着多媒体信息传输需求的增加，对该字段开始引起重视。

4）总长度，占 16 位，指包含首部和数据部分以字节为单位的总长度。最大 65535 字节。

5）标识，占 16 位，是一个计数器，产生数据报的编号。当把一个数据报分成多个分段（IP 数据报）时，属于同一个数据报的多个 IP 分段的该字段值相同。

6）标志字段，占 3 位，其中，DF 位表示数据报是否可分段，该位为 1 时表示不能分段，因为目的端可能不能重装配分段，为 0 时表示可以分段；MF 位表示是否为最后一个段，为 0 时表示是最后分段，为 1 时表示后面还有分段；当有 N 个段时，前 N－1 个数据分段的 M 位都为 1。

7）分段偏移，占 13 位，指出本分段数据相对于其所属数据报起点的偏移量，以 8 字节为单位，即计算时偏移值应乘以 8。每个分段的长度是 8 字节（64 位）的整数倍。

8）生存时间，占 8 位，用来限制 IP 数据报在网络中存在的时间，以秒（s）为单位，每经过一个节点都递减 1，在等待时可加倍递减。当该字段值减为 0 时就将其丢弃，以防止数据报在网中无限制地传输。

9）协议，占 8 位，该字段指明 IP 数据报应传送给哪个传输进程，用编号表示，如 TCP 为 6，UDP 为 17 等，具体编号在 RFC 1700 中定义。

10）首部校验和，IP 数据报首部的校验和。该字段在每个节点都必须重新计算，因为生命周期、标志、片偏移等字段的值经过每个节点时都发生了变化。

11）源地址和目的地址，各占 32 位，分别表示源节点、目的节点地址。

12）选项字段，为可选内容，最多 10 组共 40 字节，为后续版本提供新的功能而预留，或者为特定的应用提供一种灵活性以避免为了支持少数应用而增大头部长度。选项字段很少使用。目前已定义了 5 类选项，实现的功能如下：

① 安全性，指明数据的安全程度（机密程度）。

② 严格源路径选择，给出完整的路径，数据包需沿此路径传送。

③ 松散源路径选择，给出不能遗漏的路由器的列表。

④ 记录路由，使每个路由器都附上其 IP 地址。

⑤ 时间标记，使每个路由器都附上地址及时间标记。

从 IP 可以看出，IP 并不进行差错控制，差错控制由数据链路层实现。

1.2.2 IPv4 存在的问题

Internet 经历了快速膨胀的发展。由于历史的原因，IPv4 在设计时存在局限性。该协议的最初目标是用在军用网络中，认为使用网络的人都是可靠的，没有考虑到网络安全问题。当初只考虑在网络中传输的是一些计算数据和文本信息，没有考虑对多种服务的支持，不提供服务质量（QoS）保证。设计时用 32 位（bit）标识 IP 地址空间，认为这是一个巨大的数字，对网络地址的连接标识是足够用了。

TCP/IP 的工程师和设计人员早在 20 世纪 90 年代初期就意识到了 IPv4 升级的需求，因为当时已经发现 IP 地址空间随着 Internet 的发展只能支持很短的时间。对于 IPv4 节点的配置一直比较复杂，而网络管理员与用户则更喜欢“即插即用”，将计算机插在网络上然后就可以开始使用。IPv4 主机移动性的增强也要求当主机在不同网络间移动和使用不同的网络接入点时能提供更好的配置支持。

IPv4 存在的主要问题有地址空间匮乏、存在网络安全隐患、不提供服务质量保证、IP 地址配置复杂、缺少移动性支持等。IPv4 必须升级的原因以及可以同时改进之处包括：

（1）地址空间的局限性　IPv4 地址为 32 位长，经常以 4 个两位十六进制数字表示，也常常以 4 个 0 ~ 255 间的十进制数字表示，数字之间用小数点间隔。每个 IP 主机地址包括两部分：①网络地址，用于指出该主机属于哪一个网络（属于同一个网络的主机使用同样的网络地址）；②主机地址，它唯一地定义了某一个网络中的主机。

由于 IPv4 的地址空间可能具有多于 40 亿的地址编码，有人可能会认为 Internet 很容易容纳数以亿计的主机。但是这只适用于 IP 地址以顺序化分布的情况，即第一台主机的地址为 1，第二台主机的地址为 2，依此类推。而 IPv4 地址采用分类的层次结构划分地址，造成地址空间浪费严重。

（2）增强安全性　长期以来，人们认为安全问题在网络协议的低层并不重要，都是把网络安全问题交给高层处理，例如安全套接字层（SSL，Security Socket Layer）和安全超文本传输协议（SHTTP，Security Hyper Text Transfer Protocol），就是分别在运输层和应用层增强网络的安全性。这些技术均不能从根本上解决网络安全问题，IP 数据仍然会泄露网络应用进程信息。

（3）支持自动配置　IPv4 网络的节点配置比较复杂，在将计算机接入网络时一般需要专业人员的指导和帮助，需要设置 IP 地址、子网掩码、网关地址、域名系统（DNS，Domain Name System）地址，或者使用动态主机配置协议（DHCP，Dynamic Host Configuration Protocol），以及路由的配置等。人们希望使用计算机网络应像使用移动电话那样方便，只要拨打对方的电话号码就可以通话。在计算机网络中要求网络设备、终端设备可以即插即用，实现设备的自动识别和自动配置。尤其是移动设备应用的普及，移动设备在不同的网络之间移动和使用不同的接入点时，需能够提供自动配置支持。

(4) 提供服务质量支持 随着 Internet 应用的普及和发展，多媒体业务的需求成倍增加，音频信息和视频信息逐渐成为网络中主要的传输数据。IPv4 网络提供尽力交付的服务，但对计算机网络中涌现的新型业务缺乏有效的支持，不提供服务质量保证，例如带宽、时延、误码率和抖动等。尽管已经提出了资源预留协议（RSVP，Resource reSerVation Protocol）、综合服务 InteServ、区分服务 DiffServ、支持实时传输的实时传输协议（RTP，Real Transfer Protocol）和实时传输通信协议（RTCP，Real Transfer Communication Protocol），但是这些附加的协议又增加了构建网络的复杂性和成本。

(5) 支持移动性 移动 IPv4 中必须有外地代理，需要使用更多的 IP 地址。移动 IPv4 中存在三角路由问题，移动节点离开本地网络后，需要通过本地（家乡）代理转发发给该移动节点的数据，会对本地网络和家乡代理带来很大影响，并有可能引起单点故障。移动 IPv4 还存在入境过滤问题，不支持节点快速移动。

(6) IP 路由问题 在 Internet 或内联网上传输的 IPv4 包必须从一个网络选路到另一个网络以到达其目的地。选路协议可以使用动态机制来确定路由，但是所有选路最终依赖于某个路由器查看不同路由的列表并确定正确的路由。选路表包含网络的列表和连接到这些网络的接口的列表。路由器查看 IP 包，确定 IP 包所在的网络（或该网络可能在的网络），然后把包发送到适当的网络接口。

现在的关键问题在于路由表的长度将随着网络数量的增加而变长。而路由表越长，路由器在表中查询正确路由的时间就越长。如果只需要了解 10 个、100 个或 1000 个网络，这不是问题，但是现在的 Internet 拥有大量的网络，在骨干路由器上通常携带超过 11 万个不同网络地址的显式路由，此时查询路由的延时就会增加许多。

查询路由的延时影响到网络的性能，这种影响远比地址空间的匮乏更紧迫。必须使用分级地址寻址来汇聚和简化选路，否则 Internet 的性能可能在最近甚至现在就变得不可接受。

(7) 网络地址翻译（NAT） 随着专用 IP 网络的发展，为避免过快减少可分配的 IP 地址，有一组 IP 地址被拿出来用于内部 IP 网络。任何一个内部 IP 网络均可以使用包括一个 A 类地址（10.0.0.0）、16 个 B 类地址（从 172.16.0.0 到 172.31.0.0）和 256 个 C 类地址（从 192.168.0.0 到 192.168.255.0）在内的任何地址。内部网络 IP 地址在 RFC1918 中定义，把这些内部网络连接到公用网络的路由器不转发该内部 IP 网络上的任何数据。

网络地址翻译（NAT）在内部网络和公用网络之间的接口实现，该系统（一般是防火墙或路由器）了解内部网络上所有主机的地址，并将其翻译为可访问的公用网络地址，这样所有的内部主机就可以与外部主机通信。

NAT 为一些小型机构提供了一种自己管理其地址空间的简单方法，无需依赖于地址授权机构为它们现在及将来的需要来分配足够的地址空间。NAT 还使得一些机构可以非常快速和灵活地定义临时地址或真正的内部网络地址。与 CIDR 不同，NAT 确实提供了一种可以真正减少 IP 地址需求的办法，尽管它使用起来有很大随意性，并且在重新对内部 IP 网络编址时将花费较长的时间和昂贵的代价。

虽然 NAT 办法对于提高 IP 地址的分配效率有所帮助，但是网络设计人员在决定一个网络是否使用 NAT 之前必须非常小心，要先确定其是否适用。NAT 很适合那些不需要与其他网络合并或直接访问公用网络的网络。例如潜水艇上的 IP 网络就可能非常适合使用内部网络地址，它不太可能与另一艘潜水艇上的网络合并在一起，也不太可能需要直接连接到其他网络或公用网络。如果两个以上使用内部网络地址的网络需要合并，例如两个使用内部网络 IP 地址的银行要把他们的 ATM 机合并，那么最终形成的网络很可能需要进行重新编号以避免 IP 地址的冲突。

1.3 IPv6 基本知识

1.3.1 IPv6 的目标

今天的 Internet 大多数应用的是 IPv4，从 1983 年 1 月，TCP/IP 作为 ARPANET 网络的标准协议以来，IPv4 已经使用了 20 多年，IPv4 以其简单易用性获得了巨大的成功，同时随着应用范围的扩大，它也面临着越来越不容忽视的危机，例如地址匮乏、存在安全性问题、对服务质量支持不够等。这就需要设计和研究新的网络协议来替代 IPv4。

IPv6 是“Internet Protocol Version 6”的缩写，是下一代 Internet 协议 IPng（IP-the next generation）的实现，它是由 IETF 设计的用来替代现行的 IPv4 的一种新的 IP。IPv4 和 IPv6 是工作在网络层的协议，是 TCP/IP 的组成部分。

早在 20 世纪 90 年代初期，Internet 工程任务组（IETF，Internet Engineering Task Force）就开始着手下一代 Internet 协议 IPng 的制订工作。IETF 在 Internet 技术文档 RFC1550 里进行了征求新的 IP 的呼吁，公布了新协议需要实现的主要目标：

1）支持几乎无限大的地址空间。

2）减小路由表的大小。

3）简化协议，使路由器能更快地处理数据包。

4）提供更好的安全性，实现 IP 级的安全。

5）支持多种服务类型，尤其是实时业务。

6）支持多点传送，即支持多播。

7）允许主机不更改地址实现异地漫游。

8）允许新旧协议共存一段时间。

9）支持未来协议的演变以适应底层网络环境或上层应用环境的变化。

10）支持自动地址配置。

11）协议必须能扩展，满足将来 Internet 的服务需求。

12）扩展必须是不需要网络软件升级就可实现的。

13）协议必须支持可移动主机和网络。

1.3.2 IPv6 研究的历程

Internet 工程任务组 IETF 于 1991 年开始研究 IPng，1991 年 12 月发布 RFC1287 文档，题目是“未来的 Internet 体系结构”，该文档内容包括对于 Internet 将来的基本估计，以及 Internet 协议中需要改进的最重要的领域，这些内容是在 1991 年 1 月的 Internet 体系结构委员会（IAB，Internet Architecture Board）和 Internet 工程指导小组（IESG，Internet Engineering Steering Group）会议上确定的研究方向。1993 年成立 IPng Area 工作组，1994 年 12 月 IPng Area 给出对下一代 Internet 协议技术标准进行评议的 RFC1726 文档，提出评议标准。

1995 年 1 月 IPng Area 给出 RFC1752 文档，按照 RFC1726 的技术评议标准推荐了 3 个主要的下一代 Internet 协议建议，这 3 个建议如下：

（1）Internet 通用体系结构（CATNIP，Common Architecture for the Internet） CATNIP 是由 IPv7、TP/IX 演变而来的。IPv7 是 1992 年由 Robert Ullmann 提出的，1993 年给出的 RFC1475 进行了更详细的描述，其标题为“TP/IX：下一代的 Internet”，TP/IX 有 64 位地址。

CATNIP 的地址格式采用 OSI 的网络服务访问点（NSAP，Network Service Access Point），综合了 ISO 的无连接网络协议（CLNP，Connectionless Network Protocol）、IETF 的 IP 和 Novell 的 IPX，目的是想建立一个公共的平台，使得这个公共平台可以支持当时所有流行的运输层协议，实现协议之间的互操作性。CATNIP 的 RFC 文档编号为 RFC1707。

（2）简单增强 IP 协议（SIPP，Simple Internet Protocol Plus） SIPP 的形成经历了几个研究阶段：

1）IP in IP、IPAE：IP in IP 是 1992 年提出的建议，计划采用两个 IPv4 层来解决 Internet 地址的匮乏，一层用于全球骨干网络，另一层用于某些特定的范围。到了 1993 年，这个建议得到了进一步的发展，名称也改为了 IP 地址封装（IPAE，IP Address Encapsulation），并且被采纳为 SIP 的过渡方案。

2）SIP（Simple IP）：简单 IP，由 Steve Deering 在 1992 年 11 月提出的，想法是把 IP 地址改为 64 位，并且去除 IPv4 中一些已经过时的字段。这个建议由于其简单性立刻得到了许多公司的支持。

3）PIP（Paul's Internet Protocol）：由 Paul Francis 提出，是一个基于新的结构的 IP。PIP 支持以 16 位为单位的可变长地址，地址间通过标识符进行区分，它允许高效的策略路由并实现了可移动性。1994 年 9 月，PIP 和 SIP 合并，称为 SIPP。

SIPP 试图结合 SIP 的简单性和 PIP 路由的灵活性。SIPP 去掉了 IPv4 报头的一些字段，使得报头很小，并且采用 64 位地址。与 IPv4 将选项作为 IP 头的基本组成部分不同，SIPP 中把 IP 选项与报头进行了隔离。选项（如果有）将被放在报头后的数据报中并位于运输层协议首部之前。使用这种方法后，路由器只有在必要的时候才会对选项头进行处理，这样就提高了对所有数据进行处理的性能。

SIPP 汲取了 IPv4 的精华，构成 IPv4 新的版本，通过升级网络软件就可以从 IPv4 网络过渡到 SIPP，并可以与 IPv4 实现互操作。SIPP 可以运行在高性能的 ATM 网络和低速的无线网络上。SIPP 采用可扩展的 64 位地址，目的是在分层结构中提供更多级别，在每一层中可以分别完成各自的选路，加入群地址，来标识网络中的不同地区。SIPP 通过改变 IP 报头中选项的编码方式，提高转发效率，也为引入新的选项提供支持。SIPP 为支持实时业务对服务质量的要求引入了“流”的概念，可以对属于特定业务流的数据进行标记。SIPP 中加入了关于身份认证、数据一致性和保密性的内容。SIPP 的 RFC 文档编号为 RFC1710。

（3）CLNP 编址网络上的 TCP/UDP 协议（TUBA，The TCP/UDP Over CLNP - Addressed Networks） TUBA 是一个简单 Internet 寻址和路由协议，主张利用 OSI 的网络互连协议和无

连接网络协议 CLNP 代替 IP，TCP/UDP 和其他上层协议运行在 CLNP 之上。CLNP 通过使用 NSAP 可以提供比 IPv4 地址空间更好的层次性，NSAP 地址可以是任意长度，通常是 20 字节，可以标识足够的地址空间。TUBA 的 RFC 文档编号为 RFC1347。

1.3.3 IPv6 的制订

依据 RFC1726 文档提出的 17 条评议标准，IETF 认为 CATNIP 不够完整，不考虑采用，而 SIPP 和 TUBA 也存在各自的问题，需要进行改进。

1994 年 7 月 IETF 决定以 SIPP 作为 IPng 的基础，对 SIPP 进行了改进，包括把地址位数由 64 位增加到 128 位的固定长度、路由报头增强技术、IPv4 的 CIDR 技术，以及 TUBA 的自动配置和过渡技术等。所给出的新的 IP 称为 IPv6（版本号 5 已经在实验中被用掉），提出下一代网络协议 IPv6 的推荐版本，RFC 文档编号为 RFC1752。IETF 的专家们认为下一代 Internet 协议应侧重于网络的容量和网络的性能，不应该仅仅以增加地址空间为唯一目标。IPv6 继承了 IPv4 的优点，并根据 IPv4 多年来运行的经验进行了大幅度的修改和功能扩充，比 IPv4 的处理性能更加强大和高效。IPv6 与 IPv4 是互不兼容的，IPv6 与 TCP/IP 中的其他协议兼容，IPv6 完全可以取代 IPv4。与 Internet 发展过程中涌现的其他技术概念相比，IPv6 可以说是引起争议最少的一个。

1995 年 12 月，在 RFC1883 中公布了 IPv6 规范的建议标准（Proposal Standard），1996 年 7 月和 1997 年 11 月先后发布了版本 2 和版本 2.1 的草案标准（Draft Standard），1998 年 12 月发布了 IPv6 标准 RFC2460，1999 年完成了 IETF 要求的协议审定和测试。

IPv6 是为了解决 IPv4 所存在的一些问题和不足而提出的，同时它还在许多方面提出了改进，例如路由方面、自动配置方面。与 IPv4 相比较，IPv6 有如下的特点：简化的报头和灵活的扩展；层次化的地址结构；即插即用的联网方式；网络层的认证与加密；服务质量的保证；对移动通信更好的支持。

需要说明的是，IPv6 和 IPng 在概念上是有区别的，IPng 是在 IPv4 的地址空间出现危机时提出的，地址即将耗尽和路由表的过度膨胀是促使 IPng 产生的直接原因。IPng 更像是为“修订 IP”而提出的一个概念性的名字，没有一个具体的协议叫做 IPng，它是所有有关的下一代 Internet 协议的总称，而 IPv6 是 IPng 中一个具体的协议。目前，IPv6 仍然是一个十分活跃的研究领域，不断推出与 IPv6 有关的 RFC 文档。

1.3.4 IPv6 报头的特点

IPv6 对数据报头作了简化，以减少处理器开销并节省网络带宽。报头也称为首部。IPv6 的报头由一个基本报头和多个扩展报头（EH，Extension Header）构成，基本报头具有固定的长度（40 字节），放置所有路由器都需要处理的信息。由于 Internet 上的绝大多数分组包都是通过路由器转发，因此固定的报头长度有助于加快路由转发的速度。IPv4 的报头有 15 个字段（域），IPv4 的报头长度是由 IHL 字段来指定的。而 IPv6 的报头只有 8 个字段，并且是固定的 40 个字节，这就使得路由器在处理 IPv6 报头时可以获得较高的转发效率。

与此同时，IPv6 还定义了多种扩展报头，这使得 IPv6 变得极其灵活，能提供对多种应用的强力支持，同时又为以后支持新的应用提供了扩充可能。扩展报头被放置在 IPv6 报头和上层报头之间，每一个可以通过独特的“下一报头”字段的值来确认。除了逐跳选项报头（它携带了在传输路径上每一个节点都必须进行处理的信息）外，扩展报头只有在它到达了在 IPv6 的报头中所指定的目标节点时才会得到处理（当多点播送时，则是所规定的每一个目标节点）。在那里，IPv6 的下一报头字段中所使用的标准解码方法调用相应的模块去处理第一个扩展报头，如果没有扩展报头，则处理上层报头。

每一个扩展报头的内容和语义决定了是否去处理下一个报头。因此，扩展报头必须按照它们在 IP 包中出现的次序依次处理。一个完整的 IPv6 的实现包括下面这些扩展报头的实现，IPv6 规定扩展报头出现的顺序依次为：逐跳选项报头、目的选项报头、路由报头、分段报头、身份认证报头、有效载荷安全封装报头、目的站选项报头。IPv6 允许用户自己定义扩展报头，提供了很好的可扩展性。

1.3.5　IPv4 与 IPv6 的比较

IPv4 协议与 IPv6 协议是网络层协议的两个版本，是互不兼容的，但是两者在功能实现和应用描述上并没有本质上的区别，可以从数据、控制和管理 3 个平面理解和分析。在数据平面，以尽力交付方式来存储转发数据分组；在控制平面，以静态或动态的方式获得路由信息，决定对数据分组的转发路径；在管理平面，提供必要的设备和信息，为网络管理、维护提供支持。

从 IPv4 与 IPv6 的比较可以看到 IPv6 具有以下优势：

1）更大的地址空间，IPv4 中规定 IP 地址长度为 32 位，即有 2^{32} 个地址；而 IPv6 中 IP 地址的长度为 128 位，即有 2^{128} 个地址。

2）更小的路由表，IPv6 的地址分配一开始就遵循聚类（Aggregation）的原则，这使得路由器能在路由表中用一条记录（Entry）表示一片子网，大大减小了路由器中路由表的长度，提高了路由器转发数据包的速度。

3）增强的多播（Multicast）支持以及对流的支持（Flow-Control），这使得网络上的多媒体应用有了长足发展的机会，为服务质量（QoS）控制提供了良好的网络平台。

4）加入了对自动配置（Auto-Configuration）的支持。这是对 DHCP 的改进和扩展，使得网络（尤其是局域网）的管理更加方便和快捷。

5）更高的安全性，在使用 IPv6 的网络中用户可以对网络层的数据进行加密并对 IP 报文进行校验，这极大地增强了网络的安全性。

1.4　IPv6 技术标准研究

1.4.1　与 IPv6 技术有关的国际标准组织

与 IPv6 技术有关的国际标准组织有 IETF、ICANN、IPv6 论坛、WIDE、3GPP 和 ITU－T 等。

在制定 IPv6 标准的国际组织中，IPv6 主要由 IETF 制定，ITU 则是考虑 IPv6 在电信网络中的应用，3GPP 组织主要负责 IPv6 在 3G 核心网以及 3G 终端中的应用。IPv6 的研究进程主要在 IETF 组织内完成。

1. IETF

IETF 成立了多个与 IPv6 技术有关、从事专题研究的工作组。这些工作组主要有：

1）研究无线个人网中 IPv6 的 6lowpan（IPv6 over Low Power WPAN）。

2）负责制定 IPv6 的标准和规范的 IPv6 工作组（IP version 6 Working Group），其前身是 IPng 工作组。

3）研究 IPv6 网络中主机移动问题的 mip6（Mobility for IPv6）。

4）研究移动 IPv6 中信令和快速切换的 mipshop（MIPv6 Signaling and Handoff Optimization）。

5）研究 IPv6 网络中移动节点和多模接口问题的 monami6（Mobile Nodes and Multiple Interfaces in IPv6）。

6）研究 IPv6 网络中站点多穴问题的 multi6（Site Multihoming in IPv6）。

7）研究 IPv6 网络移动问题的 nemo（Network Mobility）。

8）研究 IPv6 与 IPv4 网络的过渡技术，对网络的发现、控制和封装方法进行标准化，于 2005 年 12 月成立的软线（Softwires）工作组。

9）研究 IPv6 与 IPv4 网络共存共渡的 v6ops（IPv6 Operation）。

目前 IETF 研究的热点集中在流标签、网络路由寻址、DNS、移动 IPv6、IPv6 网络安全等方面。

2. IPv6 工作组

该工作组负责 IPv6 的规范和标准的制定工作，其前身是 IPng 工作组。该工作组的职责，一是继续制定 IPv6 相关技术标准，二是根据实现和部署的情况，审查和更新 IPv6 标准和规范。该工作组现在将这些工作划分为两类，分别是“部署急需”和“完成目前工作”，其中前一类工作是 IPv6 工作组目前要优先考虑的。该工作组已经制定完成了 65 个 RFC，此外 17 个 RFC 因各种原因已经被废止。

IPv6 工作组当前正在研究的草案有：ICMPv6 规范；默认路由器选择以及多个特定路由；对于 IPv6 主机的路由器负荷分担；本链路 IPv6 多播地址；IPv6 节点要求；IP 转发表 MIB；IPMIB；UDPMIB；唯一的本地 IPv6 单播地址；IPv6 编址框架；IPv6 隧道 MIB；IPv6 无状态地址自动分配；可选的 IPv6 重复地址发现；统一分配的唯一的本地 IPv6 单播地址；IPv6 邻居发现；IPv6 无状态地址分配的私有扩展；IPv6 路由器公告中 M 和 O 标志的考虑；类似桥接的邻居发现代理。

3. v6ops 工作组

该工作组负责演进机制、工具和部署方面的标准化工作，其前身是 NGTRANS 工作组。2002 年，IETF 解散了 NGTRANS 工作组，新组建了 IPv6Operations（v6ops）工作组，该工作组目前的主要职责有以下几个方面：

1）根据来自运营商和用户的要求和建议，研究 IPv4/IPv6Internet 在运营或安全方面的问题，确定解决方案或这些问题出现的场景。

2）向 IPv6 工作组提出有关 IPv6 规范中导致或可能导致运营或安全问题的地方，并与 IPv6 工作组一起设法解决这些问题。

3）发布一些资料性的 RFC，指导应用开发人员开发出与 IP 独立的应用和业务，即开发出同时适用于 IPv4 和 IPv6 的应用。

4）发布一些资料性的或 BCP（Best Current Practice）类型的 RFC 文档，确定和分析在公用网络环境中 IPv6 的设计方案。

5）明确在上述环境中部署 IPv6 所面临的开放的运营或安全问题。

6）担负起对演进/过渡机制的推进工作。

除了上述工作，一些与 IPv6 密切相关的重要工作 IETF 也在进行中，以促进 IETF 在确定和开发合适的解决方案方面的标准化进程。

v6ops 工作组正在研究的草案有：3GPP 网络向 IPv6 过渡的分析；IPv6 主机和路由器的基本过渡机制；IPv6 企业网场景；没有期限日的 IPv6 重编号过程；IPv6 企业网分析；将 NAT－PT 转成实验（Experimental）状态的理由；运营商宽带接入网络的 IPv6 发展前景；IPv6 网络结构保护。

4. 3GPP

1997 年欧洲下一代无线通信组织发起成立 3G 标准化组织第 3 代伙伴计划（3GPP，Third Generation Partnership Project），发布了最早提出的 3G 框架，该框架采用 IPv6。2001 年 5 月，3GPP 在 Release 5 中把 IPv6 作为多媒体业务子系统 IMS 和提供 IP 语音与流媒体业务的 IP 多媒体子系统唯一采用的协议。移动通信的 IPv6 研究和应用在很大程度上推动和影响着 IPv6 标准的发展。IPv6 技术已经成为与电信网络密切相关的下一代网络（NGN）核心技术。

5. ITU-T

国际电信联盟电信标准委员会（ITU-T）是一个政府间的国际标准组织，主要负责国际电信标准的制订。目前 ITU－T 有一个 IP 标准计划，其中包括 IPv6 技术标准的研究。ITU－T 已经在 IP 标准领域与 IETF 开展合作。

6. ICANN

Internet 名称与地址分配指派机构（ICANN，Internet Corporation for Assigned Names and Numbers）是一个非营利性的国际组织，负责 IP 地址的分配、协议标识符的指派、通用顶级域名和国家地区顶级域名的管理、根域名服务器系统的管理。ICANN 负责 IPv6 地址的分配，把 IPv6 地址分配给全球 5 个区域 Internet 注册处（RIR，Regional Internet Registry），各 RIR 再负责所管辖区域的地址分配。

7. IPv6 论坛（IPv6 Forum）

IPv6 论坛成立于 1999 年 7 月，论坛成员为来自北美、欧洲和亚洲的 20 多家电信厂商和 IT 厂商。该组织致力于 IPv6 技术的应用和推广，建立开放性的国际 IPv6 专家论坛，促进 IPv6 技术标准在不同实现之间的互操作性，寻找解决阻碍 IPv6 部署的方法。

8. WIDE

WIDE 是由日本政府发起成立的产、学、研一体的 IPv6 研究开发组织，该组织建立了日本全国范围的 IPv6 网络实验床，该组织的成员来自 40 多所大学和 100 多个公司。WIDE 组织了 KAME 和 USAGI 两个项目。KAME 目的是为 BSD 系统提供 IPv6、IPSec、高级协议包排队、移动性实现等的开源实现。USAGI 目的在增强 Linux 系统的 IPv6 环境，研究内容包括内核、库和基本应用，以及支持 IPv6 的高级 API 和移动 IPv6 协议栈，支持 IPv6 的多播协议机制等。

1.4.2 中国 IPv6 标准化工作的开展

我国在信息领域起步较晚，国际上很少有我国提交的国际标准。以 IPv6 为基础核心的下一代网络带来了新一轮全球竞争的机遇和挑战。IPv6 标准体系包含大量内容，我国在 IPv6 标准化工作方面可以开展许多研究。随着 IPv6 在全球越来越受重视，中国作为全球最需要 IP 地址的国家之一，需要积极参与 IPv6 标准制订以及推进 IPv6 产业化和商业化进程。在中国的 IPv6 产业化进程中，我国政府对 IPv6 技术及产业发展给予了极大的关注与支持，并在标准制订、技术研发、国家立项与资金支持、政府间交流与合作等方面发挥了主导与积极的推动作用。

目前我国在 IPv6 标准化方面主要开展两项工作：接口与协议的标准及其测试；网络设备标准及其测试。

接口与协议的标准及其测试的主要工作内容是将国际标准本地化，依据中国具体情况对国际标准中的一些选项给出选择。

网络设备标准及其测试主要用于网络设备入网测试，该工作内容在国外属运营商内部工作，但是在国内，网络设备标准规范及测试已成为行业管制的重要部分。当前对网络设备及其入网的测试对保障公用电信网基本服务质量，以及网间互联互通仍很重要，所以仍有必要制定设备标准以及设备测试标准。未来电信行业标准的趋势是负责运营商网间互联互通以及网络服务质量等工作，设备性能和功能的要求应当留给运营商自行决定。

我国现阶段 IPv6 标准已形成系列，该系列将随技术发展逐渐补充完善。中国有关 IPv6 的具体标准以及现状如表 1-1 所示。

表 1-1 中国有关 IPv6 的具体标准以及现状

网络协议分类	中国 IPv6 技术标准及名称	对应 RFC 文档	当前状态
基本协议	IPv6 技术要求—IPv6 协议		报批
	IPv6 协议一致性测试方法	RFC2460	包含于路由器规范
	IPv6 动态主机配置协议 DHCPv6		未立项
	IPv6 邻居发现协议 ND	RFC 2461	报批
	IPv6 邻居发现协议反向扩展	RFC 3122	未立项
	IPv6 技术要求—网络及地址结构	RFC 1881	报批
	IPv6 无状态地址配置技术规范	RFC 2462 RFC 3401	报批
	IPv6 组播地址设置	RFC 2375	未立项
	IPv6 技术要求—流标识	RFC 3697	未立项
路由协议	基于 IPv6 的路由协议—OSPF 协议技术规范	RFC 2740	报批
	基于 IPv6 的路由协议—OSPF 协议测试方法		报批
	基于 IPv6 的路由协议—GBP-4 协议技术规范	RFC 2283	报批
	基于 IPv6 的路由协议—GBP-4 协议测试方法		报批
	基于 IPv6 的路由协议—RIPng 协议技术规范	RFC 2080	包含于路由器规范
	基于 IPv6 的路由协议—RIPng 协议测试方法		包含于路由器规范
	基于 IPv6 的路由协议—IS-IS 协议技术规范	ISO 10589	未立项
	基于 IPv6 的路由协议—IS-IS 协议测试方法		工作中

（续）

网络协议分类	中国 IPv6 技术标准及名称	对应 RFC 文档	当前状态
组播路由相关协议	IPv6 组播协议 PIM	RFC 3973	未立项
	IPv6 组播协议 PIM 测试方法		未立项
	IPv6 域间组播协议		未立项
	IPv6 域间组播协议测试方法		未立项
	组播监听者发现协议 MLD	RFC 2710	包含于路由器规范
安全相关			IPSec 与 IPv4 同
QoS 相关			未立项
移动相关协议	IPv6 技术要求—支持计算机移动部分		报批
	移动 IP 协议测试方法		未立项
	IPv6 与第三代移动通信		未立项
网管相关协议	支持 IPv6 的 SNMP 协议		未立项
	IPv6 相关 MIB		未立项
纯 IPv6 设备	IPv6 边缘路由器技术规范		报批
	IPv6 边缘路由器测试方法		报批
	IPv6 核心路由器技术规范		报批
	IPv6 核心路由器测试方法		报批
	IPv6 宽带接入服务器设备技术规范		工作中
	IPv6 宽带接入服务器设备测试方法		工作中
	IPv6 三层交换机设备技术规范		工作中
	IPv6 三层交换机设备测试方法		工作中
双协议栈	双栈路由器设备技术规范		未立项过渡技术
	双栈路由器设备测试方法		未立项过渡技术
总体	IPv6 组网总体技术要求		工作中
过渡与共存	双栈组网		工作中
	隧道组网	RFC 2473	工作中
	NAT-PT 组网	RFC 3125	工作中
	Ngtrans IPv6 DNS		未立项
演变过渡	IPv4 网络与 IPv6 网络过渡技术		工作中
	IPv6 路由器过渡机制技术要求		工作中
网络服务质量	IPv6 技术要求服务质量		未立项
	IPv6 服务质量测试方法		未立项
网络安全			IPSec 与 IPv4 同
网络管理			未立项
移动支持			报批
Internet 业务	WWW 业务		未立项
	FTP 业务		未立项
IPv6 视讯业务	电话业务总体技术要求		未立项
	流媒体业务总体技术要求		未立项

IPv6 最终将取代 IPv4，并且在网络中发挥越来越大的作用已成共识，中国作为一个 Internet 和通信技术及市场快速发展的国家，在 IPv6 的标准化工作上刻不容缓。在 IPv6 标准制

订中不但应当符合国际标准，而且应当参与国际标准的制订。如果各行业广泛参与标准制订，制造业迅速跟进且运营商及时提供相应的网络和服务，我国完全有可能在下一代 Internet 中占得先机。

可以从以下几个方面考虑中国为什么要发展 IPv6 技术：

1）对于 IPv4 没有发言权，造成了目前申请地址的困难。应尽快参与国际 IPv6 的研究，争取成为未来 IPv6 顶级地址分配单位之一，从根本上解决地址申请的问题。

2）若我国可以设立域名解析根服务器，可以加快域名解析的速度，减少不必要的出国流量，也可避免受制于人。

3）中国的电信运营商可以借此机会在将来的 IPv6 商业运用中占据先机，甚至有可能让各种国外网络生产厂商按照中国网络企业的意见设计并生产更符合中国网络情况的硬件产品，例如更高效的路由系统。

4）国内科研部门和生产厂商可以利用本地化的优势抢占商机，研制具有中国自主知识产权的 IPv6 网络硬件设备，研究 IPv6 的核心技术，设计 IPv6 网络安全产品，在争夺市场份额方面获得主动，也有助于增强其在全球网络产品市场中的竞争能力。

5）由于应用 IPv6 能大幅度改善网络的传输质量，若能够尽快建设中国的 NGI 和 NGN，率先进行商业运用，必然大大改善其 QoS，增强国际竞争实力。

6）第三代移动通信协议已经明确要求使用 IPv6，作为潜在移动通信用户最多的中国，这是一个巨大的市场机会，需要在第三代移动通信上加大研究和开发力度。

1.4.3 IPv6 技术标准

1. IPv6 技术标准 RFC 文档

IPv6 技术标准文档用 Internet 技术文档（RFC，Request for Comments）给出。RFC 文档是书面报告，RFC 也翻译成请求注释，一般称为网络技术标准。RFC 文档由 IETF 负责审核、发布和管理。RFC 描述了关于 TCP/IP 和 Internet 的体系结构、协议和历史的大部分信息。Internet 上有许多提供电子版 RFC 的站点。一个比较好的站点是 http：//www. rfc - editor. org。在该站点的搜索和检索页面上提供了许多访问 RFC 信息的途径，可以按编号或索引查看 RFC，也可以按年代的正向或反向顺序排列 RFC，还可以按作者、标题、编号或关键字对 RFC 进行搜索，并有一个链接指向可供选择的 RFC 知识库。

如果想了解 IETF 和 Internet 技术标准化的过程，或者需要该过程所涉及的所有组织的列表和对其工作的描述，或者想参加 IETF 会议，可以阅读 RFC3160，该文档标题为“IETF 之道——Internet 工程任务组的初学者指南（The Tao of IETF-A Novice's Guide to the Internet Engineering Task Force）”，该文档描述了有关 Internet 技术标准产生的背景、过程和规则。

第一个 RFC 文档 RFC0001 由 Steve Crocker 于 1969 年 4 月 7 日发布。现在 RFC 文档的编号已经超过了 5000。RFC 文档具有不同的类型（状态），例如草案的、标准的、报告的、实验的和历史的。在 http：//www. rfc-editor. org 上可以找到每一 RFC 的状态。一些重要的基本 RFC 对阅读和理解 RFC 文档很有帮助，这些文档和使用的方法包括：

（1）RFC 3000 官方协议标准（Office Protocol Standard） 作为 Internet 官方协议标准，该 RFC 只列出了官方的 RFC 协议标准，因此它不是一个完整的索引。RFC 3000 于 2001 年 10 月成为 Internet 标准。

（2）RFC1700 编号分配文档（Assigned Numbers Document） 该 RFC 现已过时。多年以来作为参考，它包含了为 Internet 协议组分配协议参数的概述。IANA 是分配这些参数的管理和协调者。现在 RFC1700 已被 http://www.iana.org/numbers.html 上的一个已更新的列表取代。

（3）RFC1122 和 RFC1123 主机需求文档（Host Requirements Documents） 这两个文档包含了 Internet 主机软件的需求。RFC1122 包含了通信协议层次，例如数据链路层、IP 层和运输层。RFC1123 包含了应用协议和支持协议。这两个文档还定义了许多广泛应用的 RFC 术语。

（4）编号最后为 xx99 的 RFC 文档 这类文档通常是前面一定范围内的 RFC 及其状态的总结，例如，如果需要从 RFC3000 到 RFC3099 的总结，则可以查阅 RFC3099。

有关 IPv6 技术标准的 RFC 文档请参看附录 B。

2. IPv4/IPv6 互通转换技术标准

现有 IPv4 网络到 IPv6 网络的过渡在技术上已十分成熟，而且这种过渡可以是循序渐进的。国际标准化组织和许多研发机构都开发出了多种 IPv4 与 IPv6 的互通转换机制。下面给出目前常见的 IPv4/IPv6 互通转换技术标准和资料：

1）6to4：RFC3056。

2）NAT-PT（Network Address Translation-Protocol Translation）：RFC2766。

3）SIIT（Stateless IP/ICMP Translation）：RFC2765。

4）Tunnel broker：RFC 3053。

5）6over4：RFC 2529。

6）BIS（Bump-In-the-Stack）：RFC2767。

7）BIA（Bump-in-the-API）：RFC 3338。

8）SOCKS-gateway：RFC3089。

9）TCP/UDP-relay：RFC3142。

10）DSTM（Dual Stack Transition Mechanism）：draft-ietf-ngtrans-dstm-08.txt。

11）ISATAP（Intra-Site Automatic Tunnel Addressing Protocol）：draft-ietf-ngtrans-isatap-08.txt。

1.4.4 支持 IPv6 技术的厂商

随着 IPv6 技术研究和应用的发展，主要的网络设备、集成电路和主机操作系统厂商已经开始在自己的产品中支持 IPv6 技术。

1）网络设备厂商包括：Cisco、Juniper、Nortel、Alcatel、Nokia、6WIND、Hitachi、NEC 和 Fujitsu 等。这些网络设备厂商主要生产支持 IPv6 的路由器和交换机产品。在 IPv6 产品研制初期，对 IPv6 的支持是通过软件实现的，目前厂商已经开始在产品中用硬件支持 IPv6。

2）集成电路制造厂商 Xelerated 在 2002 年 12 月推出第一款支持 IPv6 的网络处理器，并提供与 IPv6 有关的开发工具和代码库软件。

3）主机操作系统厂商有 Microsoft、IBM、Sun、HP、Compaq，以及 Linux 开发者，都在自己的产品中加入了 IPv6 功能。

需要说明的是，主机操作系统实现 IPv6 的功能所关注的是网络协议栈中上下层之间的衔接，考虑怎样调用底层的系统资源和网络资源，为上层应用程序提供更好的编程接口和应用接口，而网络设备路由器注重的是怎样更好的实现分组的处理和转发。

网站地址 http：//playground. sun. com/pub/ipng/html/ipng-implementations-html 提供按供应商分类，网站地址 http：//www. ipv6. org/v6-apps. html 提供按应用程序分类，给出当前可用的供应商列表。

IPv6 Forum 发布了一个供应商列表，并且带有网站的链接。要想获得更新的信息，请访问相应的供应商的 IPv6 站点。表 1-2 给出支持 IPv6 技术的有关厂商的网址列表。

表 1-2　支持 IPv6 技术的有关厂商

供应商	Web 站点
微软（Microsoft）	http：//www. microsoft. com/ipv6/
国际商业机器（IBM）	http：//www. ibm. com/software/ipv6/
思科（Cisco）	http：//www. cisco. com/ipv6/
诺基亚（Nokia）	http：//www. nokia. com/ipv6/
阿尔卡特（Alcatel）	http：//www. cid. Alcatel. com/ipv6/index. html
升阳（SUN）	http：//www. sun. com/solaris/ipv6
Trumpet	http：//www. trumpet. com. au/ipv6/
BITS Pilani	http：//ipv6. bits-pilani. ac. in/case-for-v6/
6WIND	http：//www. 6wind. com/ipv6. html
康柏（Compaq）	http：//www. compaq. com/ipv6/
Consulintel	http：//www. consulintel. es/html/ipv6/ipv6. htm
NortelNetworks	http：//www. nortelnetworks. com/ipv6/
惠普（Hewlett Packard）	http：//www. hp. com/products/unixserverconnectivity/software/ipv6. html
MenutInc	http：//www. menfat - com/tcp/tcp. html
爱立信（Ericsson）	http：//www. ipv6forum. com/navbar/position/Ericsson - IPv6 - statement. pdf
日立（Hitachi）	http：//www. v6. hitachi. co. jp
RIPE/NCC	http：//www. ripe. net/annual-report/
NTT	http：//www. v6. ntt. net/globe/index-e. html
ETRI Korea	http：//www. krv6. net
Ipinfusion	http：//www. ipinfusion. com/ipv6-network-processing-white-paper0727. pdf

1.5　IPv6 技术的推广和部署

1.5.1　IPv6 在国外的推广和部署

在 IPv6 技术的部署和推广方面，目前美国和欧洲国家对 IPv6 的发展以研究和实验为主，日本和韩国等亚洲国家则在 IPv6 的商用及业务开展方面处于领先地位。

美国是 IPv4 技术的发源地，为了在 IPv6 技术方面也保持优势，美国的许多组织和商家在努力推动 IPv6 的研究和应用。2001 年 7 月，思科公司宣布与微软、IBM、惠普、SUN 和摩托罗拉公司组成伙伴关系，开展IPv6软、硬件产品的开发。2003年美国国防部宣布，到2008年美国国防部所有信息网络系统将全部升级到IPv6网络，并规定不再购买不支持IPv6的网络设备。在美国，获得IPv6正式地址TLA的单位数仅次于日本，居世界第二。研究和开发IPv6的主要国际组织IETF、6Bone等均在美国，进行IPv6研究的网络主要有6Bones、6REN、Internet2、GENI、Esnet。

6Bone最初是工作在现有IPv4Internet基础设施上的IPv6网络，IPv6数据包以隧道方式和IPv4数据包一起传输。隧道主要配置为静态的点到点连接。经过多个研究机构的努力，6Bone在1996年实验成功。第一批隧道建立于IPv6实验室之间，这些实验室包括法国的G6、丹麦的UNI - C和日本的WIDE。

6Bone的结构为两层或更多层的层次网络，其顶层包括一套骨干网传输提供者，称为伪顶层地址分配机构（pTLA，pseudo Top Level Aggregator），它使用BGP4 +作为路由协议。底层由通过6Bone连接的分支站点组成。伪下一层地址分配机构（pNLA，pseudo Next Level Aggregator）的中间各层则把分支站点和pTLA骨干网络互连起来。

在欧洲，3GPP已经把IPv6作为未来全IP网络的基本协议，欧盟在2001年成立IPv6 Task Force，研究和制定IPv6推广计划。2002年欧洲同时启动了6NET和Euro61IX实验网。欧洲实施的IPv6研究计划和项目主要有6INIT、6NET、Euro61IX、ANDROID、RENATER2等。

韩国电子与电信研究院在1998年建设了第一个IPv6实验网，并引入6Bone-KR。在1999年成功开发出IPv4/ IPv6地址翻译器，并着手进行IPv6标准化，建立了韩国的IPv6论坛。韩国已经制定了IPv4向IPv6演进的4个阶段：第一阶段为2001年，建立IPv6实验网，开展IPv6验证、运行和宣传工作；第二阶段为2002 ~2005年，计划建立IPv6岛，并实现与IPv4网络互通，提供IPv6网络服务；第三阶段为2006 ~2010年，建成IPv6网络，使原有的IPv4网络退化为IPv4岛，并实现与IPv6网络互通。2004年，韩国政府制定IPv6推广和普及全面计划，并作为一项国策，全力引导IPv6的研究与推广。

IPv6技术研究和应用推动最快的是日本。日本采取了模型证实实验，由地方政府、企业用户、家庭用户组成一个模型地区，进行从IPv4方式过渡到IPv6方式的试验，来制定合适的过渡模型。为了促进IPv6产业发展，日本制定了一系列的优惠、低利息、无利息贷款等各种政策。目前，日本已经形成了IPv6运营商、IPv6设备提供商、IPv6终端提供商、IPv6用户这样一个完整的产业链，使得日本的IPv6走在了世界的前面。

1.5.2 IPv6在国内的推广和部署

中国在IPv6技术研究的起步上晚于日本和韩国等国，但是中国Internet和通信市场的巨大空间和前景，都使中国有机会、有潜力成为未来IPv6产业化进程中举足轻重的一部分。

从20世纪90年代末开始，在相关部委科技计划的支持下，一批IPv6关键技术研究课题作为国家重大专项立项，并陆续取得了突破性成果，为我国开展以IPv6为基础核心协议的下一代Internet的研究奠定了较好的基础。与此同时，我国相关研究机构、高校、厂商及运营商也已陆续开始跟踪与关注IPv6技术发展，投入IPv6技术研发，并相继建成IPv6试验床及实验网络，如下一代IP电信实验网6Tnet（IPv6 Telecom Trial Network）、湖南IPv6实验网、中国电信集团IPv6实验网、中国高性能宽带信息网、中国教育与科研计算机网络

(CERNET, China Education and Research NETwork) 的 IPv6 试验网和中科院 IPv6 城域网等，在 IPv6 核心技术研发、协议标准制定、组网、过渡策略、测试、应用示范和商业模式探讨等方面积累了宝贵的知识与经验。

CERNET 国家网络中心于 1998 年 6 月加入 6Bone，同年 11 月成为其骨干网成员。试验床从 6Bone 获得顶级聚类（p-TLA，pseudo-Top Level Aggregation）3FFE：3200：：/24 的地址空间，并且建立了 5 条以 tunnel 为基础的国际 IPv6 虚拟链路，直接通达美国、英国和德国的 IPv6 网络，几乎与所有现有的 6Bone 成员间接地互连。试验床按地区分配次级聚类(NLAI，Next Level Aggregation Identifier)。目前学生试验部分 3ffe：3220：：/28，通过隧道与清华大学相连，并开始向 CSTNET 及全社会提供 IPv6 地址的分配。从 3ffe：3221：01：：/40 开始分配，共 1024 个大单位可以获得 40 位前缀的 IPv6 地址块接入隧道；从 3ffe：3225：0001/48 开始，共 65536 个小单位可以获得 48 位前缀的 IPv6 地址块；从 3ffe：322f ：ffff：ffff0/64 开始，共 268425456 个个人可以获得 64 位前缀的 IPv6 地址接入，并保留了 2/3 的地址。

CERNET2 是纯 IPv6 网络，CERNET2 主干网以 2.5～10Gbit/s 传输速率连接分布在中国主要城市的 20 个核心节点，实现了全国 200 多所高等院校接入 CERNET2。CERNET2 的建设内容主要包括：

1）CERNET2 采用二级结构：主干网和用户网。主干网采用纯 IPv6，连接中国 20 个核心节点，CERNET2 的网络管理中心在北京清华大学。用户网主要是全国高校和科研单位的研究试验网，用户通过 IPv6，采用高速城域网、直连光纤或高速长途线路等多种方式接入 CERNET2 核心节点。

2）CERNET2 核心节点建设，每个核心节点为 10 个以上用户网提供 1～10Gbit/s 的 IPv6 高速接入服务。

3）在位于北京清华大学的 CERNET2 网络管理中心建成中国下一代互联网国内、国际互联中心 CNGI-IX，为国内其他 IPv6 网络提供 1～10 Gbit/s 传输速率的互连，与北美、欧洲、亚太地区等国际 IPv6 网络实现 155Mbit/s～10Gbit/s 的互连。

台湾地区于 2002 年 8 月起开始启动“e－Tainwan 计划”，其中明确制定了 Internet 从 IPv4 过渡到 IPv6 的日程表，即到 2007 年全部更换为 IPv6。

目前台湾地区 HiNet 开展了大量的 IPv6 多媒体业务，如 VOD、TV 和娱乐等。另外还进行一些实验，如在 IPv6 网络上进行远程科学网格的建立实验。台湾地区的 IPv6 网络有 TANet 等。

1.5.3 IPv6 是下一代网络的核心技术

下一代网络采用 IPv6 技术，IPv6 技术的知识和学习成为计算机网络研究与应用的热点。目前大部分网络仍然是采用 IPv4 技术，已经不能满足信息技术的需要。IPv4 正在逐步被 IPv6 取代。国家发展与改革委员会在 2003 年已经立项，投入大量经费开展 IPv6 技术的研究。

计算机网络技术的掌握和应用水平，反映了一个国家的科学技术水平，而构成信息社会的基础设施的计算机网络对国民经济的发展起到至关重要的作用，对下一代 Internet（NGI，Next Generation Internet）和下一代网络（NGN，Next Generation Network）中的核心技术 IPv6

的研究和应用，已经成为21世纪我国国家建设和发展的重要内容。

IPv6与下一代网络的发展密切相关。随着电信业、Internet技术的发展，下一代网络（NGN/NGI）已初露端倪，并将进一步演进和发展。国际电信联盟（ITU，International Telecommunication Union）和国际电信联盟电信标准化部（ITU-T，ITU Telecommunication Standardization Sector）的NGN计划（NGN 2004 Project）将下一代网络看做是全球信息基础设施GII的具体实现；ETSI将NGN定义为一种规范和部署网络的概念，通过采用分层和开放接口的方式，给业务提供者和运营者提供一个平台，借助这一平台逐步演进，以生成、部署和管理新的业务；IETF重在发展增强的IP网（可扩展性、安全性和移动性等）；3GPP、3GPP2提出了All-IP核心网络。

在Internet成功商业化的同时，下一代Internet的研究与开发工作在各国政府的支持下逐渐展开。1995年美国科学基金会（NSF）资助了下一代Internet（NGI）研究计划，建立了NGI主干网vBNS；1998年美国大学先进网络联盟（UCAID）成立，设立Internet2研究计划，建立主干网Abilene；1998年亚太地区先进网络组织（A-PAN）成立，推动亚太地区下一代Internet的研究；2001年欧共体资助下一代Internet研究计划，建立主干网GEANT。通过这些计划的实施，全球已初步建成大规模先进网络试验环境，攻克了一批网络关键技术。

目前无论是电信产业界的NGN，还是学术界和Internet的NGI，均以IPv6作为其核心技术。

以IPv6技术为核心的下一代网络NGN将为电信运营商实现以下价值：

1）网络建设变得更加容易。利用基于IP的网元而不是传统电路交换机，一个新兴的通信公司可把建网费用降低70%。

2）运行成本要低很多。下一代网不需另建具有支撑维护功能的重叠网，是一种多业务网，并且在用户管理、业务提供、用户资料修改和自我计费方面更加自动化。

3）给新兴的通信公司带来很大的创收机会。他们可以提供应用软件递送或电子商务之类的高收入服务；还可以利用集中的业务控制、应用编程接口和公共编程语言来使业务生成变得更加容易和便宜。

4）能帮助运营商加强与用户的关系，减少用户流失。运营商可以提供基于Web的接口，让用户通过该接口直接定购新业务、改变服务内容和支付费用，从而与用户建立更广泛更紧密的关系。运营商还可以为用户的特殊需要定制服务，为电子服务开设专门的门户。

通过对IPv6设备的研究，找到合理的IPv4向IPv6过渡的解决方案，运营商可以最大限度地保护现有投资。这不仅保护了运营商的现有投资，而且可以全面保护运营商在IP设备上的投资。

1.5.4 IPv6技术推广和部署时面临的问题

从现有IPv4网络过渡到IPv6网络会面临一些困难，因为从IPv4升级到IPv6涉及到很多技术问题和商业问题，甚至还有政治问题。最明显的当然是技术更换的策略，以及基础设施的升级和建设。IPv4的可靠性和普遍应用是IPv6发展主要的减速因素。具体来说，现有IPv4网络向IPv6网络的转化面临下述几个方面的问题：

1）现有的IPv4网络运行十分稳定，设备制造商（包括芯片设计与生产商）、网络运营商、网络连接提供商等正从IPv4上获得稳定的收益，在目前他们还不想转到IPv6上，因为那意味着淘汰现有设施，构建新的通信网络，新的 IPv6 网络的成本需要相当长的时间才能收回。

2）网络管理员惧怕任何需要对大量基础设施进行升级的操作。浏览器、IP 电话、网络游戏、Web 商业应用等每一个使用 IPv6 网络的应用都必须进行修改。

3）人们在 IPv4 基础设施及应用开发上的投资十分巨大，由于 IPv6 与 IPv4 的不同，现有网络仅靠简单的软件升级是无法很好的支持通信服务性能的，要想提升 IPv6 网络性能，必须在芯片一级上按 IPv6 的特性进行设计才行，这是一项相当大的开销，因此人们在还能容忍现有 IPv4 网络的情况下，不会轻易进行 IPv6 改造。

4）当前人们开发网络应用时都还是基于 IPv4 网络，因此 IPv6 网络提供给用户的应用还十分少。只要现有的 IPv4 网络还能够十分经济地解决人们各个方面的应用需求，IPv6 就无法得到长足的发展和大面积推广。数据业务是驱动 IPv6 技术实现的一个最重要的动力源，如果没有足够的需求必须要采用独立的合法 IP 地址，运营商也就不会热衷于升级设备或扩建基础设施。

5）操作系统对 IPv6 的支持还不充分。目前，作为终端用户最常用的操作系统之一的 Windows 不能提供对 IPv6 的完全支持，使得设备开发商无法及时推出支持 IPv6 的应用设备，特别是 IPv6 终端设备。这使得用户也无法很好地熟悉并使用 IPv6 网络。

6）缺乏 IPv6 的网管和安全产品。在 IPv6 中，原则上所有的终端都拥有全球 IP 地址。因此，存在着能够从 Internet 访问内部网中所有终端的危险性，安全成为 IPv6 连接的最大问题。目前，适配 IPv6 的防火墙产品的开发还很落后，可以说引入 IPv6 的时间受到 IPv6 防火墙产品性能的限制。

7）美国政府和 IETF 似乎也未做好向 IPv6 过渡的准备。由于美国长期在信息技术领域处于国际领先地位，且拥有大量地址，因此不急于向 IPv6 过渡。但是随着手持设备的大量使用，在两三年内，美国乃至全球都会感到 IP 地址的缺乏。IETF 当然是 IPv6 技术获得推进的关键性组织，但它的思路似乎是等到技术细节完全确定后，才在全球范围内推广使用 IPv6。对中国而言，电信业和网络市场其实是全球新技术和新设备的温床，IPv6 应当在这里获得第一推动性的发展。

1.5.5 正在研究的 IPv6 关键技术

1. IPv6 实验涉及到的关键技术

目前国际上进行的 IPv6 实验主要集中在以下几个关键技术上：

（1）IPv6 基本功能的实现　地址和路由机制、ICMPv6、主机自动配置、各种平台的 IPv6 代码和应用程序接口（API）已经实现，Cisco、华为和 Bay 厂商已经制造出支持 IPv6 的路由器，支持向 IPv6 升级的应用研究也正在进行。

（2）从 IPv4 向 IPv6 过渡的技术　IPv6 和 IPv4 必然有一段较长的共存时间，在此期间，IPv4 和 IPv6 的互通主要采用以下技术：双协议栈，隧道（Tunnel）及隧道代理（Tunnel Broker），NAT-PT，无状态 IPv4-IPv6 翻译（SIIT，Stateless IPv4-IPv6 Translator），其中隧道技术和双协议栈技术已经得到广泛的使用。

（3）IPv6 的安全性　不少研究开发项目是将 IPv6 同 IPSec（IP Security）结合起来，典型的研究如 KAME 和 NRL 开发的 IPv6 协议栈，都包含 IPSec 的代码。

（4）IPv6对服务质量（QoS，Quality of Service）的支持 它包括对“综合服务”（InteServ）特别是“区分服务”（DiffServ）的支持。

（5）IPv6支持移动性的能力 这一方面的研究同IPv4移动性的研究并列进行。初步的研究和实践倾向于选择IPv6作为支撑移动计算的平台。移动性的实现同安全、服务质量等方面的技术密切相关。

2. IPv6网络上可能会出现的应用

IPv6通过自动识别机能、无限多的地址、网络安全设置，使其能对每个终端（包括无线终端）、每个家电、每个生产流程，以及每个传感器都进行IP全球化管理。可以说在以IPv6为核心技术的下一代网络上，可以实现现有IPv4网络所提供的全部通信业务。更重要的是，IPv6所提供的巨大的地址空间以及所具有的诸多优势和功能，使其提供语音、数据、视频融合的高品质，以及多样化通信服务成为可能。那时，从移动终端、汽车到自动售货机、报警系统、照相机乃至钥匙环和其他各种各样的产品都可以实时在线，一个个信息孤岛最终将连成强大的网络。

3. 端到端实时通信

端到端实时通信是通信业务的基本特征，同时也是下一代网络的本质特征和发展方向。将来，所有的电信服务和信息服务都会使用下一代网络。下一代网络将逐渐取代电路交换网络和构成现有Internet的IP网，除了提供原来在这些网上提供的服务之外，运营商还将利用下一代网络的多业务能力，提供新的服务，创造新的收入增长点。

这类通信服务主要包括应用服务提供与综合话音和数据业务。其中，应用服务提供主要有应用软件的递送和支持、电子商务服务两种。综合话音和数据业务是指下一代网络具有把话音和数据综合在一起的能力，包括Web中的呼叫中心、统一消息和多媒体会议。

4. 移动Internet

IPv6与移动通信的结合将为目前的Internet开拓一个全新的领域，即移动Internet。无线将成为IPv6的第一个重要应用。移动Internet上有许多新型而精彩的服务，IPv6将是实现这些服务的关键。通过移动Internet，人们能够随时随地以在线方式选购商品或服务并付款，也可以使用移动设备查询飞机的航班、风景点的简要情况，查找地图以及要参观的地方；人们还能够找到距离最近的餐馆，如果是平时驾车外出，安装在汽车里的无线设施将提供实时定位技术，同时也起到导航和安全保护的作用。

在不远的未来，家电厂商们将开发出新一代的信息家电，除了计算机之外，还可给电视机、冰箱、微波炉、空调、洗衣机等家用电器分配IP地址，把它们与Internet连接。信息家电与Internet连接后，人们可以在下班之前通过网络起动家中的微波炉，等下班回到家中就可以品尝到微波炉中的食品。

5. 宽带网络

实行IPv6可以从根本上优化路由器传输效率，使得目前的各种宽带传输技术迈上一个新的台阶。到那时，困扰中国网民很久的网络速度问题将得到彻底解决，人们可以舒舒服服地待在家里，享受超高速网络所带来的欢乐。信息家电连上光纤后，更可直接以交互方式收看电影、听音乐和广播。股民即使在家中，也能通过光纤网络和证券公司等金融机构的业务员在电视上交谈，同时进行交易。

应用是没有止境的。在以IPv6为核心的下一代网络的服务平台上开发多种多样的应用，可以带来更多的商机、更大的市场，许多今天还无法想象的服务将带给人们更大的灵活性，更多的方便和自由。

6. IPv6 带来的新的应用与服务的特征

在市场需求的牵引下，IPv6 的优势将在具体应用中得到越来越突出的显现。IPv6 所带来的创新应用与服务将具有如下特征：需要大量公有地址，例如信息家电、移动终端、工业传感器、自动售货机、汽车等对网络地址的需求；对服务质量和安全高度敏感的端到端实时语音及视频应用；无处不在（Ubiquitous）的信息与通信服务方式。

7. 未来 IPv6 的发展趋势

未来 IPv6 的发展主要呈现以下趋势：

（1）标准制订上的协作和联合　越来越多的国际标准化组织因 IPv6 在下一代网络发展中的重要性而加入了 IPv6 标准的制订工作，使得 IPv6 相关标准的制订从以 IETF 为主体向 IETF 与 ITU-T、3GPP 等其他标准化组织协作和联合的方向发展。但是各个标准化组织对 IPv6 协议标准制订的侧重点各不相同，例如 ITU－T 重点考虑 IPv6 在 NGN 中的应用，3GPP 则强调 IPv6 在 3G 核心网上的作用。

（2）产品研发更具广度与深度　IPv6 产品的研发主要集中在操作系统、网络设备、协议软件和应用软件等领域。目前主要的网络设备厂商已研制开发出了支持 IPv6 的路由器、交换机等产品，有些产品已投入试验床或商业试验网应用；一些计算机和操作系统厂商在其产品中加入了 IPv6 功能。未来 IPv6 的研发将不仅重视基础设施产品的开发，还将注重应用软件、终端产品的研发，同时在支持 IPv6 方面具有更完善的功能。

（3）科学研究与商业应用并重　目前建成的大部分 IPv6 或下一代 Internet 试验床仅用于科学研究，但在重视科学研究的同时也需要关注 IPv6 的商业化应用。因此，未来的科学研究试验床和商业试验床将共存发展，一些科研试验床在条件成熟时将转为商用或试验商用网，以推进 IPv6 的商用化进程。

（4）业务创新将成为主题　目前缺少 IPv6 的创新应用阻碍了 IPv6 的发展，而需要大量的终端设备和地址的应用，例如 VPN、家庭用户上网游戏、VOD 和多播等没有得到普及也影响了对 IPv6 的需求，只有最普及的应用才能真正把 IPv6 带入网络并满足人们的需要。未来围绕 IPv6 的业务创新应充分利用 IPv6 的优势，如拥有大量的公有 IP 地址、提供服务质量和安全保证、支持移动性等。

思考题和练习题

1-1　计算机网络的开放性指的是什么？

1-2　计算机网络中的两个节点通过什么可以互相通信？

1-3　为什么说人类社会中人们之间的谈话也用到协议和分层的概念？

1-4　写出网络实体和对等实体的定义。

1-5　写出 IPv4 存在的不足。

1-6　IPv6 的目标是什么？

1-7　简述 IPv6 研究的历程。

1-8　写出 IPv6 首部的特点。

1-9　用列表的形式给出 IPv4 与 IPv6 的比较。

1-10　与 IPv6 技术有关的国际标准组织有哪些？制订的主要 IPv6 标准有哪些？

1-11　写出中国要发展 IPv6 技术的原因。

1-12　查看 RFC 技术文档的方法有哪些？

1-13　简述 IPv6 在国外的推广和部署情况。

1-14　简述 IPv6 在国内的推广和部署情况。

1-15　现有 IPv4 网络向 IPv6 网络的转化面临的问题有哪些？

1-16　简述正在研究的 IPv6 关键技术。

1-17　简述未来 IPv6 的发展趋势。

第 2 章　IPv6 结构

2.1　IPv6 分组结构

2.1.1　IPv6 基本术语

IPv6 涉及一些基本术语，这些基本术语也是计算机网络中经常用到的。加深对这些术语概念的理解，会对 IPv6 的掌握有所帮助。

（1）隧道技术　也称为对协议包进行“封装的封装”。例如，在两个 IPv6 网络中的 IPv6 数据报通过 IPv4 网络传输时，将源 IPv6 网络中的 IPv6 数据报作为 IPv4 数据报的数据部分，封装在 IPv4 数据报中，在 IPv4 网络中传输，到达目的 IPv6 网络后，再取出 IPv6 数据报。

（2）上层协议　IPv6 之上的网络协议，上层协议将用到 IPv6 的服务，例如运输层协议 TCP、UDP 和 IP 层协议 ICMPv6，不包括应用层的协议。由于 IPv6 的新特性，上层协议在适用 IPv6 时，需要作一些细微的变化。

（3）数据链路　网络中相邻的计算机设备通过传输介质连接起来，构成信号的通路，称为物理电路。由于存在干扰，物理电路是不可靠的，为了实现可靠数据传输，需要增加通信双方认可的规则和协议，例如差错控制、流量控制、重发机制等。具有可靠数据传输协议的物理电路就是数据链路。IPv6 支持很多数据链路层技术，例如局域网中的以太网技术、FDDI 技术、令牌环技术，以及广域网中的点到点 PPP 技术、帧中继和 ATM 技术。IPv6 数据报可以在 IPv4 网络的逻辑链路上传输，此时需要将 IPv6 数据报封装在 IPv4 数据报中。

（4）子网　使用相同的 64 位 IPv6 地址前缀的一个或多个网络。子网也称为网段，子网之间通过路由器互连。

（5）邻居节点　连接到同一个链路上的节点。IPv6 中邻居发现协议具有解析邻居节点链路层地址的功能，并监视和检查邻居节点的可达性。

（6）接口　网络中连接到一个链路上的物理连接或逻辑连接，前者的例子是网络适配器，后者的例子是“隧道”接口，实现打包的打包，也称为封装的封装。

（7）IP 地址　是一个软件地址，也称为逻辑地址，用来标识网络中的一个连接，一般情况每一个网络接口具有一个唯一的 IP 地址。IPv6 中的 IP 地址用 128 位标识，具有与 IPv4 地址不同的标识方法。

（8）链路最大传输单元（MTU，Maximum Transfer Unit）　在一个链路上可以发送的最大数据单元（MDU，Maximum Data Unit），链路 MTU 与链路的最大帧长度是不同的概念，最大帧长度包含了帧的首部和尾部，而链路 MTU 与链路帧中的有效载荷大小对应。

（9）路径最大传输单元（PMTU）　IPv6 网络中从源节点到目的节点的一条路径上，可以发送的最大长度的 IPv6 数据报。路径由一个或多个链路构成，路径 MTU 是该路径上所有链路的最小链路 MTU。

2.1.2　IPv6 协议数据单元

IPv6 仍然提供无连接的网络服务，对应的 IPv6 数据单元称为分组，而 IPv4 数据单元称为数据报。考虑到习惯讲法和为了理解的方便，本书还将 IPv6 数据单元称为数据报。IPv6 数据单元格式如图 2-1 所示。

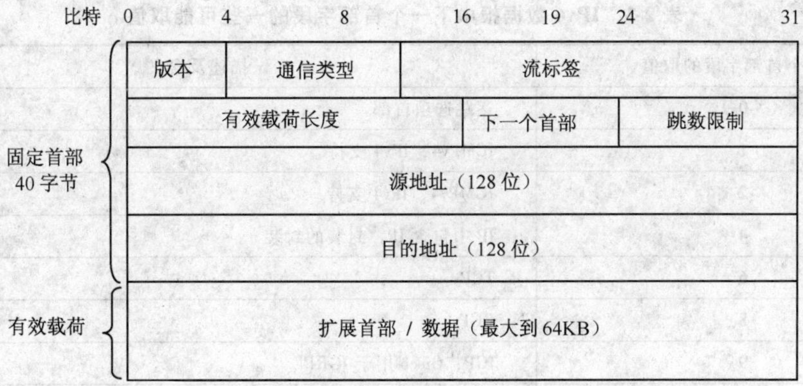

图 2-1　IPv6 数据单元格式

IPv6 数据单元由固定首部（Base Header）和有效载荷（Payload）组成，固定首部有 40 字节，包含有 8 个字段，与 IPv4 数据单元相比，取消了不必要的功能，例如考虑到数据链路层和运输层都有差错检验功能，取消了 IPv4 中的校验和字段。有效载荷又包括扩展首部（Extension Header）和数据部分，IPv6 数据报在基本首部后面允许有零个或多个扩展首部，再后面是数据。具有多个可选扩展首部的 IPv6 数据报的一般格式如图 2-2 所示。

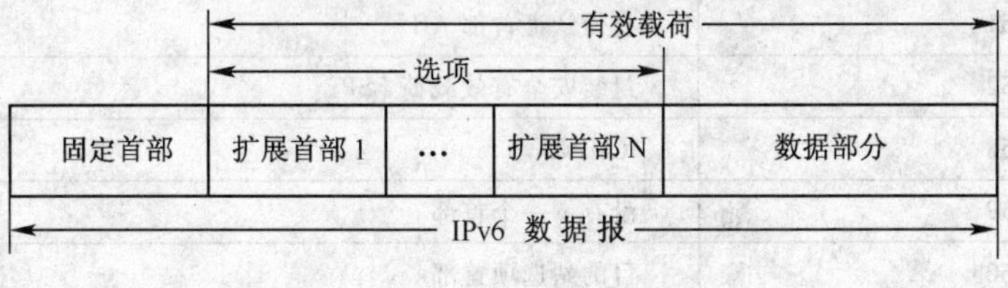

图 2-2　具有多个可选扩展首部的 IPv6 数据报的一般格式

IPv6 数据报固定首部 8 个字段的作用描述如下：

1）版本（Version），占 4 位，指明 IP 协议的版本，对 IPv6 该字段取值为 6。

2）通信类型（Traffic Class），占 8 位，用于区分不同 IPv6 数据报的类别或优先级。目前正在进行各种通信类型的实验。

3）流标签（Flow Label），占 20 位，用于将每一个数据报与一个给定的资源分配相联系，这里的流是指 Internet 上从特定源站点到特定目的站点（单播或多播）的一系列数据报，在这个流经过的路径上的路由器保证指明的服务质量。所有属于同一个流的数据报都具有相同的流标签。

4）有效载荷长度（Payload Length），占 16 位，用于指出除固定首部以外的字节数，包括扩展首部在内，字段的最大值为 64KB，即有效载荷的最大长度可以是 64KB。

5）下一个首部（Next Header），占 8 位，分为两种情况：①若 IPv6 数据报没有扩展首部，该字段的作用和 IPv4 字段的作用一样，字段值指出固定首部后面的数据交付给 IP 层上面的哪一个高层协议，例如，6 或 17 分别对应 TCP 或 UDP；②若数据报有扩展首部，该字段的值指出第一个扩展首部的类型。

IPv6 数据报中下一个首部字段对应着 IPv4 中的协议字段，下一个首部字段的一些可能取值如表 2-1 所示，这些取值用来描述后续的扩展首部和其他相关的协议。

表 2-1 IPv6 数据报中下一个首部字段的一些可能取值

下一个首部字段的取值	描述及含义
0	逐跳选项首部
1	ICMPv4，IPv4 支持
2	IGMPv4，IPv4 支持
4	IP 中包含 IP，封装的封装
6	TCP
8	BGP
9	IGP，Cisco 用于 IGRP
17	UDP
41	IPv6
43	路由选择首部 RH
44	分段首部 FH
45	网域间路由协议 IDRP
46	资源预留协议 RSVP
50	加密的安全有效载荷首部
51	身份认证首部 AH
52	封装安全有效载荷 ESP
58	ICMPv6
59	没有下一个首部
60	目的站选项首部
88	EIGRP
89	OSPF
108	IP 有效载荷压缩协议
115	第 2 层隧道传输协议 L2TP
132	流控制传输协议 SCTP
134 ~ 254	未分配（已有新的指派）
255	保留

6）跳数限制（Hop Limit），占 8 位，用于限制数据报在网络中经过的路由器数目，避免无用的数据报在网络中兜圈子。源站点在发送数据报时按规则设定跳数限制值，网络中的每个路由器在转发数据报时，将该字段值减 1，当数据报中该字段的值为零时丢弃该数据报。

7）源地址（Source Address），占 128 位，标识发送数据报的站点的 IP 地址。

8）目的地址（Destination Address），占 128 位，标识接收数据报的站点的 IP 地址。

2.1.3　IPv6 首部与 IPv4 首部的比较

IPv6 与 IPv4 是互相不兼容的两个网络层协议，IPv6 是在 IPv4 基础上的改进。IPv6 首部与 IPv4 首部的比较如表 2-2 所示。

表 2-2　IPv6 首部与 IPv4 首部的比较

IPv4 首部的字段	IPv6 首部的字段	比较及 IPv6 中的情况
版本（4 位）	版本（4 位）	功能相同，IPv6 中该字段值为 6
IHL（4 位）		IPv6 数据报固定首部为 40 字节
服务类型（8 位）	通信类型（8 位）	具有类似的功能
	流标签（20 位）	用于标识 IPv6 数据流
总长度（16 位）	有效载荷长度（20 位）	具有类似的功能
标识（16 位）		IPv6 中分段处理方式不同
标志（3 位）		IPv6 中分段处理方式不同
片偏移（13 位）		IPv6 中分段处理方式不同
TTL（8 位）	跳数限制（8 位）	具有类似的功能
协议（8 位）	下一个首部（8 位）	具有类似的功能
首部校验和（16 位）		IPv6 中由数据链路层和高层处理校验和
源地址（32 位）	源地址（128 位）	IPv6 中地址位数扩大到 128 位
目的地址（32 位）	目的地址（128 位）	IPv6 中地址位数扩大到 128 位
选项（可变）		IPv6 中采用扩展首部方法
填充（可变）		IPv6 中没有

可以看出，与 IPv4 协议中的字段比较，IPv6 协议固定首部去掉了 IPv4 协议中的 5 个字段，这 5 个字段是：首部长度、标识、标志、片偏移和首部校验和，增加了一个流标签字段，源地址和目的地址字段的地址位数扩大到 128 位。IPv4 协议中的服务类型字段由 IPv6 协议中的通信类型字段替代。IPv4 协议中的生存时间字段和协议字段被重新命名，并稍微做了修改，对应形成 IPv6 协议中的跳数限制和下一个首部字段。

IPv6 采用 40 字节的固定首部长度，采用扩展首部适应各种传输选项的需要，IPv6 采用与 IPv4 不同的分段处理方式。

下面给出一个 IPv6 报文的例子，使读者对 IPv6 有一个直观的了解。

```
Ethernet Ⅱ, Src: 00:04:56:64:6f:fc, Dst: 00:e0:fc:06:7a:d8
    Destination: 00:e0:fc:06:7a:d8 (CiscoTe_06:7a:d8)
    Source: 00:04:56:64:6f:fc (DellPcba_64:6f:fc)
    Type: IPv6 (0x86dd)
Internet Protocol Version 6
    Version: 6
    Traffic class: 0x00
    Flow label: 0x00000
    Next header: ICMPv6 (0x3a)
    Hop limit: 128
```

Source address: 1::7146:3e23:e38c

Destination address: 1::1

Internet Control Message Protocol: v6

Type: 128 (Echo Request)

Code: 0

Checksum: 0x9675 (Correct)

ID: 0x0000

Sequence: 0x0001

Data: (32 bytes)

其中，版本字段值为 6 说明这是一个 IPv6 数据报，通信类型值为 0x00，流标签字段值为 0x00000，有效载荷长度为 40 字节，下一个首部字段值为 0x3a 表示上层协议为 ICMPv6，跳数限制字段值为 128，源地址为 1::7146:3e23:e38c，目的地址为 1::1。例子的下面部分为 ICMPv6 的内容。

2.2 IPv6 的扩展首部

2.2.1 IPv6 扩展首部的基本知识

1. 扩展首部的用法

若 IPv4 数据报的首部使用了选项，IPv4 数据报途经的每一个路由器均要对这些选项逐一检查和处理，而实际情况是许多选项信息是途经的路由器不使用的，即没有必要做处理。IPv6 数据报把原来 IPv4 首部中的选项内容放在扩展首部中，带有扩展首部的 IPv6 数据报途经的路由器均不处理扩展首部（除了路由选择扩展首部和逐跳选项扩展首部外），而是将扩展首部留给路径两端的源站点和目的站点来处理，这样就大大提高了路由器的转发效率。

2. 扩展首部的标识

下一个首部字段值指明是否有下一个扩展首部，以及下一个扩展首部是什么，因此 IPv6 首部可以链接起来，从基本的 IPv6 固定首部开始，逐个链接各扩展首部。这种首部连接链的构成如图 2-3 所示。图中，第一个 IPv6 数据报没有扩展首部；第二个数据报有路由选择扩展首部，其后为 TCP 首部和包的其余部分；最后一个数据报有更复杂的首部链，IPv6 首部后面有路由选择扩展首部，然后是分段扩展首部，最后是 TCP 首部和数据部分。

3. 扩展首部的顺序

一个 IPv6 数据报可以有多个扩展首部，但是只有一种情况允许同一类型的扩展首部在一个数据报中多次出现，而且各扩展首部在出现时应有一定的顺序，RFC2460 规定扩展首部应该依照如下顺序：

1）IPv6 基本首部。

2）逐跳选项首部。

3）目的站选项首部 1，该首部的处理由目的站选项首部中的地址节点依次进行处理，

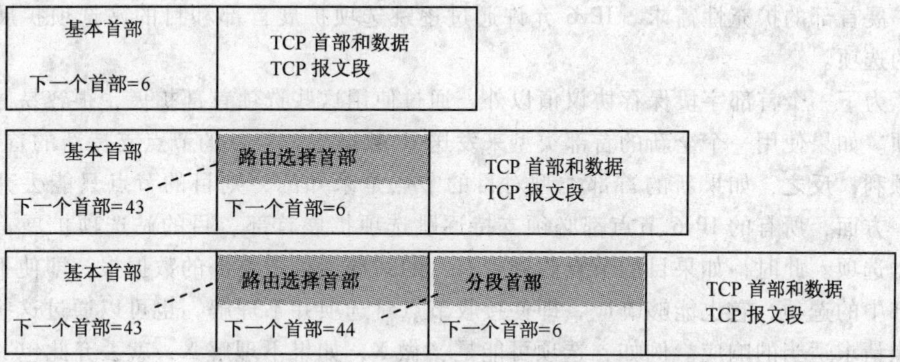

图 2-3　IPv6 数据报首部的连接链的构成

应用于 IPv6 目的地址字段的第一个目的地和路由首部中所列的附加目的地，以及数据报的中间目的站。

4）路由选择首部。

5）分段首部。

6）身份验证首部。

7）ESP 首部。

8）目的站选项首部 2，当使用路由选择首部时，这个首部仅由 IPv6 基本首部中的目的节点处理。

9）高层协议首部，例如 TCP、UDP。

从以上顺序可知，在同一个 IPv6 数据报中只有目的站选项扩展首部可以出现两次，并且仅限于数据报中包含路由选择扩展首部的情况，同时，这两个目的站选项扩展首部的处理是不相同的。其他扩展首部至多出现一次。

上述顺序并不是绝对的。例如前面已提及，在数据报的其余部分要加密时，ESP 首部必须是最后一个扩展首部。同样，逐跳选项优先于其他所有扩展首部，因为每个接收 IPv6 数据报的节点都必须对该选项进行处理。

如果高层协议首部也是一个 IPv6 首部（封装），则此高层首部之后可以紧随它自己的扩展首部，这些扩展首部也遵循上述规定的顺序。

IPv6 的固定首部为 40 字节，去掉了 IPv4 首部的一些字段，或者将其改变成了可选项。可选项以扩展首部的形式在需要的情况下插入到 IPv6 固定首部和实际数据之间，使得数据报的生成更加灵活和高效，提高了数据报的转发效率，也给新选项的集成带来方便。

需要说明的是，每个扩展首部的长度应为 8 个字节的整数倍，这样规定是为了满足扩展首部对齐的要求。

4. 建立新的选项

扩展首部必须通过 IPv6 固定首部的下一个首部字段来确认，下一个首部字段为 8 位，最多只能有 256 个不同值，该字段的值不仅对扩展首部进行标识，还标识着封装在 IP 数据报内的所有其他协议。即使将来该字段可能取值的个数会有所减少，也必须支持上一层首部的所有可能值。目前已经指派了下一个首部字段的很多值，未指派的值相当有限。

IPv6 中用于扩展首部的某些协议标识符沿用 IPv4，例如身份验证 AH 首部和 ESP 首部。

考虑到扩展首部的扩充性需求，IPv6 允许通过逐跳选项扩展首部和目的站选项扩展首部来建立新的选项。

除了为下一个首部字段保存协议值以外，通过使用这些选项首部扩展，很容易健壮地实现新选项。如果使用一个全新的首部类型来发送 IP 数据报，若目的节点支持新的首部类型，则一切顺利；反之，如果新的首部类型对目的节点是未知的，则目的节点只能丢弃该数据报。另一方面，所有的 IPv6 节点都必须支持逐跳选项扩展首部、目的站选项扩展首部以及一些基本选项。此时，如果目的节点收到带有目的站选项扩展首部的数据报，即使不支持该扩展首部中的选项，它也能够响应，即使接收节点对选项并不理解，也可以通过这些选项向接收节点请求适当的响应。例如，选项可能是“做 X，如果不理解 X，就丢弃此包”这样的形式，或者可以是“做 X，如果不理解 X，就跳过此选项，并完成对扩展首部的处理”。选项也可以请求目的节点发回一个 ICMPv6 出错报文，以指明目的节点不理解此选项。

5. 具有选项的扩展首部

逐跳选项扩展首部和目的站选项扩展首部可以包含特定的选项。为了确保扩展首部字段符合边界要求，RFC1883 中定义了两个填充选项：如果选项使用 3 个 8 位字段后接一个 32 位字段，就必须插入（即填充）附加的 8 位，以确保在越过一个 32 位字边界时，选项中的 32 位字段不会被拆开；如果无需填充，则只定义一个功能选项，即逐跳选项扩展首部中使用的超大有效载荷选项。选项首部也可能需要填充，以保证字段在越过 32 位字边界时不会被拆开。

具有选项的扩展首部都有类似的格式，这些扩展首部只有两个预定义的字段：下一个首部字段和首部扩展长度字段。所有 IPv6 数据报都包含下一个首部字段，所有扩展首部的下一个首部字段的含义与 IPv6 数据报中的该字段含义一样。首部扩展长度字段占 8 位，指明该选项首部的长度。该长度以 8 字节为单位，不包含扩展首部的第一个 8 字节，如果选项扩展首部只有 8 字节长，该字段值为 0。该字段限制了扩展首部长度最多为 2048 字节。

扩展首部的其余部分为选项结构，表示该扩展首部所包含的选项，每个选项以类型—长度—值（TLV，Type Length Value）的格式编码。逐跳选项扩展首部和扩展首部的选项结构如图 2-4 所示。

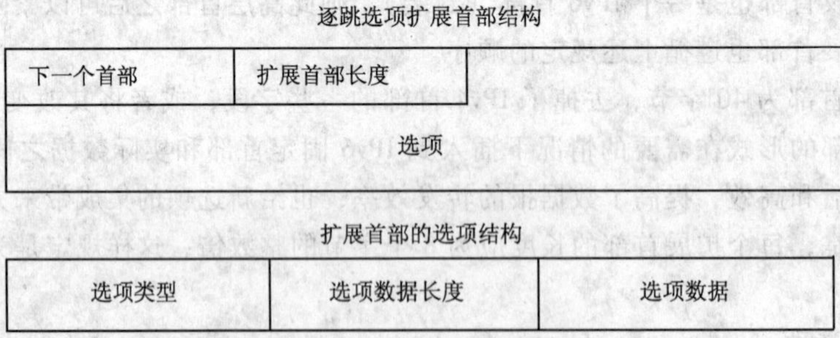

图 2-4 逐跳选项扩展首部结构和扩展首部的选项结构

IPv6 扩展首部的选项包含如下 3 个字段：

1）选项类型：该字段为 8 位标识符，指明选项的类型，也确定了节点对该选项的处理方法，即使目的节点不能够识别选项，也可以由该字段的前 3 位编码翻译出选项的类型。

2）选项数据长度：该字段为 8 位整数，表示选项数据字段的长度，选项长度不包括选项类型和选项数据长度字段。该字段最大值为 255 字节。

3）选项数据：与该选项相关的特定数据，最大长度为 255 字节。

选项类型字段的前两位表示目的节点在不能识别特定的选项时应该采取的动作，依据 RFC2460 的规定，共有如下 4 种选项类型：

1）00：忽略此选项，完成对扩展首部其余部分的处理。

2）01：丢弃整个包（数据报）。

3）10：丢弃包，不论该包的目的地址是否是多播地址，都向该包的源地址发送一个 ICMP 报文。

4）11：丢弃包，如果该包的目的地址是单播地址或任播地址（即非组播地址），则向该包的源地址发送一个 ICMP 报文。

选项类型的第 3 位指明在包从源地址到目的地址的传送过程中，选项数据的值是否可以改变：

1）若为 0，则不允许改变。

2）若为 1，则选项数据是可变的。

逐跳选项扩展首部和目的地选项扩展首部都包含的相同选项是两个填充选项：填充选项 1（Pad 1）和填充选项 N（Pad N）。填充选项用于满足单元边界对齐的要求，保证选项中的特定字段位于期望的边界之内，通常会在选项之前进行填充，当有多个选项时，也会在两个选项之间进行填充。填充物就是 Pad 1 和 Pad N，Pad 1 的作用是插入一个填充字节，Pad N 的作用是插入两个或多个填充字节，Pad 1 和 Pad N 两个填充选项的结构如图 2-5 所示。

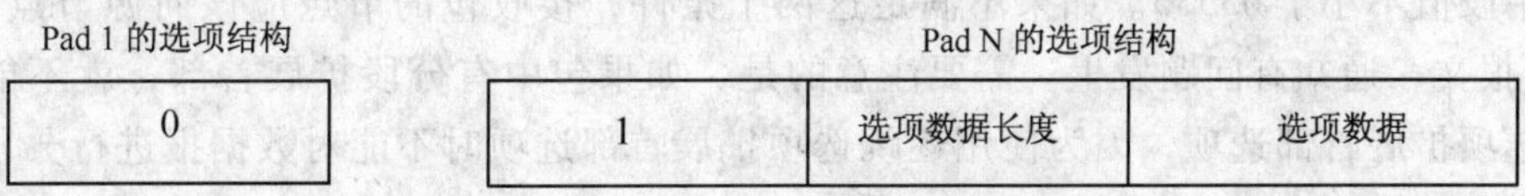

图 2-5　Pad1 和 PadN 两个填充选项的结构

填充选项 1 很特别，它只有 8 位，全部置为 0，没有选项数据长度字段和其他选项数据。

填充选项 N 包括：选项类型字段，该字段值为 1；选项长度字段，该字段值为当前所有填充字节数；0 或多个填充字节。

填充选项 N 是由前面的 4 种选项类型之一来标识的，它使用多个字节来填充扩展首部。如果扩展首部需要 N 字节填充，则选项数据长度字段值为 N－2，即选项数据字段占 N－2 个字节，全部置为 0。再加上 1 字节的选项类型字段、1 字节的选项数据长度字段，一共填充了 N 字节。

2.2.2　逐跳选项扩展首部

逐跳选项扩展首部（HHOH，Hop-by-Hop Options Header）中最实质的是逐跳选项字段的内容，该字段描述了数据分组转发的特性。从源节点到目的节点的路由上的每个节点，即每个转发包（数据报）的路由器都检查逐跳选项中的信息。到目前为止，只定义了一个逐跳选项，即超大有效载荷（Jumbo）选项。在 IPv6 的固定首部中，有效载荷长度字段占 16 位，可以编码的最大值为 65535，其实 IPv6 是能够发送大于 65535 字节的数据分组的，以适应 MTU 值很大的网络传输的需要，IPv6 通过逐跳选项扩展首部的超大有效载荷选项实现这一需要。

RFC1883 所定义的具有超大有效载荷选项的逐跳选项扩展首部结构如图 2-6 的描述。

下一个首部	扩展首部长度	选项类型	选项长度
超大有效载荷长度			

图 2-6 具有超大有效载荷选项的逐跳选项扩展首部结构

与其他选项扩展首部相同，前两个字段指明了下一个首部协议和扩展首部的长度，下一个首部字段的含义与 IPv6 固定首部中下一个首部字段的含义是一样的，首部扩展长度指的是逐跳选项扩展首部中的 8 个字节块的数量，也就是逐跳扩展首部的长度，其中不包括第一个 8 字节在内的逐跳选项扩展首部的长度。此时，由于整个具有超大有效载荷选项的逐跳选项扩展首部只有 8 个字节，扩展首部长度的字段值为 0。超大有效载荷选项从扩展首部的第三个字节开始。第三个字节为扩展首部类型，其值为 194；第四个字节，即超大有效载荷选项数据长度的值为 4。选项的最后一个字段为超大有效载荷长度（JPL，Jumbo Payload Length），指明包括逐跳选项扩展首部在内 IP 包中所包含的实际字节数，但不包括 IPv6 首部。

只有沿途每个路由器都能够处理时，节点才能使用超大有效载荷选项来发送大型 IP 包。因此，该选项在逐跳扩展首部中使用，要求沿途的每个路由器都必须检查此信息。超大有效载荷选项允许 IPv6 包净荷长度超过 65535 字节，最多可以为 2^{32} 字节，超过了 40 亿字节。如果使用该选项，要求 IPv6 首部的 16 位净荷长度字段值必须为 0，扩展首部中的超大有效载荷长度字段值不小于 65535。如果不满足这两个条件，接收包的节点应该向源节点发送 ICMP 出错报文，通知有问题发生。需要注意的是，如果包中有分段扩展首部，就不能同时使用逐跳选项扩展首部选项，因为使用逐跳选项扩展首部选项时不能对数据报进行分段。

2.2.3 路由选择扩展首部

IPv6 中的路由选择扩展首部（RH，Routing Header）代替了 IPv4 中所实现的源选路。源选路允许用户指定数据报（包）的路径，即到达目的地沿途必须经过的路由器。在 IPv4 源选路中，使用 IPv4 选项，对用户可以指定的中间路由器的个数有一定限制：带扩展的 IPv4 首部有 40 个附加字节，最多只能填入 10 个 32 位地址。此外，由于路径上的每个路由器都必须处理整个地址列表，而不论该路由器是否在列表中，因而对源路由数据报的处理很慢。

IPv6 定义了一个通用的路由选择扩展首部，有两个字段，各占 1 字节，即路由类型字段和剩余段数字段。其中，路由类型字段表示所使用的路由选择扩展首部的类型；而剩余段数字段表示扩展首部的其余部分所列出的附加路由器的个数。这些路由器是数据报在到达最终目的地之前必须经过的。扩展首部的其余部分为类型相关数据，与路由选择扩展首部类型相关。路由选择扩展首部的格式如图 2-7 所示。

下一个首部	扩展首部长度	路由类型	剩余段数
类型相关数据			

图 2-7 路由选择扩展首部的格式

RFC2460 中定义了一种类型，即路由类型 0 选路首部（路由选择首部）。类型 0 选路扩展首部解决了 IPv4 源选路的主要问题。只有列表中的路由器才处理选路首部，其他路由器则不必处理。而且列表中最多可以指定 256 个路由器。对选路首部的操作过程如下：

由源节点构造包（数据报）必须经过的路由器的列表，并构造类型 0 选路首部，首部中包括路由器的列表、最终目的节点地址和剩余段数，剩余段数（8 位整数）指明在包向目的节点交付之前所必须经过的特定路由器的数目。

源节点发送包时，将 IPv6 首部目的地址设置为选路首部列表中的第一个路由器的地址。

该包一直转发，直到到达路径中的第一站，即 IPv6 首部的目的地址（选路首部列表中的第一个路由器），只有该路由器才检查选路首部，沿途的中间路由器都忽略选路首部。

在第一站和所有后续其他站，路由器检查选路首部以确保剩余段数与地址列表一致。若剩余段数的值等于 0，则表示此路由器节点实际上是该包的最终目的地，节点将继续对包的其他部分进行处理。

若此节点不是该包的最终目的地，它将自己的地址从 IPv6 首部的目的地址字段取出，并以选路首部列表中的下一个节点地址来替代。同时，节点将剩余段数字段的值减 1。然后将包发送往下一站。列表中的其他节点重复此过程，直到包到达最终目的地。

RFC2460 对类型 0 选路首部的定义中，在剩余段数字段后保留了一个字节，并增加了 24 位严格/宽松位映射字段。该字段将 24 个标志映射到中间路由器（最多 24 个），由此源节点可以指定使用严格选路还是宽松选路。严格选路不允许经过列表中不包含的中间路由器，而宽松选路则允许。目前没有采纳该方案，剩余段数字段之后的整个 32 位都作为保留位。未使用严格/宽松位映射字段表示首部中所列举的路由器个数只受限于 8 位的剩余段数字段，这也表示在类型 0 选路首部中不能使用严格选路。

路由类型为 0 的路由选择扩展首部的格式如图 2-8 所示。

下一个首部	扩展首部长度	路由类型 =0	剩余段数
保留字			
地址[1]			
地址[2]			
……			
地址[N]			

图 2-8　路由类型为 0 的路由选择扩展首部格式

路由类型为 0 的路由选择扩展首部中不可以出现多播地址，若 IPv6 数据报的路由选择扩展首部中的路由类型为 0，要求该数据报的目的地址不能是多播地址。

路由类型为 2 的第 2 类路由扩展首部用于移动 IPv6。

2.2.4　分段扩展首部

当源节点发送的 IPv6 数据报比到达目的节点所经过路径上的最小 MTU 还要大时，需要对这个数据报进行分段。IPv6 通过分段扩展首部（FH，Fragment Header）实现数据报的分段。IPv6 只允许源节点对数据报进行分段，简化了中间节点对数据报的处理。而在 IPv4 中，对于超出本地链路允许长度的数据报，中间节点可以进行分段。这种处理方式要求路由器必须完成额外的工作，并且在传输过程中包可能被多次分段。例如，以太网允许传送的 MTU 为 1500 字节，要发送一个 4000 字节的 IP 包，如果不分成 3 段，每段均小于 1500 字节，就无法在以太网链路上传送。前方有些链路可能具有更小的 MTU，比如 576 字节，这种链路上的路由器就必须将已经分成 1500 字节的 IP 包分段（片），再次分成更小的段。

IPv4 中的分段是很复杂的，它使得中间节点和目的节点都必须增加处理分段的必要开销。通过使用路径 MTU 发现机制，源节点可以确定源节点到目的节点之间的整个链路中能够传送的最大包长度，从而可以避免中间路由器的分段处理。RFC1883 规定最小的 MTU 为 576 字节，在代替 RFC1883 的 RFC2460 文档中，最小的 MTU 要求已增加到 1280 字节，并建议将链路配置为至少可以传送 1500 字节长的包。

上述规定表明，源节点可以发送长达 1280 字节的包，而不必顾虑这些包会被分段。长达 1500 字节的包也很可能不被分段。但是，IPv6 建议所有节点都执行路径 MTU 发现机制，并只允许由源节点分段。换言之，在发送任意长度的包之前，必须检查源节点到目的节点的路径，计算出无需分段就可以发送的包的最大长度。如果要发送超出此长度的包，就必须由源节点进行分段。

在 IPv6 中，分段只发生在源节点，并使用分段首部来表示。RFC1883 中规定的分段扩展首部的结构如图 2-9 所示。

<table>
<tr><td>下一个首部</td><td>保留</td><td>分段偏移值</td><td>保留</td><td>M</td></tr>
<tr><td colspan="5">标识</td></tr>
</table>

图 2-9 IPv6 分段扩展首部的结构

分段扩展首部字段包括：

1）下一个首部：此 8 位字段在所有的 IPv6 首部中是相同的。

2）保留：此 8 位字段目前未用，设置为 0。

3）分段偏移值：与 IPv4 的分段偏移值字段很相似。此字段共 13 位，以 8 字节为单位，表示此包（分段）中数据的第一个字节与原来整个包中可分段部分数据的第一个字节之间的位置关系。换言之，若该值为 175，表示分段中的数据从原包的第 1400 字节开始。

4）保留：此 2 位字段目前未用，设置为 0。

5）M 标志：此位表示是否还有后续字段。若值为 1，表示后面还有后续分段；若值为 0 则表示这是最后一个分段。

6）标识：该字段与 IPv4 的标识字段类似，但是此处为 32 位，而在 IPv4 中为 16 位。源节点为每个被分段的 IPv6 包都分配一个 32 位标识符，用来唯一标识最近（在包的生存期内）从源地址发送到目的地址的包。

对于 IPv6 固定首部和在发往目的节点的途中必须由路由器处理的扩展首部，例如路由选择扩展首部或逐跳选项扩展首部，则不允许进行分段。

IPv6 数据报中可分段的部分包括：载荷和只能在到达最终目的地时才处理的扩展首部。将原始数据报中可分段部分按顺序从左到右分成若干片，除最后一个分段外，每一片的长度都是 8 个字节的整数倍。原始数据报的分段如图 2-10 所示。

不可分段部分	第 1 个分段	第 2 个分段	…	最后 1 个分段

图 2-10　IPv6 原始数据报的分段

需要进行分段的原始数据报在源节点被分为一系列分段数据报发送出去，每个分段数据报的大小应与传输路径上的最小 MTU 适应。每个分段单独封装为一个 IPv6 数据报的情况如图 2-11 所示。

不可分段部分	分段首部	第 1 个分段
不可分段部分	分段首部	第 2 个分段
……		
不可分段部分	分段首部	最后 1 个分段

图 2-11　每个分段单独封装为一个 IPv6 数据报

2.2.5　身份认证扩展首部

身份认证扩展首部（AH，Authentication Header）的作用是实现数据的完整性和对数据报来源的确认，完整性保证了数据在传输过程中没有被篡改过，数据报来源的确认保证数据报确实来自于源地址所标识的接口。身份认证扩展首部简记为 AH 首部。

认证扩展首部的位置在需要由路由器处理的扩展首部之后，这些扩展首部有：逐跳选项扩展首部、路由选择扩展首部、分段扩展首部。并且要求认证扩展首部的位置在只能由数据报的目的地址处理的扩展首部之前，这些扩展首部有：目的站扩展首部。身份认证扩展首部的格式如图 2-12 所示。

下一个首部	载荷长度	保留字
安全参数索引		
序列号		
认证数据（可变）		

图 2-12　身份认证扩展首部的格式

RFC2402 对身份认证扩展首部进行了描述。身份认证扩展首部包含的字段的含义解释如下：

1）下一个首部：此 8 位字段对所有的 IPv6 首部（首部）都是相同的。

2）载荷长度：占 8 位，指明身份认证扩展首部中的序列号和认证数据字段的长度，以 32 位字段为单位，该字段的值为身份认证扩展首部的长度减 2。

3）保留字：占 16 位，置全 0，为以后使用。

4）安全参数索引（SPI，Security Parameter Index）：占 32 位，标志一个安全关联。把目

的地址与安全协议结合起来。索引值 0 保留为本地使用，在 1 ~ 255 内的索引值由 IANA 保留，供以后使用。

5）序列号：占 32 位，取值为无符号 32 位整数，表示一个递增的计数器值，每发送一个数据报该字段值加 1，值增加到 2^{32} 时，再从 0 循环使用计数器值，此时通信双方必须重新协商安全架构。序列号值可以用来实现反重发攻击，若刚收到的数据报的序列号与已经接收到的序列号相同，就将该数据报丢弃。

6）认证数据：该字段的长度是可变的，要求必须是 32 位字的整数倍。该字段包含了经数字签名的报文摘要，可用来鉴别源节点和检查 IP 数据报的完整性。该字段可能包含填充位，对于 IPv6，填充位要保证使整个身份认证扩展首部的长度是 64 位的整数倍。

身份认证扩展首部有两种使用方式：传输模式（Transport Mode）和隧道模式（Tunnel Mode）。

传输模式下身份认证扩展首部在 IPv6 数据报中的位置如图 2-13 所示，可以把身份认证扩展首部看做是一个端到端的载荷，把身份认证扩展首部插入原始 IP 首部和 TCP、UDP、ICMP 等上层协议之间，或者在其他已经插入的 IPsec 首部之前。身份认证扩展首部之前的其他扩展首部可以是逐跳选项、路由选择和分段。目的站选项扩展首部可以出现在 AH 首部之前或 AH 首部之后。

应用身份认证扩展首部之前

原始 IP 固定首部	扩展首部	TCP 报文段

应用身份认证扩展首部之后

原始 IP 固定首部	扩展首部	AH 首部	TCP 报文段

图 2-13 传输模式下身份认证扩展首部在 IPv6 数据报中的位置

隧道模式下的身份认证扩展首部应用在主机和安全网关中，身份认证扩展首部保护包括内部 IP 数据报固定首部在内的 IPv6 数据报。身份认证扩展首部的位置与传输模式是一样的。隧道模式下身份认证扩展首部在 IPv6 数据报中的位置如图 2-14 所示。

新的 IP 首部	扩展首部	AH 首部	原始 IP 首部	扩展首部	TCP 报文段

图 2-14 隧道模式下身份认证扩展首部在 IPv6 数据报中的位置

2.2.6 封装安全载荷扩展首部

封装安全载荷（ESP，Encapsulation Security Payload）扩展首部提供端到端的数据加密功能，以及提供无连接的完整性服务、抗重发服务，还提供了对通信流机密性的限制。封装安全载荷扩展首部也简记为 ESP 扩展首部。ESP 扩展首部也有传输模式和隧道模式两种使用方式，提供了主机之间、安全网关之间、主机与安全网关之间的安全服务。ESP 扩展首部的格式如图 2-15 所示。

ESP 扩展首部包含的字段的含义解释如下：

1）安全参数索引（SPI）：占 32 位，标志一个安全关联。与 AH 扩展首部中的 SPI 字段功能相同。

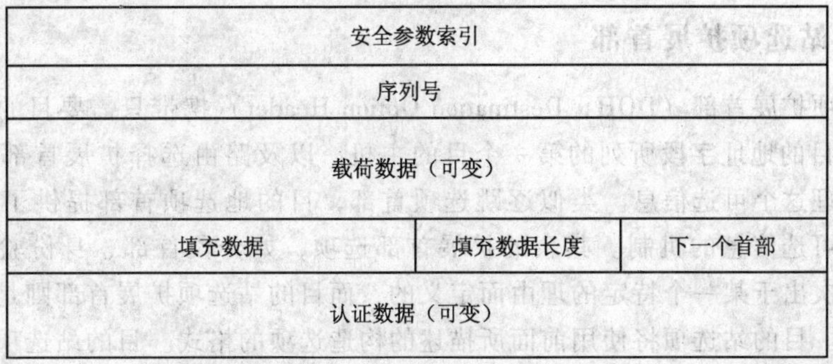

图 2-15 ESP 扩展首部的格式

2）序列号：占 32 位，取值为无符号 32 位整数，表示一个递增的计数器值，当安全关联建立时，通信双方把计数器值初始化为 0。默认情况是建立抗重发机制，此时序列号不允许循环使用，要求在发送 2^{32} 个数据报之前，通信双方的计数器都应该复位。序列号是强制使用的，即使接收方并不想建立抗重发机制。

3）载荷数据：长度可变，若加密载荷的算法需要使用加密同步数据，可以放在该字段中。

4）填充数据：用于使得载荷在正确的位置结束，可以填充 1～255 字节的数据。

5）填充数据长度：占 8 位，取值为无符号 8 位整数，指明以字节为单位，填充数据的长度。

6）下一个首部：占 8 位，同 IPv6 中下一个首部的功用。

7）认证数据：该字段的长度是可变的，要求必须是 32 位字的整数倍。内容为除了认证数据字段以外的 ESP 扩展首部数据的完整性检验值。

在传输模式下，ESP 扩展首部的位置如图 2-16 所示，在原始 IP 首部之后，上层协议之前。

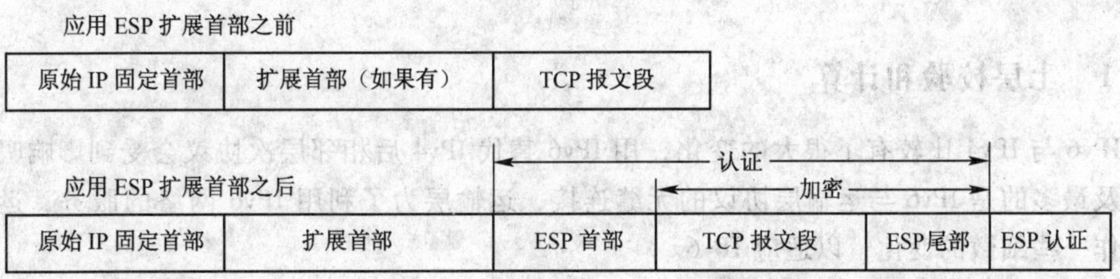

图 2-16 传输模式下 ESP 扩展首部在 IPv6 数据报中的位置

在隧道模式下，ESP 扩展首部的位置如图 2-17 所示，在原始 IP 首部之前，新 IP 首部和新扩展首部之后。

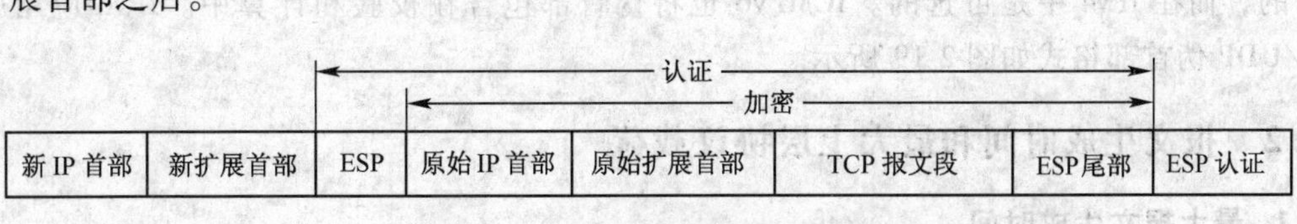

图 2-17 隧道模式下 ESP 扩展首部在 IPv6 数据报中的位置

2.2.7 目的站选项扩展首部

目的站选项扩展首部（DOH，Destination Option Header）携带只需要目的站点检验的可选信息，IPv6 目的地址字段所列的第一个目的主机，以及路由选择扩展首部所列的后续目的主机都要处理这个可选信息。类似逐跳选项首部，目的地选项首部提供了一种随着 IPv6 数据报来交付可选信息的机制。其余的扩展首部选项，如分段首部、身份验证首部和 ESP 首部，都是每次出于某一个特定的理由而定义的，而目的站选项扩展首部则是为目的节点而定义的新选项。目的站选项将使用前面所描述的构造选项的格式。目的站选项扩展首部的格式如图 2-18 所示。

下一个首部	扩展首部长度	选项（可变）

图 2-18 目的站选项扩展首部的格式

目的站选项扩展首部包含的字段的含义解释如下：

1）下一个首部：此 8 位字段对所有的 IPv6 首部是相同的。

2）扩展首部长度：占 8 位，为无符号整数，以 8 个字节为单位，具体应用时，该字段值不包括前 8 个字节在内的目的站选项扩展首部的长度。

3）选项：包含一个或多个 TLV 编码的选项，该字段长度是可变的，需要保证使得整个首部的长度是 8 个字节的整数倍。

在 IPv6 数据报中编码可选的目的站信息有两种可能的方式，以适应目的站点不同处理的要求，一种方式是将目的信息作为一个单独的扩展首部，另一种方式是将目的信息作为目的站选项扩展首部的一个选项。

2.3 IPv6 与相邻层协议的关系

2.3.1 上层校验和计算

IPv6 与 IPv4 比较有了很大的变化，用 IPv6 替代 IPv4 后相邻层次协议会受到影响吗？这里涉及最多的是 IPv6 与运输层协议的无缝连接，运输层为了利用 IPv6 网络的服务，运输层需要作一些细微的变化，以适应 IPv6。

IPv4 网络中上层校验和计算涉及 TCP/UDP 将伪首部作为校验和计算的内容，该伪首部内容包括 IPv4 源地址和目的地址字段。在 IPv6 中需要对 TCP、UDP、ICMPv6 的通信流进行改进，使得能够在校验和的计算中包含 IPv6 地址等内容。在 IPv6 应用中，UDP 的校验和是必需的，而在 IPv4 中是可选的。ICMPv6 也将伪首部包含在校验和计算中。IPv6 应用中的 TCP/UDP 伪首部格式如图 2-19 所示。

2.3.2 报文生成时间和最大上层协议载荷

1. 最大报文生成时间

IPv6 中用跳数限制字段取代了 IPv4 中的 TTL 字段，IPv6 不为上层提供控制数据报在网

源地址	
目的地址	
上层协议包长度	
0	下一个首部

图 2-19 IPv6 应用中 TCP/UDP 伪首部格式

络中的生存期服务。依赖 IP 层生存期的协议需要由自己提供机制，用来检测和丢弃旧的协议包。

2. 最大上层协议载荷

最大上层协议载荷与最大报文段长度 MSS 对应，在计算时需要考虑到 IPv6 协议的首部比 IPv4 首部长。

3. 对携带路由选择扩展首部的数据报的回应

在 RFC2460 文档中基于安全性考虑，对携带路由选择扩展首部的数据报的回应给出规定：上层协议给出的回应协议包不允许携带相应的路由选择扩展首部，除非已经确认收到的协议包的源地址，以及路由首部的完整性和真实性。

2.4 IPv6 的特性

2.4.1 IPv6 具有层次化的地址结构

IPv6 将现有的 IPv4 地址长度扩大了 4 倍，从 IPv4 的 32 位扩充到 IPv6 的 128 位，用以支持大规模数量网络节点的连接标识。IPv6 地址可以标识的地址编码总数大约有 3.4×10^{38} 个，地球表面上平均每平方米将会得到 6.5×10^{23} 个地址。为利于骨干网路由器对数据包的快速转发，IPv6 的设计者采用了层次化的地址结构，把 IPv6 的地址空间按照不同的地址前缀来划分。

IPv6 定义了 3 种不同的地址类型，分别为单点传送地址（UA，Unicast Address），多点传送地址（MA，Multicast Address）和任意点传送地址（AA，Anycast Address），分别简称为单播、多播和任播。所有类型的 IPv6 地址都是属于接口（Interface）而不是节点（Node）。一个 IPv6 单点传送地址被赋给某一个接口，而一个接口又只能属于某一个特定的节点，因此一个节点的任意一个接口的单点传送地址都可以用来标识该节点。需要注意的是，接口和节点是完全不同的概念，例如网络中的一台路由器可以被看做是网络中的一个节点，该路由器可以具有一个或多个局域网接口、广域网接口，以及其他接口，每一个接口均需要用一个 IP 地址标识其连接。

IPv6 中的单点传送地址是连续的，以位为单位用前缀标识地址的方式与无分类域间路由(CIDR，Classless Inter Domain Router) 的 IPv4 地址很类似，一个标识符仅标识一个接口的情况。在 IPv6 中有多种单点传送地址形式，包括基于全球提供者的单点传送地址、基于地理位置的单点传送地址、NSAP 地址、IPX 地址、节点本地地址、链路本地地址和兼容 IPv4 的主机地址等。

多点传送地址是一个地址标识符对应多个接口的情况，通常情况下这些接口属于不同的节点。IPv6 多点传送地址用于表示一组目的节点。一个节点可能会属于几个多点传送地址。Internet 上的多播应用是在 1988 年随着 D 类 IPv4 地址的出现而开始的，目前多播功能被多媒体应用程序广泛使用，多播应用于一个节点到多个节点的传输。RFC2373 给出了一系列预先定义的多点传送地址，并对多点传送地址的使用方法和规则进行了详细说明。

任意点传送地址也是一个标识符对应多个接口的情况。如果一个报文要求被传送到一个任意点传送地址，则它将被传送到由该地址标识的一组接口中的最近一个接口，这个接口根据路由选择协议距离度量方式决定。任意点传送地址是从单点传送地址空间中划分出来的，因此它可以使用表示单点传送地址的任何形式。从语法上来看，它与单点传送地址之间是没有差别的。当一个单点传送地址被指向多于一个接口时，该地址就成为任意点传送地址，并且被明确指明。当用户发送一个数据包到这个任意点传送地址时，离用户最近的一个服务器节点将响应用户。任意点传送地址最适合用于对一个经常移动和变更的网络用户的寻址。

2.4.2 即插即用的联网方式

IPv6 具有自动将 IP 地址分配给用户的功能，也称为即插即用的联网方式，只要计算机设备一连接上网络就可自动设定其 IP 地址。IPv6 的即插即用有两个优点：一是最终用户用不着花精力进行地址设定；二是可以大大减轻网络管理者的负担。IPv6 有两种自动设定功能；一种是和 IPv4 自动设定功能一样的名为“全状态自动设定”功能；另一种是“无状态自动设定”功能。

在 IPv4 协议中，动态主机配置协议（DHCP，Dynamic Host Configuration Protocol）实现了主机 IP 地址及其相关配置的自动设置。一个 DHCP 服务器拥有一个 IP 地址池，主机从 DHCP 服务器租借 IP 地址并获得有关的配置信息，例如默认网关地址、DNS 服务器地址等，由此达到自动设置主机 IP 地址的目的。IPv6 继承了 IPv4 的这种自动配置服务，并将其称为全状态自动配置（Stateful Autoconfiguration）。

在无状态自动配置（Stateless Autoconfiguration）过程中，首先主机通过将它的网卡 MAC 地址附加在链接本地地址前缀 1111111010 之后，产生一个本地链路单点传送地址。接着主机向该地址发出一个被称为邻居发现（Neighbor Discovery）的请求，以验证地址的唯一性。如果请求没有得到响应，则表明主机自我设置的本地链路单点传送地址是唯一的。否则，主机将使用一个随机产生的接口 ID 组成一个新的本地链路单点传送地址。然后，主机以该地址为源地址，向本地链路中所有路由器多点传送一个被称为路由器请求（Router Solicitation）的配置信息。路由器以一个包含一个可汇聚全球单点传送地址前缀和其他相关配置信息的路由器通告响应该请求。主机用它从路由器得到的全球地址前缀加上自己的接口 ID，自动配置全球地址，然后就可以与 Internet 中的其他主机通信了。使用无状态自动配置，无需手动干预就能够改变网络中所有主机的 IP 地址。例如，当企业更换了接入 Internet 的 ISP 时，将从新 ISP 处得到一个新的可汇聚全球地址前缀。ISP 把这个地址前缀从它的路由器上传送到企业路由器上。由于企业路由器将周期性地向本地链路中的所有主机多点传送路由器通告，因此企业网络中所有主机都将通过路由器通告收到新的地址前缀，此后，它们就会自动产生新的IP地址并覆盖旧的IP地址。

使用DHCPv6进行地址自动设定，连接于网络的机器需要查询自动设定用的DHCP服务器才能获得地址及其相关配置。可是，在家庭网络中，通常没有DHCP服务器，此外在移动环境中往往是临时建立的网络，这两种情况就需要使用无状态自动设定方法。

2.4.3 网络层的认证与加密

安全问题始终是Internet需要解决的一个重要问题。由于在IP设计之初没有考虑安全性，因而在早期的Internet上时常发生诸如企业或机构网络遭到攻击、机密数据被窃取等事情。为了加强Internet的安全性，从1995年开始，IETF着手研究制定了一套用于保护IP通信的IP安全（IP Security）协议，简写为IPSec。IPSec是IPv4的一个可选扩展协议，而对IPv6来说，IPSec是一个必需的组成部分。

IPSec的主要功能是在网络层对数据分组提供加密和鉴别等安全服务，它提供了两种安全机制：认证和加密。认证机制使IP通信的数据接收方能够确认数据发送方的真实身份以及数据在传输过程中是否遭到改动。加密机制通过对数据进行编码来保证数据的机密性，以防止数据在传输过程中被他人截获而失密。IPSec的认证首部AH协议定义了认证的应用方法，封装安全载荷ESP协议定义了加密和可选认证的应用方法。AH和ESP都可以提供认证服务，不过，AH提供的认证服务要强于ESP。在实际进行IP通信时，可以根据安全需求同时使用这两种协议或选择使用其中的一种。

IPSec定义了两种类型的安全关联（SA，Security Association）：传输模式SA和隧道模式SA。传输模式SA是在IP首部（以及任何可选的扩展报首部）之后和任何高层协议（如TCP或UDP）首部之前插入AH或ESP报首部；隧道模式SA是将整个原始的IP数据包放入一个新的IP数据包中。在采用隧道模式SA时，每一个IP数据包都有两个IP首部：外部IP首部和内部IP首部。外部IP首部指定将对IP数据包进行IPSec处理的目的地址，内部IP首部指定原始IP数据包最终的目的地址。传输模式SA只能用于两个主机之间的IP通信，而隧道模式SA既可以用于两个主机之间的IP通信，还可以用于两个安全网关之间或一个主机与一个安全网关之间的IP通信。安全网关可以是路由器、防火墙或虚拟专用网（VPN）设备。

作为IPv6的一个组成部分，IPSec是一个网络层协议。它只负责其下层的网络安全，并不负责其上层应用的安全，如Web、电子邮件和文件传输等。也就是说，验证一个Web会话，依然需要使用安全套接字层SSL协议。不过，TCP/IPv6协议簇中的协议可以从IPSec中受益，例如，用于IPv6的OSPFv3路由协议就去掉了用于IPv4的OSPF中的认证机制。

作为IPSec的一项重要应用，IPv6集成了VPN的功能。使用IPv6可以更容易地实现更为安全可靠的虚拟专用网。

2.4.4 服务质量的支持

基于IPv4的Internet在设计之初，只有一种简单的服务质量，即采用“尽最大努力”（Best Effort）传输，这样从原理上讲IPv4网络的服务质量（QoS，Quality of Service）是无保证的。文本传输、静态图像等传输对QoS并无过多的要求。随着IP网上多媒体业务增加，例如

IP 电话、视频点播 VoD、电视会议等实时应用，对传输延时和延时抖动均有严格的要求。

QoS 对关键应用和多媒体应用十分必要。当网络过载或拥塞时，QoS 能确保重要业务量不受延迟或丢弃，同时保证网络的高效运行。

IPv6 数据报的格式包含一个 8 位的业务流类别（Class）字段和一个新的 20 位的流标签（Flow Label）字段来识别传输，可使路由器标识和特殊处理属于一个流量的数据包。流是指来自同一源和目的节点之间的一系列数据包，因为是在 IPv6 包头中识别传输，所以即使通过 IPSec 加密数据包载荷（Payload），仍可实现对 QoS 的支持。最早在 RFC1883 中定义了 4 位的优先级字段，可以区分 16 个不同的优先级。后来在 RFC2460 中改为 8 位的类别字段，其数值及如何使用还没有定义，其目的是允许发送业务流的源节点和转发业务流的路由器在数据包上加上标记，并进行除默认处理之外的不同处理。一般来说，在所选择的链路上，可以根据开销、带宽、延时或其他特性对数据包进行特殊的处理。

一个流是以某种方式相关的一系列信息包，IP 层必须以相关的方式对待它们。决定信息包属于同一流的参数包括：源地址、目的地址、QoS、身份认证及安全性。IPv6 中流的概念的引入仍然是在无连接协议的基础上的，一个流可以包含几个 TCP 连接，一个流的目的地址可以是单个节点也可以是一组节点。IPv6 的中间节点接收到一个信息包时，通过验证它的流标签，就可以判断它属于哪个流，然后就可以知道信息包的 QoS 需求，从而进行快速的转发。

2.4.5 对移动通信更好的支持

未来移动通信与 Internet 的结合将是网络发展的大趋势之一。移动 Internet 将成为人们日常生活的一部分，改变生活的方方面面。移动 Internet 不仅仅是移动接入 Internet，它还提供一系列以移动性为核心的多种增值业务：查询本地化设计信息、远程控制工具、无限互动游戏、购物付款等。

移动 IPv6 的设计汲取了移动 IPv4 的设计经验，并且利用了 IPv6 的许多新的特征，所以提供了比移动 IPv4 更多、更好的特点。移动 IPv6 成为 IPv6 中不可分割的一部分。

思考题和练习题

2-1 写出链路最大传输单元 MTU 和路径最大传输单元的定义，两者的区别是什么？

2-2 写出 IPv6 数据单元的固定首部格式。

2-3 给出具有多个可选扩展首部的 IPv6 数据报的一般格式。

2-4 IPv6 与 IPv4 是互相不兼容的两个网络层协议，给出两种协议首部的比较。

2-5 简述 IPv6 扩展首部的用法。

2-6 给出 IPv6 扩展首部的标识方法。

2-7 具有选项的扩展首部有哪些？

2-8 简述通用的路由选择扩展首部的用法。

2-9 简述 IPv6 网络中数据分段的特点，以及分段扩展首部的作用。

2-10 写出认证扩展首部在扩展首部中的位置关系。

2-11 写出 ESP 扩展首部的格式。

2-12 简述 IPv6 与相邻层协议的关系。

2-13 简述 IPv6 的新特性。

第3章 IPv6地址技术

3.1 IPv6地址技术概述

3.1.1 IPv6地址表示方式

IPv4地址有32位二进制位，为便于使用，采用点分十进制表示，每8位二进制数用1个十进制整数表示，4个十进制数字之间用点分隔。例如一个32位二进制位的IPv4地址11001010 10100001 01000100 01100001可以表示为202.161.68.97。在有些应用中IPv4地址也时常以一组4个2位的十六进制整数表示。IPv4地址的格式是网络标识+主机标识。

IPv6地址长度是IPv4地址长度的4倍，是否也采用点分十进制表示呢？显然，IPv6地址的标识需要采用新的方法。在RFC2373（IPv6 Addressing Architecture）文档中规定了IPv6的地址结构，IPv6地址有3种格式：首选格式、压缩表示格式、内嵌IPv4地址的IPv6地址格式。后面两种格式更加清楚和易于使用。2006年发布的RFC4291是对RFC2373的进一步修订。

1. 首选格式

首选格式也称为标准的IPv6地址表达方式，方法是把IPv6的128位二进制位地址按每16位划分为一组，可以划分为8个组，每组用一个4位的十六进制整数表示，各组之间用冒号间隔。

IPv6地址首选格式的基本表达方式是X:X:X:X:X:X:X:X，其中，X是一个4位十六进制整数（16位二进制位）。每一个十六进制数字包含4位二进制位，每组包含4位十六进制整数，每个IPv6地址包括8组十六进制整数，共计128位（4×4×8=128）。例如一个128位的IPv6地址

00100000 00000001 00000100 00010000 00000000 00000000 00000000 00000001

00000000 00000000 00000000 00000000 00000000 00000000 01000101 11111111

划分为16位一组，每一组用一个4位十六进制整数表示，各组之间由冒号间隔

2001:0410:0000:0001:0000:0000:0000:45FF

请注意这些整数是十六进制整数，其中，A~F表示的是十进制的10~15。地址中的每个整数都必须表示出来。

2. 压缩表示格式

某些IPv6地址中可能包含一长串的0，就像上面的例子一样。当出现这种情况时，IPv6标准中允许用“空隙”来表示这一长串的0，并且一个4位十六进制整数的起始的0可以省略（压缩掉），但中间和后面的0不可以省略。例如上面用首选格式表示的IPv6地址2001:0410:0000:0001:0000:0000:0000:45FF可以被表示为

2001:410:0:1:0:0:0:45FF

为了书写的方便和阅读的清晰，RFC2373规定当地址中存在一个或多个连续的16位的字符0时，可以用两个冒号（双冒号）表示，双冒号可以代替地址中连续的0，这两个冒号

表示该地址可以扩展到一个完整的 128 位地址。上面的地址可以表示为

2001：410：0：1：：45FF

需要注意的是，在使用压缩表示格式时，IPv6 标准规定双冒号在地址中只能出现一次，并且不能省略一个组中有效的 0，例如上面的地址不可以写为

2001：41：0：1：：45FF。

3. 内嵌 IPv4 地址的 IPv6 地址格式

在 IPv4 和 IPv6 的混合环境中可以采用内嵌 IPv4 地址的 IPv6 地址格式，这也是 IPv4/IPv6 过渡时期使用的特殊表示方法。IPv6 地址中的最低 32 位可以用于表示 IPv4 地址，该地址可以按照一种混合方式表达，即 X：X：X：X：X：X：d. d. d. d，其中，X 表示一个十六进制整数（表示 16 位二进制数），而 d 表示一个十进制整数（表示 8 位二进制数）。例如，地址

0：0：0：0：0：0：202.161.68.97

就是一个合法的 IPv4 地址，把两种可能的表达方式组合在一起，该地址也可以表示为

：：：202. 161. 68. 97

IPv4 和 IPv6 节点必须找到共存的方法。当然两个不同 IP 版本最明显的一个差别是地址。内嵌 IPv4 地址的 IPv6 地址格式最早由 RFC1884 定义，然后被写入 RFC2373 中，IPv6 提供两类嵌有 IPv4 地址的特殊地址。这两类地址高阶 80 位均为 0，低阶 32 位包含 IPv4 地址。当中间的 16 位被置为 FFFF 时，则指示该地址为 IPv4 映像的 IPv6 地址。

IPv4 兼容地址被节点用于通过 IPv4 路由器并以隧道方式传送 IPv6 包。这些节点既理解 IPv4 又理解 IPv6。IPv4 映像地址则被 IPv6 节点用于访问只支持 IPv4 的节点。

3.1.2 IPv6 的地址空间和地址前缀

IPv6 格式前缀（FP，Format Prefix）采用类似于 IPv4 地址中的无分类域间路由 CIDR 机制中的地址前缀，地址前缀用来标识网络、子网和路由（选路）。由于 IPv6 地址被分成两个部分：子网前缀和接口标识符，因此人们期待一个 IP 节点地址可以按照类似 CIDR 地址的方式表示为一个携带前缀数值的地址，前缀指出了地址中有多少位是掩码。IPv6 地址前缀表示方法与 IPv4 地址中的 CIDR 一样，采用“地址/前缀长度”的格式，IPv6 地址与前缀长度之间以斜杠“/”区分，前缀长度是一个十进制值，指定该地址中最左边的用于组成前缀的比特数。IPv6 地址前缀格式为：IPv6 地址/前缀长度。

IPv6 节点地址中指出了前缀长度，例如，4030：0：0：0：C9B4：FF12：48BC：1A27/60，这个地址中用于选路的前缀长度为 60 位。

RFC2373 中给出了 IPv6 地址空间描述，内容包括：地址分配的情况、前缀（地址分配中前面的位值）和作为整个地址空间一部分的地址分配的长度（所占 IPv6 地址空间的比率）。RFC2373 文档也给出了一些用来识别特殊地址的格式前缀（也称全球路由前缀），例如本地链路地址或多播地址。RFC2373 定义的 IPv6 地址空间的分配情况如表 3-1 所示，其中超过 80% 的地址空间是未分配的，这就为将来的 IPv6 地址的分配留出了充足的余地。

IPng 的目标之一是要统一整个网络世界，使 IP、IPX 和 OSI 网络间能进行互操作。为了支持这种互操作性，IPv6 为 OSI 的 NSAP 和 IPX 各保留了 1/128 地址空间。IPX 地址格式尚未精确定义。

表 3-1 IPv6 地址空间的分配

分配情况	地址前缀（二进制）	所占地址空间比例
保留	0000 0000	1/256
未分配	0000 0001	1/256
为 NSAP 分配保留	0000 001	1/128
为 IPX 分配保留	0000 010	1/128
未分配	0000 011	1/128
未分配	0000 1	1/32
未分配	0001	1/16
可汇聚全球单播地址	001	1/8
未分配	010	1/8
未分配	011	1/8
未分配	100	1/8
未分配	101	1/8
未分配	110	1/8
未分配	1110	1/16
未分配	1111 0	1/32
未分配	1111 10	1/64
未分配	1111 110	1/128
未分配	1111 1110 0	1/512
本地链路单播地址	1111 1110 10	1/1024
本地站点单播地址	1111 1110 11	1/1024
多播地址	1111 1111	1/256

3.1.3 IPv6 寻址模型

IPv6 的地址标识为 128 位，可以标识的地址数约为 2^{128} 个，相当于为地球表面每平方米的面积提供 6.5×10^{23} 个地址，在巨大的 IPv6 地址空间中是很容易迷失方向的。把 IPv6 地址的位数扩大到 128 位，目的是为了更好地为路由域名划分出层次结构。128 位的地址空间可以容纳多级层次结构，使得对寻址和路由的层次设计更具有灵活性。

IPv6 地址由两部分组成：一部分是 64 位子网标识符；另一部分是 64 位接口标识符。可以看出 IPv6 地址的一半是子网空间，另一半是接口空间。

网络中的一台主机或路由器是网络中的一个节点，一个节点可以有一个或多个接口，IPv6 地址是分配给接口的。在 IPv6 网络中一个接口可以有一个或多个 IPv6 地址（包括单播地址，任播地址和多播地址）。

IPv6 寻址模型与 IPv4 很相似。每个单播地址标识一个单独的网络接口。IP 地址被指定给网络接口而不是节点，因此一个拥有多个网络接口的节点可以具备多个 IPv6 地址，其中任何一个 IPv6 地址都可以代表该节点。尽管一个网络接口能与多个单播地址相关联，但一个单播地址只能与一个网络接口相关联。每个网络接口必须至少具备一个单播地址。

在 IPv6 中，如果点到点链路的任何一个端点都不需要从非邻居节点接收和发送数据的话，它们就可以不需要特殊的地址。也就是说，如果两个节点主要是传递业务流，则它们并不需要具备 IPv6 地址。

IPv6 地址模型中又提出了一个重要的例外，如果硬件有能力在多个网络接口上正确地共享其网络负载的话，那么多个网络接口可以共享一个 IPv6 地址。这使得从服务器扩展至负载分担的服务器群成为可能，而不再需要在服务器的需求量上升时必须进行硬件升级。

下面将要讨论的多播和任播地址也与网络接口有关。一个网络接口可以具备多个任意类型的 IPv6 地址。

最初 IP 地址的分配由 Internet 号码分配局（IANA，Internet Assigned Number Authority）管理，现在，ICANN 行使 IANA 的职能，按世界地域划分区域，由 ICANN 将 IPv6 地址分配给各个区域 Internet 注册处（RIR，Regional Internet Registry），再由 RIR 分配给所辖区域的国家或申请者。目前全球有 5 个 RIR 负责所在区域的 IPv6 地址的分配，这 5 个 RIR 是：

1）欧洲地区，RIPE - NCC（RIPE Network Coordination Centre），负责欧洲、中东和部分中亚地区，网址是 www. ripe. net。

2）亚太地区，APNIC（Asia Pacific Network Information Center），负责亚洲和太平洋地区，网址是 www. apnic. net。

3）非洲地区，AfriNIC（Africa Network Information Center），负责非洲地区。

4）北美地区，ARIN（American Registry for Internet Numbers），负责加拿大、美国以及加勒比海和北大西洋的一些岛屿。

5）拉丁美洲和加勒比海地区，LACNIC（Latin American and Caribbean Internet Address Registry），负责拉丁美洲和加勒比海地区的 IPv6 地址的分配。

需要说明的是，早期北美地区的 RIR 是 INTERNIC，网址是 www. internic. net。

3.2 IPv6 地址分类

3.2.1 IPv6 地址分类概述

IPv6 地址的分类方法与 IPv4 类似，按照其传输类型分为 3 种：

（1）单播地址（Unicast Address） 用来标识单一网络接口。目标地址是单播地址的数据包将发送给以这个地址为标识的网络接口。单播地址可唯一地确定某个 IPv6 节点的一个接口。向一个单播地址发送的数据包将被发往由该地址确定的接口。

（2）多播地址（Multicast Address） 用来标识一组网络接口（通常属于不同的节点）。发送到多播地址的数据包将发送给本组中所有的网络接口。一个多播地址确定一组 IPv6 接口。向一个多播地址发送的数据包将被该多播的所有成员处理。

（3）任播地址（Anycast Address） 用来标识一组网络接口，这些接口通常属于不同的节点。任播地址是 IPv6 引入的一种新的地址类型，在文档 RFC1546 中对任播地址进行描述和定义。一个任播地址被分配给多个接口，这些接口通常位于多个节点上。向一个任播地址发送的数据包将只会被发往这些接口中的一个接口，目标地址是任播地址的数据包发送给在路由意义上距离最近的一个节点的网络接口。

需要说明的是，在 IPv6 中取消了广播地址（Broadcast Address），用多播地址取代广播地址实现的功能。IPv6 中取消了广播地址的原因是广播地址从一开始就为 IPv4 网络带来了问题。广播被用来携带发往多个节点的信息，或被那些不知信息来自何方的节点用来发出请求。但是，广播可能会为网络性能设置障碍。同一网络链路上的大量广播意味着该链路上的每个节点都必须处理所有广播，但是其中绝大部分节点最终都将忽略该广播，因为该广播信息与自己无关。

IPv6 对此的解决办法是使用一个“所有节点”多播地址来替代那些必须使用广播的情况，同时，对那些原来使用了广播地址的场合，则使用一些更加有限的多播地址。通过这种方法，对于原来对广播携带的业务流感兴趣的节点可以加入一个多播地址，而其他对该信息不感兴趣的节点则可以忽略发往该地址的包。

广播从来不能解决信息穿越 Internet 的问题，例如选路信息，而多播则提供了一个可行的方法，可以实现路由信息穿越 Internet。

IPv6 地址是分配给网络接口的，而不是像 OSI 中那样是分配给网络节点，因此一个节点的每个接口都需要至少一个单播地址。一个接口也可以具有多个任意类型的 IPv6 地址（单播、多播或任播）。因此一个节点可以由它的任意一个接口的 IPv6 地址所标识。为了分担负荷，也可以把一个单播地址分配给多个接口，但是如果这么做的话，需要确保硬件和驱动程序对它提供支持。

一个典型的 IPv6 地址由 3 个部分组成：全球路由前缀（GRP，Global Routing Prefix）、子网 ID（Subnet ID）和接口 ID（Interface ID）。IPv6 的一般地址格式如图 3-1 所示。

全球路由前缀 N 位	子网 ID M 位	接口 ID 128 – N – M 位

图 3-1　IPv6 的一般地址格式

IPv6 的一般地址格式各部分的作用如下：

1）全球路由前缀用来识别分配给一个站点的某个特殊地址或一个地址范围，用于确定分配给某节点的地址或地址范围。

2）子网 ID 用来识别站点中的某个链接，子网 ID 也可以称为“子网”前缀或简称“子网”，一个子网 ID 与一个链接相关联，用于指明节点内的一条链接。可以将多个子网 ID 与一个链接相关联。可以将多个子网 ID 分配给一个链接。

3）接口 ID 用来识别和指明链接上的一个接口，并且接口 ID 在该链接上必须是唯一的。在 IPv6 寻址体系结构中，任何 IPv6 单播地址都需要一个接口标识符（接口 ID）。接口标识符非常像 48 位的介质访问控制（MAC）地址，MAC 地址由硬件编码在网络接口卡中，由厂商烧入网卡，而且地址具有全球唯一性，不会有两个网卡具有相同的 MAC 地址。这些地址能用来唯一标识网络链路层上的接口。

IPv6 主机地址的接口标识符基于 IEEE EUI – 64 格式。该格式基于已存在的 MAC 地址来创建 64 位接口标识符，这样的标识符在本地和全球范围是唯一的。RFC2373 包括的附录解释了如何创建接口标识符。有关 IEEE EUI – 64 标准更多的信息，可以访问以下 IEEE 网站：

http://standards.ieee.org/db/oui/tutorials/EUI64.html。

这些 64 位接口标识符能在全球范围内逐个编址，并唯一地标识每个网络接口。这意味着理论上可多达 2^{64} 个不同的物理接口，大约有 1.8×10^{19} 个不同的地址，而且这也只用了 IPv6 地址空间的一半。这在可预见的未来至少是足够的。

RFC1884 给出了几种通用的不同类型的 IPv6 地址。IPv6 给 NSAP 和 IPX 分配的地址，以及基于 OSI 网络和 NetWare 地址都无缝地包含在 IPv6 体系结构中。

RFC2373 改变和简化了 IPv6 的地址分配。其中之一是取消了基于地理位置的地址分配，基于供应商的单播地址改变成可汇聚全球单播地址。从名字的改变上就可看出，对于基于供应商的地址，允许前面定义的聚类以及基于交换局的新型聚类。这也反映了一种更平衡的地址分类。NSAP 和 IPX 地址空间仍然保留着，并且 1/8 的地址分配给可汇聚全球单播地址。另外，除了多播地址和某类保留地址外，IPv6 地址空间的其余部分都是未分配的地址，为将来的发展预留了足够的空间。

3.2.2 IPv6 单播地址

IPv6 地址中的单播概念与 IPv4 的单播概念类似，IPv6 单播地址标识了一个唯一的 IPv6 接口，如果一个单播地址存在，向这个单播地址发送的数据报会最终到达唯一的一个节点。一个节点可以具有多个 IPv6 网络接口。每个接口必须具有一个与之相关的单播地址。一个 IPv6 单播地址可看成是一个两字段实体，其中一个字段用来标识网络，而另一个字段则用来标识该网络上节点的接口。网络标识符可被划分为几部分，分别标识不同的网络部分。

IPv6 单播地址功能与 IPv4 地址一样采用无分类域间路由（CIDR）机制，在一个特定边界上将地址分为两部分。地址的高位部分包含选路用的前缀，而地址的低位部分包含网络接口标识符。最简单的方法是把 IPv6 地址作为不加区分的一块 128 位的数据，而从格式化的观点来看，可把它分为两段，即接口标识符和子网前缀。

接口标识符的长度取决于子网前缀的长度。两者的长度是可以变化的，这取决于谁对它进行解释。对于非常靠近寻址的节点接口（远离骨干网）的路由器，可用相对较少的位数来标识接口，而离骨干网近的路由器，只需用少量地址位来指定子网前缀，这样，地址的大部分将用来标识接口标识符。

RFC2373 中定义了 IPv6 单播地址的格式，IPv6 的单播地址按照地址的传输范围分为可聚类全球单播地址（AGUA，Aggregatable Global Unicast Addresses）、OSI 网络服务访问点（NSAP，Network Service Access Point）地址、网络互联包交换 IPX 层次地址、本地站点地址（Site-Local Address）和本地链路地址（link-Local Address）等。所有的网络接口至少要有一个本地链路地址，同时还可以拥有多个 IPv6 地址（包括单播地址、任播地址和多播地址）。

IPv6 单播地址的类型包括：可聚类全球单播地址；未指定地址或全 0 地址；回返地址；嵌有 IPv4 地址的 IPv6 地址；基于 ISP 和基于地理位置的 ISP 地址；OSI 网络服务访问点（NSAP）地址；网络互联包交换（IPX）地址。

1. 可汇聚全球单播地址

可汇聚全球单播地址用作 IPv6 公网地址。每个可汇聚全球单播 IPv6 地址有 3 个部分：

（1）ISP 提供商分配的前缀　分配给组织机构的前缀属于 ISP 提供商前缀的一部分。提供商分配给组织机构的前缀最少是/48 前缀，表示网络前缀的高 48 位。

（2）站点拓扑（Site Topology）　组织机构使用提供商分配的一个/48 位前缀，可以用前缀的 49～64 位，一共 16 位把网络划分为子网，最多可以划分 65535 个子网。

（3）接口 ID（接口标识符）　IPv6 地址的低 64 位用于标识接口。

RFC2373 中定义的可聚类全球单播地址格式如图 3-2 所示，地址格式的起始 3 位固定为 001。

比特	3 位	13 位	8 位	24 位	16 位	64 位
	前缀	TLAID	RES	NLAID	SLAID	接口 ID

图 3-2　可汇聚全球单播地址格式

可汇聚全球单播地址格式包含的字段及字段的功能解释如下：

（1）前缀 FP　IPv6 地址中的格式前缀，3 位长，用来标识该地址在 IPv6 地址空间中属于哪类地址。该字段值为“001”，标识这是可汇聚全球单播地址。

（2）TLAID　顶级汇聚标识符，包含最高级地址选路信息。这指的是网络互连中最大的选路信息。目前，该字段为 13 位，可得到最大 8192 个不同的顶级路由。

（3）RES（保留）　该字段为 8 位，保留为将来用。最终可能会用于扩展顶级或下一级汇聚标识符字段。

（4）NLAID　下一级汇聚标识符，24 位长。该标识符被一些机构用于控制顶级汇聚以安排地址空间。换句话说，这些机构（可能包括大型 ISP 和其他提供公网接入的机构）能按照他们自己的寻址分级结构来将此 24 位字段切开用。这样，一个实体可以用 2 位分割成 4 个实体内部的顶级路由，其余的 22 位地址空间分配给其他实体（如规模较小的本地 ISP）。这些实体如果得到足够的地址空间，可将分配给它们的空间用同样的方法再划分。

（5）SLAID　站点级汇聚标识符，被一些机构用来安排内部的网络结构。每个机构可以用与 IPv4 同样的方法来创建自己内部的分级网络结构。若 16 位字段全部用作平面地址空间，则最多可有 65535 个不同子网。如果用前 8 位作该组织内较高级的选路，那么允许 255 个高级子网，每个高级子网可有多达 255 个的子网。

（6）接口标识符　64 位长，包含 IEEE EUI－64 接口标识符的 64 位值。现在很清楚，IPv6 单播地址能包括大量的组合，甚至超过了将来 RFC 可能会指定的显式字段。不论是站点级汇聚标识符，还是下一级汇聚标识符都提供了大量空间，以便某些网络接入供应商和机构通过分级结构再划分这两个字段来增加附加的拓扑结构。

2. 本地链路地址

本地链路地址具有固定的地址格式，是在 IPv6 中应用范围受限制的地址类型，应用范围限制在连接到同一本地链路的节点之间。在邻居发现等 IPv6 机制中使用到该类型的地址。本地链路地址格式如图 3-3 所示。

比特	10 位	54 位	64 位
	1111111010	0	接口 ID

图 3-3　本地链路地址格式

地址格式中最高 10 位值为 1111111010。本地链路地址的组成包括两个部分：一个特定的前缀和接口 ID。两部分使用特定的本地链路前缀 FE80：：/64。低 64 位为接口 ID（标识符）。

网络中的节点启动 IPv6 协议栈时，节点的每个接口会自动分配一个本地链路地址，这种机制的特点是连接在同一链路上的两个 IPv6 节点不需要做任何配置就可以通信。

下面讨论本地链路地址自动配置的原理，本地链路前缀 FE80 : : /64 是特定的，关键是怎样得到 64 位的接口 ID，获取 IPv6 接口 ID 的方法是采用 EUI-64 地址。

EUI-64 格式由 IEEE 为网卡制造厂商指定的 24 位标识及制造商为产品指定的 40 位值组合，如图 3-4 所示。

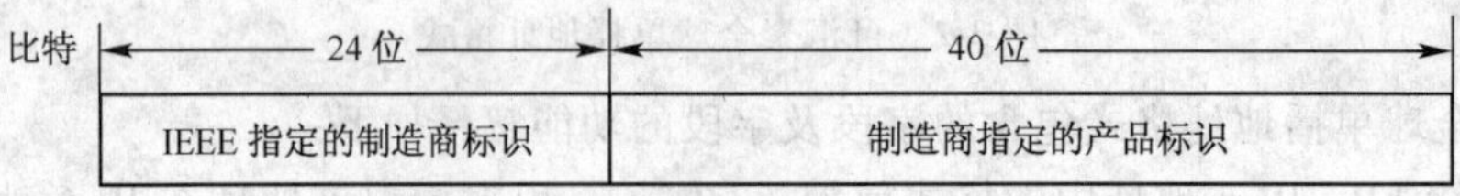

图 3-4　IEEE EUI-64 格式

本地链路地址用于单网络链路上给主机编号。前缀的前 10 位标识的地址即本地链路地址。路由器在它们的源端和目的端对具有本地链路地址的包不予处理，因为永远也不会转发这些包。该地址的中间 54 位置成 0。而 64 位接口标识符同样用如前所述的 IEEE 结构，地址空间的这部分允许个别网络连接多达 $2^{64}-1$ 个主机。

EUI-64 地址和节点接口的数据链路层地址（MAC 地址）有关，可以保证接口的唯一性。MAC 地址是 48 位，而接口 ID 为 64 位，需要在 MAC 地址中间插入 4 位十六进制数 FFFE，即 16 位二进制数 11111111 11111110。还需要把从高位开始的第 7 位 U/L 位设置为 1，一般情况该位的值为 0。从 MAC 地址转换为 EUI－64 地址的过程如图 3-5 所示。

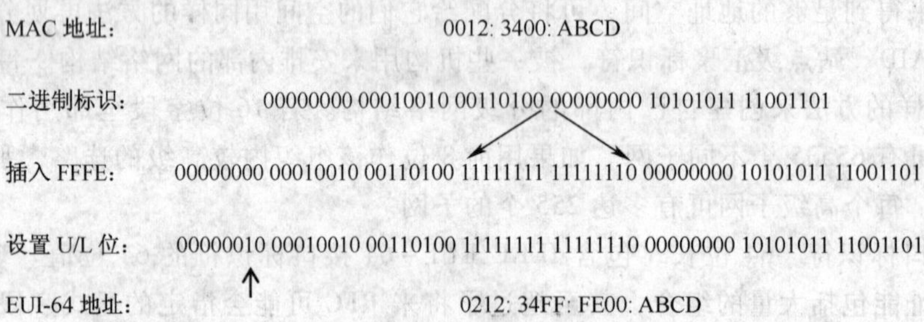

图 3-5　从 MAC 地址转换为 EUI-64 地址的过程

3. 本地站点地址

本地站点地址也是应用范围受限的地址，仅能在一个站点内（一个单位的网络内）使用，类似于 IPv4 中的专用地址（私有地址）。本地站点地址可以供任何没有申请到 ISP 提供商分配的可汇聚全球单播地址的组织机构和单位使用。与本地链路地址不同的是，本地站点地址不是自动生成的。

本地站点地址的前 48 位是固定的，其中前 10 位是固定的二进制位组合 1111111011，后面是 38 位 0，接着是提供单位构建子网的 16 位的子网 ID 字段，最后是 64 位的接口 ID。本地站点地址格式如图 3-6 所示。

这意味着本地站点地址能用在内联网中传送数据，但不允许从站点直接选路到全球 Internet。站点内的路由器只能在站点内转发包，而不能把包转发到站点外去。本地站点地址的 10 位前缀与本地链路地址的 10 位前缀略有区别，后面也紧跟一连串“0”。本地站点地址

比特	10 位	38 位	16 位	64 位
	1111111010	0	子网 ID	接口 ID

图 3-6　本地站点地址格式

的子网标识符为 16 位，而接口标识符同样是 64 位基于 IEEE 地址。

4. 特殊地址和保留地址

在第一个 1/256IPv6 地址空间中，所有地址的第一个 8 位，即 00000000 被保留。大部分空的地址空间用作特殊地址，这些特殊地址包括：

(1) 未指定地址　这是一个“全 0”地址，当没有有效地址时，可采用该地址。例如当一个主机从网络第一次启动时，它尚未得到一个 IPv6 地址，就可以用这个地址，即当发出配置信息请求时，在 IPv6 包的源地址中填入该地址。该地址可表示为 0：0：0：0：0：0：0：0，如前所述，也可写成：：。

(2) 回返地址　在 IPv4 中，回返地址定义为 127.0.0.1。任何发送回返地址的包必须通过协议栈到网络接口，但不发送到网络链路上。网络接口本身必须接受这些包，就好像是从外面节点收到的一样，并传回给协议栈。回返功能用来测试软件和配置。IPv6 回返地址除了最低位外，全为 0，即回返地址可表示为 0：0：0：0：0：0：0：1 或：：1。

(3) 嵌有 IPv4 地址的 IPv6 地址　有两类地址，一类允许 IPv6 节点访问不支持 IPv6 的 IPv4 节点，另一类允许 IPv6 路由器用隧道方式，在 IPv4 网络上传送 IPv6 包。

3.2.3　IPv6 多播地址

多播指的是源节点发送的单个数据报可以被指明的多个目的节点收到。类似于有类 IPv4 地址中的 D 类地址作为多播地址，用 IP 地址最高 4 位二进制位的值 1110 标识。IPv6 中的多播地址也通过特定的地址前缀来标识，用最高 8 位是 11111111 二进制位组合来标识多播地址。IPv6 中的多播地址格式如图 3-7 所示。

比特	8 位	4 位	4 位	112 位
	11111111	标志	范围	组 ID

图 3-7　IPv6 中的多播地址格式

IPv6 多播地址的格式不同于 IPv6 单播地址，采用更为严格的格式。多播地址只能用作目的地址，没有数据报把多播地址用作源地址。IPv6 协议中的多播地址格式中各字段含义如下：

1) 标识：地址格式中的第 1 个字节为全“1”，标识其为多播地址。多播地址占了 IPv6 地址空间的整整 1/256。

2) 标志：占 4 位。目前只定义了第 4 位，该位用来表示该地址是由 Internet 编号机构指定的熟知的多播地址，还是特定场合使用的临时多播地址。如果该标志位为“0”，表示该地址为熟知地址；如果该位为“1”，表示该地址为临时地址。其他 3 个标志位保留，将来用。

3) 范围：占 4 位，用来限制多播数据流在网络中发送的范围，例如多播组是只包括同一本地网、同一站点、同一机构中的节点，还是包括 IPv6 全球地址空间中任何位置的节点。该 4 位的可能值为 0～15，RFC2373 文档给出的 4 位范围字段编码如表 3-2 所示。

表 3-2 RFC2373 文档给出的 4 位范围字段编码

二进制	十六进制	值的含义
0000	0	预留
0001	1	节点本地范围
0010	2	链路本地范围
0011	3	（未分配）
0100	4	（未分配）
0101	5	站点本地范围
0110	6	（未分配）
0111	7	（未分配）
1000	8	组织本地范围
1001	9	（未分配）
1010	A	（未分配）
1011	B	（未分配）
1100	C	（未分配）
1101	D	（未分配）
1110	E	全球范围
1111	F	预留

从给出的编码值可以判断出 FF02：：2 是一个本地链路范围的多播地址，FF05：：2 是一个本地站点范围的多播地址。

4）组标识符：占 112 位，用于标识多播组，最多可以编码 2^{112} 个组的 ID，RFC2373 建议使用该字段的低 32 位用作组标识符，该字段的其余 80 位置为 0，这样可以把每个组标识符映射到一个唯一的以太网多播 MAC 地址。

与 IPv4 多播地址类似，IPv6 也有一些具有特别含义的特殊多播地址，例如：

FF01：：1 表示节点本地范围内所有节点多播地址；

FF02：：1 表示链路本地范围内所有节点多播地址；

FF01：：2 表示节点本地范围内所有路由器多播地址；

FF02：：2 表示链路本地范围内所有路由器多播地址；

FF05：：2 表示站点本地范围内所有路由器多播地址。

根据多播地址是临时的还是熟知的以及地址的范围，同一个多播标识符可以表示不同的组。永久多播地址用指定的赋予特殊含义的组标识符，组中的成员既依赖于组标识符，又依赖于范围。

在 IPv6 多播地址中有一种特殊用途的请求节点（Solicited-node）多播地址，主要用于重复地址检测和获取邻居节点的链路层地址。请求节点多播地址由前缀 FF02：：1：FF00：0/104 和单播地址的最后 24 位组成，一个单播地址对应一个请求节点多播地址。

IP 多播比较复杂，一个重要的原因是 IP 并不是不加鉴别就将业务流放在 Internet 上转发至所有节点，这也是 IP 成功之处。路由器不转发广播包，对多播而言，只要路由器以其他节点的名义预订多播地址，就能有选择地转发多播包。

当节点预订多播地址时，它声明要成为多播的一个成员。于是任何本地路由器将以该节点的名义预订多播地址。同一网络上的其他节点要发送信息到该多播地址时，IP 多播包将被封装到链路层多播数据传输单元中。在以太网上，封装的单元指向以太网多播地址。在其他用点对点电路传输的网络上（如 ATM），通过其他机制将包发送给订户，通常通过某类服务器将包发送给每个订户。来自本地网以外的多播，用同样方法处理，只用传递给路由器，由路由器把包转发给预订节点。

3.2.4 IPv6 任播地址

任播地址是 IPv6 协议特有的地址类型，适合于一对一组中的一个（One to One of Many）的通信需求。任播地址用来标识一组网络接口，这些接口通常属于不同的节点。路由器会把目标地址是任播地址的数据报发送给离该路由器最近的一个网络接口。任播使一种到最近节点的发现机制成为可能。

需要说明的是，任播地址只能用作 IPv6 数据报的目的地址，任播地址只能分配给 IPv6 路由器。

在应用中，任播地址与多播地址类似，同样是多个节点共享一个任播地址，不同的是，只有一个节点期待接收给任播地址的数据报。任播对提供某些类型的服务特别有用，尤其是对于客户机和服务器之间不需要有特定关系的一些服务，例如域名服务器和时间服务器。域名服务器就是个名字服务器，不论远近都应该工作得一样好。同样，一个离得近的时间服务器，从准确性来说，更为可取。因此当一个主机为了获取信息，发出请求到任播地址，响应的应该是与该任播地址相关联的最近的服务器。

任播地址在移动通信中很有用，接收方只需要是一组接口中的一个即可，这样可以使移动用户在地理位置上不会受过多的限制。

IPv6 任播地址是从单播地址空间中划分出来的，任播地址与单播地址位于同一个地址范围内，任播地址与单播地址有相同的格式，当一个单播地址属于多个接口时，它就是任播地址。仅看地址本身，节点是无法区分单播地址和任播地址的，节点需要使用明确的配置指明该地址是一个任播地址。

RFC2526 描述了任播地址的格式，规定了保留的子网任播地址和标识 ID，一个保留的子网任播地址如图 3-8 所示。

RFC2526 规定，在每个子网内，接口标识符值 0～127 是为子网任播地址分配而保留的，其中 0～125 和 127 为保留，126 用于移动 IPv6 家乡代理（Mobile IPv6 Home Agents）的任播。

任播地址的一种用途是识别为某个特定的路由域提供接入的一组路由器。一个例子是在 RFC3068 中描述的 6to4 中的任播地址。另一种可能的用法是为一个公司网络内提供因特网访问的所有路由器都配置一个专门的任播地址。每当一个数据包被发送到该任播地址时，它就会被发送到距离最近的提供因特网访问的路由器上。

RFC2373 定义了子网路由器任播地址的格式，如图 3-9 所示，该地址基本上就像一个通常的单播地址，不同之处只是其前缀指定了子网和一个全 0 的标识符，地址中的子网前缀部

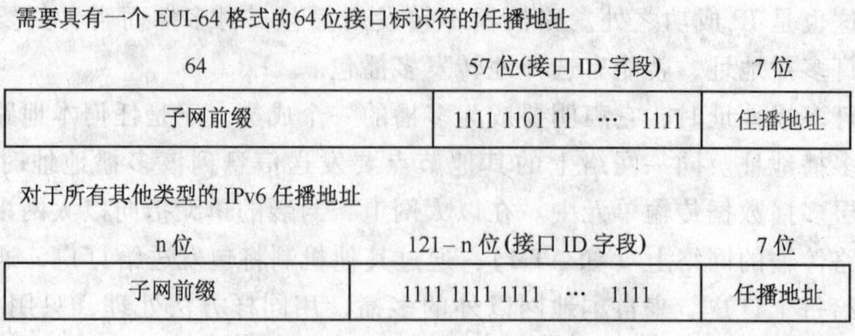

图 3-8 IPv6 协议中的任播地址格式

分被设置为所用到子网前缀的值，地址的其余位设置为 0，发送到这个地址上的数据包会被发送到该子网中的一个路由器上。所有的路由器对与它们有接口连接的子网都必须支持这种子网路由器任播地址。

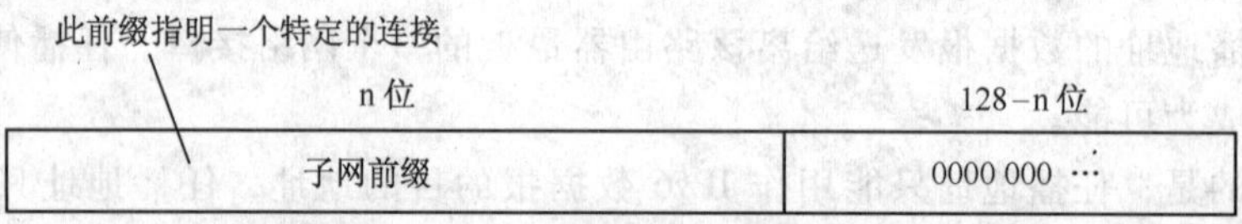

图 3-9 IPv6 中子网路由器任播地址格式

任播选路是在有限的范围内进行，这个有限的范围是一个子网区域。任播地址中用其前缀定义了所有任播节点存在的地区。比如一个 ISP 可能要求它的每一个用户单位提供一个时间服务器，这些时间服务器共享单个任播地址。一个任播地址必定带有一个选路项，该选路项包括一些指针，指向共享该任播地址的所有节点的网络接口。

具有任播地址的主机也可能分散在全球 Internet 上，在这种情况下，相关的任播地址必须添加到遍及世界的所有路由器的路由表上，在实现上是很复杂的。

任播技术直接嵌入到路由系统中，在提供服务器复用功能和处理负载均衡方面具有突出的优势。任播技术存在的问题是攻击者能够偷偷地把客户端的请求吸引到自己的主机上来，这实际上是一个身份认证问题。这个问题可以在任播组成员在向路由器登记的过程中，通过一个身份认证过程解决。

当前规定任播地址不能作为数据报的源地址，主要的担心是在多个任播成员的情况下，无法确定数据报的来源。但在一个开放的网络中，攻击者是很容易伪造数据报的源节点，若要获得安全性，较好的方法还是在高层协议中处理或是采用 IPSec 技术。

此外，任播存在的问题还有：全球性的任播的发展还存在诸多问题，以及如何把任播服务应用到网络多媒体中。

3.3 IPv6 地址配置技术

由于 IPv6 地址长度为 128 位，若采用手工（静态）配置，会很复杂，也很麻烦。IPv6 中的地址配置主要采用自动配置方法。下面讨论如何在路由器和主机上配置 IPv6 地址，路由器的位置处在计算机网络的核心（通信子网），主机的位置处于计算机网络的边缘（资源子网），需要分别讨论配置方法。

IPv6 路由器地址配置方法类似于 IPv4 路由器地址的配置，对路由器的接口配置一个 IPv6 地址，并指定一个前缀长度。与 IPv4 地址配置不同的是，IPv6 没有子网掩码的概念，而是用前缀长度取代了子网掩码。

IPv6 主机地址配置考虑到主机用途的多样性，采用自动配置方法，常用的自动配置技术有：状态自动配置协议（DHCPv6）和无状态自动配置协议。

3.3.1 地址的手工配置和检测

IPv6 网络地址标识网络中一个节点的某一个接口的连接，一个接口地址主要配置的内容有两个：用于标识接口的 128 位 IPv6 地址；用于标识接口属于哪个网络的前缀长度。

IPv6 配置到接口上以后，需要检测所配置的地址在链路上是否是唯一的。在 IPv4 地址配置情况下，是通过地址解析协议 ARP 技术实现这一检测的，发送一个 ARP 广播请求报文，解析该 IP 地址的链路层地址，若收到相应的应答报文，说明该 IP 地址已经被链路上的某个节点使用了。

IPv6 重复地址检测（DAD，Duplicate Address Detection），以及无状态地址配置、地址解析、路由器发现、重定向和邻居不可达性检测均属于 IPv6 邻居发现（ND，Neighbor Discovery）协议的功能。邻居发现协议属于 ICMPv6，在 RFC2461 文档中描述。

一个 IPv6 地址在分配给一个接口之后，若没有通过重复地址检测，则该地址称为 tentative（临时的）地址，是一个试验地址，该接口会加入 ALL NODES 多播组和 tentative 地址对应的 Solicited－Node 多播组。IPv6 重复地址检测技术的思路类似于 ARP，节点向一个 tentative 地址所在多播组发送一个 Neighbor Solicitation，若可以收到其他站点应答的 Neighbor Advertisement，则证明该 IPv6 地址已经被使用，是重复的。

3.3.2 地址自动配置

1. 即插即用

IPv6 使用两种不同机制来支持即插即用网络连接。第一种机制的示例是启动协议（BOOTP），后来又设计了动态主机配置协议（DHCP），允许 IP 节点从特殊的 BOOTP 服务器或 DHCP 服务器获取配置信息。但是这些协议支持所谓的“状态自动配置”，即服务器必须保持每个节点的状态信息，并管理这些保存的信息。不论是对于为许多个人用户服务的 ISP，还是工作人员经常在各部门间流动的大型机构，DHCP 都是 IP 网络配置的重要工具。

2. 状态自动配置与无状态自动配置

DHCP 的问题在于，作为状态自动配置协议，它要求安装和管理 DHCP 服务器，并要求接受 DHCP 服务的每个新节点都必须在服务器上进行配置。DHCP 服务器保存着要它提供配置信息的节点列表，如果节点不在列表中，该节点就无法获得 IP 地址。DHCP 服务器还保持着使用该服务器的节点的状态，因为该服务器必须了解每个 IP 地址使用的时间，以及何时 IP 地址可以进行重新分配。

状态自动配置的问题在于：用户必须保持和管理特殊的自动配置服务器以便管理所有“状态”，即所容许的连接及当前连接的所有相关信息。对于有足够资源来建立和保持配置服务器的机构，该系统可以接受。但是对于没有这些资源的小型机构，工作情形较差。至少对于大多数个人或小型机构，无状态自动配置是较好或较容易的解决方案。这种机制允许个人节点能够确定自己的 IP 配置，而不必向服务器显式请求各节点的信息。

实际上，至少在理论上且进行了某些假定的情况下，无状态自动配置规程相对容易实现。首先，如果使用 IEEE EUI-64 链路层地址，用户就可以确信自己的主机 ID 是唯一的。因此，节点要完成的工作是确定自己的链路层地址并计算出 EUI-64 地址，然后确定自己的 IPv6 网络地址。向最近的路由器询问是确定网络地址的一种方法，这就是 IPv6 中无状态自动配置的实现方式。

根据 IPv6 中的定义，状态自动配置和无状态自动配置可以共存并可一起操作。在 3.3.3 节中将涉及正在制订中的 DHCP 的更新版本，称为 DHCPv6。两种类型自动配置方法的合作比单独使用其中一种更易于实现 Internet 网络连接的即插即用。例如，使用无状态自动配置，节点可以很快确定自己的 IP 地址，而且一旦获得此信息，它就可以与 DHCP 服务器交互以获得所要求的其他网络配置值。实际上，DHCPv6 很可能要依靠 IPv6 无状态自动配置来简化某些情况下的状态配置。

如果使用无状态自动配置要简单很多，那么为什么还要使用状态自动配置呢？此问题的答案取决于构造网络的机构的要求。无状态自动配置对得到 IP 地址的节点提供最低程度的监视，任一节点可以连接到链路，通过路由器向能实现无状态自动配置的节点发出的通告来获知网络和子网信息，并构造有效的链路地址。如果有 DHCP 服务器的支持，那么机构可以更紧密地控制网络可配置的节点。同时，只有由网络管理员明确授权的节点才能通过 DHCP 服务器来配置。

3. IPv6 无状态自动配置

RFC1971（IPv6 无状态地址自动配置）文档描述了 IPv6 的无状态自动配置。该文档还在继续更新，大多数修改是对原规范的澄清或细化，例如对潜在的路由器否认服务攻击的处理方法等。无状态自动配置过程要求节点采用如下步骤：首先，进行自动配置的节点必须确定自己的本地链路地址（如 IEEE EUI-64 地址）；然后，必须验证该本地链路地址在链路上的唯一性；最后，节点必须确定需要配置的信息。该信息可能是节点的 IP 地址，或者是其他配置信息，或者两者皆有。如果需要 IP 地址，节点必须确定是使用无状态自动配置过程还是使用状态自动配置过程来获得。

无状态自动配置要求本地链路支持多播，而且网络接口能够发送和接收多播。完成自动配置的节点首先将其本地链路地址（如 IEEE EUI-64 地址）追加到本地链路前缀之后。这样，节点就可以开始工作：它可以使用 IPv6 与同一网络链路上的其他节点通信，只要同一链路没有其他节点使用与之相同的 EUI-64 地址，该节点的 IPv6 地址就是可用的。

但是，在使用该地址之前，节点必须先证实起始地址在本地链路是唯一的，节点必须确定同一链路上没有其他节点使用与之相同的 EUI-64 地址。大多数情况下不会出现这个问题，大多数使用网络接口卡（如以太网适配器或令牌环适配器）的节点都有唯一的 48 位 MAC 地址。而对于通过点到点链路连接的节点，链路的一端只有一个端节点。但是，其他网络媒体可能没有唯一的 MAC 地址，某些网络接口卡也可能错误地使用了它们无权使用的 MAC 地址，此时，节点必须向它打算使用的本地链路地址发送邻居请求报文。如果得到响应，试图自动配置的节点就得知该地址已为其他节点所使用，它必须以其他方式来配置。

如果没有路由器为网络上的节点服务，即如果本地网络孤立于其他网络，则节点必须寻找配置服务器来完成其配置，否则，节点必须侦听路由器通告报文。这些报文周期性地发往所有主机的多播地址，以指明诸如网络地址和子网地址等配置信息。节点可以等待路由器的通告，也可以通过发送多播请求给所有路由器的多播地址来请求路由器发送通告。一旦收到路由器的响应，节点就可以使用响应的信息来完成自动配置。

4. BOOTP

1985 年，BOOTP 首先在 RFC951（自举协议）中描述，该协议的最初目的是允许工作站向本地服务器询问它们自己的 IP 地址、某服务器主机的地址以及自举执行文件的名称。对于某些应用，如无盘工作站从网络服务器上装入全部软件的情况，BOOTP 的功能就足够了，但是对于很多其他应用，如将 PC 连接到 IPv4 网络，BOOTP 的功能就不足了。其问题在于除 BOOTP 提供的信息之外，PC 的 TCP/IP 网络软件需要更多的信息，如主机名字、域名、子网掩码及 DNS 服务器地址等

3.3.3 DHCPv6

1. DHCPv6 的作用

1993 年，描述动态主机配置协议 DHCP 的 RFC1531 发布。以 BOOTP 的报文结构为基础，DHCP 增加了一些机制，用于传送将主机连接到 IPv4 网络所需要的全部 IP 配置信息。DHCP 的功能与 IPv4 网络地址相对不足有关。例如，得到一个 C 类网络地址的机构最多有 254 个地址可分配给用户，对于某些应用，这些地址很充足，例如一个花店中，接入网络的计算机不太可能超过几十台，但是，对于有数百名雇员的企业，尤其是如果连接到网络的计算机超过 250 台时，就可能产生地址分配的问题。

DHCP 广泛用于配置主机的 IPv4 地址和附加信息。如果用户有一个 IPv6 网络，那就不需要使用 DHCP 来配置主机的地址信息。无状态自动配置机制不需要设置 DHCP 服务器就能够为主机配置 IPv6 地址。用户所必须做的就是使用前缀信息为所使用的链路配置启用 IPv6 的路由器。在某些情况下，用户仍然可以选择使用 DHCP 服务器。在 IPv6 中使用 DHCP 对主机进行配置被称做有状态配置。或许用户拥有一个特定的 IPv6 定址机制，就需要 DNS 服务器的动态分配，或许用户要选择不将 MAC 地址作为 IPv6 地址的一部分，在这些情况下，用户能够使用 DHCP 来配置地址。或许用户将使用链路上没有 IPv6 路由器的 IPv6 主机，在这种情况下，用户需要使用 DHCP 配置 IPv6 主机以分配前缀信息。对于 IPv6 地址配置和 DHCP 服务器，用户也可以通过使用自动配置将无状态的和有状态的配置结合起来，以便提供附加的配置信息。

需要注意的是，DHCPv4 也可以用于为主机配置与 IPv4 兼容的 IPv6 地址，可以参考 RFC 2893 文档中的描述。通过 DHCP 获得内嵌在兼容 IPv4 的 IPv6 地址的最后 4 个字节中的 IPv4 地址，然后通过添加 96 位前缀（0：0：0：0：0：0）来映射到兼容 IPv4 的 IPv6 地址。

2. DHCPv6 草案

2002 年 2 月文档 http：//www. ietf. org/ internet-drafts/ draft - ietf - dhcpv6 - 23. txt 给出了 DHCPv6 草案，人们所关注的是其中配置协议 CP 部分。该文档规定了 DHCPv6 使用的多播地址和 UDP 端口号。

DHCP 使用下列的多播地址：

(1) All-DHCP-Agents 地址（FF02：：1：2）。所有的 DHCP 代理（服务器和中继站）都是这个多播组的成员。当 DHCP 客户端不知道代理的本地链路地址时，就使用这个连接范

围的多播地址来连接 DHCP 代理。

（2）All-DHCP-Servers 地址（FF05∷1∶3）。一个站点内的所有 DHCP 服务器都是这个多播组的成员。这个站点范围的地址由 DHCP 客户端或中继站用于连接站点中所有的 DHCP 服务器。它们或者不知道服务器的单播地址，或者想到达站点中所有的 DHCP 服务器。

下面的 UDP 端口用于 DHCPv6：

（1）UDP 端口 546（客户端端口） 由 DHCP 服务器用作到达 DHCP 中继站或 DHCP 客户端的目的端口，也可以由 DHCP 中继代理用作到达 DHCP 客户端的目的端口。

（2）UDP 端口 547（代理端口） DHCP 客户端使用这个端口作为到达 DHCP 代理的目的端口，DHCP 中继站使用这个端口作为到达 DHCP 服务器的目的端口。

DHCPv6 草案定义了 12 种 DHCP 消息类型，如表 3-3 所示。

表 3-3 DHCPv6 消息类型

消息类型	说 明
SOLICIT (1)	由客户端用来定位 DHCP 服务器
ADVERTISE (2)	由服务器用做对 SOLICIT 的响应
REQUEST (3)	由客户端用来从服务器获取信息
CONFIRM (4)	由客户端用来校验它们的地址和配置参数是否仍然有效
RENEW (5)	当租用期将要终止时，由客户端用来向原始 DHCP 服务器续借自己的配置参数
REBIND (6)	当租用期将要终止时，由客户机用来延长地址的生存期，并向任意 DHCP 服务器续借自己的配置参数
REPLY (7)	由 DHCP 服务器用来响应 Request（请求）、Confirm（确认）、Renew（续借）、Rebind（重新绑定）、Release（释放）和 Decline（拒绝）消息
RELEASE (8)	由客户端用来释放它们的 IP 地址
DECLINE (9)	由客户端用来指出指派给自己的一个或多个地址已经在链路上用过了
RECONFIG-INIT (10)	由 DHCP 服务器用来向客户端通知，服务器已经有了新的或更新过的配置信息。然后客户端必须发起请求以便获得更新过的信息
INFORM-REQ (11)	在没有任何 IP 地址分配给客户端的情况下，由客户端发送本消息去请求配置参数
RELAY-FORWARD (12)	由 DHCP 中继用来将客户端消息转发给服务器。中继将客户端消息封装在中继转发消息的一个选项中
RELAY-REPLY (13)	由 DHCP 服务器用来通过一个中继向客户端发送消息。客户端消息被封装在中继转发消息的一个选项中。中继将此消息解包，并转发给客户端

DHCP 服务器发起的配置交换是一个很有用的新特性，例如，它可以用于当 DHCP 域内链路必须被重编号的时候，或当新的服务或应用程序已被添加并必须在客户端上配置时。当服务或应用程序必须在客户端上配置时，DHCP 服务器发出一个 RECONFIGURE - INIT 消息（类型 10）。接收这个消息的客户端必须发起一个 REQUEST/REPLY 消息交换来获得更新过的信息。

DHCP 消息的认证是可能并能够通过使用 Authentication 选项来完成的。Authentication 选项中携带的认证信息可用来可靠地识别 DHCP 消息的来源并确认 DHCP 消息的内容没有被改变。Authentication 选项中能够使用多种认证协议。DHCPv6 草案将支持以下新特性：

1）DNS 动态更新配置。

2）动态重新编号。

3）中继站可以使用服务器地址进行预配置，或者可以使用多播地址。

4）认证。

5）客户端请求多个 IP 地址。

6）使用 RECONFIGURE - INIT 消息回收地址。

7）无状态和有状态地址自动配置的集成。

8）中继站和客户端进行的离线服务器的动态定位。

Internet 号码分配和管理委员会 IANA 是管理多播地址、消息类型、选项和状态代码的权威机构。现在由 ICNAA 行使 IANA 的职权。

文档 http：//www. ieft. org/ internet-drafts/draft-ietf-dhc-failover-10. txt 给出的草案定义了一种协议，允许在两个 DHCP 服务器之间提供 DHCP 数据的同步，以便在服务器发生故障的情况下提供容错冗余。

文档 http：//www. ietf. org/internet-drafts/draft-ietf-ldap-schema-00. txt 定义了一种在 LDAP 目录中展示 DHCP 信息的模式，它允许对企业中的多个 DHCP 服务器进行中央式管理。

文档 http：//www. ietf. org/internet-drafts/draft-ietf-dhc-dhcproam-00. txt 给出的草案详细定义了漫游用户配置的认证机制，在备注中描述了 VPN 环境中 DHCP 配置的选项或无线客户端的选项。

3. 动态更新 DNS

IPv6 节点通过地址自动配置得到 IPv6 地址和网关地址，可是地址自动配置中不支持 DNS 服务器的自动配置，需要解决怎样才能自动发现 DNS 服务器的问题，已经提出的解决方法分为无状态和有状态两类。有状态的 DNS 服务器发现方式是通过类似 DHCP 的服务器把 DNS 服务器地址、域名和搜索路径等信息告诉节点。无状态方式需要为子网内部的 DNS 服务器配置站点范围内的任播地址，要进行自动配置的节点以该任播地址为目的地址发送服务器发现请求，询问 DNS 服务器地址、域名和搜索路径等信息，所发送的请求到达距离最近的 DNS 服务器，这个 DNS 服务器回答其单播地址、域名和搜索路径等 DNS 信息。节点根据获得的回答信息配置本机 DNS 信息。需要说明的是，不仅可以使用站点范围内的任播地址，也可以使用站点范围内的多播地址或链路多播地址。

随着 DHCP 和动态 IP 地址自动配置的广泛使用，对 DNS 动态更新记录的添加和删除的需要就越来越多。RFC2136 介绍了称为动态 DNS（DDNS，Dynamic DNS）的机制。BIND 的版本 8 和版本 9 支持 DDNS 机制。更新功能通常是由诸如 DHCP 这样的应用程序来使用，但也能在主机上实现。使用了 IPv6 之后，动态地址常常是使用无状态自动配置来分配的。因此，每台主机都需要 DNS 更新机制来更新自己的 DNS 记录。在实现 DDNS 更新时，还要考虑重要的安全性方面的问题。最重要的是用户可以控制能够更改该用户 DNS 记录的节点。所以在实现 DNS 更新时，应该同时使用事务签名（TSIG，Transaction Signatures）或域名系统安全扩展（DNSSEC，Domain Name System Security Extensions）机制。

3.3.4 IPv6 域名系统

1. IPv6 域名系统的实现

域名系统 DNS 用于域名（主机名）与 IP 地址的相互映射。在 IPv6 中 DNS 用来实现从主机名称到 IPv6 地址的映射。通过域名得到 IP 地址称为正向解析，通过 IP 地址得到域名称为反向解析。IPv4 和 IPv6 共同拥有统一的域名空间。IPv6 地址的层次性在 DNS 中通过地址链技术可以得到很好的支持。

虽然 IPv6 与 IPv4 是不同的协议，但 IPv6 仍然是遵循开放系统互连模型 OSI 的基本框架，IPv6 网络中的域名系统与 IPv4 网络一样，均是采用树形结构的域名地址空间，在体系结构上是一样的，在 IPv4 网络向 IPv6 网络过渡阶段，域名对应的地址可以是 IPv4 地址，也可以是 IPv6 地址，在完成过渡后可以只使用 IPv6 地址。为使 DNS 适用 IPv6 网络，需要进行以下 3 个方面的修改：

1）建立新的资源记录类型，称为 AAAA 记录类型。

2）建立新域 . IP6. INT，用于增补 IPv6 主机地址以支持基本地址查找。

3）修改现有的 DNS 查询，不仅可以处理或定位 IPv4 地址，也能够适用 IPv4 地址和 IPv6 地址共存的情况。

IPv6 的 DNS 也是采用树形结构的域名空间，最高层为根，向下依次为顶级域（TLD，Top Level Domain）、二级域（SLD，Second Level Domain），每个域都是它上一级的子域。IPv6 DNS 在 IPv4 基础上做了以下扩展：

1）为每一个域名到 IPv6 地址的映射定义一个资源记录类型。

2）主域支持基于地址的搜索。

3）把附加段操作的查询，扩展到同时支持 IPv4 地址和 IPv6 地址。

在 IPv6 网络里，一台 IPv6 主机可以有多个 IPv6 地址，对应的就要拥有多个 DNS 记录，对于正向解析，依据给出的域名，就可以查询到所有已分配给该主机的资源记录。在应用中是把一个 128 位的 IP 地址以网络字节的顺序（高位在前）编码在一个资源记录的数据部分中。

IPv6 地址的正向解析 DNS 记录有两种新的类型，RFC1886 定义了 AAAA 类型记录，也称为4A，是对 IPv4 DNS 记录类型 A 的简单扩展，由于 IPv6 地址扩大了 4 倍，所以资源记录由 A 扩大到 4 个 A。AAAA 类型记录不支持 IPv6 地址的层次性，AAAA 记录类型值是十进制的 28。具有多个 IPv6 地址的主机对每个地址都有一个 AAAA 记录。相应的反向搜索域是 IP6. INT。反向搜索记录是类型 12 的 PTR 记录。AAAA 类型记录的格式如下所示：

moon. universe. com IN AAA A4321：0：1：2：3：4：567：89ab

对于反向解析，每个 IP6. INT 下的子域状态都代表了 128 位地址的 4 位。最低有效位出现在域名左边。在这种情况下不允许省略第一个零。因此前面范例的 PTR 记录可以写为：

b. a . 9. 8. 7. 6. 5. 0. 4. 0. 0. 0. 3. 0. 0. 0. 2. 0. 0. 0. 1. 0. 0. 0. 0. 0. 0. 0. 1. 2. 3. 4. IP6. INT. IN PTR moon . universe. com

RFC2874 定义了 A6 记录类型，用于将一个 IPv6 地址与多个 A6 记录建立联系，每个 A6 记录只包含 IPv6 地址的一部分，这些部分可以拼装成一个完整的 IPv6 地址。A6 类型的记录支持 AAAA 类型记录所不具备的一些特性，这些特性包括地址聚合、地址重编号等。A6 类型的记录被设计用来进行网络重编号，并使 TLA 更改更易于管理。A6 类型的记录根据可聚合全球单播地址中的 TLA、NLA 和 SLA 项目分配的层次，把 IPv6 地址分解为若干级的地址前缀和地址后缀，构成一个地址链。每个地址前缀和地址后缀构成地址链上的一环，一个完整的地址链就组成一个 IPv6 地址。在用户改变 ISP 时，若是在用 A6 类型记录标识的地址链中，则只需要改变地址前缀所对应的 ISP 名字就可以。在地址分配层次中越靠近底层，需要做的改动就越少。A6 记录类型值是十进制的 38。

相应的反向搜索域的根位于 IP6. ARPA。使用 A6 记录的反向映射更加复杂，它使用了 DNAME 记录，并引入了 RFC2673 中所定义的 bitstring 标识符。bitstring 标识符是一种在一个域名中表示长序列二进制标识符的简洁方式。RFC2874 中的范例也详述了相同的多宿主站点的反向搜索记录。DNAME 记录类型值是 39。

需要说明的是，大多数的应用程序都支持和使用 AAAA 记录类型。A6 和 DNAME 记录类型还处于试验阶段。以地址链形式表示的 IPv6 地址可以很好地体现地址层次性，对地址聚合和地址更新提供很好的支持。但问题是一次完整的地址解析需要分成多个步骤进行，需要依据地址的分配层次关系，到不同的 DNS 服务器查询，只有所有相联系的查询都成功以后，才能得到完整的解析结果。这些经过的解析过程增大了解析所需的时延，也增加了出错的机会，需要在技术方面改进 IPv6 中 DNS 地址链的实现机制。

2. 自动发现 DNS 服务器

IPv6 网络中的节点通过地址自动配置可以得到 IPv6 地址和网关地址。IPv6 支持即插即用机制，可以实现 IPv6 地址的自动配置，在没有任何手工干预情况下，IPv6 网络接口可以自动获得链路本地地址、站点本地地址和全球单播地址等，同时提供防止地址重复功能。但是 IPv6 不支持 DNS 服务器的自动配置，需要解决自动发现 DNS 服务器的机制，解决方法可以分为两类：无状态和有状态。

无状态方式需要为子网内部的 DNS 服务器配置站点范围内的任播地址，进行自动配置的节点以该任播地址为目的地址发送服务器发现请求，查询 DNS 服务器地址、域名和搜索路径等信息。发现请求到达距离最近的 DNS 服务器，该 DNS 服务器接收请求，给发出请求的节点回答该 DNS 服务器的单播地址、域名和搜索路径等信息。节点用 DNS 服务器的应答信息配置该节点的 DNS 信息，此后的 DNS 请求就直接用 DNS 的单播地址发送给 DNS 服务器。

有状态的 DNS 服务器发现方式是通过类似 DHCP 的中间服务器，把 DNS 服务器的地址、域名和搜索路径等 DNS 信息公告给网络中的节点。

3. 自动域名更新

自动域名更新指的是 DNS 服务器能够自动跟踪网络中的每个节点，在各节点的域名与 IPv6 地址的对应关系变化时，DNS 服务器实现随时更新。在应用时，由于 IPv6 地址长度的增加，并可以动态改变，使得网络节点用 IPv6 地址通信更为复杂，也很难在具有动态 IPv6 地址的主机上安装服务器软件。解决方法是为每个网络节点分配一个相对固定的域名，节点之间用各自的域名通信。

自动域名更新采用客户机/服务器计算模式，客户端定时向自动注册服务器发送域名注册/更新信息，自动注册服务器验证客户端域名、地址及密码的有效性，向 DNS 服务器发送动态更新信息，对对应的该记录内容进行更新。

自动域名更新系统具有很好的可扩展性，当加入新的平台时，仅需要实现相应的客户端，不需要修改服务器。自动域名更新系统适用于手动配置、状态自动配置和无状态自动配置的 IPv6 网络。自动注册服务器和 DNS 服务器之间采用事务签名实现安全授权，DNS 服务器授权自动注册服务器只能动态更新它的信息。

需要说明的是，在 IPv4 到 IPv6 过渡过程中，需要考虑两种协议的 DNS 记录格式的不同。实现 IPv4 网络和 IPv6 网络之间的 DNS 查询和响应，可以采用应用层网关 DNS – ALG 和 NAT – PT 结合的方法，协议转换 PT 是 Protocol Translation 的缩写。在 IPv6 网络环境中，新的协议和功能要求，使得人们必须认识到 DNS 不再是仅仅提供简单的资源定位，而是要求 DNS 既可以提供类似 IPv4 DNS 的基本功能，又必须结合 IPv6 的新特性、结合其他协议设计实现新的功能。

思考题和练习题

3-1 IPv6 地址有哪些表示格式？各有什么特点？

3-2 简述 IPv6 地址空间，并说明格式前缀作用。

3-3 描述 IPv6 寻址模型，说明与 IPv4 的不同之处。

3-4 按照其传输类型，IPv6 地址分为几种？为什么取消了广播地址？

3-5 简述任播地址的特点。

3-6 简述 IPv6 一般地址格式各部分的作用。

3-7 IPv6 的单播地址按照地址的传输范围划分可以分为哪些？可汇聚全球单播地址有哪些特征？

3-8 分别写出顶级汇聚标识符、站点级汇聚标识符和下一级汇聚标识符的用途。

3-9 简述本地链路地址的特征和作用。

3-10 描述 IPv6 网络的本地链路地址自动配置的原理。

3-11 简述站点本地地址的特征和作用。

3-12 写出 IPv6 网络的特殊地址和保留地址。

3-13 为什么说 IPv6 多播地址的格式不同于 IPv6 单播地址？

3-14 写出 IPv6 的具有特别含义的特殊多播地址。

3-15 网络中的节点预订多播地址时，需要做哪些事情。

3-16 为什么说仅看地址本身，节点是无法区分单播地址和任播地址的？

3-17 简述任播选路的范围。

3-18 简述 IPv6 地址自动配置技术的特点。

3-19 DHCPv6 将支持哪些新特性？

3-20 为使 DNS 适用 IPv6 网络，需要进行哪些方面的修改？

3-21 IPv6 DNS 在 IPv4 基础上做了哪些扩展？

3-22 IPv6 地址的正向解析 DNS 记录增加了哪些新的类型，怎样使用这些新类型？

3-23 简述自动域名更新的特点。

第 4 章　ICMPv6 及相关协议

4.1　ICMPv6 概述

4.1.1　ICMPv6 的功用

ICMPv6 是 IPv6 的 Internet 控制报文协议（ICMP，Internet Control Message Protocol），它是 IPv6 的一个组成部分，和 IPv6 一起工作，IPv6 网络中的每一个节点均要实现 ICMPv6。在 IPv6 分组不能被正确处理的时候，ICMPv6 向源节点报告 IPv6 分组在传输过程中的出错信息和通告信息，使网络中的节点可以知道网络中所传输的 IPv6 分组的情况，以及当前网络状态的重要信息。ICMPv6 定义了用于网络诊断、控制和管理的信息，这些信息包括目的地不可达、分组超长、超时、回送请求、回送应答，还有邻居节点发现、无状态地址配置、重复地址检测和路径 MTU 发现等。

ICMPv6 应用的一个例子是，如果一个 IPv6 分组太大，路由器不能把它转发到另一个网络上的话，ICMPv6 会向源端主机发送回一条报文。源主机可以使用这条报文来决定一个更适当的 IPv6 分组大小，重新发送数据。ICMPv6 还能执行诊断功能，例如大家熟悉的 ping 应用程序，它是用 ICMPv6 的 Echo Request 和 Echo Reply 报文来测试一个节点的可用性的。

ICMPv6 最初是在 RFC 1885 中定义的，现在 ICMPv6 的技术文档是 RFC2463。邻居发现协议的技术文档最初是在 RFC1970 定义的，现在使用的技术文档是 RFC2461。

需要说明的是，在 IPv6 网络中是用 ICMPv6 实现 IPv4 中的 ICMP、ARP 和 IGMP 的功能。主机可以通过接收 ICMPv6 报文获得网络的状态和 IPv6 分组传输的情况，但不能依靠所接收的 ICMPv6 报文去解决任何网络中存在的问题。

在发送 ICMPv6 报文时，是将 ICMPv6 报文作为 IPv6 分组的数据载荷，在 ICMPv6 报文之前紧邻的首部中下一首部字段的值应是 58。在 ICMPv6 报文之前是 IPv6 基本首部和若干个 IPv6 扩展首部，这些 IPv6 扩展首部都是可选的。

4.1.2　ICMPv6 与 ICMPv4 的比较

ICMPv6 与 ICMPv4 相比，ICMPv6 增加的功能包括：

1）原来 IPv4 中的管理多播组的 Internet 组管理协议（IGMP，Internet Group Management Protocol）功能被加入到 ICMPv6 中。IGMP 一开始就包含在 ICMPv6 规范中，并且在 1997 年 11 月发表的 RFC2236 中得到更新，1998 年初秋，IGMP 第 3 版也开始了讨论。IGMP 可以用来支持多播传输，它为主机提供了向本地路由器报告其属于某个多播组的方法。

2）IPv4 中用来把第 2 层 MAC 地址映射到 IP 地址（或者反之）的地址解析协议（ARP，Address Resolution Protocol）和反向地址解析协议（RARP，Reverse Address Resolution Protocol）功能被加入到 ICMPv6 中。

3）引入了邻居发现（ND）协议，它使用ICMPv6报文是为了确定同一个链路上的邻居的链路层地址、发现路由器、随时跟踪哪些邻居是可连接的，以及检测更改的链路层地址。邻居发现协议是IPv6的一个基本组成部分，它实现了在IPv4中的地址解析协议（ARP）、控制报文协议（ICMP）中的路由器发现部分、重定向协议的所有功能，并具有邻居不可达检测机制。归纳起来讲，邻居发现协议实现了路由器和前缀发现、地址解析、下一跳地址确定、重定向、邻居不可达检测、重复地址检测等功能，以及可选的链路层地址变化、输入负载均衡、任播地址和代理通告等功能。

4）ICMPv6还支持Mobile IPv6。

ICMPv6的报文结构与ICMPv4的报文结构基本相同，ICMPv6对报文的类型重新进行了定义，ICMPv6与ICMPv4报文类型的比较如表4-1所示。

表4-1 ICMPv6与ICMPv4报文类型的比较

报文名称	ICMPv4的类型	ICMPv6的类型	报文名称	ICMPv4的类型	ICMPv6的类型
回声应答	0	129	时间截回复	14	无
目的地不可达	3	1	路由器请求	10	133
数据包过大	类型3代码4	2	路由器通告	9	134
源抑制	4	无	邻居请求	无	135
重定向	5	137	邻居通告	无	136
回声请求	8	128	家乡代理地址发现请求	无	144
超时	11	3	家乡代理地址发现应答	无	145
参数错误	12	4	移动前缀请求	无	146
时间截	13	无	移动前缀公告	无	147

4.2 ICMPv6格式

4.2.1 ICMPv6报文的类型

ICMPv6报文有两种类型：

1）ICMPv6错误报文，错误报文的Type（类型）字段中的最高位为0。因此ICMP错误报文类型的编码值范围是0～127。

2）ICMPv6信息报文，信息报文的Type（类型）字段中的最高位为1。因此ICMP信息报文类型的编码值范围是128～255。

ICMPv6报文的一般格式如图4-1所示。所有的ICMPv6报文都有相同的常规首部结构，其中的类型、代码和校验和这前3个字段都和ICMPv4类似。

ICMPv6报文中各字段的功用解释如下：

（1）类型（Type） 字段长度占8位，标识ICMPv6报文的类型，该字段决定了报文剩余部分的格式。若该字段最高位为0，表示该报文为错误报文，若最高位为1，表示该报文为信息报文。

ICMPv6错误报文包括：

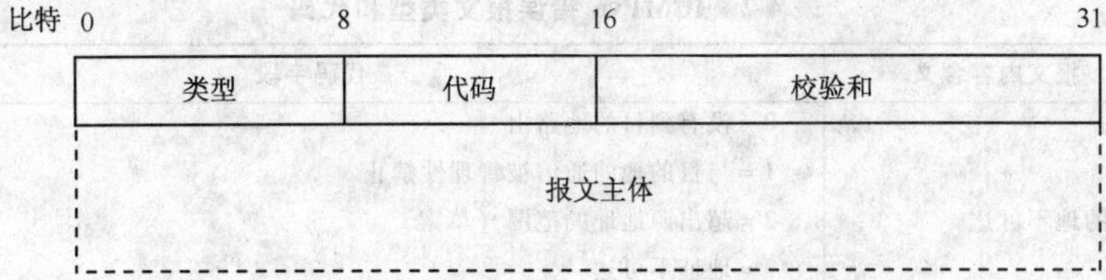

图 4-1　ICMPv6 报文的一般格式

1）报文类型 1，目的地不可达（Destination Unreachable）。

2）报文类型 2，数据包过大（Packet Too Big）。

3）报文类型 3，超时（Time Exceeded）。

4）报文类型 4，参数问题（Parameter Problem）。

ICMPv6 信息报文包括：

1）报文类型 128，回声请求（Echo Request）。

2）报文类型 129，回声应答（Echo Reply）。

（2）代码（Code）　字段长度占 8 位，该字段取决于报文的类型，在特定情况下它提供了更多详细的信息，标识 ICMPv6 报文类型下一层次的作用。例如类型 1 标识目的地不可达报文，类型 1、代码 3 表示地址不可达，类型 1、代码 4 表示端口不可达。

（3）校验和（Checksum）　占 16 位，该字段用来对 ICMPv6 首部和部分 IPv6 首部中数据的正确性进行校验。校验和计算用到 IPv6 首部中的源和目的地址。如果该节点具有多个单播地址的话，那么在选择地址时还有一些规则，这些规则由 RFC2463 文档描述。

（4）报文主体（Message Body）　该部分的内容和占用的位数依据报文类型变化，对于不同的类型和代码，报文体可以包含不同的数据。如果所包含的是一条错误报文，那么在一个数据包允许的大小范围内，它可包含用来帮助故障排除的尽可能多的信息。ICMPv6 数据包的总大小不能超出 IPv6 的 MTU 的最小值 1280 个字节。

在应用时，ICMPv6 报文作为 IPv6 分组的数据载荷。在每个 ICMPv6 报文之前是一个 IPv6 首部和可选的扩展首部。位于 ICMPv6 首部之前的那个首部的下一个首部（Next Header）字段的值为 58，标识后面为 ICMPv6 报文。ICMPv6 报文类型在技术文档 RFC2463 中描述。

携带 ICMPv6 报文的 IPv6 分组的格式如图 4-2 所示。

图 4-2　携带 ICMPv6 报文的 IPv6 分组的格式

需要注意的是，要想查阅 ICMPv6 报文类型最新的列表，可以参考 Internet 号码分配局（IANA，Internet Assigned Number Authority）的网址：http：//www. iana. org/assignments/icmpv6 - parameters。

ICMPv6 错误报文的类型和代码如表 4-2 所示，该表给出不同的报文类型，以及取决于不同报文类型的附加代码的信息。

表 4-2 ICMPv6 错误报文类型和代码

类型	报文内容含义	代码字段
1	目的地不可达	0 = 没有到目的地路由 1 = 与目的地的通信被管理性禁止 2 = 超出源地址的范围（草案） 3 = 地址不可达 4 = 端口不可达
2	数据包过大	发送方将代码字段设为 0，接收方忽略代码字段
3	超时	0 = 传输中的跳数超出限制 1 = 分段重组超时
4	参数问题	0 = 遇到错误的 Header（首部）字段
		1 = 遇到不可识别的 Next Header（下一首部）类型
		2 = 遇到不可识别的 IPv6 选项
		Pointer（指针）字段用来指出检测到错误的调用数据包内的 8 位偏移量。如果出错的字段超出了一个 ICMPv6 错误报文可以容纳的最大尺寸的话，指针会指向 ICMPv6 数据包结尾之外

需要注意的是，ICMPv6 与 ICMPv4 相比，报文号、类型都发生了根本的改变。ICMPv6 与 ICMPv4 是两个不同的协议，两个版本的 ICMP 并不兼容。

ICMPv6 信息报文的类型如表 4-3 所示，该表给出不同的报文类型，以及取决于不同报文类型的附加代码的信息。

表 4-3 ICMPv6 信息报文

报文号	报文类型	说　明
128	回声请求	RFC2463，均用于 ping
129	回声应答	
130	多播侦听者查询	RFC2710，用于多播组管理（IPv4 使用 IGMP 来实现该功能）
131	多播侦听者报告	
132	多播侦听者完成	
133	路由器请求	RFC2461，用于邻居发现和自动配置
134	路由器通告	
135	邻居请求	
136	邻居通告	
137	重定向报文	
138	路由器重新编号	RFC2894
139	ICMP 节点信息查询	草案号：http：//www. ietf. org/internet - drafts/draft - ieft - ipngwg - icmp - name - lookups - 09. txt
140	ICMP 节点信息响应	
141	反向 ND 请求	RFC3122
142	反向 NDAdv 报文	RFC3122
150	ICMP 家庭代理地址发现请求报文	用于 MobileIPv6 的 ICMPv6 报文草案：http：//www. ietf. org/internet - drafts/draft - ieft - mobileip - IPv6 - 17. txt

（续）

报文号	报文类型	说 明
151	ICMP 家庭代理地址发现应答报文	IANA 尚未对此分配报文号
152	ICMP 移动前缀请求报文格式	
153	ICMP 移动前缀通告报文格式	

4.2.2 ICMPv6 错误报文

每条 ICMP 报文根据错误报告的种类或者它所携带的信息的不同，可能会具有稍微不同的首部。下面简单介绍每种 ICMPv6 报文类型的结构。

1. 目的地不可达（Destination Unreachable）

目的地不可达报文是在 IP 分组不能被发送的情况下产生的。类型（Type）字段的值为 1 就表示这种报文。该 ICMP 报文被发送到发送分组的源地址。目的地不可达报文的格式如图 4-3 所示。

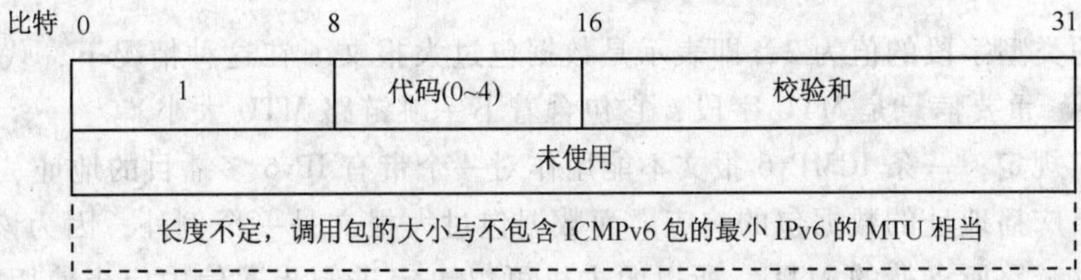

图 4-3 目的地不可达报文的格式

类型（Type）字段的值为 1，表示是目的地不可达报文。代码（Code）字段提供关于数据报没有发送出去的理由的更多信息。目的地不可达报文可能的代码如表 4-4 所示。未使用表示该字段未用，发送方在发送该报文时，需要将该字段初始化为 0。ICMP 报文的数据部分长度不定，调用包的大小应与不包含 ICMPv6 包的最小 IPv6 的 MTU 相当。

表 4-4 目的地不可达报文可能的代码

代码	说 明
0	没有路径通向目的地 例如，如果一个路由器因为其路由表中没有到达目的网络的路由而无法转发数据包的话，就会生成该报文。这只会在路由器没有某个默认路径条目的情况下才会发生
1	与目的地的通信被禁止 例如，如果设置有防火墙，由于数据包被过滤而不能发往内部网络的目的主机，就会发出该报文。如果一个节点被配置为不接受未经验证的回声请求，也会产生该报文
2	超出源地址的范围 当源地址的多播范围小于目的地址的范围时使用该代码，草案是 http：//www. ietf. org/internet - drafts/draft - ieft - ipngwg - icmp - v3 - 02. txt
3	地址不可达 如果一个目的地址不能被解析为相应的网络地址，或者有某种数据链路层上的问题使得该节点无法达到目的网络的话则使用该代码
4	端口不可达 如果传输协议（例如 IJDP）没有侦听者或没有其他方法通知发送方的话，就应当使用该代码。例如，如果一个域名系统（DNS）查询被发送到一台主机，而 DNS 服务器没有运行则会产生该报文

如果目的地由于拥塞而不可达的话，则不会生成任何 ICMP 报文，收到目的地不可达报文的主机必须通知上层进程。

2. 数据包过大（Packet Too Big）

如果某个路由器由于数据包的大小超过输出链路 MTU 而不能转发这个数据包时，它会生成一个数据包过大报文。数据包过大 ICMPv6 报文的格式如图 4-4 所示。该 ICMPv6 报文类型与路径 MTU 发现过程相联系。该 ICMP 报文被发给发送数据包的源地址。

比特 0	8	16	31
2	代码(0)	校验和	
最大传输单元			
长度不定，调用包的大小与不包含 ICMPv6 包的最小 IPv6 的 MTU 相当			

图 4-4　数据包过大 ICMPv6 报文的格式

该报文的类型字段的值为 2，即表示是数据包过大报文。在这种情况下，代码字段没有用处，设为 0。重要信息是 MTU 字段，它包含着下一跳链路 MTU 大小。

RFC2463 规定，一条 ICMPv6 报文不能用作对一个带有 IPv6 多播目的地址、链路层多播地址或链路层广播地址的数据包的响应。而数据包过大报文是一个例外，因为该 ICMP 报文包含着下一跳链路所支持的 MTU，所以源主机可以决定进一步通信中应当使用的 MTU。收到数据包过大报文的主机必须通知上层进程。

3. 超时（Time Exceeded）

当路由器转发了一个包之后，它通常会把跳数限制的值减 1，跳数限制的作用是确保该数据包不会在网络上无休止地传播下去。路由器收到跳数限制字段值为 0 的 IPv6 数据报，或者路由器把 IPv6 数据报的跳数限制字段值减为 0 时，将向发出该数据报的源节点发送超时 ICMPv6 报文。该错误可能表示路由循环或者发送方的初始跳数限制太低。它还能告诉用户有人使用了跟踪路由（traceroute）工具。源节点收到超时报文，可以判定最初设置的跳数限制值过小，或是数据报传送过程中出现了循环。超时报文的格式如图 4-5 所示。

比特 0	8	16	31
3	代码(0 或 1)	校验和	
未使用(必须为 0)			
长度不定，调用包的大小与不包含 ICMPv6 包的最小 IPv6 的 MTU 相当			

图 4-5　超时 ICMPv6 报文的格式

图 4-5 中，类型字段的值为 3 表示是超时报文。若代码字段值设置为 0，表示传输过程中超出了跳数限制；若代码字段值设置为 1，表示分段重组超时。该 ICMP 报文的数据部分包含着部分原始报文，其尺寸适应于该 ICMP 报文能够容纳的大小，取决于所使用的 MTU。

收到的 Time Exceeded 报文必须发送给上层进程。超时报文中代码字段的说明如表 4-5 所示。

表 4-5　超时报文中代码字段的说明

代码	说　明
0	传输中超出了跳数限制 可能原因：初始跳数限制值太低，或者存在路由循环
1	分段重组超时 如果一个分段数据包是通过使用分段首部而发送，并且接收主机不能在特定时间内重组所有数据包的话，它会通过发出该 ICMP 报文来通知发送方

传输中超出跳数限制的这种类型报文通常用来完成跟踪路由 Traceroute 功能，Traceroute 有助于确定一个数据包在网络中经过的路径。源主机在初始时针对某一目标 IP 地址，发出一个跳数限制为 1 的协议包。路径中的第一个路由器就把跳数限制减为 0，返回一个类型为 3、代码为 0 的 ICMP 报文。源主机现在就知道了第一跳路由器的地址。接着，它再发出一个跳数限制为 2 的包。该包被第一跳路由器转发，它把跳数限制减为 1。路径中的第二个路由器将跳数限制减为 0，丢弃该包，然后返回一条类型为 3、代码为 0 的 ICMP 报文。现在源主机就知道了路径上的第二个路由器，以此类推，继续这个过程，每次把跳数限制加 1（直到达到最终目的地），从源主机到最终目的地的路径上每个路由器都会返回一条 ICMP 报文，从而提供其 IP 地址。需要注意的是，如果在去往目的地的路上出现多余的路径的话，跟踪路由（Traceroute）不会每次测试都显示相同的路线，因为它可以选择不同的路径。

4. 参数问题（Parameter Problem）

如果一个 IPv6 节点由于在识别 IPv6 首部或扩展首部中的某个字段的过程中出现问题而无法完成数据包处理的话，那么它就必须丢弃这个数据包并且向这个问题数据包的来源返回一条参数问题 ICMPv6 报文。参数问题报文中包含了错误问题类型和错误问题在数据报中的位置。此类报文通常在遇到一种不适合其他任何一种错误类型的情况下使用。参数问题报文的格式如图 4-6 所示。

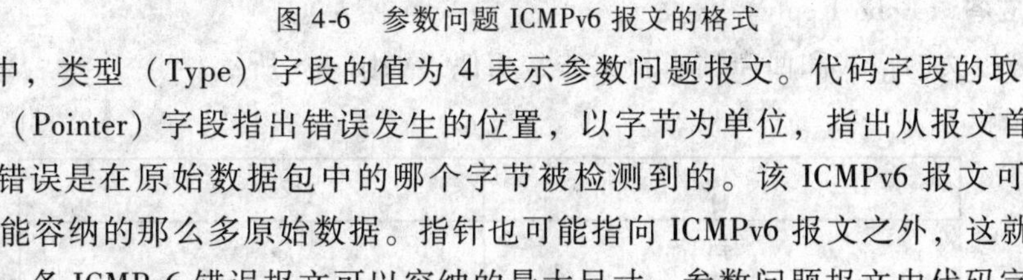

图 4-6　参数问题 ICMPv6 报文的格式

图 4-6 中，类型（Type）字段的值为 4 表示参数问题报文。代码字段的取值可以是 0、1、2，指针（Pointer）字段指出错误发生的位置，以字节为单位，指出从报文首部开始的偏移量，指出错误是在原始数据包中的哪个字节被检测到的。该 ICMPv6 报文可以包含最小 IPv6MTU 所能容纳的那么多原始数据。指针也可能指向 ICMPv6 报文之外，这就表示出错的部分超出了一条 ICMPv6 错误报文可以容纳的最大尺寸。参数问题报文中代码字段的说明如表 4-6 所示。

表 4-6　参数问题报文中代码字段的说明

代码	说　明
0	错误的 Header（首部）字段
1	不可识别的 Next Header（下一首部）类型
2	不可识别的 IPv6 选项

例如，如果一个类型 4 的 ICMPv6 报文代码值为 1，指针设为 40 的话，就表示 IPv6 首部之后的首部中的下一首部（Next Header）类别不可识别。

4.2.3 ICMPv6 信息报文

RFC2463 文档中定义了两类 ICMPv6 信息报文：回声请求（Echo Request）和回声应答（Echo Reply）。其他的 ICMP 信息报文用于路径 MTU 发现（Path MTU Discovery）和邻居发现（Neighbor Discovery）。对应的技术文档是 RFC2461 的 IPv6 邻居发现（Neighbor Discovery for IP Version 6）和 RFC1981 的 IPv6 的路径 MTU 发现（Path for IP Version 6）。

最常见的 TCP/IP 工具之一，例如数据包 Internet 探索者（PING，Packet Internet Groper），使用的就是回声请求和回声应答报文，用于判断一个指定的主机是否连接上网络、是否存在，以及是否准备好进行通信。源主机会向指定的目的地发送一条回声请求报文。目的主机如果可用的话就会响应一个回声应答报文，用来检测源主机是否与目的主机接通。

1. 回声请求（Echo Request）报文

回声请求报文可以发送给一个单播地址，也可以发送给多播地址，回声请求报文的格式如图 4-7 所示。

比特 0	8	16 31
128	代码(0)	校验和
标识符		序列号
数据(长度不定)		

图 4-7 回声请求 ICMPv6 报文的格式

图 4-7 中，类型（Type）字段为 128，表示是回声请求报文。代码字段在这里没有用，该字段值设置为 0。标识符（Identifier）和序列号（Sequence Number）字段用于匹配请求与应答。应答必定包含和请求一样的号。是否要使用标识符和序列号码，以及在回声请求中要包含哪种类型的任意数据，都取决于所使用的 TCP/IP 栈。标识符和序列号字段的取值可以为 0。当分析回声请求和回声应答报文的跟踪文件并且对 TCP/IP 栈很熟悉时，可以通过任意数据来确定发送方的 TCP/IP 栈。

2. 回声应答（Echo Reply）报文

回声应答报文的格式和回声请求报文非常相似，如图 4-8 所示。

比特 0	8	16 31
129	代码(0)	校验和
标识符		序列号
数据(长度不定)		

图 4-8 回声应答 ICMPv6 报文的格式

图 4-8 中，类型字段的值为 129，表示是回声应答报文，代码字段没有用，值设为 0。标识符和序列号字段必须和回声请求中相应的字段匹配。回声请求报文的数据必须被完整地复制到回声应答中，不能有任何修改。如果是一个上层的进程发起回声请求的话，回声应答

必须被传给该进程。如果回声应答报文被发往一个单播地址的话，回声应答报文的源地址就必须和回声应答请求的目的地址相同。如果应答请求被发往一个 IPv6 多播地址的话，那么应答的源地址必须是收到多播回声请求的那个接口的一个单播地址。

ICMPv6 的回声请求和回声应答报文可以使用一种 ICMPv6 验证首部来进行验证。这意味着可以将一个节点配置为忽略未经验证的 ICMPv6 ping，并且对各种 ICMPv6 攻击提供保护。

4.2.4 ICMPv6 处理规则

技术文档 RFC2463 中给出了 ICMPv6 报文的处理规则，这些规则如下：

1）如果一个节点收到一条未知类型的 ICMPv6 错误报文的话，该节点必须要把它传送给上层。

2）如果一个节点收到一条未知类型的 ICMPv6 信息报文，该节点必须将其丢弃。

3）和在 ICMPv4 中一样，最有可能导致 ICMP 错误报文的数据包应该包含在 ICMP 报文体中。ICMP 数据包不能超过 IPv6 的最小 MTU。

如果错误报文必须传送给上层协议，那么该协议的类型是从原始数据包中提取出来进行确定的（位于 ICMPv6 错误报文中），在协议类型无法从 ICMPv6 报文中找到的情况下（因为原始数据包中有太多的扩展首部，包含着上层协议类型的首部的那部分被截去了），就应当把 ICMPv6 报文丢弃。

在下列情况下不准发送 ICMPv6 报文 ：

1）作为一条 ICMPv6 错误报文的结果。

2）作为一条 ICMPv6 重定向报文的结果。

3）作为一个发往 IPv6 多播地址的数据包结果。关于这一点有两个例外：一是用于路径 MTU 发现的 Packet Too Big 报文；二是代码值为 2，表示不可识别的 IPv6 选项的参数问题（Parameter Problem）报文。

4）作为一个被当做链路层多播而发送的数据包的结果（上述例外情况同样适用）。

5）作为一个被当做链路层广播而发送的数据包的结果（上述例外情况同样适用）。

6）作为一个其源地址并不能唯一地确定某个单独节点的数据包的结果。这可能是一个 IPv6 未指定的地址、IPv6 多播地址，或者是一个已知将成为任播地址的 IPv6 地址。

每个 IPv6 节点都必须提供一种限速功能来限制 ICMPv6 报文发送的速率。这种可以配置的限制既可以是基于定时器的，也可以是基于带宽的。通过限速功能配置可以防止拒绝服务（Dos）攻击。

4.3 邻居发现协议

4.3.1 邻居发现协议概述

技术文档 RFC2461 给出了邻居发现（ND）的描述，邻居发现协议实现了在 IPv4 中应用的地址解析协议（ARP）和 ICMP 路由器发现和重定向，并且还加入了一些新的功能。在 IPv4 协议中无法检测邻居是否可达，而 IPv6 中邻居发现协议定义了一种邻居不可达的检测机制，还采用了重复 IP 地址检测。当一个 IPv6 网络节点在网络上出现时，直接连接在同一链路上的其他 IPv6 节点可以通过邻居发现协议发现它，并获得该节点的链路（MAC）地址，IPv6 节点也可以通过邻居发现协议查找路由器，对路径上处于活动状态的邻居节点的可达性信息进行维护。IPv6 节点利用邻居发现协议可以实现的机制如下：

1）确定同一链路上节点的链路层地址。

2）查找可以转发它们的数据包的邻近路由器。

3）随时跟踪哪些邻居可达，哪些不可达，并且检测有改变的链路层地址。

需要注意下面这些对于 IPv4 协议集的改进：

1）目前路由器发现是基础协议集的一部分。对于 IPv4，该机制需要从路由表中获取信息。

2）路由器通告数据包中包含了路由器的链路层地址。收到路由器通告的节点无需再发出 ARP 请求（IPv4 节点需要这么做）来获取该路由器接口的链路层地址。对于 ICMPv6 重定向报文也是如此，它们包含了新的下一跳路由器接口的链路层地址。

3）路由器通告数据包中包含了一个链路的前缀（子网信息），再也不用配置子网掩码，它们可以从路由器通告中得到。

4）邻居发现提供了一种易于对网络进行重新编号的机制。可以引入新的前缀和地址，而旧的可以被否定并删除。

5）路由器通告使得无状态地址自动配置变为可能，它可以告知主机什么时候应当使用有状态地址配置（例如 DHCP）。

6）路由器可以通告一个用于链路的 MTU。

7）一个链路可以分配到多个前缀。默认情况下，主机从路由器得知所有的前缀，但是也可以把路由器配置为不通告某些或所有的前缀。在这种情况下，主机假定某个未通告的前缀目的地是远程主机并且把数据包发送给路由器，然后路由器可以按照需要来发布 ICMP 重定向报文。

8）邻居不可达检测是基础协议的一部分。邻居不可达检测在路由器出错或链路接口改变了它们的链路层地址的情况下，充分改善了数据包的传输情况。它使用 ARP 缓存来解决这些问题。如果 ND 检测到连接失败，流量就会被发送到不可达的邻居。邻居不可达检测还能检测失效的路由器，并转换到可用路由器上。

9）路由器通告和 ICMP 重定向使用本地链路地址来识别路由器。在重新编号或者使用新的全球前缀的情况下，主机也可以保持联系。

10）邻居发现报文的跳数限制值为 255，不满足该值的请求都不会被回应。这使得邻居发现不会受到那些因为其数据包跳数限制减少，而试图连接网络链路的远程主机的影响。

11）邻居发现协议被用来检测一个链路上重复的 IP 地址。

12）标准 IP 身份验证和安全机制可以应用于邻居发现。

邻居发现的各种功能是通过交换邻居发现报文实现的，邻居发现协议由 5 条 ICMPv6 报文组成：一对路由器请求/路由器通告报文、一对邻居请求/邻居通告报文，以及一条 ICMP 重定向报文。

4.3.2　邻居发现协议的功能

1. 路由器和前缀发现

路由器必须无条件丢弃不满足有效性检查的路由器请求和路由器通告报文。路由器发现功能用来标识与给定链路相连的路由器，并获取与地址自动配置相关的前缀和配置参数。

作为对请求报文的响应，路由器应周期地发送多播路由器通告报文，来通告链路上节点的可达性。每个主机从链路上相连的路由器上接收路由器通告报文，并建立默认路由器列表（当到达目的地的路径不可知时所使用的路由器）。如果路由器很频繁地产生路由器通告报文，那么主机就能在几分钟内学习到路由器的存在，否则就要使用邻居不可达检测。

路由器通告报文应包含用来确定连接可达性的前缀列表。主机通过使用从路由器通告报文中提取的前缀，来确定目的地是否在连接，能否直接可达，或者是否非连接，还是仅通过一个路由器就可达。目的地是在连接的，但这个目的地没有被路由器通告报文学习到的前缀覆盖，在这种情况下，主机认为目的地是非连接的，路由器发送重定向报文给发送者。

路由器通告报文应包含一些标志位，这些标志位通知主机怎样执行地址的自动配置，例如路由器能指定主机是使用有状态地址配置还是无状态地址配置。

另外，路由器通告报文中还应包含简化网络集中管理的参数，例如主机产生的数据包中使用的跳数限制参数的默认值，或链路 MTU 值。

当主机向路由器发出路由器请求报文时，路由器应立刻发送路由器通告报文，通过这种方式能加速节点的配置过程。

2. 地址解析

IPv6 节点通过邻居请求和邻居通告报文将 IPv6 地址解析成链路层地址，对多播地址不执行地址解析。

节点通过多播邻居请求报文来激活地址解析过程，邻居请求报文用来请求目标路由器返回它的链路层地址。源路由器在邻居请求报文中包含了它的链路层地址，并将邻居请求报文多播到与目标地址相关的请求节点多播地址，目标路由器在单播的邻居通告报文中返回它的链路层地址。这一对报文使源和目标路由器能解析出相互的链路层地址。

4.3.3　路由器请求和路由器通告

路由器以一定的时间间隔发出路由器通告（Router Advertisement）报文。主机也可以通过发出路由器请求（Router Solicitation）报文来请求路由器通告，提示路由器不必按照固定的时间间隔，尽快发出一个路由器通告。路由器请求报文的格式如图 4-9 所示。

比特 0　8　16　31

133	代码(设为 0)	校验和
保留字(未使用，由发送方设置为 0)		
选项(长度不定，若可知的话，是发送方的链路层地址)		

图 4-9　路由器请求报文的格式

在一个路由器请求报文的 IP 首部中，通常会看到作为目的地址的所有路由器多播地址

FF02::2。跳数限制被设为 255。

1）类型（Type）字段设为 133，即表示路由器请求报文。

2）代码（Code）字段没有用，由发送方设置为 0。

3）校验和（Checksum），两个字节用于差错检测。

4）保留字，接下来的 4 个字节没有使用，是为将来使用而保留的，发送方将这些字节设置为 0，接收方就会忽略它们。

5）选项（Options），对于一条路由器请求报文，合法的选项是发送方主机的链路层地址（如果知道该地址的话）。如果 IP 层上的源地址是未指定（全零）地址的话，那么就不使用该字段。

收到这个请求报文的路由器以一条路由器通告报文作为应答。路由器也会周期性地发出通告报文。路由器通告报文的格式如图 4-10 所示。

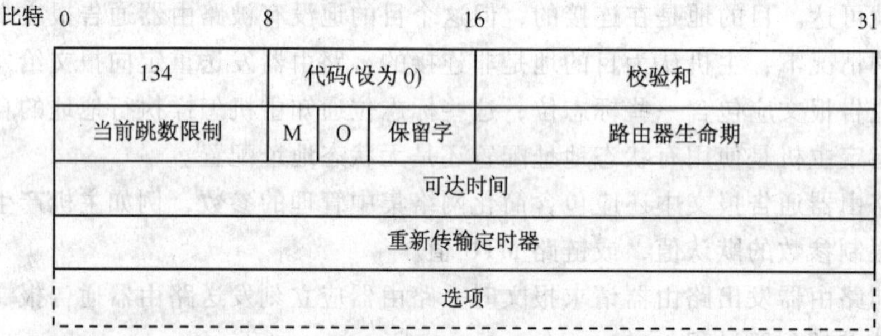

图 4-10 路由器通告报文的格式

通过检查路由器通告报文的 IP 首部，就可以判断这条路由器通告是周期性发出的还是作为请求报文的应答而发出的。周期性通告的目的地址是全节点多播地址 FF02::1。而应请求而发出的通告的目的地址是发出请求报文的接口的地址。同样，跳数限制被设为 255。

1）类型（Type）字段为 134，代表路由器通告报文。

2）代码（Code）字段没有使用，设为 0。

3）当前跳数限制（Current Hop Limit）字段可以用来把一条链路上所有的节点配置为默认的跳数限制。在这个字段中输入的值将被用作链路上所有节点发出的数据包的默认跳数限制值，如果该字段值为 0，则意味着该路由器没有指定这个选项。在这种情况下，则使用源主机的默认跳数限制值。

4）M 标志，它表示是否要使用有状态的配置。有状态的配置如 DHCPv6。如果该位为 0，那么这条链路上的节点使用自动配置；如果为 1，则使用有状态的配置。

5）O 标志，决定这条链路上的节点是否要将 IP 地址以外的信息使用有状态配置，该位置 1 表示该链路上的节点对与地址无关的信息也使用有状态配置。该字节剩下的 6 位是为将来使用而保留的，必须设为 0。

6）路由器生命期（Router Lifetime）这个字段只有在该路由器被链路上的节点用作默认路由器的情况下才显出其重要性。0 表示该路由器不是默认路由器，因此不会出现在接收方节点的默认路由器列表中。如果这个字段设为其他任何值，那么都表示作为默认路由器的该路由器的生命期，单位为 s。最大值是 18.2h。

7）可达时间（Reachable Time）字段是指：在一台主机收到邻居的可达性确认之后，

它可以假定在这段时间内邻居是可达的；如果值为0，则表示未指定。邻居不可达性检测算法要用到这个字段。

8）重新传输定时器（Reachable Timer）字段由地址解析和邻居不可达性检测机制使用，它规定了重新传输的邻居请求报文之间的时间，单位为ms。

9）选项（Options）字段，目前有3个可能的值：一个是源链路层地址；二是用在具有不同MTU大小的链路（例如令牌环）之上的MTU大小；三是前缀信息。这个字段对自动配置是很重要的。路由器会保存该链路上的节点需要知道的所有前缀。

路由器通告报文与IPv6中的一些字段有关，这些IPv6字段如下：

1）源地址，必须是发送报文接口的本地链路地址。

2）目的地址，路由器请求报文中的源地址，或者是全节点多播地址FF01::1。

3）跳数限制，值为255。

4）认证首部，若在发送者和目的地址之间存在对认证首部的关联，要求发送者必须包含该首部。

4.3.4 邻居请求和邻居通告

这两个报文完成两个功能：在IPv4中由ARP处理的链路层地址解析，以及邻居不可达性检测机制。如果目的地址是一个多播地址，那么源地址正在解析一个链路层地址。如果源地址正在检测一个邻居的可达性，那么目的地址就是一个单播地址。该报文类型也用于重复IP地址检测（DIPAD，Duplicate IP Address Detection）。邻居请求（Neighbor Solicitation）报文的格式如图4-11所示。

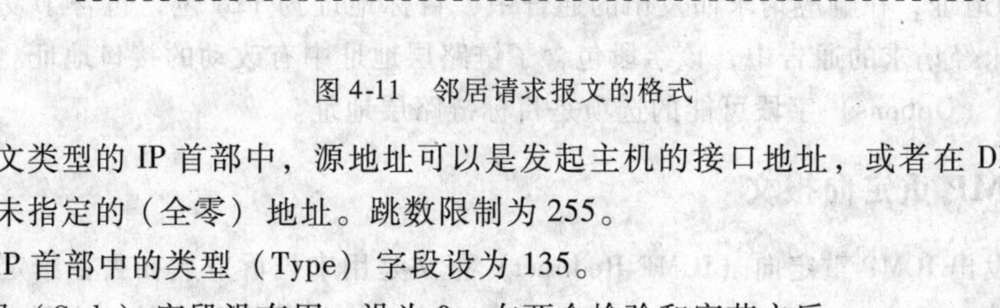

图4-11 邻居请求报文的格式

在该报文类型的IP首部中，源地址可以是发起主机的接口地址，或者在DIPAD的情况下也可以是未指定的（全零）地址。跳数限制为255。

1）ICMP首部中的类型（Type）字段设为135。

2）代码（Code）字段没有用，设为0。在两个检验和字节之后。

3）保留字，4个未使用的字节被保留，必须设为0。

4）目标地址，只能用在那些提供不可达性检测功能的报文中，以及DAD报文中。它不能是多播地址。

5）选项（Options）字段可以包含链路层的源地址，只有在不是DAD报文的情况下，它才能包含链路层地址。在一条把未指定地址用作源地址的DAD报文中，选项字段为0。链路层选项不仅必须用在多播请求中（邻居发现和ARP功能），而且应当用于单播请求中

(不可达性检测)。

邻居通告 (Neighbor Advertisement) 报文是作为对邻居请求报文的应答，或者为了快速传播新的信息而发出的。邻居通告报文的格式如图 4-12 所示。

<table>
<tr><td colspan="4">比特 0</td><td>8</td><td>16</td><td>31</td></tr>
<tr><td colspan="4">136</td><td>代码(设为 0)</td><td colspan="2">校验和</td></tr>
<tr><td>R</td><td>S</td><td>O</td><td colspan="4">保留字(由发送者初始化为 0)</td></tr>
<tr><td colspan="7">目的地址(16 字节)</td></tr>
<tr><td colspan="7">选项</td></tr>
</table>

图 4-12 邻居通告报文的格式

IP 首部中的地址类型指出了该报文是对请求的回答还是一条未经请求的报文。如果是一条受请求而发出的通告，那么目的 IP 地址就是发出请求的接口的源地址。

如果该报文是对一条来自未指定的源地址的 DIPAD 报文应答，那么该应答就会发往全节点多播地址 FF02::1。对于所有未经请求的周期性通告也是如此。

1) 类型 (Type) 字段的值为 136，代表邻居通告报文。

2) 代码 (Code) 字段没有使用，设置为 0。

3) R 位，当路由标志位 R 设为 1 的时候，发送方就是路由器。

4) S 位，当 Solicited (受到请求的) 标志设为 1 的时候，就表示该报文是作为邻居请求的响应而发出的。例如，作为对不可达性检测报文的回答，一台主机确认了其可达性，那么 S 位就应当设为 1。在多播通告中 S 位不设为 1。

5) O 位，覆盖标志 O 表示通告报文中的信息应当覆盖现有的邻居缓存记录，并且更新所有缓存的链路层地址。如果 O 位未被设置，那么通告不会更新缓存的链路层地址，但是它会更新一条不存在链路层地址的现有邻居缓存记录。在对任播地址的通告中不应设置 O 位。缓存记录将在本章后面讨论。

6) 保留字，剩余的 29 位是为将来保留的，设为 0。

7) 目的地址，在响应请求而发出的通告中，目标地址为 128 位，包含了发出请求的接口地址。在未经请求的通告中，该字段包含了链路层地址中有改动的接口地址。

8) 选项 (Options) 字段可能的选项是目标链路层地址。

4.3.5 ICMP 重定向报文

路由器发出 ICMP 重定向 (ICMP Redirect) 报文是用来告诉节点在去往给定目的地的路径上更优的第一跳节点。重定向报文还可以告知节点，它所使用的目的地实际上是同一个链路上的一个邻居，而不是远程子网上的一个节点。ICMPv6 重定向报文的格式如图 4-13 所示。

IP 首部中的源地址必须是发送报文的接口的本地链路地址。IP 首部中的目的地址是触发重定向报文的数据包的源地址。跳数限制是 255。

1) 目标地址 (Target Address) 字段包含了作为去往给定目的地址更优的下一跳接口的本地链路地址。

比特 0	8	16　　　　　31
137	代码(设为 0)	校验和
保留字(由发送者初始化为 0)		
目标地址(16 字节)		
目的地址(16 字节)		
选项		

图 4-13　ICMPv6 重定向报文的格式

2）目的地址（Destination Address）字段包含了重新定向的目的地址，用它来到达目的地址。如果目标地址字段和目的地址字段中的地址是一样的话，那么目的地就是一个邻居而不是远程节点。

3）选项（Options）字段，包含了目标（最佳下一跳路由器）的链路层地址。这是对 IPv4 的一个改进，在 IPv4 中，主机需要发出一个单独的 ARP 请求来决定下一跳路由器链路层地址。

4.3.6　邻居发现选项

邻居发现报文可能包含一个或多个选项，有些选项可能在同一报文中多次出现，邻居发现报文包含着长度不定的选项（Options）字段，选项字段的格式如图 4-14 所示。

比特 0	8	16　　　　　31
类型	长度	选项(长度不定)

图 4-14　邻居发现选项的格式

类型（Type）字段指出紧随其后的是什么类型的选项，给出的 5 种类型定义如下：

1）类型 1：源链路层地址。

2）类型 2：目标链路层地址。

3）类型 3：前缀信息。

4）类型 4：重定向首部。

5）类型 5：MTU。

长度（Length）字段指出了选项的长度。对于这个字段，0 是不合法的，带有这个值的数据包必须丢弃。长度的计算包含类型（Type）和长度（Length）字段。

4.3.7　邻居缓存和目的地缓存

IPv6 节点需要维护各种信息表格。在这些表格中，邻居缓存和目的地缓存是特别重要的。

1. 邻居缓存

邻居缓存用列表维护最近有过通信的邻居的记录，邻居缓存包含有邻居不可达检测算法维护的信息，每条记录的表项内容包括：有关邻居的链路层地址的信息；邻居节点的单播 IP 地址；标识邻居是路由器还是主机的标志。该记录还包含了有关是否有数据包正在队列中准备发往目的地的信息，有关邻居可达性的信息，以及计划进行下一次邻居不可达性检测的时间。

IPv6 节点的邻居缓存可以和 IPv4 节点中的 ARP 缓存相比较。邻居缓存可以被看作是目的地缓存信息的子集。

2. 目的地缓存

目的地缓存用于维护有关最近有过通信的目的地的信息，包括本地目的地和远程目的地。目的地缓存通过来自 ICMP 重定向报文的信息进行更新。它还可以包含有关 MTU 大小和往返定时器的附加信息。在远程目的地的情况下，该记录列出了下一跳路由器的链路层地址。

邻居通告报文中的覆盖标志位与邻居缓存和目的地缓存相联系。如果覆盖标志位的值为 1，邻居通告报文中的信息应当覆盖现有的邻居缓存记录，并且更新收到通告的主机的缓存中所有缓存的链路层地址。如果该位为 0，则邻居通告报文不会更新缓存的链路层地址，但是会更新一条不存在链路层地址的现有邻居缓存记录。

RFC2461 文档对邻居缓存和目的地缓存给出描述和定义，邻居可达性状态是最关键的信息，一条邻居缓存记录可以处于 5 种状态之一，邻居缓存记录可以处于的 5 种状态如表 4-7 所示。

表 4-7 邻居缓存记录可以处于的 5 种状态

状态	说明
Incomplete（不完整的）	地址解析目前正在执行中，需要等待一个响应或者超时。特别是指，一个邻居请求已经被发往目标的受请求节点多 播地址，但是还未收到相应的邻居通告
Reachable（可达到的）	邻居当前可达，也就是说在上一次邻居正常起作用的 Reachable Time（ms）时间内收到了肯定的确认
Stale（失效的）	在上一次收到转发路径正常工作的肯定确认之后，已经经过了大于 Reachable Time（ms）的时间。对这个邻居不会发生任何行动，直到发出一个数据包
Delay（延迟）	该邻居的可达时间已经过期了，在最后一次 Delay first Probe Time（s）的时间内有一个数据包被发出。如果在 Delay First - Probe Time（s）内没有收到任何确认的话，那么发出一条邻居请求，并把邻居的状态改为探测状态，延迟的使用为上层协议提供了额外的时间来进行确认。如果没有这个额外的时间，就有可能产生多余的流量
Probe（探测）	正在通过每 RetransTimer（ms）发送一次邻居请求尝试获取可达性确认，直到确认了可达性为止

4.4 IPv6 地址解析技术

4.4.1 主机的数据结构

IPv6 的一个设计要求是，即使在一个有限的网络内，主机也必须正确工作。因此主机必须能实现自动配置，必须能学习到交换数据的有关目的地的最基本信息。储存这些信息的存储器叫做缓存，其数据结构是一系列记录的排列，称做表项。每个表项储存的信息有一定的有效期，需要周期性地清除缓存中超时的表项。

IPv6 主机需要为每一接口维护的信息描述如下：

（1）邻居缓存　内容如 4.3.7 节所述。

（2）目的地缓存　目的地缓存能把目的地 IP 地址映射成下一跳邻居的 IP 地址，该缓存通过重定向报文进行信息更新。如果在目的地缓存表项中存储与邻居发现没有直接关系的附加信息，例如路径 MTU（PMTU）以及由传输协议设定的往返时间，则执行时会更加方便。

（3）前缀列表　规定一组“在连接（On-Link）”地址的前缀组成的列表。前缀列表的表项产生于路由器通告接收到的信息。每一个表项都有一个相关的失效计时器值（由通告信息确定），它用于在前缀失效时废弃这些前缀。除非在后续通告中收到了一个新的（有限）值，否则特殊的“无限”计时器值规定前缀永久有效。本地链路（Link-Local）前缀位于带有无限失效计时器的前缀列表，而不管路由器是否正在向其通告前缀。接收的路由器通告不应该修改本地链路前缀的失效计时器。

（4）默认路由器列表　接收数据包的路由器列表。路由器列表的表项指向邻居缓存中的相应的表项。默认路由器的选择算法是，选择那些已知可达的路由器，而不选择可达性还不确定的路由器。每一个表项还有一个相关的失效计时器值（从路由器通告信息中得到），它的作用是删除不再通告的表项。

上述数据结构可以用不同的方法实现。其中一种实现方法是对所有数据结构使用单个最长匹配路由表。不管采用哪种特定的实现方法，为了防止重复性的邻居不可达检测，路由器的邻居缓存表项可以由使用该路由器的所有目的地缓存表项共享。

邻居缓存包含有邻居不可达检测算法维护的信息。邻居可达性状态是最关键的信息，它的取值是下列的 5 个值之一：

（1）不完整性（Incomplete）　正在进行地址解析，邻居的链路层地址还没确定。

（2）可达性（Reachable）　邻居在最近处于可达状态（在小于 10s 以前）。

（3）失效性（Stale）　在数据流发送给该邻居以前邻居是不可达的，并无法验证其可达性。

（4）延迟（Delay）　邻居不再是可达的，同时数据流在最近已经发送给邻居，但不立即对该邻居进行探测，而在一个短延迟后发送探测信息，这样就可以为上层协议提供可达性确认。

（5）探测（Probe）　邻居不再是可达的，同时发送单播邻居请求探测以验证可达性。

4.4.2　主机数据包的发送算法

节点向目的地发送数据包时，使用目的地缓存、前缀列表、默认路由器列表确定合适的下一跳的 IP 地址，然后路由器查询邻居缓存确定邻居的链路层地址。

IPv6 单播地址下一跳确定的操作方法是，发送者使用前缀列表中的前缀进行最长前缀匹配，确定数据包（分组）的目的地是在连接的还是非连接的。如果下一跳是在连接（On Line）的，下一跳地址就和目的地地址相同，否则发送者从默认路由器列表中选择下一跳。

下一跳确定的信息存储在目的地缓存中，下一个包可以使用这些信息。当路由器发送包时，首先检查目的地缓存，如果目的地缓存没有相关信息存在，就激活下一跳确定过程。在学习到下一跳路由器的 IPv6 地址后，发送者检查邻居缓存以决定链路层地址。如果没有下一跳 IPv6 地址的表项存在，路由器的工作步骤如下：

1）创建一个新表项，并设置其状态为不完全。

2）开始进行地址解析。

3）对传送的包进行排队。

当地址解析结束时，获得链路层地址，存储在邻居缓存中。此时表项到达新的可达状态，排队的包能够传送。

对于多播包，下一跳总是认为其在连接，确定多播 IPv6 地址的链路层地址取决于链路类型。当邻居缓存开始传送单播包时，发送者根据邻居不可达检测算法检测相关的可达性信息，验证邻居的可达性。当邻居不可达时，再次执行下一跳确定，验证到达目的地的另一条路径是否是可达的。

如果知道了下一跳节点的 IP 地址，发送方就检查邻居缓存中有关邻居的链路层信息。如果没有表项存在，发送方就创建一条，并设置其状态为“不完整性”，同时启动地址解析，然后对没有完成地址解析的数据包进行排队。对具有多播功能的接口来说，地址解析的过程是发送一个邻居请求信息，以及等待一个邻居通告。当收到一个邻居通告应答时，链路层地址被存储在邻居缓存中，同时发送排队的数据包。

在传输单播数据包期间，每次读取邻居发现缓存的表项，发送方根据邻居不可达性检测的算法检查邻居不可达性检测的相关信息，但不可达性检测会使发送方发出单播邻居请求，试图验证该邻居还是可达的。

数据流第一次送往目的地时就执行下一跳确定的操作，随后该目的地如果仍能正常通信，目的地缓存的表项就可以继续使用。如果邻居不可达算法决定在某一点终止通信，则需要重新执行下一跳确定，例如故障路由器的流量应该切换到正常工作的路由器，流向移动节点的数据流可能要重新路由到“移动代理”。

当节点重做下一跳确定时，不需要丢弃整个目的地缓存的表项，其中 PMTU 和往返计时器值的信息是很有用的。

4.4.3 邻居发现协议与 ARP 的比较

IPv6 不再执行地址解析协议（ARP）或反向地址解析协议（RARP）。在 IPv6 中没有继续使用 ARP 的主要原因是，ARP 依赖于 IPv6 和使用多播的 ICMPv6 报文，没有必要为使用 ARP 的每个不同类型网络都重新构造 ARP，任一支持 IPv6 和多播的节点也应该支持邻居发现。

对多播的支持很重要，在链路层更是如此。多播在支持多路同时访问的以太网之类的网络上很容易实现，但对于非广播多址接入（NBMA）网络，例如 ATM 和帧中继网络，多播则很难处理。这些 NBMA 网络依赖于虚电路连接，要求为将接收多播信息的每个节点都建立一条单独的电路，这导致多播更加复杂。但是只要有机制能提供多播功能，这些网络上的节点也能够支持邻居发现，而无需显式建立 ARP 之类的服务。

在文档 RFC1970 中给出 IPv6 的邻居发现协议的技术规范，描述了邻居发现协议机制及其实现方法，提供的支持包括：

（1）路由器发现　即帮助主机来识别本地路由器。

（2）前缀发现　节点使用此机制来确定本地链路地址的地址前缀以及必须发送给路由

器转发的地址前缀。

(3) 参数发现 此机制帮助节点确定诸如本地链路 MTU 之类的信息。

(4) 地址自动配置 用于 IPv6 节点自动配置。

(5) 地址解析 替代了 ARP 和 RARP，帮助节点从目的 IP 地址中确定本地节点（即邻居）的链路层地址。

(6) 下一跳确定 可用于确定包的下一个目的地，即确定包的目的地是否在本地链路上。如果在本地链路上，下一跳即是目的地；否则包需要选路，下一跳即是路由器，邻居发现可用于确定应该使用的路由器。

(7) 邻居不可达检测 邻居发现可帮助节点确定邻居（目的节点或路由器）是否可达。

(8) 重复地址检测 邻居发现可用于帮助节点确定它想使用的地址在本地链路上是否已被占用。

(9) 重定向 有时节点选择的转发路由器对于待转发的包而言并非最佳。这种情况下，该转发路由器可以对节点进行重定向，以将包发送给更佳的路由器。例如，节点将发往 Internet 的包发送给为节点的内联网服务的默认路由器，该内联网路由器可以对节点进行重定向，以将包发送给连接在同一本地链路上的 Internet 路由器。

邻居发现协议通过定义特殊的 ICMP 报文类型来执行，这些报文包括：

(1) 路由器通告 要求路由器周期性地通告其可用性，以及用于配置的链路和 Internet 参数。这些通告包含对所使用的网络地址前缀、建议的逐跳极限值及本地 MTU 的指示，也包括指明节点应使用的自动配置类型的标志。

(2) 路由器请求 主机可以请求本地路由器立即发送其路由器通告。路由器必须周期性发送这些通告，但是在收到路由器请求报文时，不必等待下一个预定传送时间到达，而应立即发出通告。

(3) 邻居通告 节点在收到邻居请求报文的请求或其链路层地址改变时，发出邻居通告报文。

(4) 邻居请求 节点发送邻居请求报文来请求邻居的链路层地址，以验证它先前所获得并保存在高速缓存中的邻居链路层地址的可达性，或者验证它自己的地址在本地链路上是否唯一。

(5) 重定向 路由器发送重定向报文以通知主机，对于特定目的地自己不是最佳路由器。路由器通过多播来发送其路由器通告报文，这样同一链路上的节点可以构造自己的可用默认路由器列表。

邻居发现也可以用于实现其他目标，这些目标包括：

(1) 链路层地址变化 对同一网络，节点可以有多个接口，如果节点得知自己的链路层地址改变，就可以通过发送几个多播包来将其地址改变通知其他节点。

(2) 入境负载均衡 应注意，接收大量业务流的节点可能有多个网络接口，使用邻居发现，所有这些接口都可以用一个 IP 地址来代表。通过让路由器在发送其路由器通告包时省略源链路层地址，可以实现路由器负载均衡。此时，查找该路由器的节点每次想要发送包给该路由器时，都必须执行邻居发现，而该路由器就可以选择接收包的链路层接口来响应此节点。

(3) 任播地址 正如将在第 6 章所述的，任播地址表示单播地址的集合，发送给该任播地址的包将交付给这些地址中的任一个。通常任播地址用于标识提供同样服务的节点集，将包发送给一个任播地址的节点，而并不在意由节点集中的哪一个来响应。因为任播地址的多个成员都可能响应对其链路层地址的请求，邻居发现机制要求节点应预计到可能收到多个响应，并能正确地处理。

(4) 代理通告　如果一个节点不能正确响应邻居发现请求，邻居发现机制允许用另一个节点来代表该节点。例如，一个代理服务器可以代表移动 IP 节点。

邻居发现协议比 IPv4 的 ARP 和 RARP 有了很大改进，这些改进包括：

1) 在 IPv4 中，由 IP 层到链路层地址的解析（ARP）是基于链路层的广播机制来实现的，数据包由 LLC 网桥进行转发，在一个比较大的站点范围内会占用大量的带宽，有时还会引起“广播风暴”。而在 IPv6 中，这一过程是基于 IP 层的多播机制实现的，在地址解析的过程中受到地址解析发送包影响的节点数大大减少，而且非 IPv6 节点根本不受影响。

2) IPv6 的邻居发现协议中，路由器通告报文会带着自己的链路层地址，还会带着本地链路的前缀，从而避免了每个节点配置自己的子网掩码。

3) IPv4 的 ARP 是不安全的，无法保证回应 ARP 探测报文的节点是需要的节点，这样会导致发往一个节点的数据包被另一个节点窃听到。而邻居发现协议运行在 IPv6 之上，它属于网络层协议，它的安全性可由 IPv6 的安全性来保证。

4) IPv4 的 ARP 运行在数据链路层，不同的网络介质需要有不同的 ARP，例如 Ethernet ARP 与 FDDI ARP 就不完全相同。而邻居发现协议运行在网络层，与介质无关，任何网络媒介都可以运行相同的邻居发现协议。

5) 与 IPv4 不同，通过邻居发现协议得到的各种地址信息都有一定的生存期，这些生存期由这些信息的发送者规定。路由器能够通知主机如何执行地址配置，例如路由器能指示主机是使用有状态地址配置还是使用无状态地址配置。路由器能够通告链路的最大传输单元信息（MTU），以使同一链路上的所有节点使用相同的 MTU 值。对于无状态地址自动配置来说，邻居发现协议能够提供主机进行无状态地址自动配置所需要的全部信息。

在从 IPv4 过渡到 IPv6 的早期阶段，所有实现 IPv6 的节点都应该被配制成一种双栈结构。双栈结构使节点能够与 IPv4 保持兼容，因此现存的 IPv4 协议层应该被一种既支持 IPv4 又支持 IPv6 的协议层所取代，而且 TCP 和 UDP 层应该被升级支持 IPv6。支持两个版本的 IP 的最大困难在于同时处理两种不同结构的地址，邻居发现中的邻居自动发现功能可以很容易地处理这种困难问题。

自从 IETF 在 1998 年 12 月制定了邻居发现协议的标准文本 RFC2461 后，邻居发现就成为 IPv6 节点使用的重要协议，它解决了连接在同一条链路上的所有节点之间的互操作问题。

4.4.4 地址可达性检测

邻居不可达检测，任何时候通过邻居或到达邻居的通信，会因各种原因而中断，例如硬件故障、接口卡的热插入等。如果目的地失效，则恢复是不可能的，通信失败；如果路径失效，则恢复是可能的。因此节点应该主动跟踪数据包发向邻居的可达性状态。

主机与邻居节点之间所有路径都应进行邻居不可达性检测，包括主机到主机、主机到路由器以及路由器到主机之间的通信，也可用于路由器之间，以检测邻居或邻居前向路径发生的故障。

如果路由器最近收到确认，邻居的 IP 层已经收到最近发送到它的数据包，那么该邻居是可达的。邻居不可达检测使用两种方法进行确认：一种是从上层协议来的提示，提供“连接正在处理”的确认；另一种是路由器发送单播邻居请求报文，收到了应答的邻居通告报文。为了减少不必要的网络流量，探测报文仅发送到邻居。

邻居不可达性检测与向邻居发送数据包同时进行。在邻居可达性确认期间，路由器继续向缓存链路层地址的邻居发送数据包；如果没有数据包发向邻居，则不发送检测。

4.4.5　重定向技术

重定向功能是将主机重定向到一个更好（更佳）的第一跳路由器，或者向主机通告发送给目的节点的分组不需要路由器转发，因为目的节点就是邻居节点。

当选择的路由器作为分组传送的下一跳并不是最佳选择时，路由器需产生重定向报文，通知源节点到达目的地存在一个更佳的下一跳路由器。重定向前后分组转发路径的变化如图 4-15 所示。

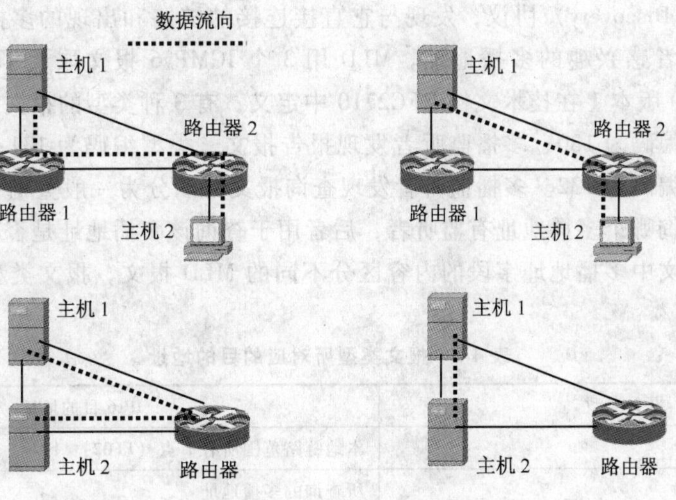

图 4-15　重定向前后分组转发路径的变化

路由器必须能够确定与它相邻的路由器的本地链路（Link-Local）地址，以保证收到重定向报文中的目标地址，根据本地链路地址来识别邻居路由器。对静态路由情况，下一跳路由器的地址应用本地链路地址表示，对于动态路由，需要相邻路由器之间交换它们的本地链路地址。

对重定向报文的确认需要进行有效性的检查，有效性检查的内容包括：

1）IP 源地址是本地链路地址。

2）IP 下一跳限制字段的值为 255。

3）若报文含有认证首部，对该报文的认证必须通过。

4）ICMP 校验和正确，ICMP 代码为 0。ICMP 的长度以 8 位组为单位，大于等于 40。

5）对于特定的 ICMP 目的地址，重定向的 IP 源地址与当前第一跳路由器的地址相同。

6）重定向报文中的 ICMP 目的地址字段中不包含多播地址。

7）ICMP 目标地址是本地链路地址，或是 ICMP 目的地址。

8）所有选项的长度都大于 0。

当主机收到一个有效的重定向报文时，需要更新主机的目的缓存，若目的缓存中没有该目标的项，就建立一个新的目标项，若重定向报文中包含一个目标链路层地址，主机应创建或者更新该目标的邻居缓存项，缓存中的链路层地址均是从目标链路层地址选项中复制的。

在源端没有正确应答重定向报文，或者源端选择忽略没有被验证的重定向报文的情况下，为了节省带宽和处理的费用，路由器必须限定发送重定向报文的速率。在收到重定向报文时，路由器不能更新路由表。

4.5 多播监听者发现协议

4.5.1 多播监听者发现协议概述

多播监听者是希望收到多播数据报的节点，IPv6 路由器通过多播监听者发现（MLD，Multicast Listener Discovery）协议，发现与它直接连接的链路和出现的多播监听者，同时发现这些多播监听者感兴趣的多播地址。MLD 用 3 个 ICMPv6 报文取代了 IPv4 网络所用的 IGMP 协议。MLD 版本 1 在技术文档 RFC2710 中定义，有 3 种类型的报文：多播监听者发现查询报文，类型编码为 130；多播监听者发现报告报文，类型编码为 131；多播监听者发现完成报文，类型编码为 132。多播监听者发现查询报文可以分为一般查询和特定多播地址查询，前者用于查询哪个多播地址有监听者，后者用于查询该多播地址是否有多播监听者。

可以通过报文中多播地址字段的内容区分不同的 MLD 报文，报文类型所对应的目的地址如表 4-8 所示。

表 4-8 报文类型所对应的目的地址

报文类型	IPv6 目的地址
一般查询	本地链路范围所有节点（FF02：：1）
特定多播地址查询	所查询的多播地址
报告	所报告的多播地址
完成	本地链路范围所有路由器（FF02：：2）

RFC3810 给出 MLD 协议的第 2 版 MLDv2，MLDv2 与 MLDv1 兼容，增加了对源过滤器的支持，可以区分多播数据报发出的源地址，可以监听感兴趣的内容。MLDv2 是 ICMPv6 的子协议。

多播路由器通过多播路由协议收集多播监听者的信息，并把监听状态通告与它相邻的多播路由器。需要注意的是，若多播路由器有多个接口连接在同一链路上，只需要在一个接口上实现 MLDv2。若多播监听者有多个接口连接在同一链路上，必须在所有支持多播接收的接口上实现 MLDv2。

4.5.2 多播监听者发现报文格式

MLDv2 的报文类型是 ICMPv6 报文类型的子集，与 ICMPv6 一样，也是通过 IPv6 分组中下一个首部字段值为 58 来标识，发送 MLDv2 报文时必须包含本地链路 IPv6 源地址、跳数限制的值为 1、逐跳选项首部中的 IPv6 路由器选项。若发送接口不需要有效的链路层 IPv6 源地址，也可以发送包含未指定源地址的 MLDv2 报文。

MLDv2 的报文类型有两种，即多播监听者查询和多播监听者报告，报文类型分别为 143、144。实现 MLDv2 的节点必须支持 MLDv1 中的多播监听者报告（报文类型为 131）和多播监听者完成报文（报文类型为 132），也必须忽略未认可的报文类型。

1. 多播监听者查询报文

多播监听者查询报文的类型为 143，由处于查询状态的多播路由器发出，用于查询邻居接口的多播监听状态。多播监听者查询报文的格式如图 4-16 所示。多播监听者查询报文各字段的功用解释如下：

（1）类型　占 8 位，对于查询报文该字段值为 130。

（2）代码　占 8 位，发送者在初始化时设置该字段值为 0，接收者忽略该字段。

（3）校验和　占 16 位，校验范围为整个 MLDv2 首部和 IPv6 虚拟首部，为标准的 ICMPv6 校验和。

（4）最大响应代码　占 16 位，指明在发送响应报告前允许的时间，实际的允许时间为最大响应延迟，单位为 ms。

（5）保留字　占 16 位，该字段值设置为 0。

（6）多播地址　对于一般查询，该字段值设置为 0，对于特定多播地址查询，该字段值为被查询的多播地址。

（7）S 标志　占 1 位，为禁止路由器方处理标志，若该位置 1，指示正在接收多播的路由器在收到查询时，必须抑制正常的定时器更新。

（8）QRV　占 3 位，为查询者健壮性变量，若字段值为非 0，QRV 内容为查询者所使用的健壮性变量值，该字段最大值为 7，若超过 7，则转为 0。

（9）QQIC　占 16 位，为查询者查询间隔代码，指明查询者使用的查询间隔 QQI，单位为 s。

（10）源地址数　占 16 位，指明有多少个源地址出现在查询中，最多只能有：1500 -

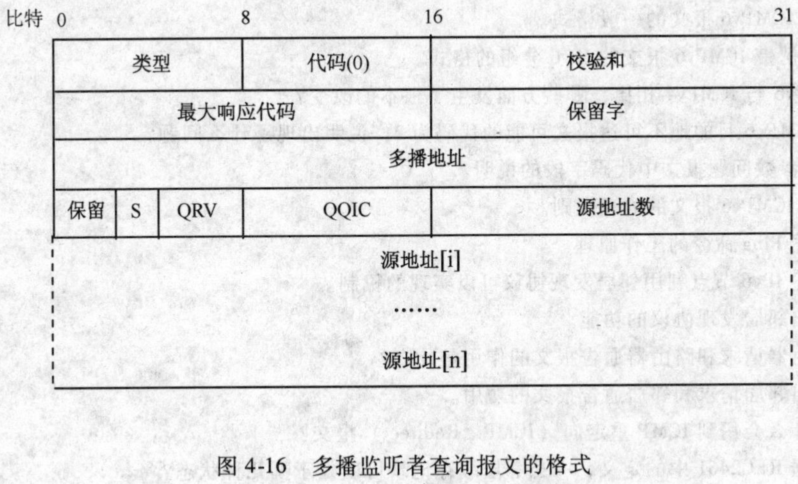

图 4-16　多播监听者查询报文的格式

40 - 8 - 28 = 1424 个字节给源地址字段，该字段最多有 89 个源地址。

（11）源地址［i］　字段长度可变，n 个单播地址，n 由源地址数字段确定。

MLDv2 的多播监听者发现查询报文可以分为一般查询、特定多播地址查询、多播地址和源特定查询。前两个的功用与 MLDv1 类似，第三个是查询对于特定的多播地址，在与路由器连接的链路上是否有指定列表中的源地址拥有监听者。多播地址字段包含感兴趣的多播地址，源地址［i］字段包含感兴趣的源地址。

2. 多播监听者报告报文

多播监听者报告报文由 IPv6 节点发送给邻居路由器，用于报告节点接口当前的多播监听状态的变化，该报文类型为 144。多播监听者报告报文格式如图 4-17 所示。多播监听者报告报文新出现字段的功用解释如下：

（1）多播地址记录数　占 16 位，表示当前报告中有多少记录。

（2）多播地址记录［i］　字段长度可变，n 个多播地址，n 由多播地址记录数字段确定。

比特 0	8	16	31
类型	保留字(0)	校验和	
保留字		多播地址记录数	
多播地址记录[i]			
……			
多播地址记录[n]			

图 4-17　多播监听者报告报文的格式

思考题和练习题

4-1　简述 ICMPv6 的功用。

4-2　写出 ICMPv6 与 ICMPv4 的比较。

4-3　ICMPv6 报文有哪些类型？

4-4　写出 ICMPv6 报文的一般格式。

4-5　给出携带 ICMPv6 报文的 IPv6 分组的格式。

4-6　ICMPv6 与 ICMPv4 相比，哪些方面发生了根本的改变？

4-7　若 ICMPv6 目的地不可达报文可能的代码为 2，说明出现了什么问题？

4-8　给出参数问题报文中代码字段的说明。

4-9　写出 ICMPv6 报文的处理规则。

4-10　简述 Ping 命令的工作原理。

4-11　简述 IPv6 节点利用邻居发现协议可以实现的机制。

4-12　写出邻居发现协议的功能。

4-13　路由器请求和路由器通告报文的作用是什么？

4-14　写出邻居请求和邻居通告报文的功用。

4-15　为什么会用到 ICMP 重定向（ICMP　Redirect）报文？

4-16　依据 RFC2461 中的定义，一条邻居缓存记录可以处于哪几种状态？

4-17 简述 IPv6 地址解析技术的特点。

4-18 简述需要主机为每一接口维护的信息内容。

4-19 邻居可达性状态是最关键的信息，它的可能取值有哪些？

4-20 简述主机数据包的发送算法的特点。

4-21 给出邻居发现协议与 ARP 的比较。

4-22 邻居发现协议机制及其实现方法提供的支持有哪些？

4-23 邻居发现也可以用于实现其他目标，这些目标包括什么内容？

4-24 简述地址可达性检测的功用。

4-25 对重定向报文的确认需要进行有效性检查，有效性检查的内容包括哪些？

4-26 多播监听者发现（MLD）协议的作用是什么？

4-27 写出多播监听者查询报文的格式。

第5章 IPv6路由技术

5.1 IPv6路由协议概述

5.1.1 IPv6路由协议基本知识

IPv6路由协议是IPv6的组成部分，是IPv6的核心。路由协议依据工作原理可以分为距离向量路由协议、链路状态路由协议和路径向量路由协议。IPv6路由协议包括：内部路由协议RIPng、OSPFv3，以及基于IPv6的IS-ISv6；外部路由协议BGP-4。依据路由算法分类，其中RIPng为距离向量路由协议，OSPFv3和IS-ISv6属于链路状态路由协议，BGP-4属于路径向量路由协议。路由算法（Routing Algorithm）是网络层软件的一部分，网络中的路由器通过路由算法确定把一个进来的数据报（分组）转发到哪一条输出线路上。不同的路由协议通过相应的路由算法来实现。

在IPv6网络中，如果想将IPv6数据报转发到本地网络（网段）之外，就需要一台路由器。路由器根据IPv6数据报的目的地址，并在本地路由表中搜索一个匹配的前缀，以确定IPv6数据报的转发路径。路由表是一个IPv6目的地址列表，每个目的地址都有一个前缀长度。一旦路由器发现了匹配的地址条目，将按照与路由表中的这个条目相关的下一跳地址信息来转发该数据报。如果在路由表中没有发现匹配的目的地址条目，若路由表中有默认路由，则将数据报按默认路由转发，否则数据报将会被丢掉。需要注意的是，由于IPv6地址前缀是明确的，因此路由表中的网络、子网络和主机路由是没有差别的。

路由信息既要在自治系统（AS，Autonomous System）内部，又在自治系统之间进行传递和通告。AS被定义为一组由单一机构管理的网络。在AS内部发布信息的路由协议被称为内部路由协议（IGP，Interior Gateway Protocol），IGP早期也称为内部网关协议，IPv6的RIPng和OSPFv3就属于内部路由协议。在AS之间发布信息的路由协议被称之为外部路由协议（EGP，Exterior Gateway Protocol），EGP也称为边界网关协议或外部网关协议，IPv6的BGP-4及其扩展就是外部路由协议。

需要说明的是，路由协议（Routing Protocol）和可被路由协议（Routed Protocol）是两个不同的概念。路由协议允许路由器动态的通告、学习和更新路由，是一种为路由器寻找数据报转发路径的协议，例如RIPng、OSPFv3等。可被路由协议是能够为用户数据提供足够的被路由信息，例如网络接口的逻辑地址，也就是IP地址。用户数据若想要被路由、穿越网络，必须用可被路由协议封装，例如IP数据报可以被路由，IP协议是一个可被路由协议。

5.1.2 IPv6路由协议

IPv6路由协议也分为静态路由和动态路由。

静态路由是由手工配置路由表，在两个网络设备或多个网络设备之间定义明确的数据报转发路径。当网络拓扑结构改变时，需要手工重新配置路由表。静态路由配置适合比较小的网络应用范围。

动态路由采用的是动态路由协议计算出来的路由。网络中的路由器之间相互传递路由信息。动态路由协议根据网络拓扑变化和网络的流量，按照动态路由算法，进行路由的计算和路由表的更新，不用人工干预。Internet 和大型网络均采用动态路由协议。目前 Internet 中使用的路由协议有路由信息协议（RIP，Routing Information Protocol）、开放最短路径优先（OSPF，Open Shortest Path First）、边界网关协议（BGP，Border Gateway Protocol），以及 IPv6 路由协议 RIPng、OSPFv3、BGP-4 等，这些路由协议都是动态路由协议。

静态路由具有简单、高效、可靠，使用带宽较少，容易配置等特点，适合拓扑结构简单、变化不大的小型网络的路由配置。静态路由特别适合路由更新的控制、隐蔽部分网络等用途，尤其是对只有唯一路径到达 Internet 的末节（Stub）网络，使用静态路由是很有效的。

在应用时，动态路由协议多用在通信子网中的网络设备之间传递路由信息。静态路由可以重分布到动态路由协议中，但是动态路由协议产生的路由不能重分布到静态路由表中。

目前流行的操作系统，例如 Windows、Linux 等均支持 IPv6 的配置，包括 IPv6 的路由协议。Cisco、华为等网络厂商生产的路由器均支持 IPv6 路由协议的配置和应用。例如，Linux 版本为 Rad Hat Enterprise Linux AS，内核版本为 2.6.9，IPv6 静态路由在 Linux 平台上的配置过程如下：

1）以 root 用户登录。

2）加载 IPv6 模块。运行 insmod IPv6 或 modprobe IPv6 命令装载 IPv6 模块，之后用 ismod 查看系统加载模块情况，若列表中有 IPv6，说明已经加载。若在网络启动时由系统自动加载 IPv6 模块，可以编辑/etc/sysconfig/network 文件，加入语句行“NETWORKING_ IPv6 = YES”。

3）配置 IPv6 地址。加载 IPv6 模块后，系统会默认地配置主机网卡的 IPv6 链路本地地址，用于在本地链路中唯一标识该网卡。若主机所接入的网络中有支持 IPv6 的路由器，并且该路由器配置的是无状态地址自动配置，系统会自动给网卡配置一个全球单播地址，用于在 IPv6 网络中唯一标识该网卡（连接）。也可以人工给网卡配置全球单播地址。例如，网卡是以太网卡，网络前缀为 112，地址为 2001:250:3000:1::1:1，配置方法如下：

```
ipconfig eth0 add 2001:250:3000:1::1:1/112
```

4）测试网络连通性。用 ping6 命令与另外一个 IPv6 网络节点通信，若另外一个 IPv6 网络节点的全球单播地址为 2001:250:3000:1::1:5，测试方法如下：

```
ping6 2001:250:3000:1::1:5
```

5）配置和查看静态路由表。在静态路由表中加入一条静态路由的方法如下：

```
route -A inet6 add default gw 2001:250:3000:3:3b0:6a:12c:576e
```

可以使用命令 route-A inet6 查看静态路由表。

IPv6 路由协议的新特点包括：

1）地址方面。在现行的网络结构中，为使网络中的每个节点都可达，必须保证有唯一的标识来对应网络节点的某一个接口。IPv6 协议中增加了任播地址，允许 IPv6 数据报被路由到具有某个 IP 地址的所有节点中的其中任意一个，任播地址可以被分配给一个或多个网络接口，这些接口属于不同的网络节点。IPv6 地址使用网络前缀标识网络，取消了子网掩码的概念。一个 IPv6 网络接口可以具有任意类型的多个 IP 地址。

2）地址解析过程。在一个子网中实现第 3 层和第 2 层之间地址映射的方法有多种，在 IPv6 网络中采用邻居发现协议，通过 ICMPv6 实现，主机能够了解到链路上哪一个路由器可以使用，也允许主机通过重定向功能获知哪个是最佳路由器。

3）IPv6 路由协议的更新。IPv4 网络使用的路由算法已经不能适用 128 位的 IPv6 地址。需要研制新的 IPv6 路由协议。RIPng、OSPFv3 和 BGP4+是用于 IPv6 的路由协议。

5.2 RIPng

5.2.1 RIPng 概述

RIPng（RIP next generation）是动态的内部路由协议，是一个基于 Bellman-Ford 算法的距离向量路由协议，RIPng 使用跳数（Hop Count）作为度量（Metric），度量值在 0~15 之间，RIPng 是基于运输层协议（UDP）的，RIPng 只在路由器上实现，每台使用 RIPng 的路由器都有一个路由进程在 UDP 端口 521 上发送和接收数据。RIPng 在中小型网络中有很好的应用。RIPng 协议的大多数概念都是从 RIPv1 和 RIPv2 中得来的，技术文档 RFC1058 给出 RIPv1 的描述，包括距离向量算法的详细说明，RFC2453 给出 RIPv2 的定义和描述。IETF 考虑到 RIP 与 IPv6 的兼容性问题，对 RIP 协议进行修改，于 1997 年 1 月在 RFC 2080 中给出 RIPng 的定义。RIPng 与 RIPv1 和 RIPv2 的主要区别如下：

1）RIPng 仅支持 TCP/IP 协议簇，而 RIPv1、RIPv2 不仅适用于 TCP/IP 协议簇，还能适用于其他网络协议簇。

2）RIPng 使用 IPv6 的安全策略，不单独设计安全性验证报文。

3）RIPng 中的下一跳字段是作为一个单独的路由表项（RTE，Route Table Entry）存在，目的是提高路由信息的传输效率，每个 RTE 的长度可为 20 字节。RTE 也称为路由表条目。

4）RIPng 采用多播方式发送路由报文，可以减少网络中传输路由信息的数量，而 RIPv1 使用广播方式发送路由信息，同一局域网的所有主机都会收到路由报文。

5）RIPng 对路由报文的长度、RTE 的数目没有具体的限制，路由报文的长度是由网络中的 MTU 决定的。而 RIPv1、RIPv2 对路由报文长度均有限制，并规定每个报文最多可以携带 25 个 RTE。

6）由于 IPv6 地址前缀有明确的含义，用前缀长度替代子网掩码，RIPng 中不再有子网掩码的概念。同样由于使用 IPv6 地址，RIPng 中没有必要再区分网络路由、子网路由和主机路由。

IPv6 网络中的每个路由器都有一个路由表，列出了通往各 IPv6 目的地址路由的最佳路径。对于每一个路由，路由器在路由表中都保持有该路由的下列表项字段：

（1）前缀　IPv6 目的地址的前缀长度。

（2）度量（Metric）　从该路由器到目的地址跳数，度量值在在 0~15 之间。直接连接该路由器路由的度量值通常被设为 0。

（3）下一跳（Next Hop）地址　从该路由器到达目的地的路径上所途径的下一个路由器接口的 IPv6 地址。

（4）路由改变标记（Route Change Flag）　标识路由信息最近是否有改变，指出有关路由条目最近被更换的信息。这个标记用于控制触发路由更新。

(5) 计时器　各种与该路由有关的计时器。例如路由信息自最后一次更新后所经历的时间。

5.2.2　RIPng 路由更新的规则

路由器周期性地向使用 RIPng 更新信息的相邻路由器通告有关其路由的信息。在收到来自于邻居的 RIPng 更新信息后，路由器将邻居和它自己之间的距离（通常为 1）添加到收到的各个路由的度量值中。然后，路由器使用 Bellman-Ford 算法处理新收到的路由表项。

路由器 A 从路由器 B 收到一条路由更新信息，并且已经将距离 1 添加到了由路由器 B 通告的每个路由的路由 Ri 中。对于每个路由 Ri，路由器将按 Bellman-Ford 算法计算路由。Bellman-Ford 算法计算路由的过程如图 5-1 所示。

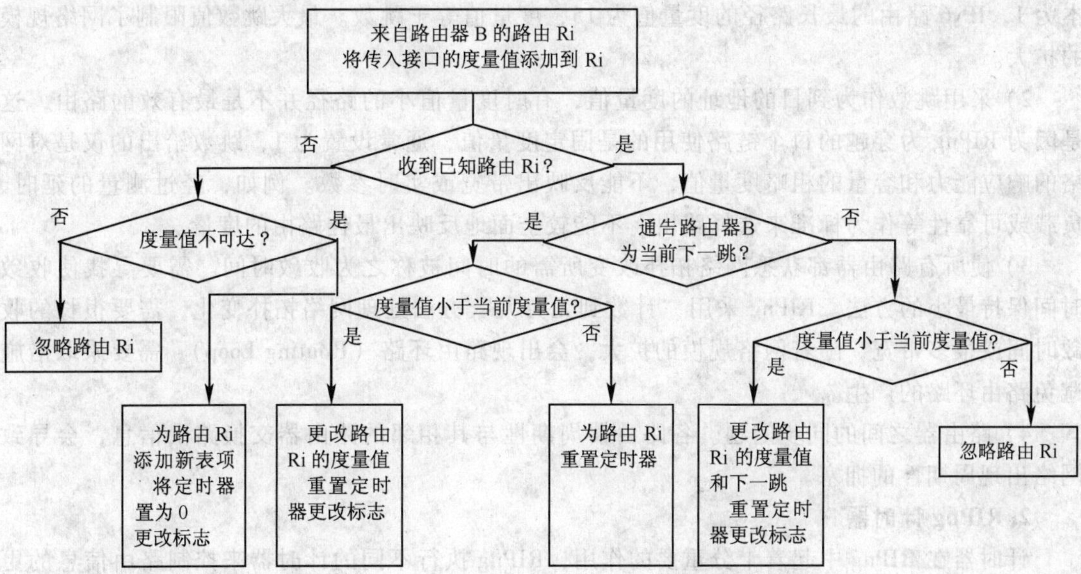

图 5-1　Bellman-Ford 算法计算路由的过程

依据 RIPng 采用的路由更新规则，当满足下列情况时路由表将被更新：

1）路由 Ri 是新的，并且度量值是可达的路由，度量值和下一跳地址将被作为一个新的表项添加到路由表中。计时器被设置为 0，并且给出 Route Change 标记。

2）路由 Ri 是已知的，并且下一跳地址和路由表中的表项内容一样。如果度量值改变了，路由表被更新，并且给出 Route Change 标记。计时器被重新设置为 0。

3）路由 Ri 是已知的，但是下一跳和路由表中的条目不一样，度量值也比路由表中的表项内容小。此时该表项的度量值和下一跳地址被更新，计时器被设置为 0，并且给出 Route Change 标记。

4）路由 Ri 是已知的，但是下一跳和路由表中的条目不一样，而度量值和路由表中的相等。如果路由过程允许在路由表中存在多个等成本路径通往相同的目的地址，路由将被当做一个新的条目（如上所述）。如果路由过程不提供多个等成本路径，路由 Ri 将被删除。多个等成本路径允许将 IPv6 通信在多个路径之间进行分配。在这些路径之间分配通信的法则由路由过程自己决定。

一个路由器在进行初始化时，只知道相邻路由器的路由。动态路由信息传递过程中，路由器周期性地发送更新信息，一个路由器的路由信息将发送给所有邻居，并进行处理，然后又被发送给邻居的邻居。最终每一个路由器都可以知道网络中所有的 IPv6 路由。

5.2.3 RIPng 的局限性及解决方法

1. RIPng 的局限性

RIPng 最初是作为中型网络内部路由协议设计的。RIPng 同样存在 RIPv1 版本和 RIPv2 版本所存在的局限性，需要研究和寻找解决局限性问题的方法。

RIPng 的局限性主要有：

1）RIPng 直径有限，在使用 RIPng 传播路由信息时，设每穿越一条网络（链路）的成本为 1，IPv6 路由的最长路径的度量值为 15，度量值等于跳数。最大跳数值限制了网络规模的扩大。

2）采用跳数作为到目的地址的度量值，有时度量值小的路径并不是最有效的路由，这是因为 RIPng 为穿越的每个链路使用的是固定度量值，通常设置为 1，跳数给出的仅是对网络的响应能力和容量的粗略度量值，不能反映出带宽或实时参数。例如，经过测量的延时、负载或可靠性等作为标准来选择路由，不能较全面地反映出最佳路由的度量。

3）使所有路由器都获悉网络拓扑改变所需的时间被称之为收敛时间。需要寻找使收敛时间保持最小的方法。RIPng 采用“计数到无穷大”方法处理网络拓扑变化，需要很长的收敛时间或很多带宽，随着网络规模的扩大，会出现路由环路（Routing Loop），需要采取措施避免路由环路的产生。

4）路由器之间的同步问题。各路由器周期性与其相邻的路由器交换路由信息，会导致网络出现周期性的拥塞。

2. RIPng 计时器

计时器在 RIPng 中起着十分重要的作用，RIPng 执行不同的计时器来控制路由信息的更新，每个路由表项与这些计时器联系。RIPng 中使用的计时器主要有 3 个，计时器的名称和用途解释如下：

（1）更新计时器　在默认情况下，RIPng 过程每隔 30s 就在路由器各个接口上激活一次，向相邻的路由器发送路由信息通告。这个路由信息通告包含了除遵循水平分割规则的路由器之外的整个路由表。在实际应用中要求路由器在每次发送周期性更新时，把 30s 的时间间隔作一个 0 ~ 15s 的偏移，目的是避免网络上所有路由器以相同的时间发送更新报文，形成路由器之间的同步。

（2）超时（过期）计时器　每次路由条目更新时，路由条目的超时时间将被重新设置 0。如果路由条目在 180s（默认值）到时仍然没有更新，该路由条目被认为是不再使用的，这条超时的路由条目将不再生效，此时该路由条目的度最值被设置为 16，并且开始了垃圾回收过程，同时给出路由改变（Route Change）标记。输出过程使用这个标记触发一次更新。

（3）垃圾回收计时器（有时也指保持失效计时器）　这个计时器将超时的或度量值为 16 的各个路由条目的时间设置为 120s，达到 120s 时，相关的路由条目将被从路由表中删除。如果在垃圾回收计时器终止之前收到了这个路由条目新的更新信息，路由条目将被替换，并且垃圾回收计时器将被清零。

为了防止路由表因长时间未更新而失效，RIPng 对每一个路由表项维护两个计时器，这两个计时器是超时计时器和垃圾回收计时器。一条路由在超时计时器超时后，该路由将不再生效，但是仍然保存在路由表中，此时路由器启动垃圾回收计时器，并设置度量值为 16，给出一个删除响应报文，在垃圾回收计时器超时以前，使所有的响应报文中都包含这个路由表项，使该路由仍然存在于所有的更新信息中。一旦垃圾回收计时器超时，从路由表中删除该路由表项。可以看出删除一条路由所包含的操作如下：

1）初始化垃圾回收计时器。

2）路由条目的度量值设置为 16，使该路由退出服务队列。

3）设置路由改变标记。

4）通告输出进程，触发相应的删除响应。

通过增大路由报文通告计时器所采用周期时间的随机性，扩大不同路由器之间周期的差异，使触发更新发出后有一小段随机的抑制时间，用来解决路由器之间的同步问题。

3. 水平分割机制

距离向量路由算法存在的主要问题是好消息传得快、坏消息传得慢，也即说它收敛到最佳路由的速度可能非常慢。这个问题也称为无穷计数（Count to Infinity）。

解决路由环路问题的方法是采用水平分割（Split Horizon）和带毒性逆转（Poison Reverse）的水平分割机制，目的是最大可能地避免由于协议本身缺陷造成的收敛慢和路由环路问题。

如果路由器上的接口断开，路由器并不立即删除与该接口相关的路由，路由器仍然将该路由放在路由表中，并将度量值增加到 16（不可达的），该路由信息被广播给邻居。垃圾回收计时器就是控制计时器，决定了这种不可达的路由在路由表中存放的时间。邻居路由器也运行控制计时器，它们将该路由存放在路由表中并通知它们各自的邻居该路由是无效的。这个过程被称为路由中毒。

下面讨论水平分割和带毒性逆转的水平分割，没有水平分割的路由 r1 收敛如图 5-2 所示，假设路由 r1 是直接连接在路由器 A 上的。路由器 A 将路由 r1 通告给它的邻居路由器 B（成本为 1）。路由器 B 在成本中加 1，并使用路由器 A 作为下一跳将路由 r1 列入它的路由表。现在路由 r1 延续了，路由器 A 使路由 r1 中毒，并在以度量值（成本）为 16 将路由 r1 传送到路由器 B 之前等待更新计时器到期。但是在这期间，路由器 B 以 2 的成本将路由 r1 传送回到路由器 A。按照 Bellman-Ford 法则，路由器 A 使用路由器 B 作为下一跳，度量值为 3，改变了路由 r1 的条目。现在，路由器将路由 r1 传送到路由器 B 的成本就是 3（不是 16）了。路由器 B 在成本中加 1，并以 4 的成本将 r1 列入它的路由表。路由器来回发送路由 r1，每次在成本上加 1，直到数到无穷大停止，这时两个路由器的度量值（成本）都是 16，从而声明路由 r1 是无效的。但是，这可能要花费很长时间。问题的核心在于路由器 B 将从路由器 A 中获悉的路由又返回给路由器 A 了。

从图 5-2 中可以很清楚地看出为什么坏消息传得慢，是因为没有一个路由器知道一个比它的所有邻居的最小值超过 1 的度量值。由于这样的原因，明智的做法是将立即设置一个比较大的值代表无穷大，这样可以避免将一条很长延迟的路径当成断路来处理。

水平分割防止了这种情形的发生。使用水平分割，路由再也不会在它的下一跳接口上往返传送了。另外一个选择是带有毒性反转的水平分割机制，采用该种机制时，路由器总是在它的下一跳接口上送回路由，并且将度量值设置为16。在路由环路情况下，路由器A和路由器B具有相同的路由，并且相互指向对方，路由器没有必要等到超时到来时再消除这个路由，由于将路由的度量值设置为16，反转的毒性立刻就使这些路由无效了。但是带有毒性反转的水平分割机制有一个缺陷，这个缺陷是它增加了路由信息的大小。

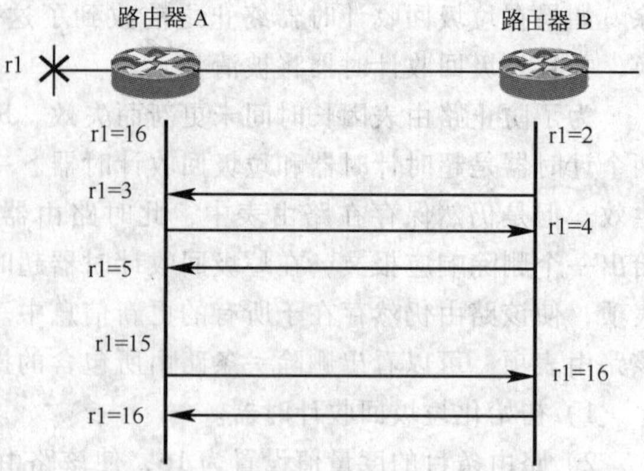

图 5-2 没有水平分割的路由 r1 收敛

需要说明的是，没有哪一种方法可以真正解决好路由环路和无穷计数问题，这一问题的核心是，当X告诉Y它有一条路径的时候，Y无从知道它自己是否就在这条路径上。

4. 触发更新

触发更新是路由协议用来处理网络突发变化的一种机制，这些突发变化的典型例子是链路失效。触发更新是对定期更新的补充，路由器没有必要一直等到下一个定期更新时间到来才能通告网络出现的突然变化。在更新计时器超时之前，路由表中的任何内容改变都不能通告出去。为满足立即通告路由信息的一些需要，设计出了触发更新机制。触发更新机制允许立刻传递有关路由条目改变的信息。在发送更新的路由信息之前，会启动一个保持计时器，只有路由更新信息被传送后，常规的周期性更新才能进行。

所有这些措施加快了路由表的收敛过程，但是世界上的事情没有十全十美的，需要根据网络的实际情况设计最大度量值，由于RIPng的路由表更新是按度量值（跳数）的变化进行的，选路不需要复杂的计算。RIPng比较适合中等规模的网络。RIPng也比较适合拓扑结构经常变化的网络。

5.2.4 RIPng 报文格式

RIPng使用运输层协议（UDP）提供的服务，RIPng报文包含在UDP报文段中，使用UDP的端口号521作为RIPng端口来发送和接收数据包。RIPng路由过程总是监听到达这个端口的报文。除了明确要求的以外，所有的RIPng报文都将源和目的端口设置为RIPng端口，只有特别的查询和调试信息可以不使用源端口521发出，但要求目标端口是521。RIPng报文大致可以分为两类：用于请求信息的报文和用于响应信息的报文。请求信息表示要求其他系统发送其全部或部分路由表；响应信息包含发送者全部或部分路由表。两类RIPng报文使用相同的报文格式，RIPng报文由固定首部和路由表项（RTE）组成，其中路由表项可以有多个。RIPng报文格式如图5-3所示。

RIPng报文格式中各部分内容解释如下：

(1) 报文首部　RIPng报文的首部由两个部分组成：命令（Command）字段和版本（Version）字段。命令字段占1字节。该字段取值1，指的是一个请求信息，要求响应系统

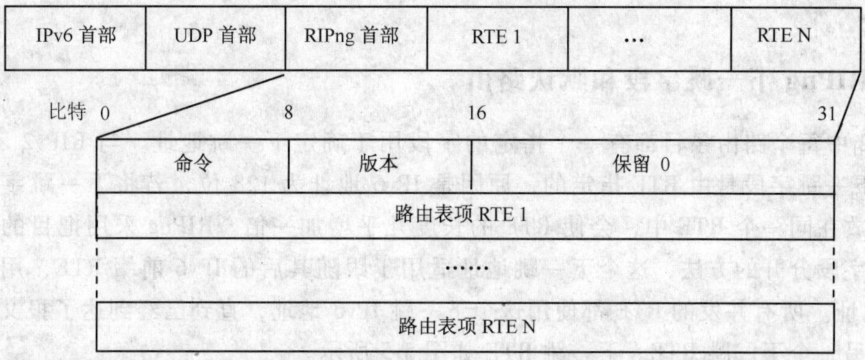

图 5-3　RIPng 的报文格式

发送其路由表的全部或部分信息。该字段取值 2，指的是一个应答信息，要求发送一个包含发送者路由表的全部或部分的更新信息，它可能作为对前面请求的响应而被发送，或者作为周期性的或触发的路由更新中的一个主动更新而被发送。版本字段，占 1 字节，版本字段的值设为 1。

（2）路由表项（RTE）　每条路由表项占 20 字节，RIPng 首部后面跟着一个或多个路由表项，路由表项（RTE）的格式如图 5-4 所示。

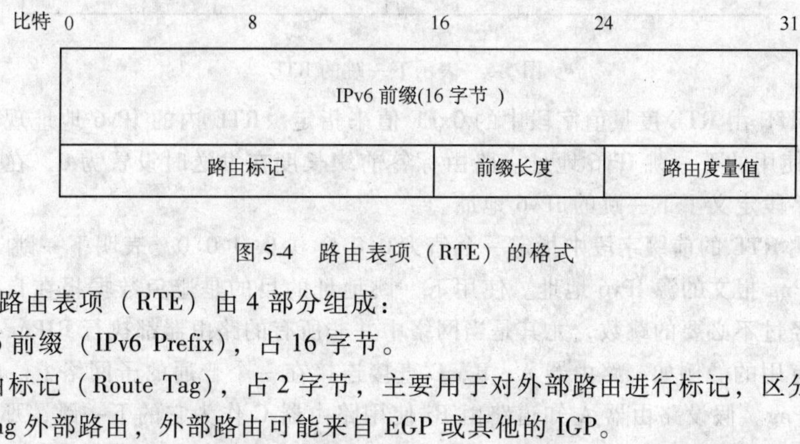

图 5-4　路由表项（RTE）的格式

每一个路由表项（RTE）由 4 部分组成：

1）IPv6 前缀（IPv6 Prefix），占 16 字节。

2）路由标记（Route Tag），占 2 字节，主要用于对外部路由进行标记，区分 RIPng 内部路由和 RIPng 外部路由，外部路由可能来自 EGP 或其他的 IGP。

3）前缀长度（Prefix Length），占 1 字节，指明前缀中有效位的长度，IPv6 中使用前缀长度代替了 IPv4 中的子网掩码。由于 IPv6 地址的意义很明确，在 RIPng 中不再区分网络路由、子网路由或主机路由。前缀长度的取值范围为 0 ~ 127。

4）路由度量值（Metric）　占 1 字节，指明到目的网络的成本度量值，包含了发送者使用的路由度量值。由于 RIPng 的最大工作直径为 15 跳，一个有效的度量值的取值范围是 1 ~ 15。度量值 16 表示路由器对于发送路由器来说是不可达的。该字段的含义只能是跳数，路由器不能对该字段做其他解释。

RIPng 并没有规定报文的长度，报文长度的计算公式如下：

$$报文长度 = RTE 数目 \times 20 + 4$$

一次更新中的 RTE 数目取决于两个邻居路由器之间的信道所允许的 MTU，RTE 数目的计算公式如下：

RTE 数目 = Int((MTU - IPv6 首部长度 - UDP 首部长度 - RIPng 首部长度) / (RTE 长

度))

5.2.5 RIPng 下一跳字段和默认路由

RIPv2 中每个路由条目都有一个指定的字段用于确定下一跳地址。与 RIPv2 不同的是，RIPng 的下一跳字段是由 RTE 指定的，原因是 IPv6 地址为 128 位，若将下一跳字段与目的网络地址放在同一个 RTE 中，会使 RTE 的长度几乎增加一倍。RIPng 采用把目的网络地址和下一跳字段分开的方法，这个下一跳地址适用于跟随其后的 IPv6 前缀 RTE，用来指出下一 IPv6 地址。所有并发的 RTE 都使用这个下一跳 IPv6 地址，直到已经到达了报文结尾，或者遇到了另一个下一跳 RTE。下一跳 RTE 如图 5-5 所示。

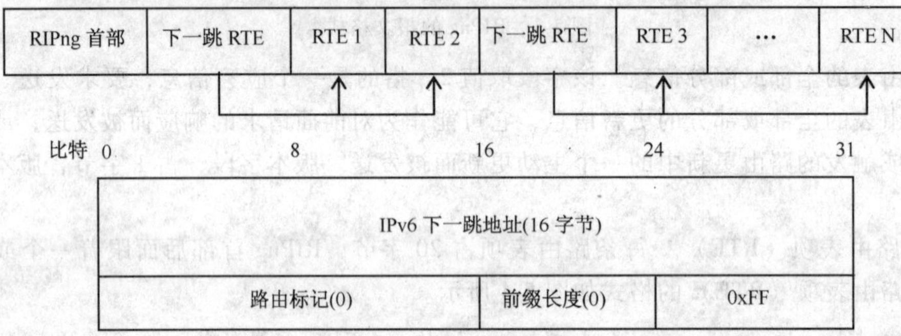

图 5-5 表示下一跳的 RTE

下一跳 RTE 由 RTE 度量值字段中的 0xFF 值来指定。RTE 内的 IPv6 地址现在被指定为随后的 RTE 使用的下一跳 IPv6 地址。路由标签前缀长度在发送时设置为 0，在接收时被忽略了。前缀字段定义了下一跳的 IPv6 地址。

在下一跳 RTE 的前缀字段中指定一个值为 0:0:0:0:0:0:0:0，表明下一跳 IPv6 地址应该设置为 RIPng 报文的源 IPv6 地址。使用下一跳地址的目的是避免数据报在自治系统内转发的过程中经过不必要的跳数，尤其是当网络中并非所有的路由器都执行 RIPng 时，指定的下一跳是很有用的。例如，路由器 A、B、C 直接连接在一个普通的子网络上。路由器 C 并没有运行 RIPng。假设路由器 A 知道路由 Ri 使用路由器 C 作为它的下一跳，那么路由器 A 就可以使用路由器 C 的下一跳地址将路由 Ri 通告到路由器 B。路由器 B 现在就可以将路由 Ri 的通信量直接转发给路由器 C。

下一跳 IPv6 地址必须是本地链路地址（以 FE80 前缀开头）。如果收到的 RIPng 报文中的下一跳地址不是本地链路的地址，它将被按 0:0:0:0:0:0:0:0 处理。

如果在路由表中没有明确地列出通往目的地的路由，那么将使用默认路由。默认路由的下一跳路由器被称之为默认路由器。向默认路由器发送通信的假设是默认路由器知道所有的路由。

5.2.6 RIPng 的工作原理

网络中运行 RIPng 的路由器都维护着一个到所有可能目的网络的路由表，路由器周期地向相邻节点（路由器）发送自己的路由表，也接收来自相邻路由器发来的路由信息，更新自己的路由表。通过周期性的路由信息交换，使得每个路由器形成对网络拓扑结构的局部的认识。RIPng 使用到达目的节点所经过的链路数（跳数）度量路由成本。下面将讨论路由器是如何处理输入和输出的 RIPng 报文。

1. 请求报文

RIPng 报文中若命令字段值为 1，则标识该报文为请求报文。请求报文用来请求路由器全部的或部分的路由表。请求报文从 521 端口以多播形式传递。在检查或监控情况下，只有一条路由被请求，该请求报文从非 521 的端口直接向待请求的路由器传递，路由器收到这样的请求报文后，使用全球单播地址给请求报文的源端口（为非 521 端口）和地址发回响应报文。

路由器通常不会主动发出请求报文来进行路由请求，路由请求通常只是在路由器刚启动，或是路由器正在寻找路由信息时才会发出请求报文以获得响应。

请求报文的输入处理比较简单，它只需要逐个检查请求报文中的 RTE 序列，查找各序列中的目的地址是否在本地路由表中，若在，则按本地路由表信息填充 RTE，否则设置该 RTE 中的度量值为 Infinite。当所有的表项都填满后，该报文中命令字段值为 2，此时调用输出处理，发送报文至请求者。下面进一步给出说明：

如果恰好有一个 RTE，其前缀为 0，前缀长度为 0，度量值为 16，请求是针对整个路由表的，并且路由器以发送整个路由表的形式进行响应。否则，请求报文一次处理一个 RTE。如果在路由表中有 RTE 的对应前缀，RTE 的度量值将被放到 RTE 的度量值字段中；否则，度量值 16 将被放到度最值字段中，表明该路由是未知的。一旦所有的 RTE 都得到了处理，RIPng 首部中的命令字段将发生改变进行响应，新形成的响应报文将被送回到请求路由器。

请求报文有两种类型：普通（General）和特定（Specific）。收到报文后，路由器将对它们分别进行处理。

1）General 请求由新建的路由器发送，该路由器希望能够迅速充满其路由表。路由器发出 General 请求报文，要求所有直接连接的邻居发送它们的整个路由表。各个邻居则根据水平分割规则，使用包含整个路由表的响应信息进行应答。

2）Specific 请求由监控站发出，请求发出全部的或部分的路由表。被查询的路由器通过从其路由表发送请求的信息来应答请求路由器。在这里，没有使用水平分割，因为已经假设请求信息仅仅是出于诊断目的。RIPng 两种类型请求报文的特征如表 5-1 所示。

表 5-1 RIPng 两种类型请求报文的特征

特征内容	普通（General）	特定（Specific）
IPv6 源地址	请求路由器发送接口的本地链接地址	请求路由器全球或本地站点的单播地址
IPv6 目的地址	Ff02::9（多播）	被查询路由器全球或本地站点单播地址
源 UDP 端口	RIPng 端口 521	除 RIPng 端口之外的所有端口
目的 UDP 端口	RIPng 端口 521	RIPng 端口 521
响应时是否使用水平分割	是	否

2. 响应报文

路由器在对请求报文进行响应、周期更新和触发更新情况下会收到响应报文。在这些情况下，路由器对响应报文的处理过程都相同，根据响应报文判断是否对本地路由表进行更新，对本地路由表进行相应的处理。

响应信息装载着由接收路由器用 Bellman-Ford 算法处理的路由信息。只有在 IPv6 源地址是直接连接邻居的本地链路地址，并且 UDP 源和目的端口被设置为 RIPng 端口的情况下，响应报文才能被路由器接受。对响应报文要进行严格的检查，对不是来自 521 端口或是自己发出的响应报文应忽略，响应报文的源地址必须是链路本地地址。周期性更新和触发更新在发送时需要将其 IPv6 首部跳数字段的值设置为 255，这样在收到更新报文时，若跳数字段的值为 255，就证明该报文是从相邻节点发来的。

因为响应报文只是有可能对本地路由表进行改动，需要对响应报文的来源进行严格的检查，以确认报文对本地的有效性。一旦响应报文被接受，则必须逐个检查各个 RTE，以验证其有效性。有效性检测包括：

1）前缀本身（不是一个多播或本地链路地址）。

2）前缀长度（在 0～128 之间）。

3）度量值（在 1～16 之间）。

若一个 RTE 出现问题，就将其忽略，继续检查下一个。如果 RTE 被接受，则更新它的度量值，方法是在当前 RTE 的度量值加上自身到达这个报文来源网络的成本（跳数）。当前 RTE 的度量值是发现响应报文的路由器到达目的地的度量，若相加的结果超过 16，就取值为 16，计算公式为

$$metric = Min\ (metric + cost,\ infinity)$$

此时可以检查是否已经有到达目标前缀的路由，如果没有，并且度量值不超过 16，就把当前这条路由加入到路由表中。添加路由到路由表的步骤如下：

1）设置目标前缀和前缀长度字段的值与 RTE 中的一样。

2）设置度量字段为新计算出的度量值。

3）设置下一跳地址为这个数据报的源地址或者用一个下一跳 RTE 来定义。

4）初始化超时计时器，停止已经触发的垃圾回收计时器。

5）设置路由改变标记。

6）准备发出触发更新。

如果已经存在到达目标前缀的路由，把已存在路由的下一跳与收到数据报的来源地址比较，若下一跳相同说明是同一条路由。接着比较度量值，如果数据报来自与已存在路由相同的路由器，并且新的度量值不同于或低于原来的度量值，执行下面的操作：

1）接受数据报中的这条新路由，设置新的度量值，调整下一跳地址。

2）设置路由改变标志，准备发出触发更新。

3）若新的度量值为 16，在路由度量值第一次达到 16 时，开始删除过程。若新的度量值不为 16，初始化超时计时器。若新的度量值与原来的一样，则只需要刷新超时计时器，不需做其他处理。

上述接受和确认响应报文的规则并不适用于特定查询的响应，若出现跳数可能小于 255，并且源 IPv6 地址不是一个本地链路地址，诊断中心并不将收到的 RTE 用于路由，而是输入到它的诊断软件中，由这些软件对响应报文的有效性进行确定。

响应报文有两种类型：Unsolicited 和 Solicited。Unsolicited 响应报文由周期性的或触发的更新过程发送。周期性的更新过程在任何给定的接口上按照更新计时器的终止时间对整个路

由表进行检查。一旦 Route Change 标记出现了，触发的更新过程就会被激活，并且只对那些带有 Route Change 标记设置的路由进行检查。然后，这两个过程都会继续下面的内容：如果被检查的路由条目有本地链路地址或者因为水平分割处理而不能使用，则跳过它。否则，将前缀、前缀长度和度量值放到 RTE 中，进而将 RTE 放到响应报文中。如果达到了 MTU 的要求，则发送数据报，并建立一个新的数据报。

Solicited 响应报文是作为对请求报文的一个响应而被发送的。需要更多细节资料，可以参阅前面的请求报文内容。两种类型响应报文的特征如表 5-2 所示。

表 5-2　两种类型响应报文的特征

特征内容	UnSolicited（周期性或触发更新）	Solicited（回应一个请求）
IPv6 源地址	发送接口的本地链路地址	本地链接地址（普通请求）、全球的或本地站点的单播地址（特定请求）
IPv6 目的地址	Ff02::9（多播）	请求报文的源 IPv6 地址
源 UDP 端口	RIPng 端口 521	RIPng 端口 521
目的 UDP 端口	RIPng 端口 521	请求报文的源端口

发送 Unsolicited 响应报文到多播地址，以确保响应报文可以到达任何特定的直接连接网络上的所有邻居。对于不支持广播服务的网络可能会存在一些问题，例如在非广播（Non-Broadcast-Capable）网络上，在直接发送信息给各个邻居时，需要用到网络上所有邻居的静态列表，依据静态列表，确定 Unsolicited 响应报文发送或接收者是否满足操作权限。

RIPng 协议并没有提供管理控制规范。但是在 RIP 实现过程中发现，很需要有相应的管理控制规范。管理控制采用过滤的机制，相当一个过滤器，过滤器对通告或接收特定的路由进行限制，要么允许，要么禁止。管理控制在具体实现时，可以指定一个有效邻居列表，并且路由器只能向这个列表中的邻居通告路由，也只有在该列表中的邻居才能接收路由。上述这些过滤器可以被用于改变更新行为，以符合自治系统内的路由策略。需要注意的是，RIPng 协议并不是非得需要这些管理控制功能，只是建议提供这些管理控制功能。已经实现了管理控制功能的例子有：Cisco 公司实现的是 RIPng 发布列表，北电网络公司实现的是 RIPng 的声明和接受策略。

5.3　IPv6 的 OSPFv3

5.3.1　IPv6 OSPFv3 概述

开放最短路径优先第三版（OSPFv3，Open Shortest Path First version 3）是 IPv6 使用的链路状态路由协议，OSPFv3 的技术文档为 RFC2740，文档中的定义将重点放在 IPv6 的 OSPF 和 IPv4 的 OSPF 的区别上。OSPFv3 是 IPv6 网络中的主流和核心路由协议。OSPFv3 报文直接封装在 IPv6 数据报中，对应的 IPv6 数据报下一个首部字段的值为 89。

IPv6 对 IPv4 的 OSPFv2 进行修改，但 IPv4 的 OSPF 基本原理保持不变，只是做出了一些必要的修改，以适应 IPv6 地址位数的增大，以及 IPv4 和 IPv6 之间协议语义的变化。下面的讨论包括 IPv6 OSPF 和 IPv4 OSPF 的区别、区域结构和外部路由。接着进行 OSPFv3 分析，从 OSPF 报文格式开始，说明 OSPFv3 执行的细节，讨论邻居关系，最后讨论实际的链接状态数据库和路由表的计算。

IPv4 的 OSPF（OSPFv2）的标准是在 RFC2328 中规定的。除了这个文档之外，还定义有 OSPF 的若干扩展。RFC1584 描述了 OSPF 的 IPv4 多播扩展。RFC1587 加入了 OSPF 次末节（NSSA）区域。

OSPFv3 路由协议属于链路状态（LS，Link-State）路由协议，作为内部路由协议，OSPFv3 一般用于同一个路由域内，路由域是指一个自治系统（AS）。AS 是一个路由协议区域，是一个采用统一路由策略或路由协议交换路由信息的网络，或 Internet 网络。OSPFv3 将链路状态通告（LSA，Link State Advertisment）传送给某一区域内的所有路由器，而运行距离向量路由协议的路由器是将部分或全部的路由表传递给与其相邻的路由器。每台 IPv6 路由器有效地通告各种 LSA，在所有路由器的 LSA 通告都完成以后，OSPFv3 网络完成收敛过程。

依据 LSA 的集合，通过链路状态数据库（LSDB）中的数据，每台路由器计算以自己为根的一个最短通路树，路径树上的路径最终成为 IPv6 网络中路由器中路由表的 OSPFv3 路由。在一个 AS 中可以创建若干个区域（Area），一个区域是一组连续的网段，至少有一个区域为主干区域（Backbone Area），OSPFv3 允许在主干区域边界上进行路由信息汇总。通过创建区域，可以减小 LSDB 占用的空间。

5.3.2 OSPFv3 涉及的技术

1. 链路状态数据库

每个路由器都有一个链路状态数据库（LSDB，Link State DataBase），用来描述自治系统内的链路状态。这个数据库是通过交换相邻路由器之间的链路状态通告（LSA）数据报建立的。根据它的内容，LSA 可以洪泛到自治系统（AS）中的所有路由器（AS 洪泛范围）、相同区域内的所有路由器（区域洪泛范围）或只是到它的邻居。洪泛总是沿着相邻路由器的路径发生，因此一个稳定的邻居关系对于 OSPF 的正常运行至关重要。邻居关系也被称为邻接。

每个路由器都可以发送链路状态通告（LSA）向相同区域的所有路由器广播其接口的本地状态。这些 LSA 用于鉴别多重路由器链路、来自其他区域的 IPv6 路由链路或通往 OSPF 自治系统的外部 IPv6 路由链路。每个路由器都将收到的 LSA 放到其 LSA 数据库中，称为链路状态数据库（LSDB）。

使用 LSDB 作为输入，每个路由器都运行相同的运算法则建立一个通往各个路由的最短通路树（SPT，Shortest Path Tree）。LSDB 可能有一个网络地图，用于绘制通往各个目的地的最短路径。成本由单一的无维度量值衡量，无维度量值衡量可以在路由器的各个接口上配置。分配给接口的度量通常与网速成反比，例如带宽越大，成本越低，依照 RFC 文档的定义，一个通用公式是用 108 除以 bit/s 表示网络速度。

OSPF 可以将多个通往相同路由的等成本路径放入路由表中。在这些路径之间分布通信量的法则由路由过程自身决定，通常以源和目的 IPv6 地址为基础。

LSDB 可以变得很大，并且处理这么大的数据库可能很占用 CPU 或内存，因为数据库改变将影响 AS 中的每一个路由器。OSPF 允许将 AS 分割到区域以降低处理费用。此外 OSPF 还可以将来自外部的路由，例如 RIP、BGP 和静态源输入到 OSPF。

2. OSPF 区域和外部路由

因特网采用分层次的路由选择，把互连网划分为多个自治系统 AS（Autonomous System），一个自治系统是具有一个单一的和明确定义的路由选择策略，由一组互连起来的具有相似 IP 前缀（一个或多个前缀）的路由器（节点）组成，由一个或多个网络管理员负责运行管理的系统。一个自治系统内的所有网络都属于一个行政单位。同一个 AS 内的路由器（节点）可以都运行同样的路由选择算法，例如 LS 或 DV 算法。

在自治系统内，路由器可以组合在一起形成区域（Area）。每个区域都会被分配一个唯一区域 ID，区域 ID 可以标识为一个采用点分十进制记数法表示的 32 位整数。一个带有区域洪泛范围的链路状态通告（LSA）绝对不会在区域外洪泛。一个区域所含有的路由器和网络在另一个区域中是隐藏的。这就像将网络图分割成多幅较小的区域图，每幅区域图表示一个区域的布局。区域内的每个路由器都将最短通路树（SPF）树形图计算到相同区域的所有路由中。这些路由被称为区域内路由。所有接口属于相同区域的路由器被称为内部路由器。区域边界路由器（ABR，Area Border Router）提供通往区域外路由的路径。每个区域必须属于一个叫做骨干区域的单一共同区域。

AS 内路由的发生有两个级别。如果数据报的源和目的 IP 数据报只传输从区域链路状态数据库（LSDB）获得的信息，这称之为区域内路由。如果目的地址在区域外，数据报将必须沿着通往本地区域的区域边界路由器（ABR）的路径来传输。ABR 知道所有的目的地，或者经过骨干区域向目的区域 ABR 传输数据，或者向骨干区域传输数据报，这称之为区域间路由。

划分区域的目的在于降低路由处理的费用。由于每个区域的布局小于整个 AS，计算 SPF 树形图花费的时间就少些。布局的改变是在本地发生的，只有在本地域中的路由器需要重新计算 SPF 树形图。

3. 虚拟链路

OSPF 认为虚拟链路是一个点对点链路，虚拟链路是一个逻辑链路，它将骨干区域和非骨干区域之间的通信以隧道方式连接起来。它可以通过使用一个叫做传输区域的共同非骨干区域在两个 ABR 之间进行配置。虚拟链路属于骨干区域，并且只能跨越一个传输区域。传输区域必须不是末节区域。一个没有物理接口连接到骨干区域的远程区域可以使用虚拟链路连接到骨干区域。虚拟链路也可以用于创建骨干区域的备用连接。ABR 之间通过传输区域的最短路径决定了隧道的实际终点地。这些地址必须是全球的，或本地站点的单播 IPv6 地址。连接远程区域到主干区域的虚拟链路如图 5-6 所示，虚拟链路的作用是通过传输区域 1，采用最佳路径将远程区域 2 连接到主干区域。

4. 外部路由

OSPF 路由协议在应用时，来自其他路由协议或路由策略的路由对 OSPF 来说称为外部路由，例如 RIP、BGP、IS-IS 等，也称为外部路由源。路由器可以从不同源获悉 IPv6 路由，要将外部路由输入到 OSPF 中，路由器必须至少有一个配置了 OSPF 的接口，并且至少知道一个非 OSPF 网络。这个路由器被称之为自治系统边界路由器（ASBR，Autonomous System Border Router），采用适用于每个外部路由的单一 AS-External-LSA 输入外部路由。根据执行情况，ASBR 可以将一批外部路由器总结到单一的外部 LSA 中。外部路由输入到 OSPF 如图 5-7 所示，该图解释了外部路由是如何被输入到 OSPF 中的，说明了 AS-External-LSA 和 Inter-

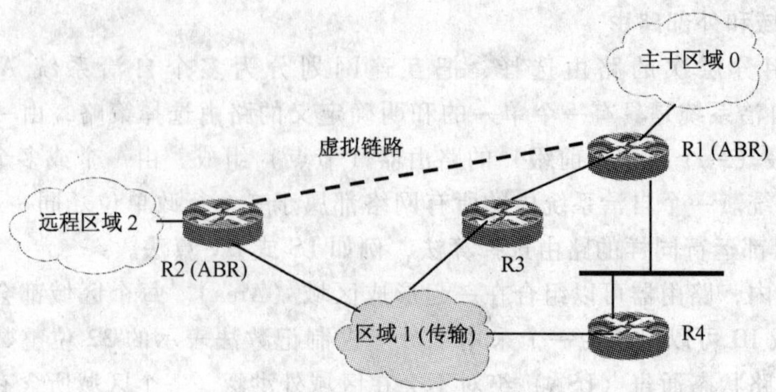

图 5-6　连接远程区域到主干区域的虚拟链路

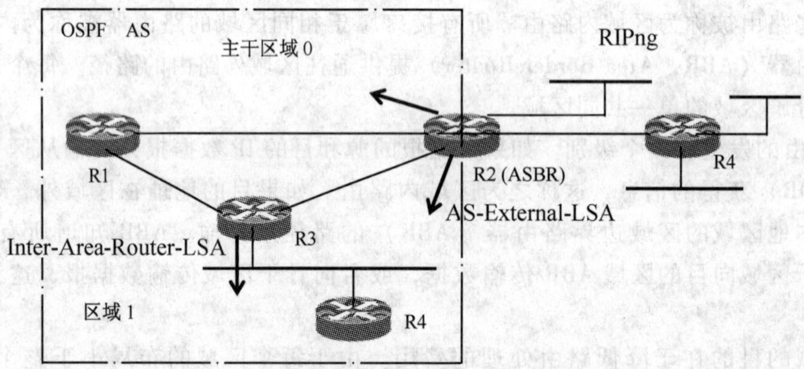

图 5-7　外部路由输入到 OSPF

Area-Router-LSA 的用法。由 ASBR 路由器 R2 通过 AS-External-LSA 发起除了末节区域（Stub Area）以外，针对整个 AS 的外部 IPv6 路由洪泛，由 ABR 路由器 R3 通过 Inter-Area-Router-LSA 用于在区域 1 通告 ASBR 路由器 2。

AS-External-LSA 应洪泛整个自治系统，AS 内的每一个路由器都可以将数据报传送给外部网络、ASBR，或者 ASBR 指定的任意传送地址。因此在 Area-LSDB 需有一个 ASBR 条目，否则传送地址必须在本地路由表中。如果 ASBR 不在本地区域内，由区域边界路由器 ABR 将通过 Inter-Area-Router-LSA 把 ASBR 的存在广播给本地区域。

由非 OSPF 路由协议给出的外部路由的度量值，是与 OSPF 路由协议采用的度量值不一致的。在进行路由计算时，ASBR 根据外部路由距离 ASBR 的远近，分别使用两种类型的度量值，这两种度量值为 External-1 和 External-2。

需要说明的是，为了使每一个区域可以与本区域以外的区域进行通信，OSPF 采用层次结构的区域划分，在上层的区域称为主干区域，每个区域都有一个 32bit 的区域标识符，用点分十进制标识，主干区域的标识符为 0.0.0.0。主干区域的作用是用来连接在下层的区域。从其他区域来的信息都由区域边界路由器 ABR 转接处理。在主干区域内，应有一个与其他自治系统交换路由信息的路由器，称为自治系统边界路由器 ASBR。

需要指出的是，采用分层次划分区域的效果是每一个区域内部交换路由信息的通信量大大减少，使得 OSPF 路由协议可以用到规模很大的自治系统中。这从另一个方面说明层次划分技术是在计算机网络设计中经常用到的方法。另一方面，层次划分区域方法会使路由交换信息的种类增多，也使 OSPF 协议变得比较复杂。

5. 末节区域（SA）和次末节区域（NSSA）

在 OSPF 路由协议的链路状态数据库中，可以包括 AS 外部链路状态信息，这些信息会传递到 AS 内的所有 OSPF 路由器上。但是在 OSPF 路由协议中存在这样一种区域，称为末节区域（SA，Stub Area），也称为末端区域或末节区域，AS 外部信息不允许广播进/出这个区域。对于末节区域来说，访问 AS 外部的数据只能根据默认路由来寻址。这样有利于减小末节区域内部路由器上的链路状态数据库的大小及存储器的使用，从而提高路由器计算路由的速度。

当一个 OSPF 的区域只存在一个区域出口点时，可以将该区域配置成一个末节区域，此时该区域的边界路由器会对域内广播默认路由信息。需要注意的是，一个末节区域中的所有路由器都必须知道自身属于该末节区域，否则末节区域的设置没有作用。末节区域中不允许存在虚拟链路，末节区域中不允许存在 AS 边界路由器。末节区域是一个没有 AS-External-LSA 的区域。

与 ABR 将默认路由广播到末节区域中一样，它也可以随意地停止从其他区域引入路由。末节区域中的内部路由器并不需要知道通往其他区域的详细路由，只要它们有默认路由就足够了，这种特性很有用。末节区域的一个例子如图 5-8 所示，AS-External-LSA 不是由 ABR 路由器 1 和 2 通过洪泛传送到区域 1 中。Inter-Area-Prefix-LSA 用于：①IPv6 默认路由；②来自其他区域的 IPv6 路由，可能会被忽略，以使本区域成为完全的末节区域；③非 Inter-Area-Router-LSA。

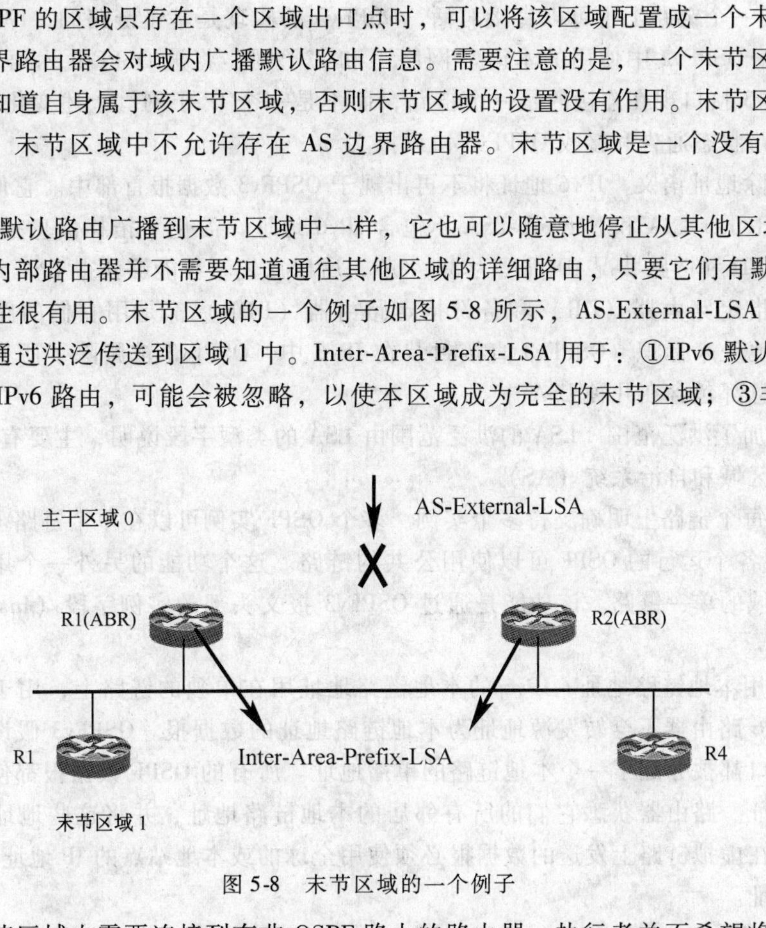

图 5-8 末节区域的一个例子

有时候末节区域也需要连接到有非 OSPF 路由的路由器，执行者并不希望将区域还原为一个正常区域，以允许输入这些外部路由，因为在末节区域中是不允许有 AS-External-LSA 存在。OSPF 设计者提出了一种叫做 Type-7-LSA 的新型 LSA，Type-7-LS 实际上很像 AS-External-LSA，但是它们可以存在于末节区域中。Type-7-LSA 所在的末节区域指的就是次末节区域（NSSA，Next Sub Stub Area）。Type-7-LSA 只能覆盖于 NSSA 内。

NSSA 的 ASBR 在每个外部路由上发行一个 Type-7-LSA，NSSA 的 ABR 可以将 Type-7-LSA 转换为 AS-External-LSA，并在 AS 其他部分进行广播。这些 ABR 和末节区域中的 ABR 的行为仍然相似，它们使用 Type-7-LSA 来广播默认路由。NSSA 内的所有路由器都必须通过打开 NSSA 性能选项在 NSSA 中得以配置。所有的路由器都必须设置这个选项以形成邻接。另外，NSSA 内所有路由器上的外部性能选项仍然必须被关闭。NSSA 具有和末节区域一样的限制。

5.3.3 IPv6 的 OSPF 和 IPv4 的 OSPF 的比较

下面给出 IPv6 OSPF 和 IPv4 OSPF 的比较：

（1）OSPFv3 的协议处理以每条链路为单位，而不是以子网为单位进行协议处理 OSPFv3使用链路作为各个节点在链路层上相互通信的介质和载体，IPv6 将接口连接到链路。多个 IP 子网可以被分配到一个链路。两个节点即使它们不属于同一个 IP 子网（IPv6 前缀不同），但在同一个链路上也可以直接对话。OSPFv3 的实现是基于链路的，IPv4 的 OSPFv2 是基于子网的。OSPFv2 中使用的术语“网络”和“子网”将被 OSPFv3 术语“链路”代替，例如，OSPFv3 接口现在连接的是一个链路，而不是一个 IP 子网。上述变化影响到 Hello 报文、网络链路状态通告和接收 OSPFv3 协议报文。

（2）删除地址语义　IPv6 地址将不再出现于 OSPFv3 数据报首部中。它们只被允许作为负载信息。Router-LSA 和 Network-LSA 不包含 IPv6 地址，简化了拓扑信息描述。OSPF 路由器 ID、区域 ID 和链路状况 ID 仍然为 32 字节，所以它们不再能够获得 IPv6 地址的值。相邻路由器例如指定路由器（DR）和备份指定路由器（BDR）都是用它们的路由器 ID 标识，而不再是用地址来标识。OSPFv3 直接封装在 IPv6 中，OSPFv3 被删除了所有地址语义，所有的地址信息都包含在几种 LSA 中。

（3）增加了洪泛范围　LSA 的洪泛范围由 LSA 的类型字段说明，主要有 3 种洪泛范围：本地链路、区域和自治系统（AS）。

（4）在每个链路上明确支持多个实例　多个 OSPF 实例可以在单个链路上运行。这使得单独的 AS、各个运行的 OSPF 可以使用公共的链路。这个功能的另外一个用途是它有一个属于多个区域的单一链路。该功能是通过 OSPFv3 报文头部的实例字段（Instance ID）实现的。

（5）使用本地链路地址　IPv6 的本地链路地址用在单独的链路上，用于邻居发现和自动配置。IPv6 路由器不会转发源地址为本地链路地址的数据报。OSPFv3 假设为网络中的节点的每个接口都被分配了一个本地链路的单播地址。所有的 OSPF 数据报都使用本地链路地址作为源地址。路由器获悉它们的所有邻居的本地链路地址，并将这些地址用作下一跳地址。但是，在虚拟链路上发送的数据报必须使用全球的或本地站点的 IP 地址作为 OSPFv3 数据报的源地址。

（6）认证的变化　认证已经从 IPv6 的 OSPF 中删除了，OSPFv3 依赖于 IPv6 认证。

（7）链路状态通告 LSA 格式改变　所有的地址语义已经从 LSA 的头部和 Router-LSA、Network-LSA 中删除，Router-LSA 和 Network-LSA 现在是以网络和协议相互独立的角度来描述路由域的拓扑结构。具体改变包括：类型 3（Summary Link）被重命名为 Inter-Area-Prefix-LSA，类型 4（AS Summary Link）被重命名为 Inter-Area-Router-LSA。以上两种新的 LSA 在它们的负载中装载了 IPv6 前缀信息，Link-LSA（类型 8）装载了本地链路的 IPv6 地址信息，Intra-Area-Prefix-LSA（类型 9）装载了路由器和网络链路的 IPv6 前缀。其他的改变有链路状态 ID 和选项字段。

（8）未知的 LSA 类型的处理　IPv6 的 OSPF 引入了一种更为灵活的方法处理未知的 LSA 类型，而不是简单地删除它们。在 LS 类型字段中添加一个新的处理位，使其洪泛范围扩大到未知的 LSA 类型。

（9）末节区域（Sub Area）支持　末节区域的概念在 IPv6 的 OSPF 中保存下来。附加的规则中制定了未知 LSA 在末节区域中洪泛的范围。在 IPv4 的 OSPFv2 中末节区域的设计是用于减小区域内部路由器的路由表和链路状态数据库的容量。IPv6 的 OSPFv3 中末节区域只会接收 Router-LSA、Network-LSA、Inter-Area-Prefix-LSA、Inter-Area-Router-LSA 和 Link-LSA。

（10）使用路由器 ID（Router ID）来定义邻居　OSPFv3 协议中链路上的邻居路由器是用它们的路由器 ID 标识。这个变化会影响到报文的接收。

5.3.4 IPv6 的 OSPFv3 报文格式

OSPFv3 使用 5 种类型的报文交互来实现链路状态数据库的同步、最短通路树的计算、获得路由表。5 种类型的报文包括：Hello 报文，数据库描述（DD，Database Description）报文、链路状态请求（LSR，Link State Request）报文、链路状态更新（LSU，Link State Update）报文、链路状态确认（LSA，Link State Acknowledgment）报文。

所有的 OSPFv3 报文都以一个标准 16 字节首部开始，除 Hello 报文外，其他类型的报文会有一系列的链路状态通告 LSA，OSPFv3 报文首部的格式如图 5-9 所示。

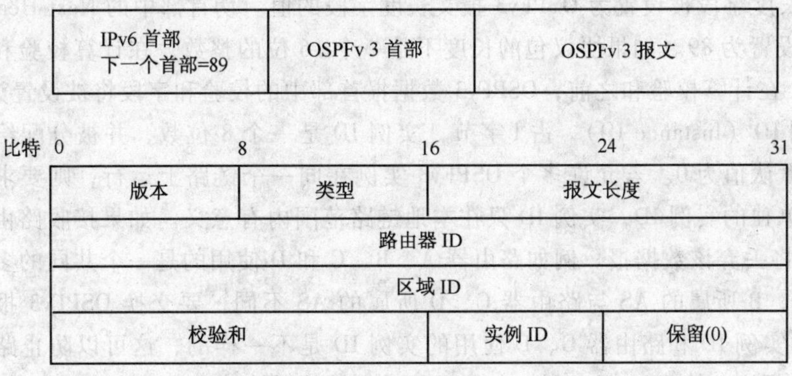

图 5-9　OSPFv3 报文首部的格式

需要注意的是，OSPFv3 在很多实例中使用“类型”这个词，要仔细区分 OSPF 数据报类型、LSA 类型和 Link 类型。OSPF 首部中各个字段的功用解释如下：

1）版本（Version），占 1 字节，OSPFv3 使用版本号 3，该字段值为 3。

2）类型（Type），占 1 字节，该字段表示 OSPFv3 报文的类型。OSPFv3 报文的类型如表 5-3 所示。

表 5-3　OSPFv3 报文的类型

类型	名称	描述
1	Hello 报文	初始化并维护邻接。选择 DR 和 BDR
2	数据库描述（Database Description）报文	在邻接形成的过程中交换数据库描述

（续）

类型	名称	描述
3	链路状态请求（Link State Request）报文	请求遗漏的或过时的 LSA
4	链路状态更新（Link State Update）报文	在形成邻接响应请求时或在 LSA 洪泛过程中、交换 LSA
5	链路状态确认（Link State Acknowledgment）报文	确认接受了一个 LSA。每个 LSA 都必确认

3）报文长度（Packet Length），占 2 字节，这是 OSPFv3 报文的字节长度，包括 OSPFv3 报文首部。

4）路由器 ID（Router ID），占 4 字节，表示报文来源的路由器 ID。每个路由器都有一个唯一的路由器 ID，通常用点分十进制记数法表示的 32 位数标识路由器 ID。路由器 ID 在整个 AS 中都必须是唯一的。

5）区域 ID（Area ID），占 4 字节，表示这个报文所属的区域的标识符。OSPFv3 报文都与一个单一区域相关。区域 ID 是一个 32 位整数，通常用点分十进制记数法表示。区域 0 表示骨干区域。

6）校验和（Checksum），占 2 字节，OSPFv3 使用标准的校验和计算方法，伪首部中的上层协议包长度字段被设置为 OSPFv3 报文长度字段的值。伪首部中的 Next Header（下一首部）字段值设置为 89。如果协议包的长度不是一个 16 位的整数，在计算校验和之前将填充一个字节 0。在计算校验和之前，OSPFv3 数据报首部中的校验和字段将被设置为 0。

7）实例 ID（Instance ID），占 1 字节，实例 ID 是一个 8 位数，并被分配给了路由器的各个接口。默认值为 0。若允许多个 OSPFv3 实例在同一个链路上运行，则要求每个实例都要分配一个单独的实例 ID，实例 ID 只在本地链路范围内有意义。如果接收路由器没有认出实例 ID，它将丢弃该数据报。例如路由器 A、B、C 和 D 使用的是一个共同的多路访问链路 n。路由器 A、B 所属的 AS 与路由器 C、D 所属的 AS 不同，要交换 OSPFv3 报文，路由器 A、B 使用的实例 ID 和路由器 C、D 使用的实例 ID 是不一样的，这可以防止路由器接收错误的 OSPFv3 报文。在 IPv4 的 OSPF 中，这一过程是使用认证（Authentication）字段完成的，而认证字段在 IPv6 的 OSPF 中已经不再存在。

5.3.5 OSPFv3 的 Hello 报文

Hello 报文负责初始化并维护邻居关系，Hello 报文也负责选择指定路由器 DR/备份指定路由器 BDR。Hello 报文定期地通过各个接口发出。若链路支持多播或任播，Hello 报文可以用多播方式传递，可以动态地发现相邻路由器。在应用时要求连接在共同链路上的路由器的一些参数必须保持一致，这些参数包括：Hello 报文的发送周期；路由失效周期等，若这些参数不一致会影响到邻居关系的建立。Hello 报文格式如图 5-10 所示，前面 16 个字节是 OSPFv3 报文的标准 16 字节首部，从接口字段开始是 Hello 报文的内容。

Hello 报文中各字段的功用解释如下：

1）接口 ID（Interface ID），占 4 字节，OSPF 路由器的每个接口都分配了一个接口 ID。

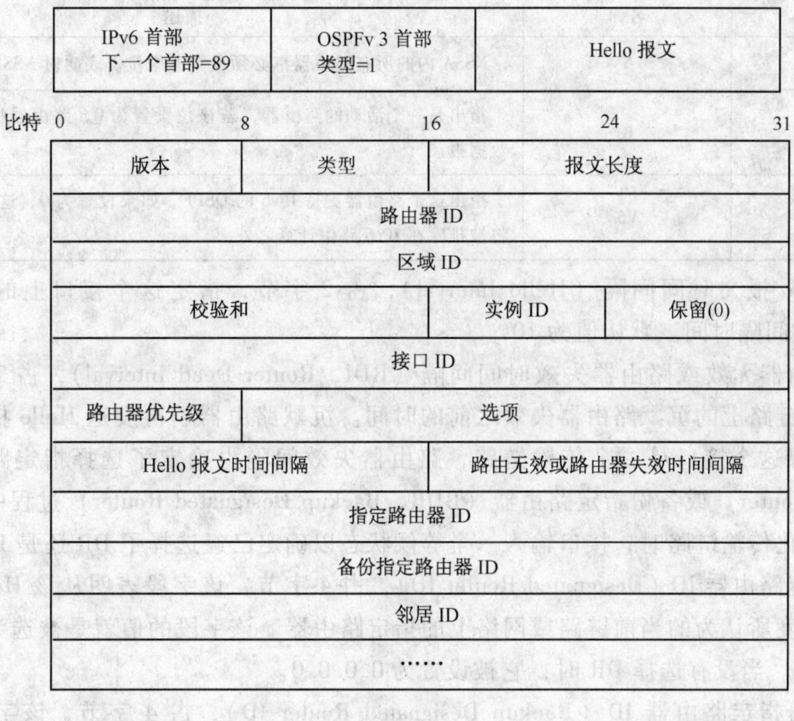

图 5-10　Hello 报文格式

接口 ID 在同一路由器内必须是唯一的。

2）路由器优先级（RP，Router Priority），占 1 字节，指出这个路由器分配给接口的优先级。它用于选择 DR 或 BDR。这个字段只在传输链路中才有意义。具有最高优先级的路由器将变为 DR 或 BDR，前提是 DR 或 BDR 还没有被选定。如果这个字段被设置为 0，这个接口上的路由器肯定不能变为一个 DR 或 BDR。

3）选项（Options），占 3 字节，描述了路由器的可选的功能。这个字段在 Hello 报文、数据库描述（Database Description）报文和 Router-LSA、Network-LSA、Inter-Area-Router-LSA 和 Link-LSA 中被设定。选项字段中目前只使用了 6 位（18 ~23 位），表 5-4 说明这 6 位的功用。

表 5-4　选项字段中使用的二进制位及作用

位	名称	描述
0 ~ 17	没有使用	保留起来，以备后用
18	DC	正如在 RFC1793 中描述的一样，处理 Demand Circuit
19	E	这个路由器的外部路由性能。区域的所有成员必须在外部性能方面保持一致。在末节区域中，所有的路由器都必须将这个位设置 0，以获得邻接。E 位只有在数据报中才有意义（就像 N 位一样）
20	MC	正如在 RFC1584 中定义的一样，此位指路由器支持多播性能 MOSPF

（续）

位	名称	描述
21	N	NSSA 内的所有路由器都必须设置这个位。表明对 NSSA 的支持
22	R	指出是一个活动的路由器，若该位设置为 0，路由器将不会转发任何数据报
23	V6	指出这个路由器支持 IPv6 的 OSPF。如果设置为 0，这个路由器/链路将被排除在 IPv6 路由计算之外

4）Hello 报文时间间隔（Hello Interval），占 2 字节，指定这个接口上的路由器发送 Hello 报文的间隔时间。默认值为 10s。

5）路由器无效或路由器失效时间间隔（RDI，Router Dead Interval），占 2 字节，指定路由器声明链路上的沉默路由器失效之前的时间。沉默路由器不再发送 Hello 报文。默认值为 40s。如果这个接口是一个传输链路，路由器失效间隔也确定了选择指定路由器（DR，Designated Router）或备份指定路由器（BDR，Backup Designated Router）过程中的等候计时器。在初始化传输链路时，接口输入一个等候状态以确定已经选择了 DR 还是 BDR。

6）指定路由器 ID（Designated Router ID），占 4 字节，该字段表明从该 Hello 报文的发送路由器角度所认为的当前链路或网络上的指定路由器。该字段的值就是被选为指定路由器的路由器 ID。当没有选择 DR 时，它被设置为 0.0.0.0。

7）备份指定路由器 ID（Backup Designated Router ID），占 4 字节，该字段表明从该 Hello 报文的发送路由器角度所认为的当前链路或网络上的备份指定路由器。该字段的值就是被选为备份指定路由器的路由器 ID。当没有选择 BDR 时，它被设置为 0.0.0.0。

8）邻居 ID（Neighbor ID），每一个邻居 ID 占 4 字节，邻居 ID 就是相邻路由器的路由器 ID，该字段表明在上一个路由器失效间隔内，收到了这些邻居的合法 Hello 报文。该字段值可能由多个邻居的路由器 ID 组成，该字段也可能为空。

对指定路由器（DR）的要求如下：

1）该路由器是本网段内的 OSPF 路由器。

2）该 OSPF 路由器在本网段内的优先级大于 0。

3）这个 OSPF 路由器的优先级最大，若所有路由器的优先级相等，路由器号（Router ID）最大的路由器为指定路由器。

满足要求的路由器被选举为指定路由器，第二个满足要求的路由器被选举为备份指定路由器。路由器通过发送 Hello 类型的报文来完成路由器的选举。

5.3.6 OSPFv3 数据库描述报文

数据库描述（DD）报文在邻居关系建立过程中交互路由信息，描述了链路状态数据库的内容，在交互过程中可能会传递多个数据库描述报文，需要使用一个查询/响应（Poll/Response）机制，建立了一个主/从关系以进行有序的交换。每个路由器在初始 Database Description 数据报中都声明自己为主路由器。数据库描述数据报中唯一相关的信息是各方所签发的数据库描述（DD）序号。在整个 DD 交换阶段，Router ID 较大的路由器都处于主路由器状态。

主/从双方的报文用一个序列号一一对应。在交互过程中主路由器总是增加序号，而从路由器则总是在其数据报中使用主路由器的序号。每个路由器都会通过设置 more 位来表示它有更多的数据需要发送。如果一个路由器已经发送了它的全部数据描述，但是其他路由器还没有发送完毕，第一个路由器将被迫发送空的数据报使序号保持匹配。所有的数据库描述报文都以单播的方式发送到邻居。在邻居发送的 Hello 信息包的源 IPv6 地址中可以找到单播地址。数据库描述报文的格式如图 5-11 所示。

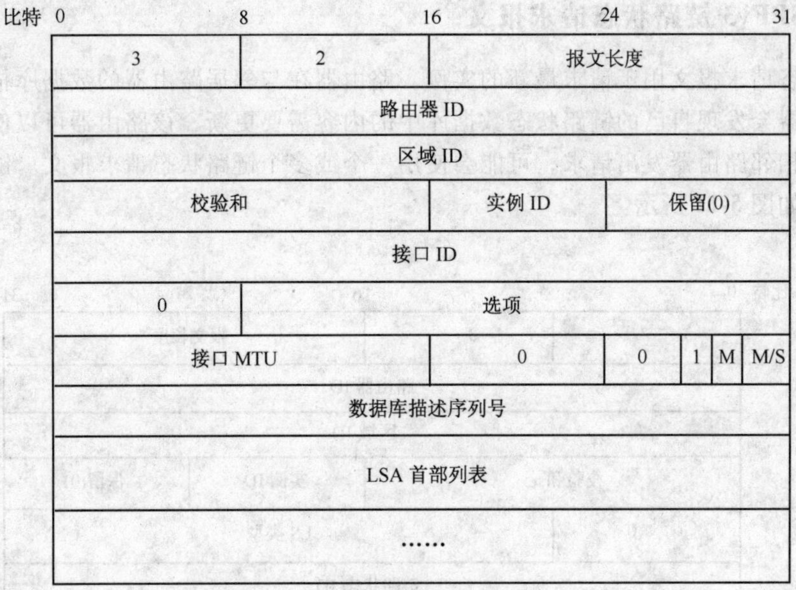

图 5-11 数据库描述报文格式

数据库描述报文的字段的功用描述如下：

1）选项（Options），3 字节，给出路由器支持的可选性能。它们应该与 Hello 报文中的选项相同。

2）接口 MTU（Interface MTU），2 字节，指明发送接口允许发送的最大 IPv6 数据报字节数，若在虚拟链路上发送数据库描述报文，该字段值应该设置为 0。Internet 上通常的链路类型的 MTU 可以在 RFC1191 中找到。如果路由器收到一个数据库描述（DD）数据报，其 MTU 大于它在这个接口上可以处理的大小，那么该数据报将被拒收。

3）数据库描述标志（DD flags），2 字节，第 0 ~ 12 位未用，第 13 ~ 15 位为标志位，其中：

① Init 位（Init bit），I 位，当它被设置为 1 时，表示该数据库描述报文是序列中的第一个，该数据库描述报文中没有数据，只是开始了交换过程。

② More 位（More bit），M 位，当它被设置 1 时，表示后面有更多的数据库描述报文，当它被设置为 0 时，表示所有的数据库描述报文都已经发送完毕。

③ 主/从位（Master/Slave bit），也称为 M/S 位，当它被设置为 1 时，表示这个路由器为主路由器，否则，就为从路由器。

4）DD 序号（DD Sequence Number），数据库描述序列号，占 4 字节，这个序号使交换更为可靠。每发送一个数据库描述报文，主路由器就将序号增加 1。从路由器总是引用主路由器收到的最后一个序号。序号的错误匹配将导致 DD 交换失败，路由器也恢复到交换开始（Exchange-Start）状态。

5）LSA 首部列表（每个首部 20 字节），从该字段位置开始，包含的是发送数据库描述报文的路由器自身链路状态数据库 LSDB 的片段，是 LSA 首部列表，每个 LSA 首部占 20 字节，每个 LSA 首部都包含了唯一确定一个 LSA 的内容。

5.3.7 OSPFv3 链路状态请求报文

路由状态请求报文用于请求最新的实例。路由器在与邻居路由器的数据库描述报文交互后，该路由器会发现自己的链路状态数据库中的内容需要更新，该路由器可以使用链路状态请求报文向相邻路由器发出请求，可能会使用一个或多个链路状态请求报文。链路状态请求报文的格式如图 5-12 所示。

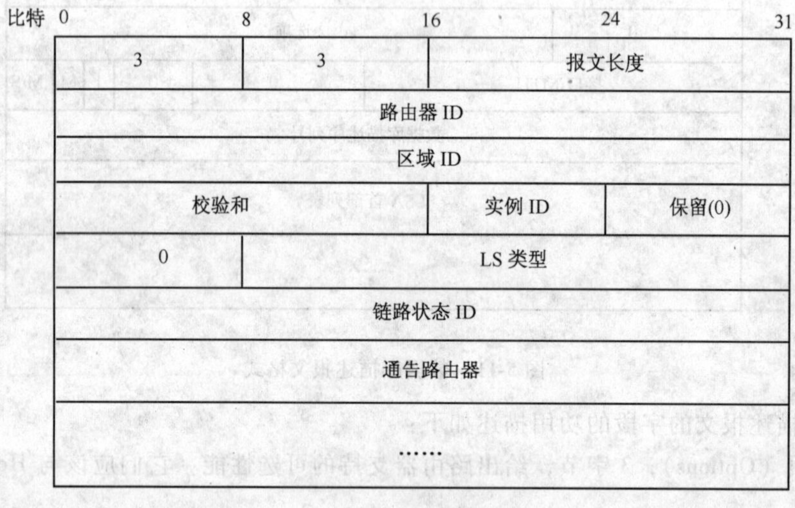

图 5-12 链路状态请求报文格式

前 16 个字节是 OSPFv3 报文首部，链路状态请求报文从一系列被请求的 LSA 开始，每一个被请求的 LSA 由 3 个字段唯一确定，这 3 个字段是：链路状态类型（LST，Link State Type）、链路状态 ID（Link State ID）、通告路由器（Advertising Router）。需要注意的是这个唯一的定义仅是 LSA，并不是 LSA 的实例。

发送链路状态请求的路由器应知道它所请求的路由器的链路状态数据库中的精确 LSA 实例，每一个 LSA 实例由 3 个参数唯一确定，这 3 个参数是：链路状态序列号（LS Sequence Number）、链路状态校验和（LS Checksum）、链路状态年龄（LS Age）。

5.3.8 OSPFv3 链路状态更新报文

链路状态更新报文用来实现 LSA 的洪泛，每个链路状态更新报文携带一组 LSA。链路状态更新报文在支持多播或广播的网络上以多播方式发送，通过链路状态确认报文确保洪泛过程的可靠性。若需要重新传送发送过的 LSA，一般使用单播地址发送链路状态更新报文。

比特 0	8	16	24 31
3	4	报文长度	
路由器 ID			
区域 ID			
校验和		实例 ID	保留(0)
# LSAs			
LSA 系列(每个 LSA 以一个 20 字节的首部开始)			
……			

图 5-13 链路状态更新报文格式

链路状态更新报文的格式如图 5-13 所示。

链路状态更新报文各字段含义解释如下：

1）# LSAs，占 4 个字节，指出该报文中所包含 LSA 的个数。

2）LSA 系列，为链路更新报文的主体，每个 LSA 以一个 20 字节的首部开始。

5.3.9 OSPFv3 链路状态确认报文

链路状态确认报文用来对洪泛的 LAS 进行确认，目的是保证洪泛的可靠性，每个链路状态确认报文可以包含多个 LSA。依据发送链路状态更新报文的路由器和该路由器接口的状态，链路状态确认报文可能会发往多播地址 A11SPFRouters（FF02::5），所有参与运行 OSPFv3协议的路由器（包括 DR 和 BDR）都接收发往这个多播地址的报文，链路状态确认报文也可以使用单播目的地址发出。链路状态确认报文的格式类似数据库描述报文，报文主体部分是一系列的 LSA，每一个 LSA 首部对应一个被确认的 LSA。链路状态确认报文的格式如图 5-14 所示。

比特 0	8	16	24 31
3	5	报文长度	
路由器 ID			
区域 ID			
校验和		实例 ID	保留(0)
一个 LSA 首部			
……			

图 5-14 链路状态确认报文格式

5.3.10 OSPFv3 链路状态通告

LSDB 中的每个 LSA 由一个 LSA 首部和一个 LSA 主体构成，在 OSPFv3 中有 7 种 LSA，每个 LSA 都以一个相同的 20 字节首部开始，LSA 首部可以唯一地标识每个 LSA。每一个 LSA 描述了路由域中的一个片段。

有这样几类 LSA：①每个路由器会产生路由器 LSA（Router LSA）；②每条链路的指定路由器 DR 会产生网络 LSA（Network LSA），路由器的本地链路地址通过链路状态通告（LSA）给相邻路由器：③区域内前缀 LSA（Intra Area Prefix LSA）；④区域间前缀 LSA（Inter Area Prefix LSA）；⑤自治系统外部 LSA（AS External LSA）。

特定的路由器可以用区域间路由器 LSA 穿过区域边界通告。所有的 LSA 在路由域内用洪泛法传递，最终确保在某一范围内的路由器保持一致的 LSA 集合，构成一致的链路状态数据库（LSDB）中的数据内容。通过链路状态数据库，每一个路由器都可以构建以自已为根的最短路径树，得出和优化自已的路由表。

在 OSPFv3 中，IPv6 的地址前缀由 3 个字段标识：前缀长度（Prefix Length）、前缀选项（Prefix Option）、地址前缀（Address Prefix）。其中前缀长度标识前缀的位（比特）数，前缀选项是一个 8 位的字段，标识前缀所具有的各种功能，地址前缀标识实际使用的 IPv6 地址前缀。默认路由的前缀长度为 0。

前缀选项字段的格式如图 5-15 所示，是一个 8 位的字段。每个前缀被通告时，都会有用前缀选项字段表示该前缀的功能。依据前缀选项字段的位置，在路由计算时允许忽略某些前缀，或设置不用重新通告标记。

0	1	2	3	4	5	6	7
				P	MC	LA	NU

图 5-15 前缀选项字段的格式

该字段定义了第 4 位到第 7 位的功用，说明如下：

1）P（Propagate），传播功能位，在次末节区域（NSSA）前缀上设置，该位置 1 时，指明该前缀应在 NSSA 区域边界重新通告。

2）MC（Multicast），多播功能位，若该位置 1，指明该前缀应包含在 IPv6 多播路由计算中，该位设置为 0 则不包含。

3）LA（Local Address），本地地址功能位，若该位置 1，指明该前缀就是发出通告的路由器的 IPv6 接口地址。

4）NU（No Unicast），非单播功能位，若该位置 1，指明该前缀将不会包括在 IPv6 接口单播计算中。

每个 LSA 都以一个普通的 20 字节首部开头，LSA 首部格式如图 5-16 所示。只有用链路状态类型 LS 类型、链路状态 ID 和通告路由器一起才能唯一识别一个 LSA。

LSA 首部各字段的功用说明如下：

1）链路状态年龄（LS Age），占 2 字节，标识该 LSA 从产生以来所经历的时间，以秒为单位。该字段值最大年龄（MaxAge）为 3600s。

比特 0	8	16	24 31
链路状态年龄		链路状态类型	
链路状态 ID			
通告路由器			
链路状态序列号			
校验和		长度	

图 5-16 OSPFv3 的 LSA 首部格式

2）链路状态类型（LS Type），占 2 字节，标识该 LSA 实现的功能，字段的前 3 位定义了 LSA 的一些公共属性，该字段的第 3 位到第 15 位为 LSA 功能编码，链路状态类型字段的格式如图 5-17 所示。

0	1	2	14 15
U	S2	S1	LSA 功能码

图 5-17 链路状态类型字段的格式

① U 位（处理未知的 LS 类型），定义当接收路由器不能识别该 LSA 的功能编码时的处理方式。如果该位设置为 1，把该 LSA 当做已经识别的处理，存储并洪泛该 LSA。如果设为 0，把该 LSA 当做具有本地链路的洪泛范围处理。

② S2 和 S1 位（洪泛范围），定义了 LSA 的洪泛范围。4 个编码值如下：

00，本地链路范围，只洪泛到 LSA 产生的链路。

01，区域范围，洪泛到区域中的所有路由器。

10，自治系统 AS 范围，洪泛到 AS 中的所有路由器。

11，保留。

③ 最后 13 位表示实际的 LSA 功能代码，LSA 功能代码如表 5-5 所示。LSA 功能代码（LS 类型）用十六进制表示，LS 类型与洪泛的范围相联系。

表 5-5 LSA 功能代码

功能编码	名称	洪泛范围	通告者	链路状态 ID
0x2001	Router-LSA	区域	每个路由器	路由器 ID
0x2002	Network-LSA	区域	DR	传输链路的 DR 接口 ID
0x2003	Inter-Area，Prefix-LSA	区域	ABR	ABR 设置的任何 ID
0x2004	Inter-Area-Router-LSA	区域	ABR	ABR 设置的任何 ID
0x2005	AS-External-LSA	AS	ASBR	ASBR 设置的任何 ID
0x2006	Group-Membership-LSA	区域	请参阅 RFC1584	请参阅 RFC1584
0x2007	Type-7-LSA	区域	请参阅 RFC1587	请参阅 RFC1587
0x2008	Link-LSA	链接	每个链路的每个路由器	接口 ID
0x2009	Intra-Area-Prefix-LSA	区域	每个路由器	路由器设置的任何 ID

3）链路状态 ID（Link State ID），占 4 字节，链路状态 ID 是链路状态识别的一部分，与链路状态类型和通告路由器一起在链路状态数据库中唯一确定一个 LSA。

4）通告路由器（Advertising Router），占 4 字节，通告路由器是发起这个 LSA 的路由器的 ID。

5）链路状态序列号（LS Sequence Number），占 4 字节，用于识别 LSA 实例产生的先后，以及是否重复。如果相同的 LSA 出现多次，用序列号确定哪个 LSA 比较新。序号越大，LSA 就越新。开始的序号总是 0x80000000。最大的序号可能是 0x7FFFFFFF。如果达到了这个数字，说明 LSA 过期。

6）校验和（Checksum），占 2 字节，这是 LSA 完整内容的校验和，包括 LSA 首部字段，但是不包括 LS Age 字段。

7）长度（Length），占 2 字节，标识整个 LSA 的字节长度，包括 LSA 首部字段，以字节为单位。

5.3.11 OSPFv3 路由表的计算

IPv6 的 OSPFv3 路由计算类似 IPv4 的 OSPFv2 路由计算的步骤，对于 IPv6 和 IPv4，因路由表的改变引起的事件和等价多路径逻辑是相同的，两者计算最短通路树（SPF）所使用的图的相同的。IPv6 最短路径计算与 IPv4 类似，计算分为两步：进行 Dijkstra 计算；把末节链路作为叶子加入树。

以 LSDB 为基础，每个路由器都建立了一个 SPF 树，并将路由添加到路由表中。每个路由器所具有的链路状态数据库如下：

1）链路 LSDB 包含了所有带有本地链路洪泛范围的 LSA。

2）区域 LSDB 包含了所有带有区域洪泛范围的 LSA。

3）自治系统（AS）LSDB 包含了所有带有 AS 洪泛范围的 LSA。

区域边界路由器 ABR 为每个本地链路的区域都准备了一个区域 LSDB。

SPF 树形图的构建涉及到下面描述的 3 步过程。SPF 树形图构建所用到的网络拓扑如图 5-18 所示，图中的度量值：传输链路为 10；点对点链路为 15。路由器 R1 中：链路 LSDB 包含 4 个 Link-LSA，R1 用于接口 2 和接口 3，R2 用于接口 3，R5 用于接口 2。AS LSDB 包含由 ASBR20 通告的每一条外部路由都有一个 AS External LSA。区域 1 的 LSDB 包含 5 个 Router-LSA。R1 至 R5 各一个。2 个 Network-LSA，R2 用于网络 2，R5 用于网络 4。5 个 Intra-Area-Prefix-LSA，其中 3 个用于路由器 R1 ~ R3，另外 2 个用于传输链路网络 2 和网络 4。4 个 Inter-Area-Prefix-LSA，由 R4 和 R5 通告区域 0 和区域 2。2 个 Inter-Area-Router-LSA，由 R4 和 R5 通告 ASBR 路由器 R20。

1. 第一步区域内路由

路由器使用这个区域的 Router-LSA 和 Network-LSA 建立了核心树形图。要记住这两个 LSA 包含了实际的链路连接状态。每个路由器都将它自己的 Router-LSA 放在树形图的根部。Router-LSA 中的每个链路条目表示的是一个指向另一个 Router-LSA（链路类型 1 和 4）或 Network-LSA（链路类型 2）的指示器。链路类型 2 上的邻居 ID 和接口 ID 将识别各自的 LSA。每个邻近的 LSA 都和其度量值一起作为一个分支临时性地放在树形图中，最低成本分支是永久性的，因为它表示的是最短的路径。下一步将检查它的 LSA。如果它是一个

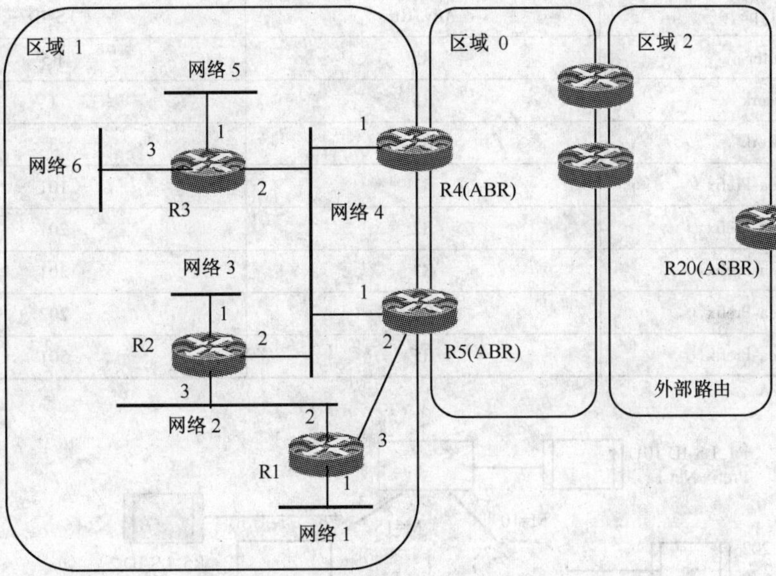

图 5-18 SPF 树形图构建所用到的网络拓扑

Router-LSA，每个链路条目都会提供一组新的 LSA 作为树形图的候选对象。如果它是一个 Network-LSA，每个附加的路由器都将一组新的 LSA 识别为树形图的候选对象，这次没有度量值，因为传输链路的度量值已经被确定了。候选对象被临时性地添到树形图中，直到候选对象在树形图中已经是永久性的了，因此可以被忽略。需要注意的是，度量值最小的 LSA（从根部累加的度量值）将被作为唯一的分支，并且对其内容进行检查。如果这个特别的 LSA 作为一个临时性的分支存在于树形图的其他任何地方，临时分支将会被删除。这个过程将一直继续下去，直到没有可供添加的 Network-LSA 或 Router-LSA。假设两个以上的分支有相同的最低成本，那么每个分支都是较稳定的连接标识。

下面着手建立 SPF 核心树形图。该树形图却没有包含选址信息，这个地址信息由 Intra-Area-Prefix-LSA 提供。路由器仅仅按照引用的 LSA 将 Intra-Area-Prefix-LSA 添加到 Router-LSA 或 Network-LSA 中。最后一步将找到下一跳的信息。

下一跳地址是直接连接的路由器的本地链路地址。这个信息由直接连接的路由器发起的 Link-LSA 提供。现在路由器已经发现了区域内的所有路由，并将它们作为区域内路由添加到 OSPF 路由表中。路由器 R1 在区域 1 建立的 SPF 树形图如图 5-19 所示。

区域 1 链路状态数据库如表 5-6 所示。R1 的接口链路状态数据库如表 5-7 所示。

表 5-6 区域 1 链路状态数据库

LS-Type	Adv. Rtr	LS-ID
Router	R1	R1
Router	R2	R2
Router	R3	R3
Router	R4	R4

（续）

LS-Type	Adv. Rtr	LS-ID
Router	R5	R5
Network	R5	1
Network	R2	3
Intra-Area-Prefix	R1	101
Intra-Area-Prefix	R2	201
Intra-Area-Prefix	R3	301
Intra-Area-Prefix	R2	202
Intra-Area-Prefix	R5	501

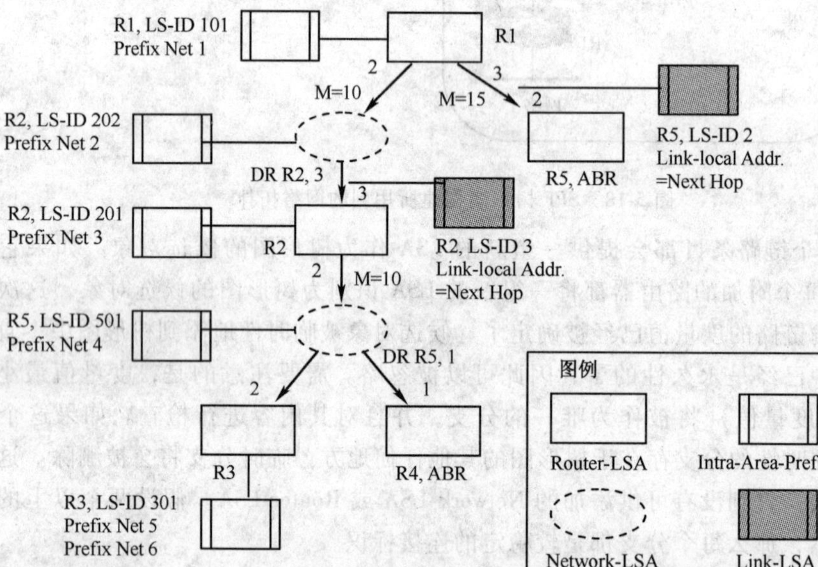

图 5-19 路由器 R1 在区域 1 建立的 SPF 树形图

表 5-7 R1 的接口链路状态数据库

LS-Type	Adv. RT	LS-ID
Link	R1	2
Link	R1	3
Link	R2	3
Link	R5	2

2. 第二步区域间路由

路由器将识别这个区域内的所有 Inter-Area-Link-LSA。其 ABR 必须存在于前面构建的树形图中。这些 LSA 现在与 ABR 相关，并被添加到带有洪泛过的度量值的树形图中。这将区域间路由的 IPv6 前缀附加到树形图中。

这些路由的总成本由 ABR 成本和在 Inter-Area-Link-LSA 中洪泛的成本组成。如果相同的前缀出现不止一次，那么将考虑最佳总成本的前缀。如果成本是相等的，所有的相等成本前缀都必须被接受到区域间路由表中。下一跳地址是通往 ABR 的最短区域内路径上的直接连接的路由器的地址。路由器 R1 的区域间路由如图 5-20 所示。

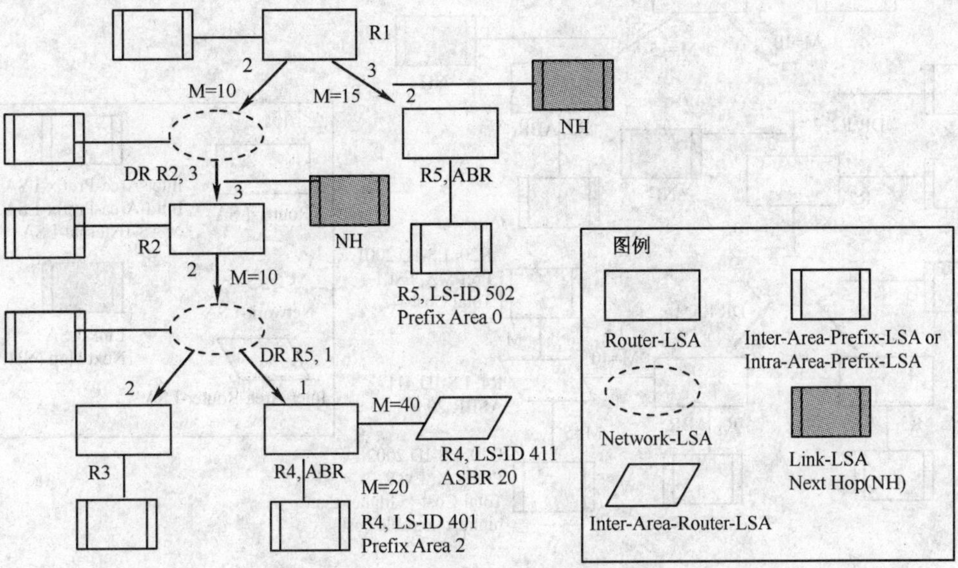

图 5-20　路由器 R1 的区域间路由

区域 1 链路状态数据库如表 5-8 所示。

表 5-8　区域 1 链路状态数据库

LS-Type	Adv. Rtr	LS-ID	Metric，Info
Inter-Area-Prefix	R4	401	20，Area2
Inter-Area-Prefix	R4	402	10，Area0
Inter-Area-Prefix	R5	501	40，Area2
Inter-Area-Prefix	R5	502	10，Area0
Inter-Area-Prefix	R4	411	40，ASBR20
Inter-Area-Prefix	R5	511	60，ASBR20

如果路由器自身是一个 ABR，那么只有由其他 ABR 发起的 Inter-Area-Link 才能被考虑。表示直接附加的区域路由的所有 Inter-Area-Link-LSA 都被忽略，因为总是有一个通往目的地址的区域内路径，并且总是趋向于选择区域内路径。

3. 第三步外部路由

路由器首先识别所有的 Inter-Area-Router-LSA，并将它们与第二步中描述的 ABR 联系起来。这确保了所有的 ASBR 都已经被识别了。接下来，路由器将所有的 AS-External-LSA 与它们相应的 ASBR 联系起来，并将它们添加到 SPF 树形图。新添加 LSA 的 IPv6 前缀形成了外部路由。根据度量值类型的不同，现在，路由器将把这些路由输入到 External-1 或 External-2 路由表中。如果相同的前缀多次出现，那么将考虑最佳总成本的前缀。如果成本是相等的，所有的等成本都必须被接受。如果已经在 LSA 内设置了 F 位，那么下一跳位置是通往 ASBR 或传输地址的最短区域内路径上的直接连接的路由器。路由器 R1 的外部路由如图 5-21 所示。

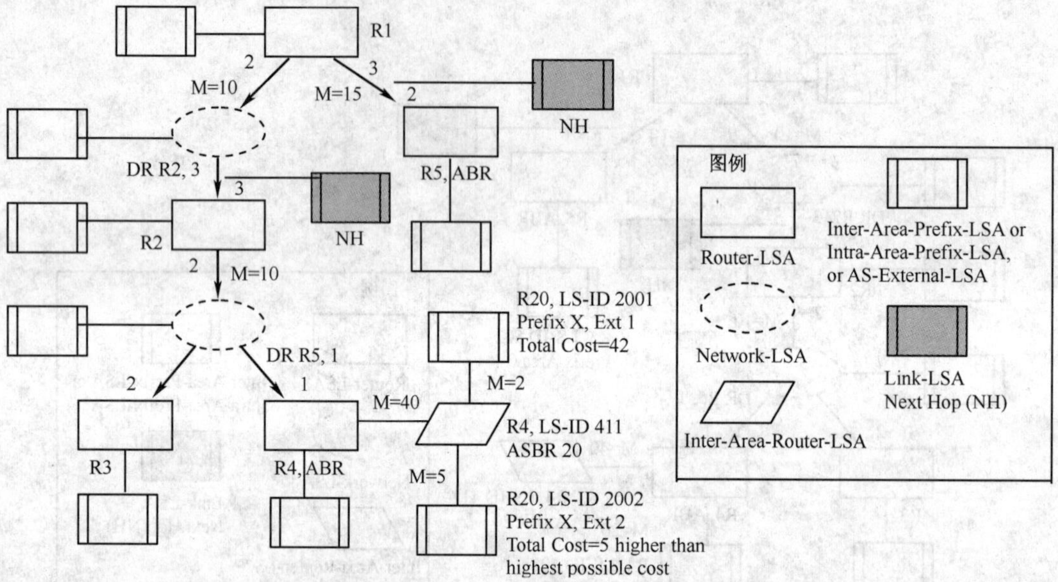

图 5-21 路由器 R1 的外部路由

自治系统链路状态数据库 AS LSDB 如表 5-9 所示。

表 5-9 自治系统链路状态数据库 AS LSDB

LS-Type	Adv. Rtr	LS-ID	Metric，Info
AS-External	R20	2001	2，Prefix X，Ext 1
AS-External	R20	2002	5，Prefix Y，Ext 2

5.3.12 OSPFv3 中的其他技术分析

1. LSA 洪泛

IPv6 中的洪泛算法与 IPv4 大部分相同，由于在 IPv6 中增加了洪泛范围和处理未知的 LSA 类型的选项，在接收链路状态更新和发送链路状态更新时需要考虑 LSA 的范围等因素。网络中的任何变化都将导致特定链路状态信息的改变，进一步需要把发生变化的链路状态通告到全网络区域。网络中发生的变化包括：

1）路由器接口状态改变。

2）相邻路由器（邻居）改变。

3）DR 改变。

4）在任何给定接口上添加或删除一个新的前缀。

5）区域发生改变。

6）在自治系统边界路由器（ASBR）上添加或撤消一个外部路由。

检测到网络变化的路由器需要重写LSA，并将LSA进行洪泛，LSA将逐步被洪泛到相邻路由器（链路范围）、相同区域内的所有路由器（区域范围）、自治系统内所有路由器（AS范围）。

洪泛意味着LSA从通告路由器被传送到了它的相邻路由器。根据LSA的洪泛范围，相邻路由器接着把它传送给它们的邻居，以此类推，LSA到达网络的所有区域。收到LSA的每个路由器首先评估LSA是否是新的，其LSA序号是否比已经保存在链路状态数据库（LSDB）中的序号要大。如果满足上述要求，LSA将被添加到LSDB中，或被替代到LSDB中。路由器将考虑用于进一步洪泛的接口。路由器不会在引入洪泛的接口上洪泛LSA，有一个例外情况，如果路由器是LSA引入洪泛接口的DR，并且LSA不是由BDR发送的，那么它必须洪泛回引入洪泛的接口，因为DR需要负责将LSA发送到所有的邻居。LSA不被洪泛还存在有另外一个情况，即LSA比已经安装了的LSA版本旧或与之相同。这可以防止LSA在网络中作不必要的洪泛。通常LSA被发送到多播地址All SPF Routers，LSA的发送也有如下一些例外：

1）在传输网络上，由处于DR-Other状态的路由器将LSA发送到地址AllDRouter。路由更新将到达DR/BDR，DR/BDR将使用AllSPFRouter地址将它发回到这个传输链路上的所有其他路由器。

2）如果路由器为请求链路状态更新而发送一个链路状态请求数据报，LSA将使用请求路由器的单播地址。

3）在非广播多连接（NBMA，Non Broadcast Multi Access）上，所有的LSA都被以单播的形式发送给静态配置的邻居。

指定路由器（DR）接受新的或改变的LSA，并将它们洪泛到所有路由器的过程如图5-22所示，图中的数字给出LSA洪泛过程中的步骤：①接口不可用，路由器R1更改LSA；②LSA使用AllSPFRouters多播地址洪泛到路由器R2；③LSA使用ALLDRouters多播地址洪泛到DR/BDR；④LSA使用All SPFRouters多播地址洪泛到传输链接上的所有路由器，路由器R2和R3将忽略LSA；⑤LSA使用AllDRouters多播地址洪泛到路由器R6。

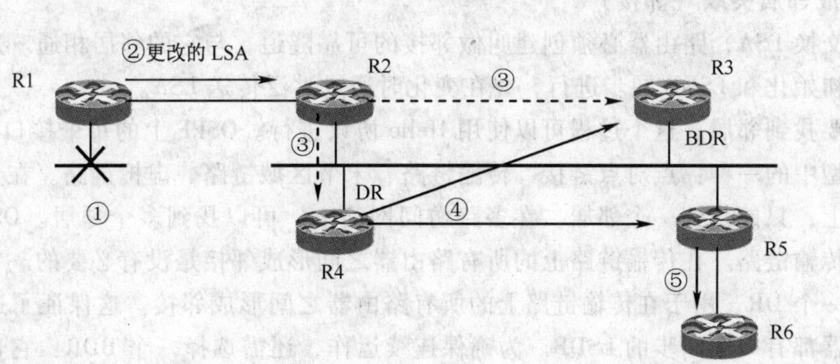

图5-22 LSA洪泛

接受新的或改变的LSA的每个路由器必须确认这个LSA。通常可由发送链接路状态确认数据报来完成这一过程。如果收到的LSA比已经安装了的LSA版旧些或与之相同，它也通过发回LSA的方式被确认。每个已安装的LSA都有一个序号。不被确认的LSA必须被重新传输。每个路由器都对确认了 LSA 的邻居进行跟踪。重新传输总是被发送到相邻路由器的单播地址。

通过通告路由器跟踪这个特别 LSA 的最新实例，可以将序号分配给 LSA。每次 LSA 改变时，序号都通过通告路由器的方式增加。当收到并接受一个新的或改变的 Router-LSA 或 Network-LSA 时，路由器将在 LSDB 中安装该 LSA。然后路由器将重新计算 SPF 树形图。如果收到的是一个新的或改变的其他类型 LSA，它就没有必要重新计算 SPF 树形图了，这是因为这些 LSA 只表示信息指示器，这些 LSA 可以替代或删除现存的信息。新信息被用于重新评价区域内、区域间或外部路由器的最佳路径。

2. 选择指定路由器（DR）和备份指定路由器（BDR）

每个传输链路都需要一个 DR 和 BDR，用来在特定传输链路上的所有路由器之间形成邻接。路由器通过 Hello 报文进行监听，以确定 DR/BDR 是否已经存在。路由器也发送 DR/BDR 字段值设置为 0 的 Hello 报文，标识它现在处于发现模式，希望发现 DR/BDR。如果一个路由器已经成为 DR，该路由器就不用选择 DR 了。如果没有路由器声明希望成为 DR（所有的 Hello 报文在它们的 DR 字段中都包含 0），具有最高优先权的路由器成为 DR。优先权为 0 的路由器肯定不能成为 DR/BDR。如果所有路由器的优先权是均等的，路由器 ID 最大的路由器将胜出，成为 DR。BDR 的选择方式也是完全一样的。没有被选作 DR/BDR 的路由器被称之为 DR-Other。路由器的接口上配置好 OSPFv3 协议后，路由传输链路就建立起来，传输链路进入等候状态，开始处理 Hello 报文，以发现 DR/BDR。

如果 DR 保持沉默（在 Router Dead interval 期间不发送 Hello 报文），BDR 将成为 DR，此时，还需要重新选择一个新的 BDR。因为有 BDR 已经形成了所有的邻接，所以传输链路上的同步 LSDB 也不会中断。如果原有的 DR 恢复联机状态，会发现已经有新的 DR 和 BDR，担当原有 DR 的路由器会立即进入 DR-Other 状态。如果 BDR 也出现保持沉默的情况，将也会选择一个新的 BDR。

网络区域中所有路由器的接口上配置好 OSPFv3 协议后，整个运行 OSPF 协议的网络区域的构成中包含点对点传输链路、DR、BDR 或 DR-Other 等。

3. 形成邻居关联（邻接）

为了交换 LSA，路由器必须创建叫做邻接的可靠隧道，与它的邻居相通。这些隧道允许路由器的初始化和 LSDB 同步进行，并在变化时通过洪泛传送 LSA。

首先要找到邻居。这个过程可以使用 Hello 协议进行。OSPF 上的每个接口都被分配了 4 种链路类型中的一种：点对点链接、传输链路、末节区域链路、虚拟链路。在点对点链接或虚拟链接上，只能找到一个邻居。在多路访问网络上，可以找到多个邻居。OSPF 将这些网络称之为传输链路。在传输链路上的所有路由器之间形成邻接是没有必要的。每个传输链路都选择了一个 DR，用于在传输链路上的所有路由器之间形成邻接。这保证了这个链路上的所有路由器都有一个同步的 LSDB。为确保连续运作，还需选择一个 BDR：它也在传输链路上的所有路由器之间形成邻接。如果在给定链路上没有找到邻居，链路就被声明为末节区域链路，显然在这样的链路上是不会形成邻接的。

5.4 IPv6 的 BGP4 +

5.4.1 BGP 概述

同属一个自治系统的路由器被称为内部邻居，分属两个自治系统的路由器被称为外部邻居。外部路由器使用外部网关协议（EGP，Exterior Gateway Protocol）向其他自治系统通告路由信息。BGP 是一个常用的外部路由协议，它的主要功能是在 AS 之间交换有关网络可达性的信息。自治系统（AS）有以下几种类型：

（1）传输 AS 传输 AS 与其他 AS 有多个连接。任何到达传输 AS 的 AS 的路由更新可能会通过 AS，并被发布给其他相邻的 AS。传输 AS 可以将通信传输到基于收到的路由信息的任何其他 AS。大型 ISP 的 AS 通常就是这种类型。

（2）末节区域 AS 末节区域 AS 与其他 AS 有一个单一连接，进出末节区域 AS 的所有通信都通过这个链接。小型 ISP 与校园网或公司网使用的就是这种类型的 AS。

（3）多宿主非传输 AS 多宿主非传输 AS 与一个或多个其他 AS 有多个连接。它并不通过路由更新，因此不属于这个 AS 的通信将永远不能被传输。多宿主非传输 AS 允许有多个进口/出口，用于内传通信和外传通信的负载分配。

与 BGP 交换路由信息的两个路由器被称之为 BGP 对等节点或 BGP 发言人，它们首先建立了一个 TCP 会话，这是因为 TCP 保证连接可靠。然后对等节点打开一个 BGP 连接来交换 BGP 信息。最重要的 BGP 报文是 UPDATE 报文，它包含了要被交换的路由。BGP 路由被定义为构成网络层可达性信息（NLRI，Network Layer Reachablity Information）的信息单位和路径属性组。

NLRI 可能表示一个单一网络，更一般情况是表示一类聚合。每个 NLRI 都伴随着一组路径属性，添加附加信息到 BGP 路由，也就是下一跳地址、在更新期间路由传输的一系列 AS，或者它的起源地。路由决策和通信管理通常以这些路径属性作为基础。在这里需要重点指出一种属性，因为它在循环探测中扮演了一个很重要的角色，它被称之为 AS_PATH，并且它装载了一系列传输路由的 AS 号。如果接收对等节点在 AS-PATH 内认出它自己的 AS 号，它将拒绝相应的路由。

在两个对等节点之间交换 BGP 路由更新。它们由一组被称之为策略的规则管理着。外传策略指定哪些 NLRI 被广播到特定的对等节点。路由器只能广播自己使用的 NLRI。内传策略指定哪些 NLRI 在特定的对等节点被接受。策略也用于更改 NLRI 及其属性，以改变路由的特征。外部邻居使用 EGP 的环境如图 5-23 所示。

路由器 R1 收集 AS1 中的路由信息，通过 EGP 通告给 AS2 中的路由器 R2，同理，路由器 R2 也通过 BGP 把自治系统 2 中的网络信息通告给 R1。

可以看出 BGP 具有 3 项主要功能：

1）支持邻居获取（Neighbor Acquisition）机制，允许路由器之间互相请求同意交换可达信息，可以认为一个路由器获得了一个 EGP 对等路由器或一个 BGP 邻居。

2）路由器持续地测试其 BGP 邻居是否可以应答。

3）BGP 邻居周期性传递交换网络可达性信息的路由更新报文。

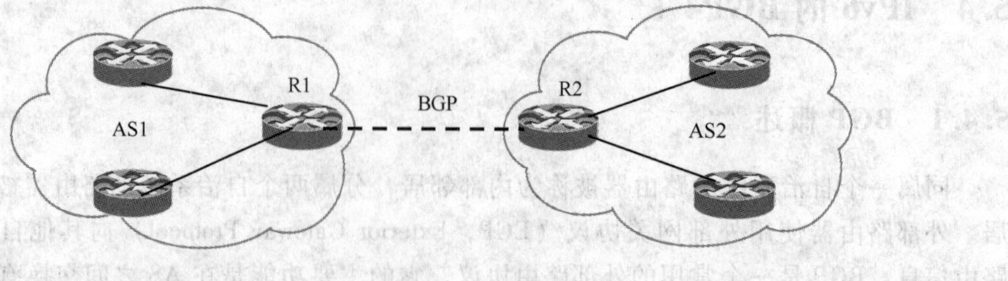

图 5-23 外部邻居使用 EGP 的环境

支持 IPv4 网络的边界网关协议（BGP）有 4 个版本，BGP-1 由 RFC1105 定义，BGP-2 由 RFC1160 定义，BGP-3 由 RFC1267 定义，BGP-4 由 RFC1771 定义。

BGP-4 是目前使用最广泛的 EGP，使用传输控制协议（TCP）在端口 179 上与其他相邻 BGP-4 路由器建立连接。IPv6 的 EGP 是 BGP4+，BGP4+是 BGP-4 的扩展，BGP4+采用了 BGP 的多协议边界网关协议（MP-BGP）来承载 IPv6 的外部路由信息，这种路由信息也称为 IPv6 网络层可达性信息（NLRI）。

5.4.2 BGP 的连接建立和路由存储

1. BGP 连接建立

为了交换路由更新，两个对等节点首先必须建立一个 BGP 连接。建立一个 BGP 连接所需的步骤如图 5-24 所示，包括交换的不同 BGP 报文和对等节点状态。整个状态机制在 RFC1771 中进行了详细介绍。

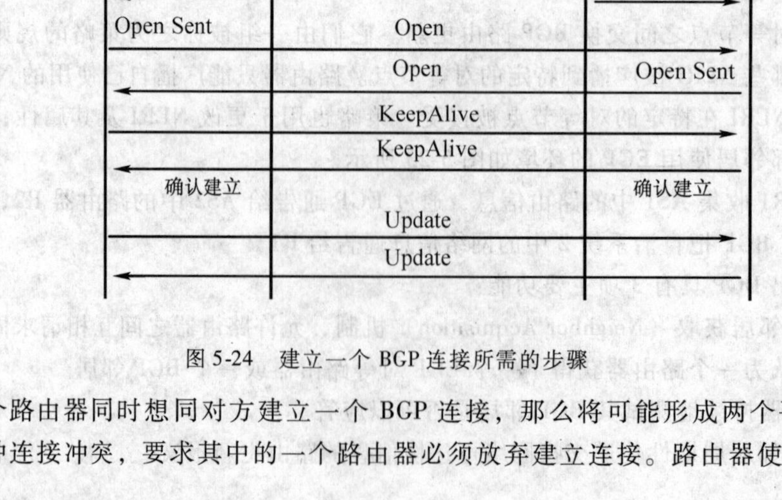

图 5-24 建立一个 BGP 连接所需的步骤

如果两个路由器同时想同对方建立一个 BGP 连接，那么将可能形成两个平行的连接。为了避免这种连接冲突，要求其中的一个路由器必须放弃建立连接。路由器使用 BGP 标识符开始连接。此时规定 BGP 标识符值高的路由器可以优先建立连接。BGP 标识符惟一地被分配给每个 BGP 路由器，BGP 标识符通过 OPEN 报文传输。一旦连接建立并得到确认，将开始基于路由策略在运行 BGP 协议的路由器之间交换整个路由表。BGP 协议规定只有路由表中的内容有变化时才交换路由信息。KEEPALIVE 报文用于防止 BGP 连接过期。GBP 通过运输层协议 TCP 传输，TCP 运输连接保证每个 BGP 报文包都能可靠地交付。

BGP 有两种不同的对等节点连接方式：

1）IBGP 连接，在相同 AS 中的对等节点被称为内部对等节点。从内部对等节点获悉的 BGP 路由不能被发回到其他的内部对等节点，它们只能被发送到外部对等节点。每个内部对等节点必须与所有的其他内部对等节点有一个连接，内部对等节点有足够多的接口。在技术文档 RFC2796（BGP 路由映射）和 RFC3065（BGP AS 关联）中描述了上述规则。在传输更新到内部对等节点时，不能修改 AS-PATH 和 NEXT-HOP 属性。

2）EBGP 连接，在不同 AS 中的对等节点被称为外部对等节点。从外部对等节点获悉的 BGP 路由可以被更新到所有的其他对等节点。在传输更新到外部对等节点时，将会修改 AS_PATH 和 NEXT_HOP 属性。发送路由器将本地 AS 号添加 AS_PATH 字段中，并将 NEXT_HOP 字段设置为它的本地 IP 地址。

NOTIFICATION 报文向对等节点通知在打开或更新过程中发生的任何错误。BGP 连接的释放可以使用一个结束连接 NOTIFICATION 报文文雅地断开连接。

2. 路由存储

BGP 路由信息被存储在路由信息库（RIB，Routing Information Base）中。BGP与路由信息库（RIB）信息的联系如图 5-25 所示，该图给出 3 个不同的 RIB，以及在它们之间的信息交互描述，进入 Adj-RIB-In 中的信息包括：从外部对等节点更新的计算参数；从内部对等节点更新的 LOCAL_PREF 参数。

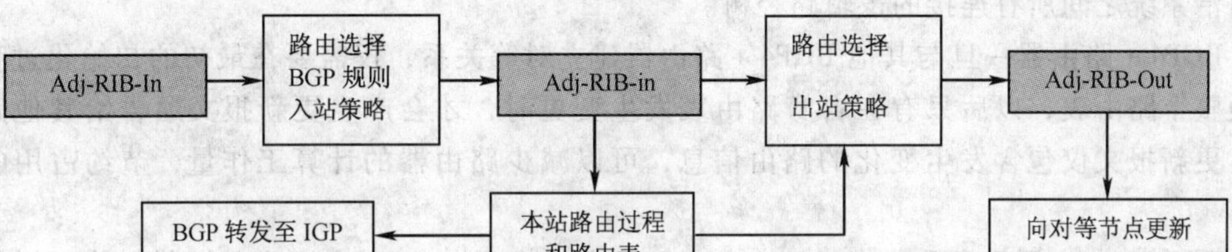

图 5-25　BGP 与路由信息库（RIB）信息的联系

BGP 路由报文可能包含新的可行路由、早期更新的替代路由或被广播对等节点撤销了的路由。所有的这些路由都被放在 Adj-RIB-In 中。对于每个新的或改变的路由，优先级的计算依据是基于入站策略，计算出的优先级放在属性 LOCAL-PEEF 中。如果路由是从一个内部对等节点来的，属性 LOCAL-PREF 已经被装载在更新报文中，不需要重新计算。路由选择进程处理 Adj-RIB-In 中的每个路由，处理结果放入 Loc-RIB 中。

路由存储过程首先考察路由的 NEXT-HOP 和 AS-PATH 属性。NEXT-HOP 指定的 IP 地址可以通过作为路由条目的内容写入本地路由表。AS-PATH 属性中的值不能包含本地 AS 号。如果符合这两个属性的要求，按照规定路由存储策略，确定路由将被接收或将被忽略。如果有多个路由通往同一目的地，那么拥有最高优先权的路由将会被接受。如果优先权相同，复杂的 tie-breaking 规则将保证只有一个通往同一目的地址的路由被接受。

本地路由信息库（Loc-RIB）中的所有路由和本地路由表中的所有路由都可以被通告到这个路由器的外部对等节点。

5.4.3 BGP4 + 简介

在 BGP4 + 上支持 IPv6 路由器必须符合两个 Internet 技术文档对 BGP-4 的多协议扩展。这两个 Internet 技术文档是 RFC2545（使用 BGP-4 多协议扩展的 IPv6 域间路由选择）和 RFC2858（BGP-4 多协议扩展）。这里说的多协议扩展包括 1999 年以来在 BGP-4 更新报文中添加一些新的字段和属性，称为多协议扩展，这些扩展最初是用来支持多播路由的，后来也提供对多协议标记交换的支持，也可以用来传播 IPv6 的地址信息，目前使用这个扩展的 BGP 传播 IPv6 路由信息。

BGP4 + 在 BGP-4 的基础上，把 IPv6 网络层协议的信息映射到 NLRI 和 NEXT_HOP 属性中，引入两个可选非传递 NLRI 属性 MP_REACH_NLRI 和 MP_UNREACH_NLRI，分别用来通告可达路由和下一跳信息、撤消不可达路由。NEXT_HOP 属性使用 IPv6 全球单播地址或下一跳的本地链路地址标识。

BGP4 + 是一个路径向量协议，提供在自治系统之间自动交换无环路的路由信息。通过交换带有自治系统号码序列属性的路由可达信息，实现消除环路，实施用户配置策略，构造自治系统的拓扑图。

BGP4 + 使用 TCP 作为运输协议，默认端口号为 179，路由信息交换建立在可靠的运输连接上，将所有的差错控制功能交给运输协议处理。BGP4 + 对无类别域间路由 CIDR 提供支持，减少了路由表项，路径向量中记录了路由所经过路径上的所有 AS 列表，可以有效检测和避免复杂拓扑结构中容易产生的环路问题。BGP4 + 协议的路由信息用于建立一个表示多个自治系统之间所有连接的逻辑路径树。

BGP4 + 路由器一旦与其他 BGP4 + 路由器建立对等关系，仅需要在最初的初始化过程中交换整个路由表，以后只有在自身路由表发生变更时，才会产生更新报文通告给其他路由器。更新报文仅包含发生变化的路由信息，可以减少路由器的计算工作量，节约占用的带宽。

BGP4 + 在应用场合和工作机理上与 BGP-4 没有区别，BGP-4 的消息机制和路由机制在 BGP4 + 中没有改变。BGP4 + 既可以支持 IPv4，也可以支持 IPv6。

5.4.4 BGP 报文首部

BGP 报文首部的格式及位置如图 5-26 所示，首部的固定大小为 19 字节。

BGP 首部字段的功用解释如下：

1）标记（Marker），占 16 字节，如果在两个对等节点之间对认证进行协商，那么标记就包含认证数据。如果不使用认证或在 OPEN 报文中没有认证，所有的位都被设置为 1。

2）长度（Length），占 2 字节，指出 BGP 报文的总长度，包括首部。这个值必须在 19 ~4096 之间。任何 BGP 报文的最大报文大小为 4096 字节。

3）类型（Type），占 1 字节，指出 BGP 报文类型，BGP 报文类型如表 5-10 所示。

图 5-26　BGP 报文首部格式及位置

表 5-10　BGP 报文类型

类型	名称	描述
1	OPEN	初始化 BGP 连接并协商会话参数
2	UPDATE	交换可行的和撤消的 BGP 路由
3	NOTIFICATI ON	报告错误或终止 BGP 连接
4	KEEPALIVE	防止 BGP 连接过期

5.4.5　OPEN 报文

一旦在两个 BGP 对等节点之间建立了 TCP 连接，路由器将发送 OPEN 报文初始化 BGP 连接。这条报文检验了对等节点的有效性，并协商会话中使用的参数。要检验对等节点的有效性，连接的每一端都必须配置 IP 地址和对等节点的 AS 号。BGP 的 OPEN 报文格式及位置如图 5-27 所示。

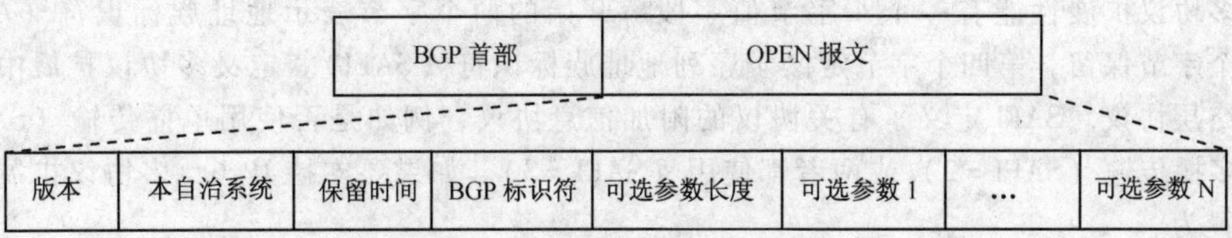

图 5-27　OPEN 报文格式及位置

OPEN 报文中字段的功用解释如下：

1）版本（Version），占 1 字节，指出发送对等节点使用的 BGP 版本。当前的版本是 4。两个对等节点的版本是相同的。版本是不能协商的。每个对等节点通常指出它支持的最高版本。如果接收方的对等节点不支持这个版本，它将提示对等节点并终止会话。

2）本自治系统（My Autonomous System），也称为源自治系统，占 2 字节，指出发送路由器的 AS 号。接收路由器必须证明这个号是对等节点的 AS 号。如果它不是，对等节点会得到提示，并且会话也将终止。如果 AS 号和接收路由器的 AS 号相同，那么对等节点就是内部的（IBGP），否则对等节点就是外部的（EBGP）。

3）保留时间（Hold Time），占 2 字节，指出任何 BGP 信息到达这个接口之前所允许的最大时间，时间单位为 s。保留计时器被协商为一个由两个对等节点都广播的较小值。为了防 BGP 连接过期，对等节点每隔 1/3Hold Time 就发送一次 KEEPALIVE 报文。保留时间为 0 表明不需要发送任何 KEEPALIVE 报文。保留时间或者为 0，或者比 2 大。

4）BGP 标识符（BGP Identifier），占 4 字节，每个路由器都必须由一个唯一的、全球分配的 BGP 标识符来识别。在启动时 BGP 标识符被设置为本地接口的一个 IPv4 地址。这意味着路由器必须有至少一个本地配置的 IPv4 地址，甚至在只有 IPv6 的环境中也是如此。如果 BGP 标识符等于接收路由器的 BGP 标识符，或者 BGP 标识符不符合要求，那么报文将会被拒收。

5）可选参数长度（Optional Parameter Length），占 1 字节，指出协商的可选参数的长度。长度为 0 表明没有可选参数。

6）可选参数（Optional Parameter），每个可选参数由一个 TLV（Type Length Value）三元字节组成。两个路由器都必须知道可选参数，并达成一致，否则对等节点将得到提示，拒收该参数。这可能导致会话终止。在此刻两个参数都是指定的，OPEN 报文可选参数如表 5-11 所示。可选参数 BGP 性能对于 IPv6 支持来说十分重要。

表 5-11 OPEN 报文可选参数

类型	名称	描述
1	认证	该参数由两个字段组成：认证代码和认证数据。认证代码定义了使用的认证机制以及标记和认证数据字段是如何计算出来的
2	BGP 性能	该参数由一个或多个识别不同 BGP 性能的 TLV < Type、Length、Value > 三元字节组成。它的定义在 RFC2842 中。性能参数在 OPEN 报文中可能出现不止一次。性能代码设置为 1 表示多协议扩展性能，和 RFC2858 中定义的一样

多协议扩展性能有一个 4 字节值字段。开始的两个字节表示地址族标识符（AFI），第三个字节保留，第四个字节定义子序列地址族标识符（SAFI）。定义多协议扩展中使用的网络层协议。SAFI 定义了有关协议的附加信息协议，例如是否使用单播传输（SAFI = 1）、多播传输（SAFI = 2）或两者都使用（SAFI = 3）。如果要支持 IPv6，多协议扩展性能应设置为

< Code = 1，Length = 4、Value = 十六进制 0x00020001 >

5.4.6 UPDATE 报文

UPDATE 报文装载了由发起对等节点广播的 BGP 路由。它由 3 个部分组成：第一部分指定了发送对等节点撤消的 IPv4 NLRI；第二部分定义了与第三部分后面的可行 IPv4 NLRI 有关的所有路径属性。路径属性设置完全相同的 Multiple NLRI 可以放在单一的 UPDATE 报文中。BGP 的 UPDATE 报文如图 5-28 所示。

UPDATE 报文各字段的功用解释如下：

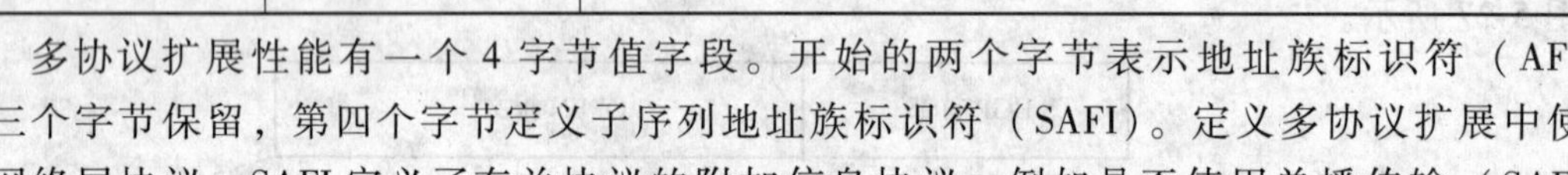

图 5-28 UPDATE 报文格式及位置

1）不可行的路由长度（Unfeasible Routes Length），占 2 字节，定义撤消路由字段的长度。如果长度设置为 0，表示发起对等节点在这报文中没有需要撤销的路由。

2）撤销的路由（Withdrawn Routes），IPv4 NLRI 列表不再有效。每个 NLRI 都像 <length，prefix >一样被嵌入，并且表示一个 IPv4 前缀。1 字节长度字段定义了相应的前缀字段的长度。前缀字段用 0 位填补到完整的 8 位字节中。因为 NLRI 是 IPv4 前缀，所以这个字段不能被用于撤消 IPv6 路由。

3）总路径属性长度（Total Path Attributes Length），占 2 字节，定义了路径属性字段的长度。

4）路径属性（Path Attributes），包含一个属于广播的可行 NLRI 的路径列表。属性将在"BGP 属性"中进行进一步说明。

5）网络层可达性信息（NLRI），使用这个更新广播的 IPv4 NLRI 列表。每个 NLRI 都按长度、前缀 <length，prefix >格式嵌入，这里的前缀是 IPv4 前缀。1 字节长度字段定义了相应的前缀字段的长度。前缀字段用 0 位填补到完整的 8 位字节中。字段总长度的计算方式如下：

字段总长度 = UPDATE 报文长度 - 23 - 不可行的路由长度 - 总路径属性长度

因为 NLRI 是 IPv4 前缀，所以这个字段不能被用于广播 IPv6 路由。

5.4.7 BGP 的属性

BGP 路径属性提供了有关广播的 NLRI 的附加信息。每个路径属性都有一个 2 字节首部，BGP 路径属性如图 5-29 所示。

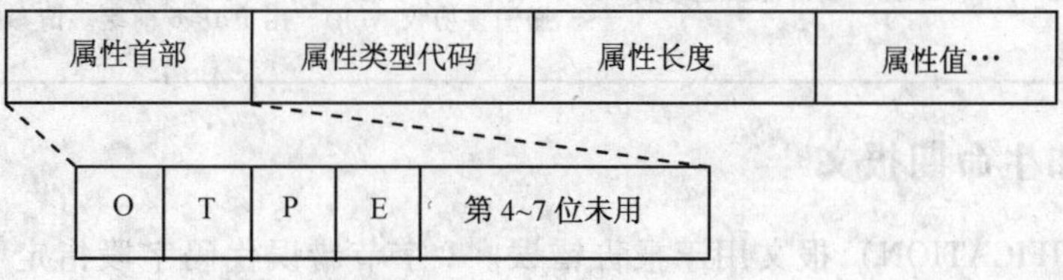

图 5-29 BGP 路径属性

BGP 路径属性首部各部分功用解释如下：

1）O 位（可选位），定义属性是否为可选的（设置为 1）或著名的（设置为 0）。著名属性必须由每个 BGP 路由器识别并支持。可选属性可能不能被一些路由器识别。

2）T 位（传递位），定义属性是否为传递的（设置为 1）或不可传递的（设置为 0）。在 NLRI 广播到另一个对等节点时，传递属性必须总是被传递的。著名属性必须总是传递的。

3）P 位（部分位），只应用于可选的传递属性。如果沿着更新路径的任何路由器都不能识别可选的传递属性，它必须将该位设置为 1，这表示路由路径中至少有一个路由器不能识别这个属性。对于可选的非传递或著名属性，P 位必须总是设置为 0。

4）E 位（扩展的长度位），定义了属性长度字段是 1 字节（设置为 0）还是 2 字节（设置为 1）。如果属性数据的长度大于 255 字节，那么就可能使用扩展的长度。

属性代码（Attribute Code），占 1 字节，定义了属性的类型。表 5-12 列出并解释了一些最常用的 BGP 属性。

表 5-12 常用的 BGP 属性

类型	名称/标签	描述
1	ORIGIN（著名的）	定义了这个路由的初始源。0 = IGP，1 = EGP，2 = Incomplete
2	AS-PATH（著名的）	在更新期间这个路由器经过的一系列 AS 号。最右边的 AS 号定义了发起 AS。经过的每个 AS 都是预先设计的。防止循环，并能够为策略所用
3	NEXT HOP〈著名的〉	指定下一跳的 IPv4 地址。不能用于 IPv6
4	MED（可选非传递的）	MULTI-EXIT-DISC（MED）指出了通往对等节点的路由器的期望优先（4 字节）。期望优先越小越好。为两个 AS 之间的多个 EBGP 连接设计，用于分配人站通信的负载
5	LOCAL_PREF（著名的）	定义了这个路由的本地优先（4 字节）。本地优先级越高越好。它通常在到达外部对等节点的路由上被计算，并保存在内部对等节点中。设计用于分配出站通信的负载
6	ATOMIC_AGGREGATE（著名的）	说明已经有某个路由器选择了这条路由
7	AGGREGATOR（可选非传递的）	路由器的 BGP 标识符将路由聚集到这个路由中
8	COMMUNITY（可选非传递的）	装载了一个 4 字节信息标签。可以被用于路由选择过程。在 RFC1997 中定义
14	MP_REACH_NLRI（可选非传递的）	广播多协议 NLRI。用于 IPv6 前缀。请参阅 IPv6 的 BGP 扩展
15	MP_UNREACH_NLRI（非可选非传递的）	撤消多协议 NLRI。用于 IPv6 前缀。请参阅 IPv6 的 BGP 扩展

5.4.8 通知和生命期报文

通知（NOTIFICATION）报文用于报告错误。1 字节错误代码字段指定了主要的错误类型。子代码字段在错误代码字段后提供实际的错误。为了解决这个问题，有关错误的附加数据将被放置在数据字段中。所有的错误代码请参阅 RFC1771。扩展 BGP 的附加文档将添加错误子代码。在 RFC2858 中详细说明了 IPv6 的 BGP 扩展错误报文。

生命期（KEEPALIVE）报文什么数据都不包含，只含有信息类型为 4 的 BGP 信息首部。它们被用于防止 BGP 连接过期。

5.4.9 IPv6 的 BGP 扩展

1999 年，为了使其他网络层协议也可以使用 BGP-4，必须添加多协议 NLRI 及其下一跳（Next Hop）信息。在 BGP4 的更新报文中增加了一些新的字段，这些新的字段和属性称为 BGP 多协议扩展。RFC2858 文档描述了对 BGP 的扩展，使其能够支持多种网络层协议。BGP 扩展最初是用来支持多播路由的，这些新的字段也可以用来传播 IPv6 地址信息。现在网络中普遍使用 BGP 扩展传播 IPv6 路由信息，BGP 扩展也对 MPLS 提供支持。该 BGP 扩展的通常称为 BGP4 + 或多协议 BGP。BGP4 + 的多协议扩展既可以支持 IPv6 协议，也可以支持 IPv4 协议。

BGP4 + 是一个距离向量协议，基本功能是在自治系统之间自动交换无环路的路由信息。通过交换带有自治系统号序列的路由可达信息，构造自治系统的拓扑图，实现消除路由环路，实施用户配置的策略。

为了适应多协议支持的新需求，将 IPv6 网络层协议的信息反映到 NLRI 和下一跳（Next Hop）中，BGP4 + 添加了两个新属性，这两个新的属性是 MP_REACH_NLRI 和 MP_UNREACH_NLRI，分别用来通告可达路由和下一跳信息，以及用来撤消不可达路由。两者具有可选非传递属性，以便于 BGP 对端进行通信。下一跳（Next Hop）属性用 IPv6 地址标识，可以是全球单播地址或者下一跳的本地链路地址。

BGP4 + 使用 TCP 作为传输协议，默认端口号为 179，对 CIDR 提供支持，减少了路由表项。距离向量中记录了路由所经过路径上的所有 AS 号序列，可以有效检测并避免复杂拓扑结构中可能出现的环路问题。BGP4 + 路由器一旦与其他 BGP4 + 路由器建立了对等关系，仅在初始化过程中交换整个路由表，以后只有当自身路由表发生改变时，才会产生新的更新报文，并且该更新报文仅包含那些发生变化的路由。

1. MP-REACH-NLRI 路径属性

BGP4 + 中规定 MP-REACH-NLRI 路径属性具有的功能包括：

1）用于向 BGP 对端通告一条有效的路由。

2）允许路由器通告其网络层地址，其中网络层地址位于 MP-NLRI 属性的网络层可到达信息字段中，该地址用来作为前往目的地的下一跳地址。

3）允许一个指定的路由器通告所在自治系统内的部分或全部的附加子网连接点（Snpa）。

IPv6 的 MP_REACH_NLRI 路径属性如图 5-30 所示。

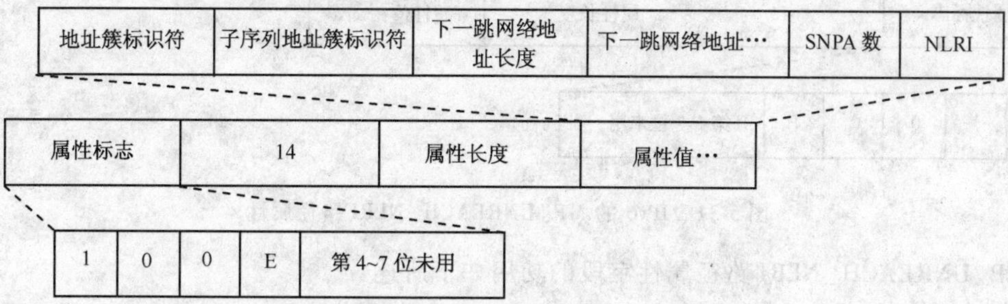

图 5-30　IPv6 的 MP_REACH_NLRI 路径属性

MP_REACH_NLRI 路径属性中的字段的功用解释如下：

1）地址族标识符（AFI，Address Family Identifier），占 2 字节，定义了网络层协议。IPv6 使用值 0x0002（十六进制），与 RFC1700 中指定的相一致。

2）子序列地址族标识符（SAFI，Subsequent Address Family Identifier），1 字节，定义协议是使用单播传输（SAFI = 1）、多播传输（SAFI = 2）或者两者都使用（SAFI = 3）。

3）下一跳网络地址的长度（LNHNA，Length of Next Hop Network Address），占 1 字节，定义了下一跳地址字段的已用字节数。根据提供的下一跳地址数，IPv6 将这个字段设置为 16 或 32。

4）下一跳网络地址（NANH，Network Address of Next Hop），包含这个 IPv6 路由的下一

跳 IPv6 地址。在将这个路由广播到一个外部对等节点时，这个字段得到了更新。路由器选择其本身通往外部对等节点的链路的本地 IPv6 全球/站点地址。在将路由广播到一个内部对等节点时通常不更新这个字段。如果下一跳 IPv6 地址和对等节点 IPv6 地址共享一个共同链路，例如，两个外部对等节点之间的链路，那么共同链路的本地链路地址将作为第二个下一跳地址被添加。作为回应，当将路由广播到一个内部对等节点时，从外部对等节点收到的本地链路地址就要被删除。

5）SNPA 数（Number of SNPA），1 字节，SNPA 数装载了与下一跳地址有关的路由器的相关附加信息。IPv6 并不使用这个字段，并将它设置 0，因此后面不跟任何 SNPA 数据字段。

6）网络层可达性信息（NLRI），使用这个属性通告 IPv6 NLRI 列表。每个 NLRI 都用 < length，prefix > 格式嵌入。1 字节长度字段定义了相应前缀字段的长度。可以使用 0 位将前缀字段填补成完整的 8 位字节。这个字段的长度是属性长度减去所有前面字段长度的剩余长度。

2. MP-UNREACH-NLRI 路径属性

MP-UNREACH-NLRI 路径属性允许发送对等节点撤消不可到达的 IPv6 路由。IPv6 的 MP_UNREACH_NLRI 路径属性如图 5-31 所示，它基本上包含了对等节点应该从其 RIB 中删除的 IPv6 前缀列表。

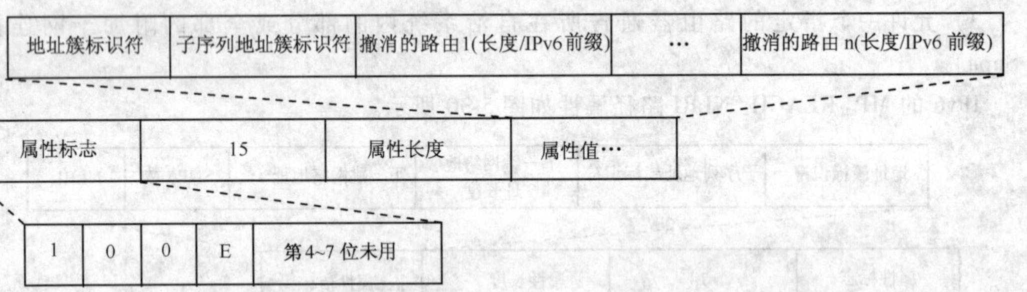

图 5-31　IPv6 的 MP_UNREACH_NLRI 路径属性

MP_UNREACH_NLRI 路径属性字段的功用如下所述：

1）地址族标识符（AFI，Address Family Identifier），占 2 字节，定义了网络层协议。IPv6 使用值 0x0002（十六进制）。

2）子序列地址族标识符（SAFI），1 字节，定义协议是使用单播传输（SAFI = 1）、多播传输（SAFI = 2）或者两者都使用（SAFI = 3）。

3）撤销的路由（Withdrawn Routers），终止 IPv6 NLRI 列表，每个 NLRI 都用 < length，prefix > 格式嵌入。1 字节长度字段定义了相应前缀字段的长度。可以使用 0 位将前缀字段填补成完整的 8 位字节。这个字段的长度是属性长度减去所有前面字段长的剩余长度。

思考题和练习题

5-1　IPv6 路由协议包括哪些协议？

5-2　为什么说路由协议和可被路由协议是两个不同的概念？

5-3 简述 Linux 版本为 Rad Hat Enterprise Linux AS，内核版本为 2.6.9，IPv6 静态路由在 Linux 平台上的配置过程。

5-4 简述 RIPng 动态内部路由协议的特点。

5-5 RIPng 与 RIPv1 和 RIPv2 的主要区别是什么？

5-6 IPv6 网络中的每个路由器都有一个路由表，路由器的路由表中有哪些表项字段？

5-7 简述 RIPng 采用的路由更新规则。

5-8 简述 RIPng 的局限性及解决方法。

5-9 写出 RIPng 报文的格式。

5-10 每一个路由表项（RTE）由哪些部分组成？

5-11 简述 RIPng 下一跳字段和默认路由的用途。

5-12 简述路由器是如何处理输入和输出的 RIPng 报文。

5-13 写出 OSPFv3 路由协议的特点。

5-14 简述 OSPFv3 涉及的技术。

5-15 描述链路状态数据库 LSDB 的作用。

5-16 描述 OSPF 区域和外部路由。

5-17 虚拟链路是什么，为什么需要虚拟链路？

5-18 描述末节区域 SA（Stub Area）和次末节区域（NSSA）。

5-19 给出 IPv6 OSPF 和 IPv4 OSPF 的比较。

5-20 写出 OSPFv3 报文首部的格式。

5-21 OSPFv3 报文的类型有哪些？如何标识？

5-22 Hello 报文的作用是什么？

5-23 对指定路由器（DR）的要求有哪些？

5-24 数据库描述（DD）报文的用途是什么？

5-25 每一个 LSA 实例由哪些参数唯一确定？

5-26 写出链路状态确认报文的格式。

5-27 有哪几类链路状态通告（LSA）？

5-28 每个 LSA 都以一个普通的 20 字节首部开头，写出 LSA 首部格式。

5-29 路由器所具有的链路状态数据库有哪些？

5-30 网络中的任何变化都将导致特定链路状态信息的改变。这些变化包括哪些？

5-31 写出选择指定路由器（DR）和备份指定路由器（BDR）的方法。

5-32 描述网络层可达性信息（NLRI）的含义。

5-33 BGP 具有哪些主要功能？

5-34 简述 BGP 连接建立过程。

5-35 描述 BGP 两种不同的对等节点连接方式的特征。

5-36 给出 BGP 与路由信息库（RIB）信息的联系。

5-37 描述 BGP4 + 的由来。

5-38 给出 BGP 报文首部的格式及位置。

5-39 写出 OPEN 报文的作用。

5-40 BGP 路径属性有哪些？

5-41 简述 IPv6 的 BGP 扩展的主要内容。

第6章 IPv6安全技术

6.1 IPv6安全问题

6.1.1 IPv6安全问题概述

人们通常说IPv6网络比IPv4网络安全，但是由于IPv6技术正处在发展和完善过程中，两种协议受的安全威胁是一样的。此外，IPv6的特征也可能会引出一些新的安全隐患。

IPv6的安全脆弱性可以分为4类：

1）实现和部署上的漏洞和不足，与IPv6有关的设计、算法和软硬件的实现离不开人的工作。在部署IPv6网络这样复杂的系统时，难免会出现预料不到的问题，会存在一些安全漏洞，给入侵者提供攻击的机会。

2）非IP层攻击，IPv6的安全仅作用在IP层，其他层出现对IPv6网络的攻击仍然存在。

3）IPv4向IPv6过渡时期的安全脆弱性，IPv4网络和IPv6网络并存的环境以及过渡技术存在安全隐患。各种各样的过渡技术，过渡期形成的复杂网络结构，会出现新的安全隐患。

4）IPv6特有的脆弱性，例如无状态地址自动配置、ICMPv6和路径MTU（PMTU）发现、邻居发现协议进行IP地址和MAC地址的解析、移动IPv6中由错误绑定报文引起的拒绝服务攻击等，构成IPv6网络安全面临的新问题。

计算机和计算机网络中处理和传输的电子信息对信息和网络安全提出了一些特殊要求，原因如下：

1）一般情况，区分纸质文本的原件和复印件是可能的，电子信息是二进制位串，要区分原件和复印件是很困难的。

2）对纸质文本的修改必然会留下一些物理痕迹，而对内存中或存储设备中的电子信息二进制位串的修改不会留下任何物理痕迹。

3）所有与纸质文本有关的物理证据都来自纸质文本自身的物理特征，例如手写签名、阴文或阳文的公证印章等。电子信息只能依靠自身所记录的二进制信息，例如数字签名、数字水印等信息来提供这些认证。

没有一种安全机制可以提供所有的安全服务，网络安全机制都包含和使用密码技术，加密和利用散列函数的类加密信息传输是常用的安全手段，对网络安全的讨论主要集中在怎样使用加密方法提供安全服务上。

在Internet安全词汇表RFC2828（Internet Security Glossary）文档中对网络攻击和威胁有类似的定义：威胁是侵犯安全的可能性，在破坏安全或引起危害的环境、可能性、行为或事件的情况下，会出现这种威胁，也就是说，威胁是利用脆弱性的潜在危险；攻击是对系统安全的攻击，它来源于一种有智能的威胁，也就是有意违反安全服务和侵犯系统安全策略的、特别是方法或技巧的智能行为。

由于处在IPv4向IPv6过渡阶段，存在缺少过渡阶段安全部署经验、技术能力不够和安全基础设施不足等问题，在实际部署 IPv6 网络时，往往做不到可以对 IPv6 网络提供可靠的安全防护，使得 IPv6 网络存在不少安全隐患。

为研究人员之间共享信息而设计的 Internet，现在正越来越多地被用于 B2B 和 B2C 的交互活动之中。从活动参与者的身份认证，到对具有安全和加密措施的支付手段的认可，这些交互活动的每个步骤都需要足够级别的安全性。而在应用 IPsec 协议之前，网络中的大多数服务，例如路由协议、SMTP 等根本不受保护，或者只受到有限的保护。

网络安全的特征包括：身份可认证性、机密性、完整性、可控性、可审查性。网络安全需要考虑到 3 个方面：

1）安全攻击是任何危及网络系统信息安全的活动。

2）安全机制用来保护网络系统不受截听，阻止安全攻击，恢复受到攻击的系统。

3）安全服务。提供加强网络信息传输安全的服务，利用一种或多种安全机制阻止对网络的攻击。

6.1.2 网络安全面临的威胁

网络安全面临的威胁可以分为 4 类：

（1）截获（Interception） 从常用的窃听器，到在系统中放置特洛伊木马来控制系统，或者收集来自屏幕、打印机、电话、加密设备或视频卡的电子辐射信息，电子窃听可以通过不同的方式进行。这样的被动攻击通常不可能被直接检测到，除非窃听装置或天线被偶然发现，或者进行彻底的物理和电子搜查。采用间接检测可以发现截获攻击，例如通过“泄漏”专门的数据来找出信息被某个未经授权的组织截获的路径，这种方法存在的问题是：会存在固有的风险，并且会有过高的代价。攻击者除了截获真实数据外，对一些诸如通信双方是谁、谈话的时间、信号频率等间接信息，以及流量或寻址分析等也可能是攻击者感兴趣的内容。

（2）中断（Interruption） 中断是让接收者接收不到信息，中断攻击主要包括服务中断或者拒绝服务（DoS），中断通常很容易辨认，但是判断问题真正的起因并解决问题却很难。在暴力攻击中，例如通过放火或暴力行为进行的物理破坏，需要花费大量的资源来维修或者替换受损的设备。服务中断的一种不易察觉的变体是隐形的服务质量降级，一个例子是人为造成的通信时延，若时延持续增加，会造成网络的服务质量越来越差，并且这种攻击很难被察觉。

（3）篡改（Modification） 故意修改网络中传输的报文，尤其是更改一些重要的数据，达到掩盖真相、拒认的目的。这种攻击会破坏数据的完整性、可用性和可信性。在一条电子邮件报文的发送时间对单个数据元素的修改，以及在发送的数据中插入篡改的支付订单。尤其在 Internet 和计算机网络广泛应用商业、金融的领域中，针对商业合同、资金支付等数据攻击，会给社会带来很大的危险。针对这种攻击采取的措施主要是数字签名和认证加密。

（4）伪造（fabrication） 伪造是无中生有，伪造攻击的可能性无处不在。伪造的内容和形式多种多样，例如通过伪装、病毒传播以及对数据库或日志文件的完全删除。信息的伪造、修改或删除要比服务中断更难检测或防御，需要有认证、加密、报文鉴别、数字签名等保护机制。

这 4 种网络安全面临的威胁可以分为被动攻击和主动攻击两大类，截获属于被动攻击，其他属于主动攻击。4 种网络安全威胁如图 6-1 所示。

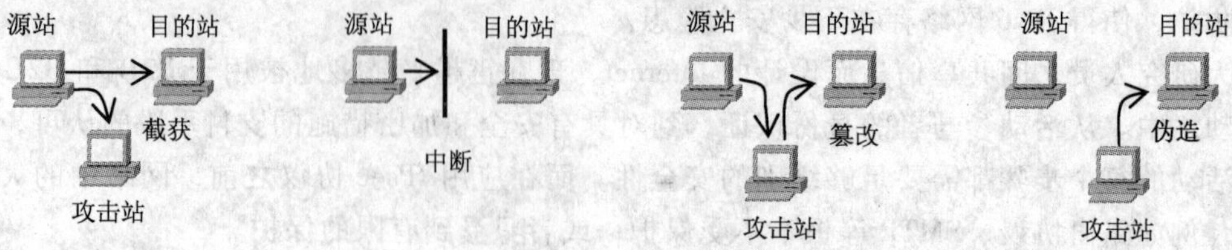

图 6-1 网络面临的 4 种安全威胁

被动攻击也称为通信量分析（Traffic Analysis），仅是对网络中协议包（协议数据单元（PDU））进行观察和分析，并不改变 PDU 的内容，通过对 PDU 首部字段（控制信息）的分析，可以了解正在通信的协议实体的内容，例如地址、身份、PDU 的长度、传输的频度、交换数据的性质，以及采用的技术等。

主动攻击是对网络中传输的 PDU 进行有选择的修改、删除、延迟、插入重放、伪造等，也包括记录和复制，主动攻击可以是上面 4 种网络威胁的某种组合，主动攻击可以再划分如下：

1）更改报文流。

2）拒绝服务。

3）伪造初始化连接。

对付被动攻击的重要措施是加密，而对付主动攻击中的篡改和伪造需要使用报文鉴别。

计算机网络安全的目标是：防止析出协议包内容；防止通信量分析；检测到更改、拒绝服务；检测到伪造初始化连接的发生。

还有一种主动攻击称为恶意程序（Rogue Program），主要包括：计算机病毒（Computer Virus）；计算机蠕虫（Computer Worm）；特洛伊木马（Trojan Horse）；逻辑炸弹（Logic Bomb）。计算机病毒是泛指恶意的程序。"有矛就有盾"，光靠防病毒软件是不能彻底解决病毒问题的，因为会不断有新特征的病毒编写（制造）出来，需要采用多种安全措施，从根源上减缓或避免病毒的产生和传播。

6.1.3 基本的安全需求和技术

1. 网络安全的基本元素

网络安全的基本元素是认证、授权和记账，也称为 AAA（Authentication Authorization Accounting），认证的目的是确保用户是他本身，通信是可信的。授权的目的是为用户分配允许的访问权限。记账的目的是记录用户使用操作的情况和网络的状态。计算机网络安全服务的内容包括：

（1）保密性（Confidentiality） 使传输的数据不能够分析出内容，存储的或传输的信息不能被某个未经授权的团体阅读或更改。

（2）完整性（Integrity） 确保信息没有被改变，任何对于传输的或存储的信息的更改都可以被检测到。

（3）不可抵赖性（Non Repudiation） 对数据信息施加数字水印、数字签名，确保发送方或接收方不能否认发送或接收了数据信息。

(4) 可用性（Availability） 保证网络服务是可以使用的，一项指定的行动，例如发送、接收或删除信息，不能被任何有关方面拒绝。

(5) 安全协议设计（SPD，Security Protocol Design） 结合网络体系结构的层次，增加各层实现安全的规则。

(6) 接入控制（AC，Access Control） 对接入网络的节点给出限制，并对该节点可以访问网络资源的范围给出限制。

(7) 真实性 信息提供者的身份可以被证实，某些情况下也包括非授权接收者的身份。

这些安全需求需要由两个基本的安全要素来提供：加密技术，为了保证机密性；安全校验和，为了保证完整性。然后使用这两个要素的适当组合来提供更复杂的服务。

2. 网络安全加密技术模型

网络中的通信双方必须协调努力共同完成数据信息交换，涉及到两个方面：对所发送的报文进行安全变换，例如对报文明文进行加密，使得攻击者读不懂信息，或者把基于报文的校验编码附于报文后面，用于验证发送方的身份；双方共享某些秘密信息，并希望攻击者不知道这些信息，例如发送方和接收方使用的密钥。

为了实现安全传输，需要有可信的第三方，例如第三方负责产生密钥并将密钥分发给通信的双方。还有就是，当通信双方对信息传输的真实性发生争执时，由第三方进行仲裁。

数据加密过程为：在发送端，明文 X 用加密算法 E 和加密密钥 K 处理后得到密文 $Y=E_K(X)$，密文在信道上传输，到达接收端后，利用解密算法 D 和解密密钥 H 解出明文，公式为

$$D_H(Y)=D_H(E_K(X))=X$$

网络安全模型及对称密码加密过程如图 6-2 所示，数据加密、解密过程有 5 个基本成分：

(1) 明文 原始可以理解的报文或数据，作为算法的输入。

(2) 加密算法 用于对明文进行各种代换和变换。

(3) 密钥 密钥独立于明文，也是加密算法的输入，算法根据所用特定密钥产生不同的输出。算法所用的代换和变换也依赖密钥。

(4) 密文 依赖于明文和密钥，是加密算法的输出，看起来是完全随机和杂乱无章的数据，其意义是不可理解的。

(5) 解密算法 本质上是加密算法逆运算，输入密文和密钥可以用解密算法恢复出明文。

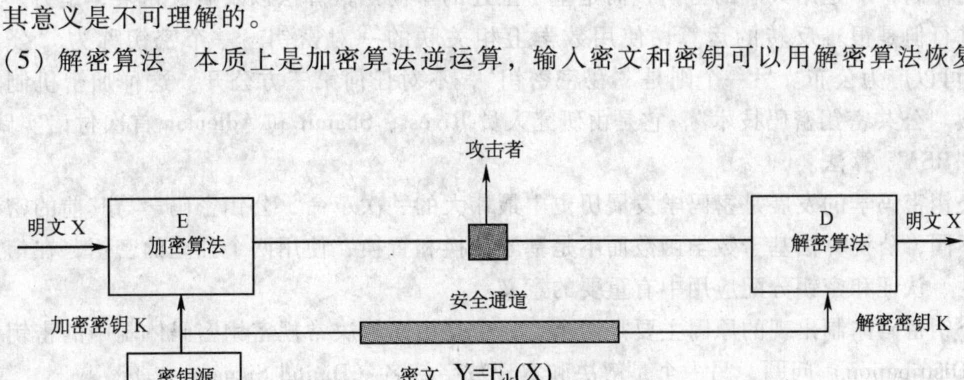

图 6-2 网络安全模型及对称密码加密过程

若加密密钥与解密密钥相同称为对称密钥加密，若不同则为非对称密钥加密。但不管两种密钥是否相同，两者必然具有相关性。与 Internet 安全性相关的重要的密码功能大致有 5 类：①对称密钥密码体制；②非对称密钥（公钥）密码体制；③密钥交换；④安全散列；⑤数字签名。

3. 对称密钥密码体制

对称密钥密码体制也称为常规密钥密码体制，加密密钥与解密密钥是相同的。大多数传统的加密技术采用的是改变明文字符顺序的置换方式，以及将明文字母映射为另一个字母的替换方式。执行加密功能的模块称为加密器（Cipher）。

最古老的加密形式通常采用的是对称加密，发送方和接收方共享一个秘密密钥或密码。然后用这个秘密来对交换的信息进行加密和解密，对称密码加密过程如图 6-2 所示。几个世纪以来，人们发明了大量的对称加密系统。但是，尽管这些系统对于防止密码破译越来越强大，但它们都有两个实质性的缺点。第一个是安全的、可靠的和经济上可行的密钥分发问题。另一个是失去约束的问题，因为双方都拥有相同的密钥，因此无法证实拥有这个共享密钥的哪一方真正生成加密的信息。

这些悬而未决的问题引发对“单向”数学函数的研究，这些函数在一个方向上可以很容易的进行计算，而反过来就很困难了，或则无法计算。打个比方来说，颜料混合就是一个单向函数：把两种颜色混合成一种新的颜色是很容易的，但是要把这个过程反过来并且最终得到起初的两种颜色则是不可行的。一些数学函数显示出相似的性质，特别是以运算方式不同于普通运算系统的模运算进行计算的时候。例如 12h 的时钟就是以模运算方式运行的：如果现在是上午 10 点，而在 6h 之后有个约会，那么会面时间是下午 4 点，而不是下午 16 点，因此人们已经很习惯地在心里做了这样的计算 10 +6 =4，对 12 取模。

通过使用适当的函数和数值之间的相关性，在不安全的通道中协商共享密钥的问题终于被美国和英国的研究者们各自独立解决了。因为英国的研究是在情报机构内部进行的，因此是保密的，而美国研究人员 Diffie、Heilmarl 和 Merkle 因为解决了密钥分发的问题受到了奖励。

4. 非对称密钥密码体制

基于以模运算运行的单向函数这一理念，下一步是发明一种不对称加密方案，也称为公钥密码体制，不是用共享的密钥，而是基于上述的单向函数算法以及质数相乘，是另一个很容易进行但是很难反转的运算，使用数学上相关联的一对密钥。一个密钥称为“公共密钥”，可以广为公布。另一个则是“秘密密钥”，不对任何第三方公开。这种加密机制通常被称做“公共密钥密码技术”，它是由研究人员 Rivest、Shamir 和 Adleman 首次付诸实践的，也称“RSA”算法。

公钥密码学的发展是密码学发展历史中最伟大的一次革命，公钥密码学与其前的密码学完全不同，公钥算法基于数学函数而不是基于替换和置换，使用两个独立的密钥，在信息的保密性、认证和密钥分配应用中有重要的意义。

公钥密码体制出现的原因主要是两个，一个是用来解决常规密钥密码体制中的密钥分配（Key Distribution）问题，另一个是解决和实现数字签名（Digital Signature）。

现在，发送一条加密的报文给一个接收者就需要获取公共密钥并用它来加密这条报文，这样，每个人都可以用他的公共密钥来加密发给预期接收者的信息，而只有预期的接收者才具有正确解密所需的秘密密钥。

公钥密码体制的使用过程如图 6-3 所示。

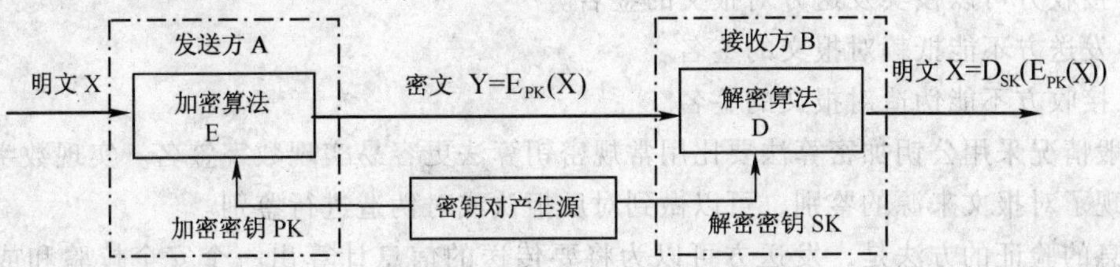

图 6-3 公钥密码体制

公钥密码体制有 6 个组成部分：①明文，算法的输入，是可读报文或数据；②加密算法，用于对明文进行各种转换；③公钥和私钥，算法的输入，两个密钥不同，私钥为秘密的，公钥是公开的，一个用于加密，一个用于解密，加密和解密算法执行的变换依赖于公钥和私钥；④密文，为算法的输出，依赖于明文和密钥；⑤解密算法，用于接收密文，利用相应的密钥恢复出原始的明文；⑥密钥对产生源，涉及到密钥分发和交换，可信任的第三方机制。

公钥算法的特点如下：

1）发送方用加密密钥 PK（公钥）对明文 X 加密，在接收方用解密密钥 SK（私钥）解密，恢复出明文，给出如下公式：

$$D_{SK}(E_{PK}(X)) = X$$

加密和解密运算可以对调，运算结果是一样的：

$$E_{PK}(D_{SK}(X)) = X$$

2）加密密钥不能用它来解密：

$$D_{PK}(E_{PK}(X)) \neq X$$

3）从已知的 PK 不可能推导出 SK，在计算上是不可能的。

4）加密算法和解密算法是公开的。

5）可以很容易地生成 PK 和 SK 对。

需要说明的是，有关公钥密码体制的研究和应用存在几种误解，具体分析如下：

第一种误解是认为从密码分析的角度看，公钥密码比传统密码更安全，事实上任何加密方法的安全性依赖于密钥的长度和破译密文所需要的计算量。

第二种误解是公钥密码是一种通用的方法，公钥密码学在数字签名、认证和密钥管理中有很好的应用价值，传统密码已经过时。实际情况正相反，因为现有的公钥密码方法需要计算量很大，所以很快就取消传统密码是不可能的。

第三种误解是传统密码中实现与密钥中心握手是一件很不容易的事情，而用公钥实现密钥分配则很简单。实际上，采用公钥密码也需要某种形式的协议，该协议通常包含一个认证中心，所包含的处理过程也不比传统密码简单，更谈不上更有效。

5. 数字签名和报文鉴别

计算机中书信和文件是可以复制、修改的，并且可以不留下处理过的痕迹。如何可以证明和判断计算机文件的真实性呢？日常生活中人们通过对文件签名和加盖印章证明真实性，在计算机和计算机网络中需要用到数字签名。

数字签名可以保证：

1）接收方可以核实发送方对报文的签名。

2）发送方不能抵赖对报文的签名。

3）接收方不能伪造对报文的签名。

一般情况采用公钥加密算法要比用常规密钥算法更容易实现数字签名。实现数字签名也同时实现了对报文来源的鉴别，可以做到对反拒认或对伪造进行鉴别。

信息的验证的方法是，发送方可以为将要传送的信息计算出一个安全校验和或者散列值，其也称为报文摘要，构成“指纹”或电子签名。然后发送方用一个私有密钥来加密计算出来的报文摘要，并把它和明文信息一起传送。用报文摘要实现数字签名和报文鉴别的过程如图 6-4 所示。

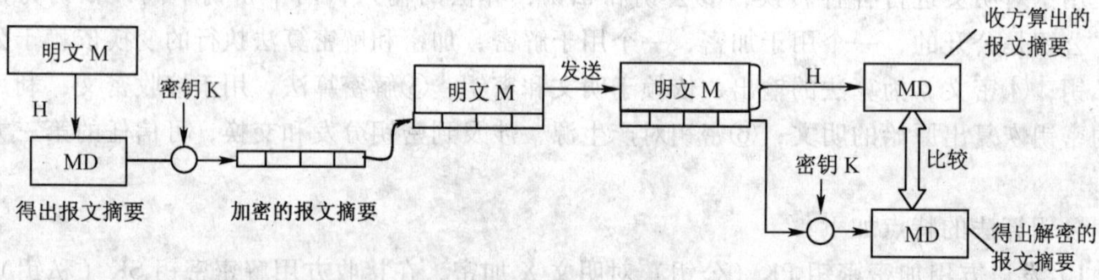

图 6-4 用报文摘要实现数字签名和报文鉴别的过程

明文信息及报文摘要的任何接收方都可以获得发送方的公共密钥，用它来解密发送方的报文摘要，并且把结果与接收方对收到的明文进行计算得出来的报文摘要相比较。如果结果相符，那么接收方可以确定该信息来自于预期的发送者，而且在传输过程中没有被修改过。

在实际操作中，信息通常既要被加密，又要被验证，以满足所有的基本安全需求，也就是机密性、完整性、真实性和约束。

另一种技术是把非对称加密的长处和传统对称加密增强的性能结合在一起。首先要生成一个对称的会话密钥来有效地加密将要传送的信息。然后，加密的报文、使用接收方公共密钥进行非对称加密的会话密钥，以及对于这两者的数字校验和都被传送到接收方那里。接收方可以使用发送方的公共密钥来检验报文的真实性和完整性、使用私有密钥来获取会话密钥，并且使用解密的对称会话密钥来有效地解密这条报文。

虽然这些定义第一眼看起来好像比较直接，而且有大量的方案可以实现强大的加密（特别是采用公钥加密）和高质量的数字签名，但是许多概念上和技术上的问题使它变得很困难。

6.2 Internet 的安全技术

许多协议将其安全性建立在 IP 地址和端口号假定真实性的基础上，由连接到 Internet 的网络的用户组各自完全控制这些地址和端口的设置。网络安全的现实告诉人们不能期望一个

IP 数据包中的任何一个元素是安全的，不能信任一个 IP 发送者地址或端口号，需要知道网络数据包中的元素是会被读取或修改的。

多数网络应用通过用户名和密码验证机制提供安全性，在网络中所传输的应用协议都以明文或者某种可以被轻易解码的形式来传送密码，例如 Base64。虽然也开发了一些标准来保护密码和证书的交换，但是一次性密码机制或者询问和应答机制却很少使用。这就意味着在某个低层协议中存在安全缺陷，由于它能够让攻击者读取传输中的数据，就能被用来攻击应用程序和用户账号。

出现网络安全问题是由于两个原因：一是许多操作问题是由操作网络的内部人员引起的，例如中国发生的几起金融系统的计算机犯罪；二是敌对国家或组织如果在网络设备的软、硬件中放置危害网络、盗窃信息的程序，以目前的技术尚无法进行完全的检测和排除。

目前的安全解决方案大多数是治标不治本，但它们仍然是在不安全的环境下可以提供一定程度安全性的惟一选择。

6.2.1 数据包过滤和防火墙

防火墙（Firewall）用来作为内网和外网之间的屏障，控制内部网络和外部 Internet 的连接，内网称为可信赖的网络，而外网被称为不可信赖的网络。所有的通信，无论是从内部到外部，还是从外部到内部，都必须经过防火墙。防火墙是由软件、硬件构成的系统。防火墙需要识别通信量的各种类型，根据识别结果对通信内容实施阻止和允许进出网络，只有被授权的通信才能经过防火墙，防火墙本身对于渗透必须是免疫的。

这种采用硬件和/或软件安全解决方案的基本思想是按照预先定义的规则来过滤流经网络的信息，这些预先定义的规则内容涉及到 IP 地址、文件中的病毒样本等。防火墙所起的作用是：①限制访问者进入一个被严格控制的点；②防止进攻者接近受到保护的设备；③限制人们离开一个严格控制的点。这样的过滤可在网络层和运输层实施，例如检查 IP、ICMP、UDP 和 TCP 协议首部字段的内容，也可在应用层实施，例如要检查像 HTTP 或 FTP 等应用协议，以及真实的信息内容，除非它们是加密的无法分析。也可以采用同时对网络层和运输层和应用层的数据进行过滤，并且可以区分数据流在网络中流入和流出的方向。

从逻辑上说，防火墙是一个分离器，是一个限制器，是一个分析器。防火墙通常由一套硬件设备（一个路由器，或路由器的组合，一台主机）和相应的软件模块组成。构成防火墙的主要部分有：①路由器；②插有两块以上网卡的主机，具有两个以上的网络接口，一个和内部网络连接，另一个和外部网络连接；③各种代理服务器主机。

通过入侵检测机制可以捕获不寻常的攻击，确定“不寻常”的行为。例如看起来很随意的对系统弱点的扫描，或者使用隐蔽的通道来向外泄漏信息。

需要注意的是：数据包过滤和防火墙策略有很多，但是这些安全策略和措施的有效性是有时间和范围限制的，没有一种全能的安全设计可以覆盖所有可能的网络和应用结构，以及完全满足其相应的安全需求。

6.2.1 运输层保护

Internet 的运输层协议主要有 TCP 和 UDP，UDP 提供无连接、不可靠的服务，TCP 提供面向连接的服务。许多安全协议是运行在 TCP 之上的，它能在不安全的 Internet 上为通信双方建立安全通道，使得在安全通道内传输的数据不被窃听、篡改或假冒。

运输层提供的安全服务是安全套接字层（SSL，Secure Sockets Layer）。SSL 协议层最初是 Netscape 为了保护 Web 服务器和客户端之间的 HTTP 会话而设计的，而现在几乎所有 Web 软件的供应商和其他客户端/服务器软件，例如 Telnet 和 FTP 的提供者，都把 SSL 加入到它们的产品中。IETF 已经开始了对 SSL 正式标准化工作，把它作为运输层安全（TLS，Transport Layer Security）标准的一个可能的解决方案，Internet 技术文档 RFC2246 给出了 SSL 的描述。

安全套接字层（SSL）位于 Internet 协议集中可靠的传输服务 TCP 之上。在客户端与服务器之间安全的通信通道的建立过程中，所涉及的每一方都要使用基于 X.509 的数字证书来对另一方进行验证。在大多数情况下，这种验证过程只在客户端进行，客户端启动验证过程并调查由服务器发来的证书，以确保它是在和真正的服务器对话。

入侵者将其放置在客户端和服务器之间的攻击称为“中间人”的攻击，把“中间人”伪装成连接服务器的客户端，这就需要服务器能够确保客户端的真实性，对客户端身份的真实性验证需要采用身份认证技术。由于缺乏 Internet 上普遍存在的证书生成、分发和管理系统，使这部分验证过程受到影响。在确定好验证步骤之后，双方要对证书的使用、会话密钥达成一致。实际应用时的交互、握手顺序根据所使用的密钥系统的不同而有所不同，目前使用较多是公钥密码体制 RSA 或 Diffie Hellman 算法。

6.2.3 应用层安全

应用层安全协议是在特定应用中建立起来的安全防护措施，独立于任何通信网络的安全措施，包括数据加密的完整性确认，对有害数据的过滤，防止代理服务器的信息转让等。应用层的安全协议是在特定应用中建立起来的安全防护措施，独立于任何通信网络的安全措施。在终端用户安全方面，最显著的发展是在电子邮件领域。尽管有人提倡把个人嵌入邮件 PEM（Privacy Enhanced Mail）作为一种加密的和需要验证的电子邮件 Internet 标准，尽管对 SMTP/MIME 标准的支持正在不断加强。

今天的电子邮件的安全还是主要基于一种称为 PGP（Pretty Good Privacy）的电子邮件加密技术。PGP 被计划用于最普遍使用的电子邮件客户端之中，例如 Netscape Messenger、Microsoft Outlook、Eudora、Elm 等。PGP 和 PEM 提供了基于上述加密算法的数字签名和加密电子邮件报文的能力，以及一套嵌入式密钥生成、分发和管理系统。

由于目前尚不存在一个全球性的公共密钥或数字证书的仓库，所以 PGP 和 PEM 形成对照依赖于一种“信任之网”的方案，这种方案要求每个单独的 PGP 用户对收到的来自其他 PGP 用户的公共密钥进行交叉检验，即采用数字签名的方法。在这样一种方案中，如果用户 A 信任用户 B，而用户 B 信任用户 C，那么用户 A 也可以充分信任用户 C（公共证书就是用户 B）并接受用户 C 的公共密钥，把它作为真实的密钥存入自己的密钥库中。PGP 已经被扩展为可以使用 X.509 证书，它可以由 Internet 上的密钥服务器管理，并且提供额外的安全服务，例如 Internet 上语音通信的加密和验证。

新的应用层安全机制包括传输过程中的验证，用来保证数据发送方和接收方的真实性，以及数据没有在传输过程中发生改变。采用防止数据被读取或更改的加密措施。相应的应用层安全产品包括 Secure Shell（SSH）经常被用作 telnet 的替代品以及类似 FTP 和 x-Windows 服务的一种加密通道。其他应用框架有 MIT 的 Kerberos，可以为网络应用程序的编程提供了精细的验证服务。S-HTTP 是对 HTTP 的一种安全扩充，是问答式交互协议，提供的安全业务与 SSL 相似。

6.2.4 Internet 安全的开放性

围绕着 Internet 安全开放性的解决方案，存在大量的问题，因为这些安全服务需要在一个复杂环境下实现互相协作。影响 Internet 安全的开放性实施的主要原因有：

1）现有的不能协同工作的加密/验证系统和产品过多，而且数量还在增加。若一个组织所组建的网络采用了不同种类的操作系统，或部署了不同种类的网络设备，会很难能提供一种适用于所有平台的安全措施和标准，也很难期望在一定范围内的不兼容的网络产品之间会有足够的相互协作能力。

2）缺少一种通用的公共密钥基础设施 PKI（Public Key Infrastructure）。虽然已经提出了一些针对性的加密标准和密钥交互协议，但是还没有给出在 Internet 上使用的公用 PKI，已有的许多有关数字证书的规则仍然需要进一步完善。互操作性问题已经对 PKI 和相应的规则的制订带来影响。

3）安全服务涉及到的功能层次的划分还处在争论中，哪些安全服务应当由哪个功能层来提供的讨论还在继续，这些功能层可以是网络、操作系统、中间件、应用程序或其他表现形式。一些意见是把 IPv6 及其安全要素作为 Internet 上所有安全问题的最终解决方案，但是提供哪些安全服务要素还有待实践的检验，因为 IPv6 协议仍然处在不断完善过程中，IPv6 网络的部署步伐并不如以前期望的那么快。

4）一个安全框架之下的一个操作系统中的一点细微的改动，可能带来整个安全框架（或它的一部分）的升级，接下去还可能影响到其他已部署的平台、中间件组件、平台上应用程序的升级。这说明大量组件及相应的附件给互相协作带来了额外的复杂性，影响到公共安全平台的建设。

5）一些利用了“嵌入式”安全模块和方法，例如 SAP 等由外部提供的框架，可能和已经安装的系统安全模型不兼容。应能获得足够多的有关这些系统内部工作方式的信息，以评价外部嵌入式安全模块是否可以满足已有的系统安全性和应用程序的要求。

6）需要考虑安全环境的一致性问题，问题的原因来自内部和外部不被信任实体之间的接口的复杂性和开放性。一个例子是金融信息的传输，可以选择把金融数据流和电子邮件通道分离。但也可以选择把两者都放在同一个加密的数据流中。

7）在 IT 安全软件和特定的安全配置中也会存在错误和缺陷。网络安全漏洞的存在是不可避免的，软件占用的容量越来越大、软件的复杂程度越来越高，存在安全隐患和漏洞的机会也会增多。

8）法律和规则上的不健全和不规范问题，也给提供一个一致的 IT 安全环境添加了另一层复杂性和困难。因为法律的制订和实施涉及到许多人为的因素和制约。

可以看出，在 IPv6 网络中安全措施的设计需要“追根溯源”，对 IPv6 的安全要素的设计要充分考虑上述 Internet 安全开放性所带来的问题。在 IPv6 网络中需要强制性的使用安全协议，目前 IPsec（IP Security）协议已经成为 IPv6 协议的组成部分。

6.3 IPv6 的安全要素

6.3.1 IPsec 的功能

IP 层的安全框架已经由 IETF IP 安全协议工作组（IPsec）在 RFC2401 中正式定义，已经成为 Internet 网络层的安全技术标准 IPsec（IP Security）。IPsec 提供的安全服务是基于 IP 层的，为 IP 层及其以上层协议提供保护。

IPsec 的目标是提供既可用于 IPv4 也可用于 IPv6 的安全性机制。IPsec 通过设计安全传输协议身份认证首部（AH）、封装安全载荷（ESP），以及密钥交换协议（IKE，Internet Key Exchange）来实现网络安全功能和目标。IPsec 提供的网络安全功能包括：

（1）访问控制　如果没有正确的密码就不能访问一个服务或系统。可以调用安全性协议来控制密钥的安全交换，用户身份认证可以用于访问控制。

（2）无连接的完整性　使用 IPsec，有可能在不参照其他包的情况下，对任一单独的 IP 包进行完整性校验。此时每个包都是独立的，可以通过自身来确认。此功能可以通过使用安全散列技术来完成，它与一些检查数字内容的技术类似，但可靠性更高，并且更不容易被未授权实体所篡改。

（3）数据源身份认证　IPsec 提供的又一项安全性服务是对 IP 包内包含的数据来源进行标识。此功能通过使用数字签名算法来完成。

（4）序列完整性中的抗重播保护　作为无连接协议，IP 很容易受到重放攻击的威胁。重放攻击是指攻击者发送一个目的主机已接收过的包，通过占用接收系统的资源，这种攻击使系统的可用性受到损害。为对付这种花招，IPsec 提供了包计数器机制。

（5）保密性　数据机密性是指只允许身份认证正确者访问数据，对其他任何人一律不准。它是通过使用加密来提供的。

（6）有限传输流的保密性　有时候只使用加密数据不足以保护系统。只要知道一次加密交换的末端点、交互的频度或有关数据传送的其他信息，攻击者会有足够的信息来使系统混乱或毁灭系统。通过使用 IP 隧道方法，尤其是与安全性网关共同使用，IPsec 提供了有限的业务流保密性。

需要指出的是，IPsec 是一种基于一组独立的共享密钥机制来实现认证、完整性验证和加密服务的网络安全协议，IPsec 与自动密钥交换协议密切联系。

6.3.2 IPsec 框架

IPsec 是基于网络层的，IPsec 被设计成可以为 IPv4 和 IPv6 提供可交互操作的、基于加密的 IP 网络安全技术。IPsec 工作在主机、路由器、网关、防火墙等设备或安全位置上。用户可以根据自己的需要定制安全策略库（SPD），可以自己确定加密算法和密钥设置，IPsec 可以依据 SPD 的配置策略，对每一个经过 IPsec 的数据进行安全检查。

IPsec 框架由 6 个截然不同的要素组成，IPsec 框架组成部分及各部分之间的联系由 RFC 2411 定义和描述，IPsec 框架组成部分及联系如图 6-5 所示。

IPsec 网络安全框架组成部分包括：

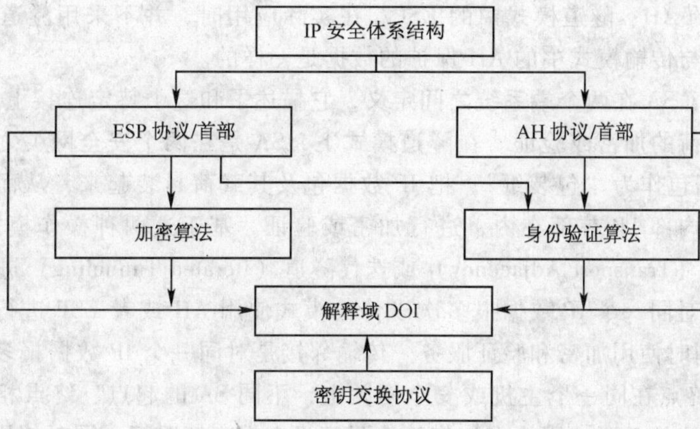

图 6-5 IPsec 框架组成部分及联系

1）IP 安全体系结构，对网络层上安全需求和机制的一般性描述。

2）封装安全载荷（ESP）首部，专门用于加密的安全要素，在 RFC2406 文档中定义。

3）身份认证首部（AH），专门用于验证的安全要素，在 RFC 2402 文档中定义。

4）加密算法，对加密和验证所使用的具体密码算法的定义。

5）身份认证算法，对通信伙伴之间的安全策略和安全关联的定义。

6）密钥交换协议，IPsec 密钥管理，它是基于更一般的框架之上的密钥管理。

需要说明的是，这些机制都被认为具有通用性，可以用在 IPv4 环境，也可以用 IPv6 环境。虽然需要通过改型才能用于现有的 IPv4 软件，但 IPsec 是基本 IPv6 协议集完整而不可分割的一部分。

IPsec 工作组和安全领域中其他工作组的工作，例如 IP 安全策略（IPSP，IP Security Policy）和 X. 509 公共密钥基础设施 PKIX（X. 509 Public Key Infrastructure）的关系十分密切。

6. 3. 3 IPsec 安全关联

安全关联（SA，Security Association）是构成 IPsec 的基础，SA 是两个通信实体经协商建立起来的约定，决定了用来保护数据包安全的 IPsec、编码格式、密钥以及密钥的有效存在时间等。任何 SA 实施方案都要构建一个安全关联数据库（SAD，Security Association Database），用来维护 SA 记录。SA 是协议相关的，每种协议都有一个 SA，若主机 A 和主机 B 同时通过 AH 和 ESP 进行安全通信，每个主机都会针对每一种协议构建一个独立的 SA。

IPv6 安全框架的每个安全要素是可以在一起工作的。通信伙伴需要对一组公共信息达成一致才能使用 IPv6 的安全要素，这组信息包括密钥、将要使用的验证或加密算法，以及所使用算法的专门附加参数。这组信息的协定在通信伙伴之间组成了一个安全关联（SA）。SA 是单向的，每项安全服务都需要一个 SA；因此，如果两个通信伙伴希望对一个双向连接同时进行加密和验证的话，总共需要 4 个 SA。

SA 中用到的参数包括：①序列号；②序列号溢出；③抗重播窗口；④生命期时间（存活期）；⑤模式；⑥隧道目的地。

IPsec 有两种不同类型的操作模式：传输模式和隧道模式。传输模式保护 IP 数据包的载荷，隧道模式保护 IP 数据包。模式和协议有 4 种组合：传输模式中的 AH；传输模式中的

ESP；隧道模式中的 AH；隧道模式中的 ESP。在实际应用时，并不采用隧道模式中的 AH，因为它保护的数据与传输模式中的 AH 保护的数据是一样的。

在传输模式下，SA 在两个端系统之间定义，它描述了和这个特定连接上所有的 IP 数据包所包含的有效载荷的加密或验证。在隧道模式下，SA 是在两个安全网关之间定义的，它用一个外部 IP 数据包作为“包装纸”，把 IP 数据包及其载荷封装起来，从而可以对整个内部的数据包，包括内部 1P 首部在内，进行加密或验证。基于这两种操作模式，单独的 SA 可以通过传输邻接（Transport Adjacency）或迭代隧道（Iterated Tunneling）进行绑定。

传输邻接是指对同一个 IP 数据报多次以传输模式使用 AH 或者 ESP 进行加密，即在同一个 IP 数据报内同时使用加密和验证服务。传输邻接是对同一个 IP 数据报多次加密，要求多个 SA 的起点和终点在同一个主机或安全网关上，不同 SA 的起点、终点相同，传输邻接只允许一次加密算法的关联，因为在加密算法强度没有提高情况下，同时使用多次关联没有意义。传输邻接安全关联如图 6-6 所示。

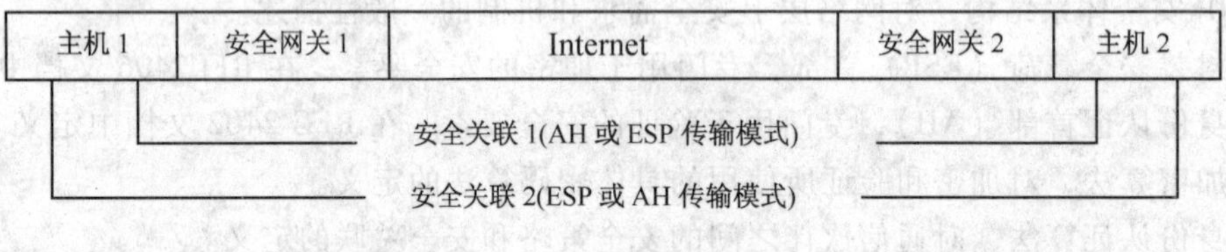

图 6-6　传输邻接安全关联

迭代隧道是利用 IP 隧道技术对一个 IP 数据报在其传输路径上多次使用 AH 或者 ESP 进行加密，每次加密、解密过程就是一个安全关联 SA，即在同一个 IP 数据包内嵌使用加密和验证服务。依据多个 SA 的加密、解密所对应的起点、终点的不同搭配，迭代隧道安全关联有 3 种格式：

1）不同 SA 的起点、终点相同。SA1 和 SA2 的隧道起点都位于主机 1 上，隧道终点都位于主机 2 上。不同 SA 的起点、终点相同迭代隧道安全关联如图 6-7 所示。

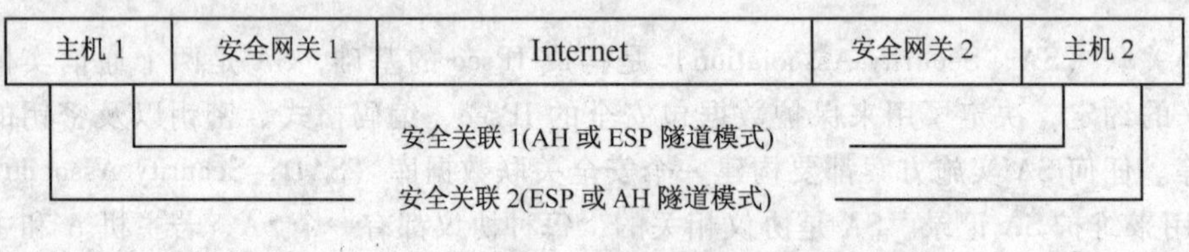

图 6-7　不同 SA 的起点、终点相同迭代隧道安全关联

2）不同 SA 的端点有一个相同，一个不同，例如安全关联 1 和安全关联 2 的隧道起点都位于主机 1 上，但终点分别位于安全网关 2 和主机 2 上，一个端点相同的迭代隧道安全关联如图 6-8 所示。

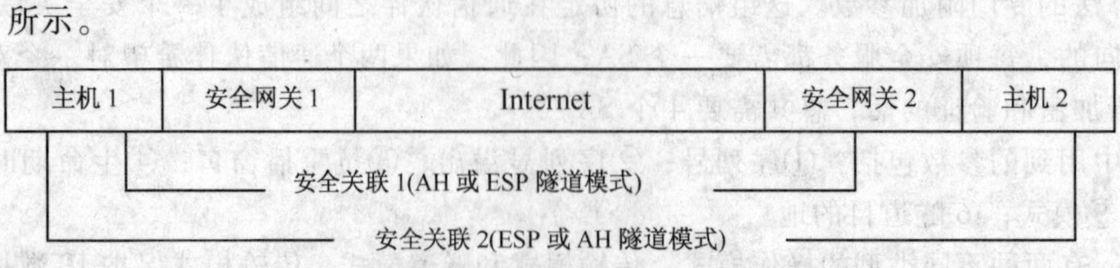

图 6-8　一个端点相同的迭代隧道安全关联

3）不同 SA 的起点、终点均不相同。SA1 的隧道起点位于安全网关 1 上，终点位于安全网关 2 上。SA2 的隧道起点位于主机 1 上，终点位于主机 2 上。起点、终点均不相同的迭代隧道安全关联如图 6-9 所示。

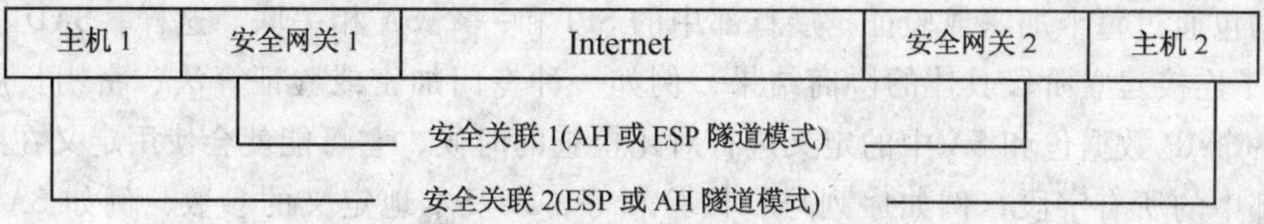

图 6-9 起点、终点均不相同的迭代隧道安全关联

6.3.4 IPsec 安全策略

通过 SA 描述把复杂的安全环境映射为一种安全策略。在实现 IPsec 的主机和安全网关上，进出的数据报都需要根据安全策略规则进行分类过滤，每一个数据报面临 3 种选择：

1）丢弃，不允许数据报离开主机或者通过安全网关，也不会把该数据报传递到高层处理。

2）绕过 IPsec，是指数据报不使用 IPsec 保护，直接传输数据报。

3）应用 IPsec，是指需要 IPsec 保护的传输，需要根据安全策略规定提供相应的安全服务，包括所使用的协议、算法等。

SA 的实现涉及到两个安全数据库：安全关联数据库（SAD）和安全策略数据库（SPD，Security Policy Database），系统中每个启用安全措施的接口都必须具有这两个数据库。实际上 SAD 和 SPD 可以作为一个具有相应内部组织的数据库来实现。

1）在 IPsec 实施中，SA 必须有管理依据和规则。安全策略数据库（SPD）规定的策略决定着所有流进系统或从系统流出的 IP 流量的处理方式，而不只是针对带有加密或验证要素的流量。为此 SPD 依赖于一个有序的规则库，一个由 IP 和上层协议首部的字段组成的选择器要素，例如 IP 地址，或者传输协议的类型或端口号，以及一个把流入或流出的流量映射为一种策略（即一个 SA 或 SA 包）的通配符匹配机制，例如为了表达需要过滤的 IP 地址的范围。基于这些 SPD 设置，对每个经过系统的 IP 数据包都要做出一个决定：丢弃这个数据包，应用安全规则来进行加密或验证，或者忽略安全规则，把这个数据包按照原样继续传下去。

通常一个相对具有特权的系统或者安全管理员会定义好 SPD 中的规则。但是 Internet 安全体系结构（ISA，Internet Security Architecture）并没有明确地把应用程序请求 SPD 中的特殊安全设置排除在外，前提是这样的：请求局限于安全管理员所规定的条件之内，而且该请求能够确保不会被误用。

2）所有定义好的 SA 都保存在一个安全关联数据库（SAD）中，通过一个由安全参数索引（SPI，Security Parameter Index）、IP 目的地址和安全协议（AH 或 ESP）标识符 3 部分组成的数值来识别，虽然两个安全要素都是可选的，但是其中之一必须存在。SPI 是对 RFC1825 修改后的 Internet 草案中所要求的标识符，它说明使用 SA 的 IP 扩展首部类型，如 AH 或 ESP。SPI 为 32 位，用于对 SA 进行标识及区分同一个目的地址所链接的多个 SA。进行安全通信的两个系统有两个不同的 SA，每个目的地址对应一个。

IP 目的地址可以是单播、多播或 IP 广播地址，但是至今只定义了单播地址的 SA 管理机制。在单播通信中，SPI 由每个数据包的接收者选择并在连接建立的过程中进行协商。每个系统都需要记住每个通信伙伴的 SPI。在多播环境下，SPI 对于多播组的所有成员都是一样的。

数据包通过每个加密或验证扩展首部中的 SPI 和一个 SA 相关联。这样，SAD 中的一个 SA 决定了连接建立阶段具体的协商结果，例如一种专门加密或验证算法、密钥长度等。当系统把一个 IP 数据包和 SA 中的定义进行对比检查的时候，它可能就会使用定义在各自安全扩展首部中的所有字段，例如序列号、校验和等，以及本地定义的参数，例如 SA 生命期、操作模式，或者路径 MTU。SA 的管理可以手动进行，也可以通过自动化的 SA/密钥交换协议来处理。

6.3.5 IPsec 部署

IPsec 用于实现 IP 层安全，IPsec 对用户是透明的，这意味着用户不会注意到所有的数据报在发送到 Internet 之前，所进行加密或身份认证过程。

IPsec 可以在终端主机之间、网关之间和路由器之间，或者主机与网关、路由器之间进行实施和配置。若同时在终端主机和路由器配置，可以针对不同的问题，给网络安全部署带来好处。若需要确保端到端的通信安全时，应在终端主机配置。若要确保网络某一部分安全时，IPsec 部署的位置应在路由器。

在网络术语中，主机是数据协议包的发送者和接收者。在主机部署和实施 IPsec 的优点如下：

1）保障端到端的安全性。

2）能够实现所有的 IPsec 安全模式。

3）能够逐数据流提供安全保障。

4）在建立 IPsec 应用过程中，可以支持身份认证。

IPsec 的实施有 3 种方法：

1）将 IPsec 作为 IPv6 协议栈的一部分来实现，与操作系统 OS 集成实施。IPsec 是一个网络层的协议，可以当做网络层的一部分来实现。IPsec 与网络层紧密集成在一起，有利于实现数据包的分段和套接字应用等服务，在每个数据流（例如一个 Web 上的事务处理）的级别上提供安全服务更容易，因为密钥管理、基本 IPsec 协议和网络层可以无缝地结合在一起。IPsec 与 OS 集成如图 6-10 所示。这种方法将 IP 安全性支持引入 IP 网络协议栈，并且作为 IP 实现的一个必须的组成部分。

2）将 IPsec 作为协议栈中的一块（BITS）来实现。这种方法将特殊的 IPsec 代码插入到网络协议栈中，在网络协议栈的网络层和数据链路层之间实施，作为两层之间的一个楔子，这个楔子称为堆栈中的块 BITS。该种方法通过一段软件来实现安全性，该软件截获从现有 IP 协议栈向本地链路层接口传送的数据报，对这些数据报进行必要的安全性处理，然后再交给链路层。这种方法可用于将现有系统升级为支持 IPsec 的系统，且不要求重写原有的 IP 协议栈软件。

IPsec 插入数据链路层和网络层之间，优点是只需要一次实施就可提供完整的 IPsec 方案。采用 BITS 实施的问题是功能重复。IPsec 的 BITS 实施如图 6-11 所示。

图 6-10 IPsec 与 OS 集成

图 6-11 IPsec 的 BITS 实施

3）还有一种方法是将 IPsec 作为线路的一块（BITW）来实现。这种方法使用外部加密硬件来执行安全性处理功能。该硬件设备通常是 IP 网络设备，例如路由器，如果这样的设备是一个主机，其工作情况与 BITS 方法类似。

虚拟专用网（VPN，Virtual Private Network）是通过一个公用网络（这个公用网络通常是 Internet）建立一个临时的、安全的连接，这个连接是一条穿过不可靠的公用网络的安全、稳定的隧道。通过 VPN 实现了对企业内部网的扩展。对如何建立 VPN 并没有统一的标准，可以采用不同的技术来实现 VPN，根据计算机网络体系结构层次，可以分为第二层 VPN 和第三层 VPN。

实现第二层 VPN 的协议有：点对点隧道协议（PPTP，Point to Point Tunneling Protocol）；第二层转发协议（L2FP，Layer 2 Forwarding Protocol）；第二层隧道协议（L2TP，Layer 2 Tunneling Protocol）。

实现第三层 VPN 的协议有：通用路由封装（GRE，Generic Routing Encapsulating）和 IPsec。

两种实现之间本质的区别是用户数据报再被封装在哪一层协议数据单元中通过隧道传输，人们经常称之为封装的封装，也称为打包的打包。VPN 应至少具有的功能包括：

（1）数据加密　确保通过公共网络的信息即使被截获，也不会泄露。

（2）身份认证和信息认证　确保能够证实用户的身份，确保信息的完整性、可靠性、合法性。

（3）支持访问控制　可以对不同的用户设置不同的访问权限。

IPsec 通过把 AH、ESP 和 IKE 等多种安全技术综合在一起，建立一个安全、可靠的隧道，实现 VPN 所具有的上述功能。IPsec VPN 网络结构如图 6-12 所示。

IPsec VPN 部署过程描述如下：

建立 IPsec VPN 网络连接，登录到 Ethernet1 的安全网关 1 上，安全网关 1 的公网 IP 地址为 A. B. C. D，专网 IP 地址为 192. 168. 1. 2。安全网关 1 需要设置通往安全网关 2 的专网 IP 地址 192. 168. 2. 2 的路由信息。通过安全网关 1 执行 ping 192. 168. 2. 1，安全网关 1 上的 IPsec 模块将发往主机 2 的 IP 数据报用隧道模式封装，封装后的目的 IP 地址是安全网关 2 的公网地址 E. F. G. H。隧道数据到达安全网关 2 以后，进行拆包，然后转发给 Ethernet2 上的主机 2。两个局域网上的主机建立安全关联 SA，协商 IPsec 加密密钥，要求必须有协商采用加密方法的机制，在双方确认了这个机制后，在双方之间就建立了关联 SA。

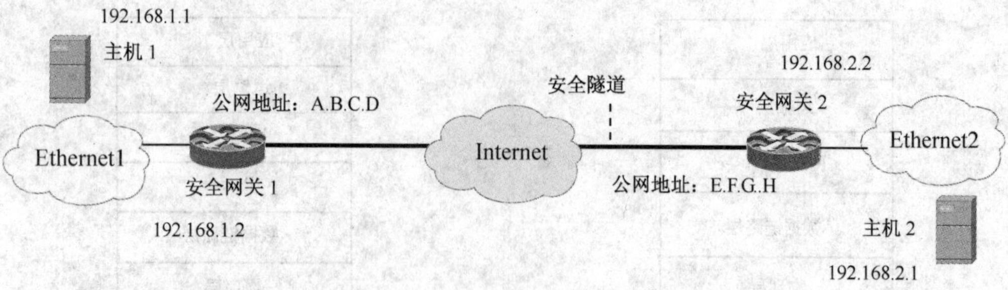

图 6-12 IPsec VPN 网络结构

6.3.6 IPsec 存在的问题

IPsec 的最大缺陷是复杂性，IPsec 包含了太多的选项和太多的灵活性。IPsec 是通过专门工作组制定的一个开放标准框架，该框架制定的过程中过多顾及到一些国家和大公司的利益，这给 IPsec 的实现带来一定的困难。目前各种 IPsec 产品之间的兼容性问题尚有待解决。另外，IPsec 的使用会给网络传输性能带来影响。

IPsec 本身还有待完善，例如存在 IPsec 不支持动态地址分配，不能提供对付业务流分析攻击的安全性等。当 IP 数据包用 ESP 加密时，IPsec 隐藏了对网络操作有用的重要信息，例如 TCP、网络管理、QoS 等，对其他正常的网络服务和协议都造成了影响。IPsec 没有解决大规模的密钥分发和管理问题。虽然 IPv6 要求强制实现 IPsec，但是 IPsec 在网络的部署和实施上还存在一些困难。IPsec 的许多标准文档比较复杂和混乱，从文档内容看不清楚 IPsec 关键技术的描述，也很难识别 IPsec 的目标内容在何处，用户必须把这些碎片组合起来阅读。

尽管 IPsec 存在不少令人不满意的问题，但 IPsec 对网络安全机制的研究和实现还是提供了一种改进的途径，IPsec 的最突出的贡献在于 IPsec 在网络体系结构的第三层使用，只需要对操作系统进行修改，不会要求对应用层修改。而相比之下，安全套接字层（SSL）只能在运输层/应用层使用，涉及到对网络应用的修改。

6.4 IPv6 中的认证

6.4.1 认证的内容和方法

1. 认证扩展首部

认证的内容是可以挑选的，路由或邻居发现数据信息通常不被认为是什么秘密，但是正如许多针对路由系统的攻击所说明的那样，人们希望得到的是带有路由信息的 IP 数据包的完整性和真实性。同样，单个 IP 数据包的认证足以防止那些流行的基于 Internet 的攻击，例如 IP 地址欺骗和会话截获。这是因为相关的 SA 可以指导 IP 实现丢弃或拒绝所有的 IP 数据包，而这些 IP 数据包的加密的安全校验和无法被正确认证。

认证扩展（Authentication Extension）首部对在 IP 数据包中传输的所有端对端数据提供了完整性检验和认证机制，在 IPv6 数据报中下一个首部（Next Header）字段的值为 51。IPv6 扩展首部（报头）的顺序为：认证首部（AH）、加密的安全封装载荷（ESP）、随后的传输报文段（例如TCP或UDP）、网络控制（例如ICMP）或路由（例如OSPF）。

每个认证扩展首部都包含着一个固定的协议要素序列：

1）下一个首部（Next Header），占1字节，指出目的地选项首部之后的首部类型。

2）载荷长度（Length of Payload），占1字节，描述安全参数索引（SPI）字段之后的32位数值的数量。这个长度指示是必要的，因为AH中的认证数据根据所用算法的不同可能会在长度上有所不同。

3）保留（Reserved），占2字节，未使用，该字段值设置为0。

4）安全参数索引（SPI），占4字节，指出使用的是哪种校验和算法。

5）序列号（Sequence Number），占4字节，用于防止重播攻击，序列号可以有2^{32}个编码，序列号循环使用。

6）认证数据（Authentication Data），长度可变。认证数据包括：一个来自有效载荷的密码安全校验和，以及IP和扩展首部的一些字段，再加上通信伙伴之间在建立SA过程中协商好的以SPI值作为索引的共享秘密数据。

2. 报文摘要计算和IPv6认证遵循的规则

网络中有许多报文并不需要加密，而是需要判断和鉴别报文的真伪，例如网络中的一些通知信息。目前在计算机网络中多是采用报文摘要（MD，Message Digest）来实现对报文的鉴别，即是说仅对计算出的报文摘要进行加密，不用对整个报文加密，这样既减少了开销，又达到了鉴别真伪的目的。

MD的特点是仅对很短的固定长度的报文摘要进行加密，相当于加上安全标记，是简单和高效的。报文m和E_K（H（m））合在一起是不可伪造的，是可以鉴别和不可抵赖的。报文摘要类似于差错检测中的循环冗余校验（CRC），都是多对一的散列函数（Hash Function）的例子，散列函数的目的是要产生报文、文件或其他数据块的“指纹”，散列函数主要用于报文的鉴别和认证。

目前广泛使用的报文摘要算法MD5由RFC1321文档给出，对任意长度的报文进行运算后，得出128位的MD5报文摘要代码，MD5的运算过程如下：

1）将报文按模2^{64}计算其余数（64位），追加在报文后面，MD代码已经包含了报文长度的信息。

2）在报文摘要和余数之间填充1~512位，填充的首位是1，其余位为0，使得填充后的总长度是512的整数倍。

3）将追加和填充后的报文分割为一个个512位的数据块，512位的报文数据分成4个128位的数据块依次送到不同的散列函数进行4轮运算，每一轮又按32位的小数据块进行复杂的运算，直到计算出MD5报文摘要代码。

4）最终得出的MD5代码中的每一位都与原来报文中的每一位有关。

与MD5类似的另一种标准称为安全散列算法（SHA，Secure Hash Algorithm），码长为160位，是用512位长的数据块加密，经过复杂运算得出的。

IPv6认证计算时对IP数据报内容的选取遵循以下规则：

1）IP首部中的版本（Version）、类型（Class）和流标签（Flow Label）字段都不包括在计算中，而跳数限制（Hop Count）字段值为0。

2）所有在Option Type字段内包含了change-in-route-bit设置的扩展首部都作为0字节序

列来计算。

3）如果存在一个路由扩展（Routing Extension）首部（需要交换 IPv6 目的地址和路由首部中列出的下一地址并且增加下一地址字段的数值），IPv6 目的地字段的值将被设为最终目的地的地址。

6.4.2 IPv6 认证

IPv6 认证有两种操作模式：传输模式和隧道模式。它对所有端到端载荷和选中的首部字段进行认证。传输模式认证首部如图 6-13 所示。

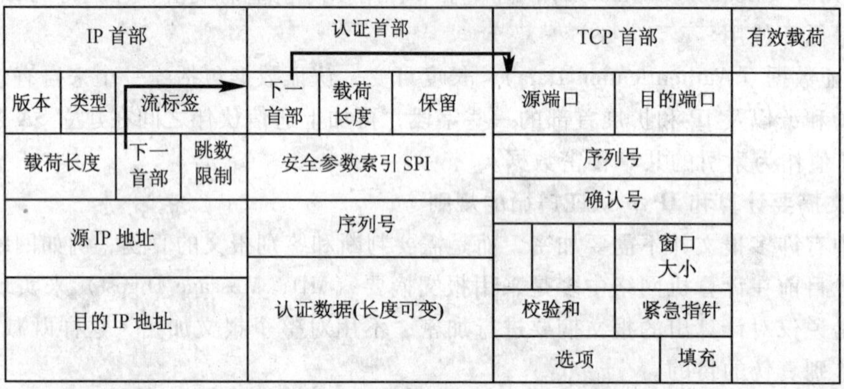

图 6-13　传输模式认证首部

在图 6-13 中，除了 IP 首部中的版本、类型、流标签和跳数限制字段外，其余部分都是经过认证的。下一个首部字段指明了后续的首部，形成一个串接标识。

在传输模式认证中，IP 首部（首部）中的版本、类型、流标签、跳数限制字段是不被认证的。需要指出的是，在一些应用环境中，可能恰恰需要对这些数值进行保护。由于 IP 地址被校验和所覆盖，在网络地址转换 NAT（Network Address Translation）过程中重写的 IP 地址，以及作为 VPN 环境的一部分、通过 VPN 使用专用 IP 地址，在传输模式下不能进行认证。此外，同样被安全校验和保护的下一首部值可能会在 IP 数据包的传输过程中发生改变，例如，通过插入分段扩展（Fragmentation Extension）首部，或者插入逐跳选项扩展（Hop-By-Hop Extension）首部。虽然 IPv6 采用了 MTU 路径发现机制，但仍然会由于动态路由改变而出现分段情况。

在上述情况下，必须通过把原始的、受到完整保护的 IP 数据包封装在一个外部 IP 数据包中，进行打包的打包，再通过隧道在外部网络中传输，这个外部 IP 数据包的内容只是受到认证校验和的部分保护。隧道模式认证首部如图 6-14 所示。进行发送的安全网关封装 IP 数据包，进行接收的安全网关检查外部 IP 数据包的校验和，打开外部 IP 数据包，拆封取得内部的 IP 数据包，然后内部 IP 数据包的校验和可以通过持有端到端 SA 的接收方系统来进行检验。

需要指出的是，在隧道模式认证中，外部 IP 首部（数据报报头）中的版本、类型、流标签、跳数限制字段是不被认证的，而内部 IP 数据报是整个都要认证的。下一个首部字段指明了后续的首部内容，形成一个串接标识。

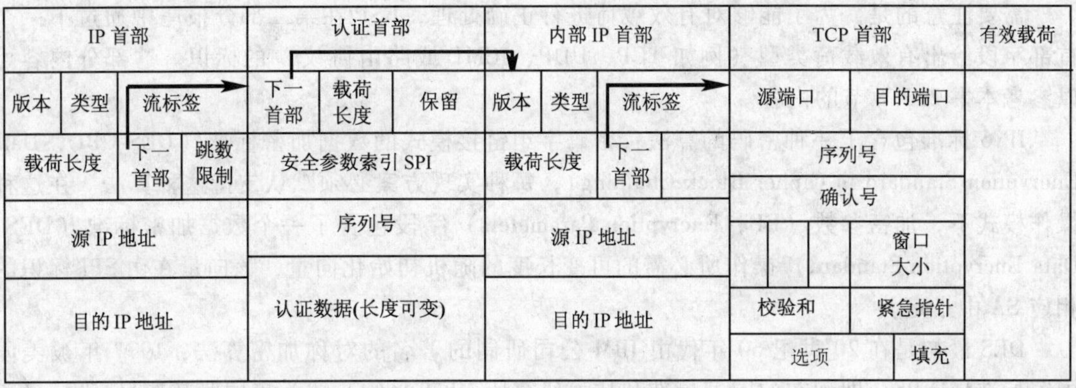

图 6-14　隧道模式认证首部

6.5　IPv6 中的加密

6.5.1　IPv6 中的加密概述

加密可以防止信息被截获、窃听和修改，攻击者截获的加密数据必须有对应的密钥才能还原成明文。通过加密可以对 Telnet、FTP、邮件传输或 Web 会话提供保护。经常采用针对 IP 网络层安全的 IPsec 技术。也可以通过传输层安全机制 SSL，或者应用层上例如电子邮件加密技术 PGP 等技术。

在 IPv6 网络中，通过封装安全载荷（ESP）扩展首部（下一首部值为 50），提供在一个 IP 数据包中传输的所有端到端数据的完整性和机密性。在传输模式下，该扩展首部在 IPv6 数据报中的位置是在原始 IP 首部之后，上层协议之前。位于 ESP 后的运输协议数据单元（例如 TCP 或 UDP）、网络控制报文（例如 ICMP）和路由（例如 OSPF）均处于加密范围。在隧道模式下，ESP 扩展首部的位置是在原始 IP 首部之前，新 IP 首部和新扩展首部之后，加密范围包括：原始 IP 首部、原始扩展首部、上层协议数据单元，例如 TCP 或 UDP 等。封装安全载荷（ESP）扩展首部的格式可以参看本书 2.2.6 节的内容。

每个 ESP 扩展首部都包含一个固定的协议字段序列：

1）安全参数索引（SPI），占 4 字节，指出所使用的加密算法的类型。

2）序列号（Sequence Number），占 4 字节，防止重播攻击，因为使用多于 2^{32} 个数据包的连接很容易受到重播攻击。接收方还必须具备一些重新排序的能力，因为 IPv6 不能保证数据包的正确传输顺序。

3）载荷数据（Payload Data），长度可变，包含着由下一首部字段所描述的加密的数据。

ESP 是唯一被分割为两个部分的扩展首部：第一部分首部带有有关接收方如何对加密的 SA 进行正确处理和检查的基本信息；第二部分报尾则带有附加的信息。报尾附加信息包括：

1）用于 64 位长度调整的填充位，以及对于真实填充长度（字节数）的说明。

2）对下一首部类型的指示，例如 TCP，供接收方进行进一步的处理。

3）ESP 认证（如前述的 AH 中一样），防止加密的数据和 ESP 首部被攻击者修改。

需要注意的是，为了能够对有效载荷进行正确处理，ESP 在第二部分报尾中通过下一个首部字段给出有效载荷类型（例如 TCP、UDP、ICMP 或路由协议）的标识。这部分内容可以参考本书 2.2.6 节的内容。

IPv6 标准包含了一种密码的算法：密码字组链接模式的数据加密标准（DES-CBC，Data Encryption Standard in Cipher Block Chaining），每种实现方案必须默认支持这种算法。在这种操作模式下，加密参数（EP，Encryption Parameters）字段包含了一个数据加密标准（DES，Data Encryption Standard）操作所必需的可变长度的随机初始化向量，该向量在由 SPI 标识的相应 SA 中指定。

DES 最初是在 20 世纪 60 年代由 IBM 公司研制的著名的对称加密算法，1977 年被美国国家标准局 NBS，即现在的国家标准和技术研究所 NIST 采纳，成为美国联邦信息标准，ISO 曾把 DES 作为数据加密标准。DES 是世界上第一个公认的实用密码算法标准。DES 是一种分组密码，采用 64 位密钥，其中实际密钥长度为 56 位，8 位用于奇偶校验。

DES 的保密性仅取决于对密钥的保密，算法是公开的。加密前把明文分成 64 位长的分组，然后对每一个 64 位二进制数据进行加密处理，产生一组 64 位密文数据，最后把各组密文串接起来，得到整个密文。

DES 现在已经被功能更强的国际数据加密算法 IDEA 所替代。此外，功能更加强大的算法可以通过使用相应 SA 和 SPI 来进行协商。ESP 的设计者们选择了 DES 作为用来加强 IPv6 不同加密实现方案的默认算法。可以预见，类似 AH 中采用的协商方法，可以运用到高强度算法（例如，三重 DES 或 IDEA）和密钥长度的选择中。

6.5.2 IPv6 中的加密模式

类似安全认证（AH）的情况，ESP 实现的加密有两种操作模式：传输模式和隧道模式。传输模式对所有端到端载荷，包括传输协议首部在内都进行加密。

在传输模式加密中，IP 首部和其后所有的扩展首部，一直到真正的 ESP 首部，都没有进行加密，这些部分不能受到加密保护是有原因的，加密这些首部数据会导致整个网络机制变得无法使用，因为所有的路由器和网络中继设备需要在 IP 数据包传输的过程中浏览、处理，甚至修改这些首部。

如果需要对整个 IP 数据包进行加密的话，就必须采用隧道模式。通过把原始的完全加密的 IP 数据包封装在一个外部 IP 数据包中，通过建立一条隧道在外部网络中传输，这个外部数据 IP 包的内容不受加密的保护。进行发送的安全网关加密 IP 数据包及其内容并且把它封装在一个外部 IP 数据包中，而进行接收的安全网关解密外部 IP 数据包的载荷，并且获取内部的 IP 数据包，然后再将这个 IP 数据包传送到进行接收的终端系统中。

IPv6 中的加密模式内容在本书第 2 章有较详细的讨论，读者可以阅读第 2 章中有关 ESP 的内容。ESP 尾部和原来的数据报的数据部分一起进行加密，使得攻击者无法知道所使用的运输层协议。ESP 中的鉴别数据和 AH 中的鉴别数据是一样的。用 ESP 封装的数据报即有加密功能，又有认证功能。不过需要说明的是 ESP 的认证功能不如 AH 的认证功能强。

在 IPv6 网络中同时使用 AH 和 ESP 机制，为一个 IP 数据包提供完整性、真实性和机密性，是最初考虑的网络安全思路，在 IPv6 数据报扩展首部的排列顺序上 AH 在前 ESP 在后，使得接收方可以首先检验数据包的真实性和完整性，然后再尝试解密。两个提供安全的扩展首部 AH 和 ESP 会在一起使用，导致 IPv6 数据报整体长度增加，采用把认证功能嵌入 ESP 尾部，可以在对所有有效载荷数据提供加密的同时，实现对包括 ESP 头在内的所有有效载荷部分进行认证。

6.6 密钥交换协议

6.6.1 密钥交换协议概述

网络的安全取决于密钥和密钥分配的安全，密钥分发属于密钥管理，密钥管理的内容有：密钥的产生、分配、注入、验证和使用。

公钥密码体制的主要作用之一就是解决密钥分配问题，人们已经提出了以下几种公钥分配方案：公开发布；公开可访问目录；公钥授权；公钥证书。

通过设立密钥分配中心 KDC（Key Distribution Center），通过 KDC 来分配密钥，假设用户 A 要与用户 B 进行通信，两者均是 KDC 登记的用户，分别拥有与 KDC 通信的私有主密钥 KA 和 KB。

为了在通信实体之间建立一个安全关联（SA），这些实体必须首先对一个公共安全策略和一套兼容的加密算法达成一致。为了促进相应信息的安全交换，通信实体还必须对一个共享的密钥或秘密达成一致，这个密钥或秘密必须通过一个潜在的并不安全的通信路径进行协商，或者必须基于预先定义并通过认证的证书，通过一个可信的公共密钥基础设施，或者通过对证书进行带外的分发和认证。

RFC2409 描述的 Internet 密钥交换协议（IKE）协议解决了在不安全的网络环境中安全地建立或更新共享密钥的问题。IKE 是通用的密钥交换协议，可以为 IPsec 协商安全关联 SA，也可以为任何要求保密的协议协商安全参数，例如 SNMPv3、RIPv2、OSPFv2 等。

IKE 是一种建立在 3 种协议基础之上的混合型协议，这 3 种协议是 Internet 安全关联与密钥交换协议（ISAKMP，Internet Security Association and Key Management Protocol）和两种密钥交换协议 OAKLEY 与 SKEME。IKE 建立在由 ISAKMP 定义的框架基础上，采用了 OAKLEY 的密钥交换模式与 SKEME 的密钥共享和更新技术，除此之外，IKE 还定义了它自己的两种密钥交换方式。IKE 本质上采用了 Diffie-Hellman 密钥交换算法。

从 IPsec 的观点看来，IKE 可以被认为是一种应用层的协议，IKE 使用用户数据报协议 UDP，使用的端口号为 500。

IKE 用到 ISAKMP 协商过程的两个阶段：第一阶段 ISAKMP 实体建立一个安全、认证过的信道进行通信，称为 ISAKMP 安全关联（ISAKMP SA）；第二阶段 IKE 在第一阶段建立的安全信道中，为某种进程协商和产生需要的密钥材料和安全参数，称为 IPsec 安全关联（IPsec SA）。

密钥交换模式与两个阶段完成的工作相联系。5 种密钥交换模式有主模式、积极模式、快速模式、信息交换、新组模式交换。后两种模式属于 ISAKMP 的交换模式。主模式和积极模式都能够完成第一阶段的交换任务，快速模式仅可以在第二阶段使用。ISAKMP SA 是双向的，该关联建立后，任何一方都可以发起快速模式交换、信息交换和新组模式交换。

6.6.2 ISAKMP

Internet 安全关联与密钥交换协议（ISAKMP）由 RFC2408 描述，ISAKMP 为处理 SA 和密钥交换提供了一个一般框架。ISAKMP 是由美国国家安全局（NSA）的研究人员开发的，长期以来一直是保密技术，随着时间的推移和网络安全研究的深入，目前 ISAKMP 已成为一项公开的技术。为了适合 IPsec 的要求，Internet IP 安全解释域（DOI，Domain of Interpretation）描述了用于 IPsec 的 ISAKMP 的修整和参数。DOI 在文档 RFC2407 定义，DOI 还特别描述了协议 ID 的命名习惯、Situation 字段（允许选择操作的身份、保密或完整模式）、有关安全策略正确选择的建议、用于 SA 描述和 IKE 有效载荷格式的语法，以及所有附加的密钥交换和通知报文类型。

ISAKMP 定义了一套程序和信息包格式，用于建立、协商、修改和删除安全关联 SA，提供了传输密钥和认证数据的统一框架，但没有进行详细的定义。然而，ISAKMP 与密钥生产技术、加密算法和认证机制相独立。ISAKMP 既没有定义一次特定密钥交换如何完成，也没有定义建立安全关联所需要的属性，而是把这些方面的定义留给其他标准。因此，ISAKMP 需要额外的密钥交换协议，ISAKMP 区别于密钥交换协议是为了把 SA 的细节从密钥交换中分离开，不同的密钥交换协议的安全属性也是不同的。ISAKMP 的协议结构如图 6-15 所示。

比特 0	8	16	23	31
发起者 cookie				
响应者 cookie				
下一个载荷	主版本	副版本	交换类型	标志
报文 ID				
长度				

图 6-15 ISAKMP 的协议结构

所有基于 ISAKMP 的密钥交换协议进行的报文交互都把报文载荷连接到图 6-15 所示的 ISAKMP（首部）结构后面。ISAKMP 结构中的字段功用解释如下：

1）发起者 cookie，启动安全关联 SA 建立、SA 通知和 SA 删除的实体 cookie。

2）响应者 cookie，响应安全关联 SA 建立、SA 通知和 SA 删除的实体 cookie。

3）下一个载荷，指出在各个 ISAKMP 载荷中，紧接在后的是哪一个。

4）主版本，指明 ISAKMP 的主要版本。

5）副版本，指明 ISAKMP 的次要版本。

6）交换类型，指明 ISAKMP 正在使用的交换类型。

7）标志，为 ISAKMP 交换设置的各种选项，标志位用掩码标识，定义了 3 个标志，分别为：加密，指出紧随协议首部后面的载荷已经加密；委托，指出通信一方在交换完后收到通知；纯认证，需为 ISAKMP 引入密钥恢复机制时使用。

8）报文 ID，用于识别第二阶段的协议状态，为唯一的信息标识符。

9）长度，包括协议首部和有效载荷全部信息的长度。

ISAKMP 有效载荷格式如图 6-16 所示。

比特 0	8	16	23 31
下一个载荷	保留位	载荷长度	
载荷数据			

图 6-16 ISAKMP 有效载荷格式

ISAKMP 有效载荷格式中各字段的功用解释如下：

1）下一个载荷，指出当前载荷之后紧跟的载荷。

2）保留位，该字段值为 0。

3）载荷长度，指出当前载荷的总长度。

4）载荷数据，实际的载荷内容。

在 ISAKMP 中定义了 13 种类型的报文载荷。在一个 ISAKMP 报文中，不同类型的 ISAKMP 载荷连接在一起，类似于 IPv6 中扩展首部的定义方式，下一个载荷字段指出后续载荷是哪一个。常用的报文载荷的类型包括：

1）散列，为一个散列函数运算结果。

2）nonce，是一串伪随机数值，用于产生密钥材料。

3）证书，用于在身份认证时向对方提供证书。

4）证书请求，提供请求证书的方法。

5）通知，向通信双方发送告知采取措施的信息。

6）密钥交换，包含执行一次密钥交换需要的信息。

7）厂商 ID，识别厂商的唯一 ID。

8）签名，一个数字签名。

9）安全关联，用于定义一个要建立的 SA，内容包括解释字段的值，与提案载荷和转码载荷结合使用，提供 SA 协商的算法、安全协议等内容。

10）提案，提供了表示算法的转码的数量、使用的安全协议、SPI 值，依赖于安全关联载荷，由 SA 封装，不会单独出现。

11）转码，提供协商时让对方选择的一组安全属性字段的取值，例如算法、SA 生存期、密钥长度等，不会单独出现。

6.6.3 密钥交换协议 OAKLEY 和 SKEME

OAKLEY 是基于 Dime-Hellman 密钥交换的一种协议。它描述了一系列称为模式的密钥交换，并且规定了每种密钥交换类型所提供的服务，例如身份保护、认证和密钥的完好转发安全。这样，即使某个密钥暴露了，以后的密钥或加密的材料也不会受到危害。IKE 只需要 OAKLEY 协议的一个子集就能满足其特定目标。

OAKLEY 由技术文档 RFC2412 描述和定义，说明每一种提供的服务，例如密钥的完全后继保密、身份认证。每个模式会产生一个通过认证的密钥交换。OAKLEY 没有定义随着各个报文交换何种信息。

Internet 安全密钥交换机制（SKEM，Secure Key Exchange Mechanism）描述了一种能够

提供匿名、密钥否定和快速密钥刷新的快速密钥交换技术。和 OAKLEY 一样，IKE 不需要整个 SKEME 协议，只需要用于认证的公共密钥加密方法和使用一种称为 nonces 的特殊令牌交换的快速密钥重编方法。nonces 是一些随机的大数字，由 64 ~ 2048 位，它用来为密钥协商过程添加熵并且能够有限抵御重播攻击。

6.6.4 Internet 密钥交换

IKE 可以被描述为一种协商协议，用于实现在不安全的网络环境中安全地建立或更新密钥。IKE 是一个通用的协议，可以为 IPsec 协商安全关联，也可以为 SNMPv3、RIPv2、OSPFv2 等任何需要保密的网络协议提供协商安全参数。IKE 利用 ISAKMP 中定义的数据格式，基于 OAKLEY 和 SKEME 密钥交换机制来交换密钥和 SA 信息。

IKE 使用属于 ISAKMP SA 的属性，这些属性都是强制性的，并且必须进行协商，这些属性有：加密算法；Hash 算法；认证方法；进行 Diffie - Hellman 操作的组的有关信息。

应当指出的是还存在两项提案：PHOTURIS 和 SKIP。PHOTURIS 大致上相当于 ISAKMP 的主要模式。IETF 工作组已经决定不再使用 SKIP，尽管 SKIP 具有简单和无状态操作模式等优点，但是 SKIP 存在的主要问题是：附加的额外载荷（每个受保护的 IP 数据包除了 AH 和 ESP 之外还要携带一个 SKIP 首部），以及基于目录的固定密钥交换协议。应该说 SKIP 中所采用的想法和方法是有一定意义的。关联和密钥管理标准的关系如图 6-17 所示，该图说明了密钥管理标准涉及到的每个元素以及它们之间的联系。

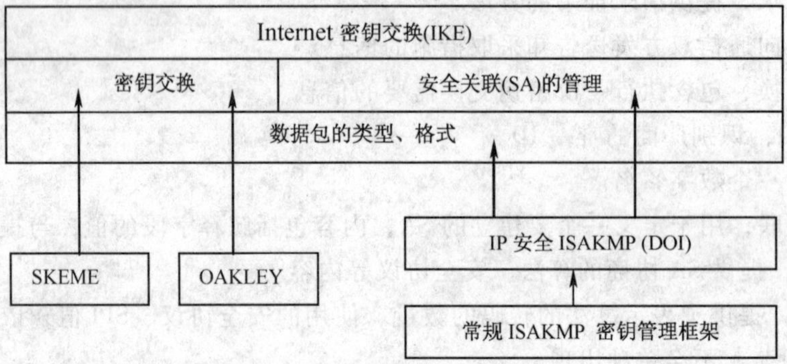

图 6-17 关联和密钥管理标准的关系

IKE 采用 5 种密钥交换模式，包括：主要模式；主动模式；快速模式；信息化模式和新组模式。后两种模式属于 ISAKMP 交换模式。IKE 的操作分为两个阶段。在密钥交换的第一个阶段中，ISAKMP 实体建立一个安全、验证过的通道来进行通信。这被称为 ISAKMP 安全关联。ISAKMP 对等双方基于它们的 SPD 对一个安全的、需要认证的通道进行协商，例如，使用 DES 进行加密，使用 MD - 5 进行认证，或者用国际数据加密算法 IDEA（International Data Encryption Algorithm）和安全散列算法 SHA - 1（Secure Hash Algorithm 1）进行加密和认证。后续的通信都将在该协商建立的通道上进行。该通道形成了 ISAKMP 的 SA，通道的建立基于使用 64 位 cookies 的指数 Diffie - Hellman 密钥交换，这样可以防止对接收方的洪泛或封堵攻击。同时在运输层端口号 500 上对几路 IKE 协商进行并行信号分离，它还带有加密的标识令牌，该标识令牌包含一个选定的身份，内容可以是 IP 地址、域名、证书或电子邮件，目的是防止中间人攻击。

密钥交换的第一阶段可以使用两种不同的操作模式：主要模式，用于普通交换，使用 6 条报文，提供身份保护；主动模式，使用 3 条报文，该模式无法使用身份保护，只提供较低的安全性。

通信双方的认证可以使用不同的方法，可以在 ISAKMP SA 建立之前共享一个秘密，例如共享秘密在一块芯片卡上，也可以用一个以发送方的私有密钥加密的 RSA 或 DSA 校验和来保护协商数据，或者使用接收方的公共密钥来对协商数据进行加密。由初始 Diffie – Hellman 密钥交换产生的密钥最终可以被用来获得后续的、用于加密，认证和刷新制钥材料的密钥，以更好的防止对密文的密码分析。

密钥交换的第二个阶段中，IKE 会在第一阶段建立起来的安全通道中，为某种进程协商和产生需要的安全参数和密钥材料，这称为 IPsec 安全关联。更多代表着例如 IPsec 或其他使用快速模式服务的 SA 在安全信道中通过 3 条报文的交换进行协商。需要新的密钥材料的 SA 可以通过采用新组模式，仅使用 2 条报文来协商相应的数据。不同于单向的安全关联建立过程，在连接建立之后，一个 ISAKMP SA 总被认为是双向的，因此通信对等双方的每一方在任何时候都可以开始快速模式或新组模式的交换。因为多个快速模式可以并行发生，所以必须用一个唯一标识符来对它们进行区分（在 IKE 的第一阶段中交换的 cookie 对于相同通信伙伴之间的所有 SA 都是一样的）。

例如，在 Web 浏览器和服务器之间的一个安全应用连接的建立，需要协商并建立整个 SA，以及必需的计算。这就要求在 IKE 的设计中注重网络的性能。密钥交换的两个阶段实现不同的任务，通过优化可以实现重用、快速交换密钥的目的。第一阶段的交换可以被看作是一种一般性的 IKE“控制信道”，可以用于多个第二阶段协商。另一方面，多个 SA 可以基于一个单独的第二阶段协商。通过这些优化措施，在一个密钥交换实现方案中可以看到：在第一阶段完成通信实体间身份的认证，并建立用于保护第二阶段协商的 IKE SA；第二阶段在第一阶段建立的 IKE SA 保护下，协商用于保护通信实体间数据通信的子 SA。一个在第一阶段建立的 IKE SA 可以用于保护多个第一阶段子 SA 的协商，加快了子 SA 的更新过程。

从以上讨论可以看出，IKE 与通信双方认证的功能有关的机制包括：基于预先共享的秘密；基于对对方公共密钥或数字证书的了解。IKE 协议的实现涉及到许多安全构成部分，IKE 需要提供足够的灵活性来支持这些复杂安全构成部分（安全基本设施元素），这些安全构成部分包括：密钥分发中心 KDC（Key Distribution Centers）、kerberos 框架和多播组中的密钥分发，以及一种能够为个人或软件进程提供认证证书的 PKI。到目前为止，Internet 中仍然缺少一种公共的 PK 或 KDC 基本设施，也还没有迹象表明由谁在何时提供这样的服务。IKE 与其其他网络安全部署一样，也要受到技术上、团体组织上和政治上对隐私和控制问题限制和影响。

6.6.5　IPsec 与其他技术的联系

IPsec 服务的提供也影响着应用层协议中使用的安全元素，例如 Telnet、FTP、DNS 和基于 SNMP 的网络管理等应用服务可以仅依赖 IPsec 来获取足够的安全性。更复杂的应用程序，例如电子邮件，需要更加复杂的安全元素，例如接收认可、来源证实，以及应用级别或者用户级别信息的特殊加密等，这些特殊要求并不能直接从只在网络层运行的 IPsec 中获得。IPv6 协议中一些服务元素在与 IPsec 技术融合时，以及 IPsec 在与一些相关技术的融合中，

IPsec 适应性还有一些问题。下面讨论这些与 IPv6、IPsec 相关的技术。

隧道是 IPsec 和分阶段 IPv6 部署中一个很重要的构建元素，它在通过已有的边界的安全网关或者防火墙时会产生问题：原因是一个被定义为端到端的 IPsec 隧道会拒绝防火墙对危险内容或未经授权的内容（例如病毒）进行检查。因此，需要用端到安全网关的安全关联 SA 替代端到端的安全关联，另一方面，由于内部 IP 数据包也许包含一些可能对接收网络或系统造成危害的路由或网络控制报文，例如 IP 中的源路由、ICMP 路由重定向等，因此隧道技术的应用会有一些细微的问题。

网络地址转换 NAT 是在 Internet 上广泛使用的技术，NAT 用来节省 IP 地址空间，当内部网络中的系统在 Internet 上进行通信的时候，NAT 网关会重写它们的 IP 首部来进行伪装。可以对外网屏蔽内网的专用 IP 地址，提供安全性。另一方面在内网所连接的 ISP 变更后，只需要对内网所具有的很少的 IP 地址做变更。

在许多情形下，NAT 网关还要重写传输层端口号，例如当多个内部系统使用同一个官方分配的 Internet 地址，并且端口号被用于多路通信的时候。NAT 网关也可能还要重写应用层的数据，例如包含一个错误 IP 首部首字节的 ICMP 错误报文，或者带有 IP 地址的被动模式 FTP 请求。由于需要 IPv6 和 IPsec 对 IP 数据包提供认证或加密的保护，NAT 的上述功用和操作也构成了问题。目前正在讨论和制订一项针对 NAT 应用的解决方案，目的是使得一个 IPsec 客户端可以和它的本地网关协商共享的编址和安全参数。

在 IPSEC 环境下必须谨慎考虑移动性，例如漫游和远程访问，因为通信协议通常会分配动态 IP 地址，当使用动态 IP 地址来进行身份检查的时候密钥交换会失败，或者 SA 和控制安全策略不够严密，以至于入侵者能够很容易地对其安全进行破坏。已经提出对 IKE 做相应修改的建议。需要注意的是，这些修改还会对已经非常复杂的 IKE 协议再添加一层复杂性。

QoS（Quality of Service）是为了实现持续的、可以预测和可靠的网络传输服务，在 Internet 上高质量的传输多媒体信息。ITU-T 在建议书 E. 800 给出 QoS 的定义：QoS 是服务性能的总效果，此效果决定一个用户对服务的满意程度。QoS 是网络与用户之间以及网络上互相通信的用户之间关于信息传输与共享的质的约定。

QoS 可以用基本的性能指标描述，例如带宽（吞吐量）、时间延迟、抖动、分组丢失、实用性、差错率、连接建立时间、故障检测和改正时间等。

服务质量 QoS 对数据丢失有一定的要求，正如在 IPv6 中定义的那样，它允许路由器根据相应的类别、流标签、IPv6 首部元素中的优先级和服务级别来丢弃数据包。采用了 IPsec 之后，丢弃数据包将被看成是一种违背安全性的行为。它可能会拒绝被要求的服务。在 IKE 交换中有关超时、重复和重新传输的处理都还未定义。另一方面，对 IP 数据包的无序到达的处理，所有受到 IPsec 保护的流量的接收端点都必须采用一种试探方法。这些接收端点需要记忆至今所收到的 IP 数据包最大序列号，并且接收具有较小序列号的 IP 数据包，直到达到接收缓冲窗口大小为止。

思考题和练习题

6-1 IPv6 的安全脆弱性可以分为哪几类？

6-2 为什么计算机和计算机网络中处理和传输的电子信息会对信息和网络安全的影响提出一些特殊要

求？

6-3　网络安全的特征包括哪些？网络安全需要考虑到哪些方面？

6-4　网络安全面临的威胁主要有哪些？哪些属于主动攻击？哪些属于被动攻击？

6-5　计算机网络安全服务的内容包括哪些？

6-6　给出网络安全加密技术模型。

6-7　数据加密、解密过程有哪些基本成分，各有什么作用？

6-8　对称密钥密码体制的特点是什么？

6-9　非对称密钥（公钥）密码体制的特点是什么？给出公钥密码体制的模型。

6-10　公钥密码体制有哪些组成部分？

6-11　数字签名可以实现什么？数字签名与传统的手写签名有什么不同？

6-12　简述用报文摘要实现数字签名和报文鉴别的过程。

6-13　简述运输层提供的安全服务安全套接字层（SSL）的作用。

6-14　简述影响 Internet 安全的开放性实施的主要原因。

6-15　IPsec 提供的网络安全功能包括哪些内容？

6-16　给出 IPsec 框架模型，该模型由哪些要素组成？

6-17　描述安全关联（SA）的作用。

6-18　SA 中用到哪些参数？

6-19　IPsec 有哪些类型的操作模式？各有什么特点？

6-20　给出传输邻接安全关联的图示。

6-21　SA 的实现涉及哪些安全数据库，分别说明数据库的作用。

6-22　简述 IPsec 的实施方法。

6-23　结合实例描述 IPsec VPN 部署过程。

6-24　简述 IPsec 存在的问题。

6-25　IPv6 中每个认证扩展首部都包含哪些协议要素序列？

6-26　简述报文摘要计算遵循的规则。

6-27　简述 IPv6 认证计算时对 IP 数据报内容的选取所遵循的规则。

6-28　简述 IPv6 认证的操作模式，说明各有什么特点。

6-29　写出在 IPv6 中采用的加密方法。

6-30　每个 ESP 扩展首部都包含一个固定的协议字段序列，写出其内容。

6-31　分别简述 IPv6 加密的两种操作模式的特点。

6-32　为什么需要 Internet 密钥交换（IKE）协议？

6-33　有哪些密钥交换模式？

6-34　简述 Internet 安全关联与密钥交换协议（ISAKMP）的作用。

6-35　给出关联和密钥管理标准的关系图示。

第7章 IPv6过渡技术

7.1 IPv6过渡技术概述

7.1.1 IPv6过渡期的特点

如何完成从IPv4到IPv6的转换，是IPv6发展需要解决的第一个问题。过渡是指某一事物从一种状态逐步演化为另一种状态，或者逐步转变为另一事物。过渡的特征有两个：过渡需要一个过程，需要一定的时间；在过渡过程中，事物发生了质的变化，逐渐不同于原来的事物，过渡完成以后，演变成为新的事物。

IPv6不可能立刻替代IPv4，因此在相当一段时间内IPv4和IPv6会共存在一个环境中。要提供平稳的转换过程，使得对现有的使用者影响最小，就需要有良好的转换机制。

IPv6是下一代Internet核心协议。但是，一种新的协议从诞生到广泛应用需要一个过程，尤其是对于IPv4仍然很好地支撑着的Internet而言。在IPv6的网络流行于全球之前，总是有一些网络首先使用IPv6协议栈并希望能够与当前的Internet正常通信。为达到这一目的，研究者们必须开发出IPv4/IPv6互通技术以保证IPv4能够平稳过渡到IPv6，除此之外，互通技术应该对普通用户做到“无缝”，对信息传递做到高效。

IETF专门组建ngtrans工作小组，现在为V6ops，开展对于IPv4/IPv6过渡问题和高效无缝互连问题的研究，IETF还在全球范围内成立IPv6网络试验床6-Bone，专门对IPv6的特性进行研究。实现从IPv4平稳的向IPv6过渡是IETF ngtrans工作小组的主要目标，近年来他们已提出了许多两种协议转换的机制。IETF推荐的转换机制有双协议栈、隧道技术、翻译技术和NAT等，这些技术各有特点，可用于解决不同过渡时期、不同环境的通信问题，其中一部分转换技术已在6Bone上应用。

IPv4网络向IPv6网络的过渡可以分为4个阶段，如图7-1所示。在过渡的初期，Inter-

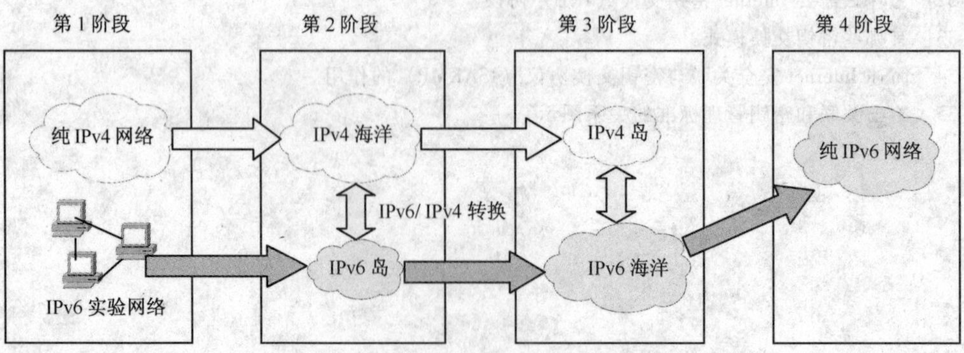

图7-1 IPv4网络向IPv6网络的过渡阶段

net 将由运行 IPv4 的“海洋”和运行 IPv6 的“小岛”组成。随着时间的推移，IPv4 的海洋将会逐渐变小，而 IPv6 的小岛将会越来越多，逐步连接成 IPv6 海洋，最终实现 IPv6 完全取代 IPv4。过渡初期要解决的主要问题有两个：第一个是解决这些 IPv6 的小岛之间互相通信的问题；第二个是解决 IPv6 的小岛与 IPv4 的海洋之间通信的问题。

针对这两个重要问题已经提出了很多方案，有一些已经相当成熟并形成了 RFC 技术文档，有一些还只是作为 Internet 草案，有待进一步完善。

7.1.2 过渡需要采取的措施

市场、成本与政策是推动 IPv6 实用化的关键。IPv6 是网络技术发展趋势，IPv4 向 IPv6 过渡技术也逐渐成熟，但还面临许多需要解决的问题。逐步将 IPv4 向 IPv6 迁移，是业界的共识。IPv4 网络中数量巨大的设备和装置需要得到 IPv6 的支持。在 IPv4 环境下，需要降低 IPv6 的启动门槛。降低门槛的一个办法是提供硬件支持 IPv6 的产品，以节省用于升级的成本。降低门槛的另一个办法是通过软件升级的方法，采用翻译技术和双协议转换技术。

IPv6 技术从网络技术发展的必然趋势变成网络应用的现实，在技术上得以保障的前提下，业务、市场推广和产品的开发是真正使 IPv6 得以广泛应用的基础。未来的电信网将是基于 IPv6 技术的网络，电信级的 IP 网和 GPRS、3G 移动上网成为两个关键性应用，推动了 IPv6 在公共信息基础设施平台建设中的应用。

IPv6 技术在日本发展得很快。日本采用模型证实实验的方法，制定有利于 IPv6 技术推广应用的政策法规，由地方政府、企业用户、家庭用户组成一个模型地区，进行从 IPv4 过渡到 IPv6 方式的试验，来制定合适的过渡模型。为了促进 IPv6 产业发展，日本制定了一系列的优惠、低利息、无利息贷款等各种支持。目前日本已经形成了 IPv6 运营商、IPv6 设备提供商、IPv6 终端提供商、IPv6 用户这样一个完整的产业链，使得日本的 IPv6 走在了世界的前面。

推动 IPv6 技术实用化的措施可以归纳为：市场需求驱动 IPv6，降低门槛启动 IPv6，政策规划推动 IPv6。

7.1.3 过渡面临的问题

1. IPv6 过渡期的技术特点

处于过渡期的 IPv6 技术最大特点是不断的升级，在技术层面上引领 IPv4 网络向 IPv6 网络迁徙。IPv4 发展了几十年，在路由协议、QoS、多播、报文头扩展、状态机备份、安全等方面还在不断地完善中，以适应网络功能的转型和信息社会发展对多媒体信息传输的需求。IPv6 在标准建设、协议栈开发方面正在起步，还有巨大的工作要完成。在相当长的一段时间内，IPv6 将会面临不断升级完善的局面。为了兼容现有的 IPv4 技术，尽快地获取生存空间，支持 IPv6 的网络设备更多的要在双栈环境下运行，“兼容性”大于“先进性”，在确保兼容性的前提下，怎样使 IPv6 技术在网络应用支持方面，能够做到比 IPv4 更具优势是过渡期 IPv6 开发的重点。

如何更好地体现 IPv6 的技术优势呢？对硬件平台的要求应该是考虑的重点。一般而言，目前的硬件平台主要是分为 ASIC 平台和可编程硬件平台 NP、FPGA 等。

2. 软件升级支持

针对处在过渡期的 IPv6 技术会不断升级的特点，NP 等可编程硬件显然具备更强的优势。NP 对于硬件的技术优势主要在于方便优化、升级，从而很容易增加新特性。由于 IPv6 网络处于新生时期，协议、特性的更新是频繁的，这就要求 IPv6 设备能较快的更新换代。从另一个角度，IPv6 设计的一个宗旨是方便用户应用层的扩展，因此 NP 可以根据用户需求设计出实用的私有特性。而 ASIC 目前能够做的只能是 IPv6 已经固化的转发功能，无法做到支持扩展方面的功能，只能依靠设备中的 CPU 解决。这样的后果是让整个设备的转发速率下降到一个无法接受的水平（几百 kbit/s），并且会威胁到设备的稳定性。因此，从这个角度来说，选择可编程的硬件平台设备可以更好地保护用户的投资。

3. 路由表容量问题

IPv6 采用 128 位地址，路由表占用空间在容量不变时要增大到原来的 4 倍，而 ASIC 中的硬件转发的路由表存储在 ASIC 专用的地址空间中，硬件地址表空间很有限，ASIC 平台在 IPv6 的环境中，如果保持 IPv4 一样的地址表空间将会大大提高成本，因此硬件在设计上需要尽量节省私有空间大小而提高路由表容量。在实际的应用环境中，过渡期设备往往运行在双栈环境下，同时面临 IPv6 和 IPv4 的路由表需求，因此对地址空间的要求将大于目前的纯 IPv4 环境。

4. 对扩展首部的支持

IPv6 的扩展首部（头）的功能远远强于 IPv4 的 IP 选项字段，对于扩展首部的处理也更加丰富。其中所有转发节点都要处理路由扩展头、逐跳选项头和地址选项头。逐跳选项与地址选项目的是为了支持特殊应用（如安全、管理）而预留的，中间节点需要根据某种策略来处理。目前 RFC2460 并未定义成熟而有意义的选项，其潜力尚未发挥。

当需要使用这些选项头实现用户特殊需求，或者 IPv6 有扩展升级的时候，只有 NP 等可编程硬件能很快适应这些变化并升级系统，而用 ASIC 实现则难以快速应对协议升级和市场需求变化。

5. 报文转发效率

IPv6 的一个设计思想是减轻转发的负担，采用以下几个思路和技术措施：

1）基本报文头长度固定，没有多余的头部长度字段。

2）转发节点并不计算校验和。

3）中间节点不得分段。

相对于其他硬件平台来说，ASIC 平台在“硬件”转发技术上具有优势，也就是说直接通过 ASIC 硬件查表实现数据的快速转发。在转发性能、转发延迟方面，在 IPv4 的环境中 ASIC 平台相对其他平台有几乎大 1 个甚至更多数量级的优势，然而随着 IPv6 的这些特点的产生，其他硬件平台在 IP 报文头上的开销将大大减小，导致其他平台和 ASIC 平台之间的差距在缩小。

6. 服务质量（QoS）的实施

作为从 IPv4 基础上发展起来的 IPv6 技术，并没有改变 IP 技术尽力交付、提供无连接这一最本质的特点，因此 IPv4 所面临的所有 QoS 问题，在 IPv6 中同样存在。IPv6 在 IP Base（基本）和 Extension（扩展）首部中包含了少量特定于 QoS 的服务元素，包括流量类别（Traffic Class）和相应的流标签（Flow Label）。由于报文头的简化，QoS 处理和实施的效率会有所提高。但也应该看到，随着 IP 网络规模的增大和应用业务的日益复杂，IP 网络已经日益成为一个“补丁”网络。至今为止在 IPv4 网络中的 QoS 技术和标准还在不断产生，而 IPv6 的 QoS 问题还根本没有被广泛提及，队列机制、调度机制等标准的制定工作还处于初级阶段。这些机制将牵涉到队列的缓冲区设计、时延处理策略等，通过 ASIC 可以将这些处理机制都固化在芯片中，但是现有的环境下，用 ASIC 实现将来的 IPv6 的 QoS 策略显然不现实，采用可编程硬件将是有效实现将来的 QoS 策略的唯一选择。

7.1.4　过渡时期采用技术的选择

确保 IPv6 和 IPv4 的共存所使用的技术主要分成 3 类：

(1) 双栈技术（Dual Stack）　这类技术可以让 IPv4 技术和 IPv6 技术共存于同一设备和网络中。技术文档是 RFC2893。采用该技术的节点上同时运行 IPv4 和 IPv6 两套协议栈。这是使 IPv6 节点保持与纯 IPv4 节点兼容最直接的方式，针对的对象是通信端节点（包括主机、路由器）。这种方式对 IPv4 和 IPv6 提供了完全的兼容，但是对于 IP 地址耗尽的问题却没有任何帮助。由于需要双路由基础设施，这种方式反而增加了网络的复杂度。

(2) 隧道技术（Tunnel）　这类技术可以让 IPv6 业务在现有 IPv4 基础设施上传输。多个技术文档定义了隧道技术与数据包的封装，这些技术文档有 RFC2473、RFC2893、RFC3056 等。隧道技术提供了一种以现有 IPv4 路由体系来传递 IPv6 数据的方法：将 IPv6 的分组作为无结构意义的数据，封装在 IPv4 数据报中，被 IPv4 网络传输。根据建立方式的不同，隧道可以分成两类：手工配置的隧道和自动配置的隧道。隧道技术巧妙地利用了现有的 IPv4 网络，它的意义在于提供了一种使 IPv6 的节点之间能够在过渡期间通信的方法，但它并不能解决 IPv6 节点与 IPv4 节点之间相互通信的问题。

(3) 转换（翻译）技术　这类技术让纯 IPv6 节点能够和纯 IPv4 节点相互通信。技术文档是 RFC 2766。转换网关除了要进行 IPv4 地址和 IPv6 地址转换，还要进行协议的转换和翻译。转换网关作为通信的中间设备，可在 IPv4 和 IPv6 网络之间转换 IP 首部的地址，同时根据协议不同对分组做相应的语义翻译，从而使纯 IPv4 和纯 IPv6 站点之间能够透明通信。

随着 CNGI 等项目的启动，IPv6 技术的战略地位凸现，主流网络设备供应商纷纷推出自己支持 IPv6 的产品，但同时也看到 IPv6 技术还远远没有达到普及的程度，那么 IPv6 技术究竟离我们有多远？目前阻止其广泛应用的障碍都有哪些？其实从 IPv6 技术本身来说，还有很多亟待解决的问题，特别是过渡到 IPv6 技术之后，IPv6 和 IPv4 对硬件平台的要求有什么不同？从 IPv6 如何过渡到规模应用阶段来说，保护用户的投资显得异常重要。

7.2　双栈技术

7.2.1　双栈技术工作原理

IPv6/IPv4 双协议栈技术是使 IPv6 网络节点具有一个 IPv4 栈和一个 IPv6 栈，同时支持 IPv4 和 IPv6。IPv6 和 IPv4 是功能相近的网络层协议，两者都应用于相同的数据链路层和物理层协议平台，并承载相同的运输层协议 TCP 或 UDP，如果一台主机同时支持 IPv6 和 IPv4，那么该主机就可以和仅支持 IPv4 或 IPv6 的主机通信，IPv6/IPv4 双协议栈的协议结构如图 7-2 所示。

<table>
<tr><td colspan="2">应用层协议</td></tr>
<tr><td colspan="2">TCP/UDP</td></tr>
<tr><td>IPv6</td><td>IPv4</td></tr>
<tr><td colspan="2">链路层及物理协议(IP 层以下部分)</td></tr>
</table>

图 7-2　IPv6/IPv4 双协议栈的协议结构

双栈节点和 IPv6 节点进行通信的时候，就像一个纯 IPv6 节点，而当它和 IPv4 节点通信的时候，又像一个纯 IPv4 节点。这类节点实现中可能有一个配置开关来启用或禁用其中某个栈，因此这类节点将有 3 种操作模式：启用 IPv4 栈而禁用 IPv6 栈时候，节点就像一个纯 IPv4 节点；启用 IPv6 栈而禁用 IPv4 栈的时候，节点就像一个纯 IPv6 节点；同时启用 IPv4 栈和 IPv6 栈的时候，该节点能使用这两种协议版本。

节点使用 IPv4 机制进行 IPv4 地址配置（静态配置或 DHCP），而使用 IPv6 机制进行 IPv6 地址配置（静态配置或自动配置）。

双栈网络构建了一个基础设施，这个框架中路由器上已经启用了 IPv4 转发与 IPv6 转发。这种技术的缺点在于必须升级整个网络软件后才能运行两个独立的协议栈。这意味着要同步存储所有的表（如路由表），还要为这两种协议都配置路由协议。对网络管理而言，根据协议的不同采用单独的命令，例如在使用 Microsoft 操作系统的主机上，测试网络连接通路的命令，IPv4 使用 ping. exe，而 IPv6 使用 ping6. exe。

IPv6/IPv4 双协议栈技术在具体实现上有不同的方式和应用环境，目前的双栈技术有基本双栈技术、有限双栈技术、双栈翻译机制（DSTM，Dual Stack Transition Model）技术。

7.2.2　基本双栈和有限双栈技术

双栈技术是一切过渡技术的基础，隧道机制和翻译机制都需要利用双栈节点。实现双栈机制的节点称为双栈节点。双栈具有 3 种工作模式：只运行 IPv6，对外呈现为 IPv6 节点；只运行 IPv4，对外呈现为 IPv4 节点；同时运行 IPv4 和 IPv6，对外呈现双栈模式。

双栈节点可以支持 3 种隧道模式：不运行隧道；仅运行手工隧道；同时运行手工和自动隧道。

在 IPv4 到 IPv6 的过渡过程中，作为 Internet 基础架构的 DNS 服务也要支持这种网络协议的升级和转换。IPv6 和 IPv4 都使用 DNS 来解析名称与 IP 地址。IPv6/IPv4 节点需要有一个 DNS 解析器来同时解析这两种 DNS 地址记录。DNS 的 A 记录用来解析 IPv4 地址，而 DNS 的 AAAA 记录或 A6 记录将用来解析 IPv6 地址。DNS 服务器需要对地址进行验证，IPv6 地址必须满足 3 项规定：

1）地址是分配给某个节点的一个接口。

2）地址在接口上配置。

3）接口连接的链路连接到 IPv6 网络。

主机采用双栈可以同时收发 IPv6 和 IPv4 协议包，可以方便地与其他 IPv6 节点和 IPv4 节点通信。路由器采用双栈可以实现隧道和翻译技术。

有限双栈技术（LDSM，Limited Dual Stack Model）是对双栈技术的改进，要求服务器主机和路由器是双栈的，非服务器主机仅需要支持 IPv6。有限双栈技术的优点是仅需要较少的 IPv4 地址。有限双栈技术（LDSM）在 RFC2893 中定义。

7.2.3 双栈机制 DSTM

在以 IPv6 为主的网络中，节点可能需要与一些没有实现双栈的 IPv4 节点通信，需要节点实现双栈。在网络中同时支持两种网络层协议，增加了网络管理的开销和复杂程度，例如需要分配的地址量大、路由设备要求高等，比较好的解决方法是使网络策略尽可能支持 IPv6。

DSTM 可以实现为以 IPv6 为主的网络中的双栈节点分配临时 IPv4 地址，并采用 IPv4 over IPv6 隧道机制。在早期的 IPv6 网络中，DSTM 用于避免使用 NAT 与遗留 IPv4 节点和程序通信。

DSTM 有以下基本假定：

1）DSTM 域是在一个内部网（Intranet）上。

2）DSTM 节点只在与 IPv4 节点通信时才需要维护 IPv4 地址。

3）DSTM 仅维护必要的 IPv4 路由，尽可能地使用 IPv6 路由。

4）当节点获得 IPv4 地址后，节点采用动态隧道技术将 IPv4 数据封装在 IPv6 数据包中，发往边界路由器。

5）已经存在的 IPv4 节点和应用程序不用做任何修改。

在 DSTM 网络中，通过给双栈节点分配临时 IPv4 地址实现与 IPv4 节点的通信，不要求对 IPv4 节点和 IPv4 应用程序进行任何改动。实现 DSTM 的系统由 DSTM 服务器和 DSTM 节点组成，DSTM 服务器为客户节点分配 IPv4 地址，为 DSTM 节点指定隧道端点（TEP，Tunnel End Points）。要求 DSTM 服务器保证在一段时间内所分配的 IPv4 地址是唯一的。DSTM 节点使用 TEP 把 IPv4 数据封装在 IPv6 数据包中，发往 DSTM 边界路由器，边界路由器收到这种 IPv4 over IPv6 数据包后，将从 IPv6 数据包中取出 IPv4 数据，然后把 IPv4 数据包发往 IPv4 目的地。依据类似的原理，DSTM 边界路由器在收到返回的 IPv4 数据包时，将 IPv4 数据包封装在 IPv6 数据包中，再发往正确的 DSTM 节点。DSTM 网络的组成和实现如图 7-3 所示。

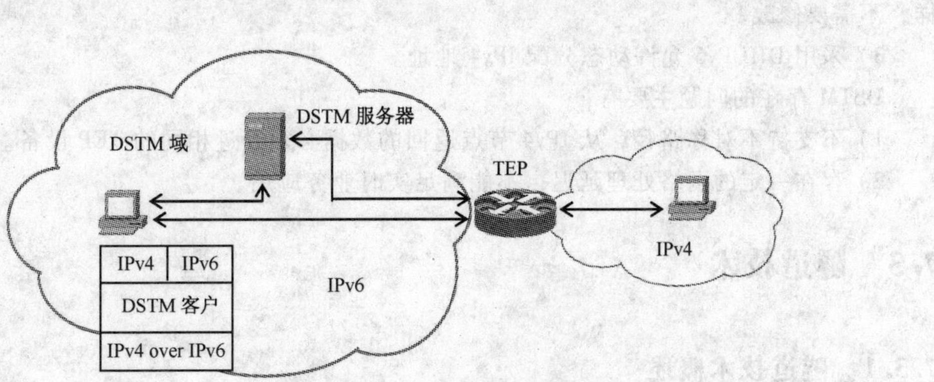

图 7-3 DSTM 网络的组成和实现

DSTM 网络的组成包括：DSTM 服务器、DSTM 客户节点、隧道端点（TEP）。

DSTM 服务器的实现包括：客户访问模块，根据客户的请求给出并返回 IPv4 地址和 TEP

信息；地址访问模块维护 IPv4 地址的存活期；路由信息访问模块用于学习和配置 DSTM 域内的 TEP 信息，为客户提供 TEP 信息。

DSTM 客户节点获得从 DSTM 服务器返回的 IPv4 地址和 TEP 信息，获得的 IPv4 地址有一定的存活期，超过期限后节点不能继续使用该地址。节点不允许动态更新 DNS 返回给 DSTM 服务器访问模块的 IPv4 地址。节点可以手工配置 TEP，也可以使用动态隧道技术配置 TEP。

TEP 能够正确地拆解封装 IPv4 over IPv6 数据包。当通信仅限于内部网时，可以使用私用地址。若域内某节点需要访问公网 IPv4 节点时，DSTM 服务器最好将公网 IPv4 地址分配给该节点。

DSTM 服务器负责为 IPv6 网络中的主机分配和管理临时的 IPv4 地址，为了减少对 IPv4 地址的需求，DSTM 服务器可以结合主机的端口识别把同一个 IPv4 地址分配给不同的主机、DSTM 服务器。需要维持已经分配的 IPv4 地址与 IPv6 主机之间的映射关系，服务器分配给 IPv6 主机的 IPv4 地址在一定时间内收回，若还需要必须重新申请。DSTM 服务器与内部节点之间的通信必须使用 IPv6 协议，DSTM 服务器也提供对节点请求的认证。

DSTM 客户节点拥有双协议栈、客户端程序和 IPv4 到 IPv6 的转换接口。DSTM 客户节点之间的通信处于 IPv6 网络内使用 IPv6 地址。DSTM 客户节点需要一个 IPv4 地址的依据是：

1）当 DNS 查询返回一个 IPv4 地址时。

2）当一个应用程序打开一个 IPv4 套接字时。

3）一个 IPv4 包已经发出，还没有得到接口的处理时。

DSTM 客户节点发送第一个 IPv4 包时，DSTM 客户端程序与 DSTM 服务器取得联系，得到临时的 IPv4 地址和 TEP 的 IPv6 地址，IPv4 over IPv6 接口负责把 IPv4 包封装在 IPv6 包中。TEP 负责将内部封装在 IPv6 包中的 IPv4 包解封装，或将从 IPv6 网络外部进来的 IPv4 包封装在 IPv6 包中。

DSTM 的优点主要有：

1）协议对网络是透明的，由于采用封装的封装，在 IPv6 网络中不需要 IPv4 路由器。

2）协议对应用程序是透明的，在双协议栈主机上的应用程序与在 IPv4 上的应用程序一样，不需要修改。

3）采用 DHCPv6 允许动态分配 IPv4 地址。

DSTM 存在的问题主要有：

1）不支持不对称路径，从 IPv4 节点返回的数据必须经过相同的 TEP 设备。

2）存在一定的网络处理延迟，不能满足实时业务应用。

7.3 隧道技术

7.3.1 隧道技术概述

隧道（Tunnel）是指将一种协议首部封装在另一种协议首部中，使得一种协议可以通过另一种协议的封装进行通信。IPv6 隧道是将 IPv6 首部封装在 IPv4 首部中，这样 IPv6 数据包就可以穿越 IPv4 网络进行通信。

在 IPv6 全面实施之前，总有一些网络先提供对 IPv6 的支持，但是这些 IPv6 网络被运行 IPv4 的骨干网络隔离开来。“IPv6 over IPv4”的隧道就用来连接这些孤立的 IPv6 网络。隧道技术目前是国际 IPv6 试验床 6Bone 所采用的技术。利用隧道技术可以通过现有的运行 IPv4 的 Internet 骨干网络（即隧道）将局部的 IPv6 网络连接起来，因而是 IPv4 向 IPv6 过渡的初期最易于采用的技术。

隧道技术的优点在于隧道的透明性，IPv6 主机之间的通信可以忽略隧道的存在，隧道只起到物理通道的作用。在隧道的入口处，路由器将 IPv6 的数据分组封装在 IPv4 中，该 IPv4 分组的源地址和目的地址分别是隧道入口和出口的 IPv4 地址，在隧道出口处，再将 IPv6 分组取出转发给目的站点。隧道技术不需要大量的 IPv6 专用路由器设备和专用链路，可以明显地减少投资。隧道技术的缺点是，在 IPv4 网络上配置 IPv6 隧道是一个比较麻烦的过程，而且隧道技术不能实现 IPv4 主机和 IPv6 主机之间的通信。

Internet 技术文档 RFC2473、RFC2893 与 RFC3056 给出了隧道技术与数据包的封装（将 IPv6 数据包封装成 IPv4 数据包）的定义和配置技术，有两种隧道：

（1）手动配置隧道　在 IPv4 上承载 IPv6，IPv6 数据包被封装成 IPv4 数据包中的数据部分，然后传递至 IPv4 路由基础设施中。这些点对点的隧道需要手动加以配置。

（2）自动隧道　在 IPv4 上承载 IPv6，IPv6 节点可以使用不同地址类型，如兼容 IPv4 的 IPv6 地址、6to4 地址、ISATAP 地址等，在一个 IPv4 路由网络中动态地建立隧道并通过它传输 IP 报文。这些特殊的 IPv6 单播地址在其某个 IPv6 地址字段中存储着 IPv4 地址。

隧道可以用不同的方式来实现，可以是路由器—路由器、主机—路由器、主机—主机或路由器—主机。

7.3.2 隧道技术工作原理

采用隧道技术，两个 IPv6 网络通过纯 IPv4 网络实现互联如图 7-4 所示，主机 PC-A 位于某个 IPv6 网络中，希望向另一 IPv6 网络中的 PC-B 主机发送 IPv6 数据包。路由器 R1 和路由器 R2 之间的网络是纯 IPv4 网络，在 R1 和 R2 之间可以存在任意多个 IPv4 路由器。路由器 R1 是隧道入口点。实现过程如下：

1）PC-A 将 IPv6 数据包发送至路由器 R1 上。

2）路由器 R1 接收到发往 PC-B 的数据包后，开始把该数据包封装在一个 IPv4 首部中，然后转发至路由器 R2。

3）在路由器 R2，也即隧道的出口点，解开数据包的封装，将 IPv4 首部剥离，取出 IPv6 数据包，转发至最终的目的地 PC-B。

隧道有两个端点，一个是隧道入口点，另一个则是隧道出口点。在图 7-4 中隧道的端点就是两个路由器。根据隧道实现方式的不同，隧道的入口点及出口点既可能是主机也可能是

图 7-4　两个 IPv6 网络通过纯 IPv4 网络实现互联

路由器。如果隧道出口点是主机，则原始数据包的 IPv6 目的地址应该等同于隧道的出口点，该地址应该可从原始数据包的 IPv6 首部中获得。如果隧道出口点是路由器，此时原始数据包的 IPv6 目标地址并不等同于隧道的出口点地址。这种情况下，隧道入口点必须向隧道出口点提供地址信息。

IPv6 数据包的封装步骤如下：

1）隧道入口点将 IPv6 数据报中跳数限制字段的值减去 1，并把该数据包封装进某个 IPv4 首部中，接着通过隧道传输封装后的数据包。如果有需要的话，也会将封装后的 IPv4 数据包分段。

2）隧道出口点接收到封装后的数据包。如果数据包被分段，将由出口点重新进行组装。然后出口点剥离 IPv4 首部，将 IPv6 数据包传递至最初的目的地址。IPv6 数据包封装进 IPv4 数据包如图 7-5 所示。

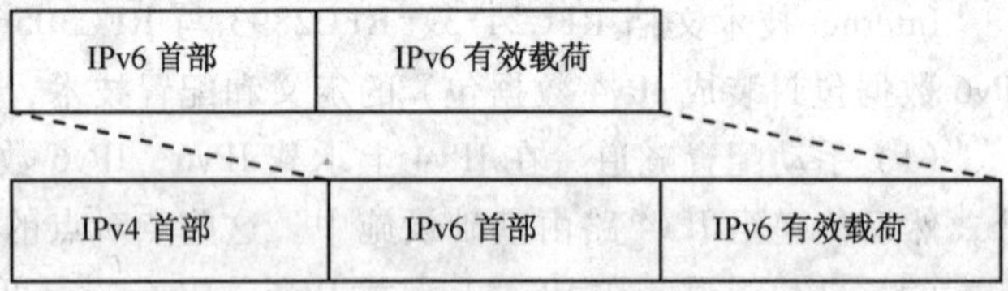

图 7-5 IPv6 数据包封装进 IPv4 数据包

从源主机发送到隧道入口点是原始 IPv6 数据包，发送到隧道出口点的是封装后的 IPv4 数据包。

需要注意的是 IPv4 首部中的下列字段：Header Length（首部长度）字段包括 IPv4 首部的长度，还要加上 IPv6 首部的长度，也要加上其他扩展首部长度及 IPv6 有效载荷的长度。如果封装后的数据包必须要加以分段，则标志位（Flag）字段与段偏移（FO，Fragment Offset）字段中就会填入对应的值。生存时间（TTL，Time to Live）字段的值取决于所使用的实现方式。协议号（Protocol Number）设置为 41，这是指派给 IPv6 的值。如果想分析隧道中的 IPv6 通信，就要在分析器中设置一个过滤器，筛选出 Protocol Number 字段值为 41 的所有数据包。IPv4 源地址（IPv4 Source Address）指隧道入口点外发接口的地址，而 IPv4 目的地址（IPv4 Destination Address）指隧道出口点的 IPv4 地址。把 IPv4 上的 IPv6 隧道看成一跳，因此 IPv6 首部中的跳数限制（Hop Limit）字段每次递减 1。这种方式对最终用户隐藏了隧道的存在，而且一般工具，例如 traceroute 也检测不到隧道的存在。

7.3.3 手工隧道

手工配置隧道（Configured Tunnel）需要隧道两个端点所在网络的管理员协作完成。隧道的端点地址由配置来决定，不需要为站点分配特殊的 IPv6 地址，适用于经常通信的 IPv6 站点之间。每一个隧道的封装节点必须保存隧道终点的地址，当一个 IPv6 数据包在隧道上传输时终点地址会作为 IPv4 数据包的目的地址进行封装。通常封装节点要根据路由信息决定一个包是否要通过隧道转发。

采用手工配置隧道进行通信的站点之间必须有可用的 IPv4 连接，并且至少要具有一个全球唯一的 IPv4 地址。站点中每个主机都至少需要支持 IPv6，路由器需要支持双栈。在隧道要经过 NAT 设施的情况下这种机制不可用。

手工配置隧道如图 7-6 所示。

PCA 和 PCB 主机分别位于两个不同的 IPv6 网络，需要通过 IPv4 网络通信。R1 和 R2 为双栈路由器，位于 IPv4 网络的边界，分别与两个不同的 IPv6 网络连接。进行手工隧道配置

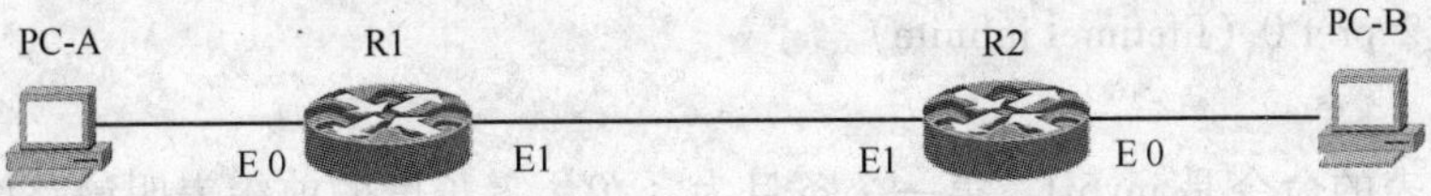

图7-6 手工配置隧道

时，在R1和R2之间互相指定隧道的起点和终点。

7.3.4 基本的自动隧道技术

1. 配置隧道

在配置隧道中，隧道入口点上已经配置了隧道出口点地址。封装IPv6数据包的时候，隧道入口点使用该地址作为IPv4首部中的目的地址。

网段上的IPv6/IPv4主机即使没有IPv6路由器，也可以配置出一个静态路由指向IPv4隧道另一端的IPv6路由器（位于Internet上），这样就可以和远程IPv6网络进行交流了。这种情况下，隧道另一端IPv6/IPv4路由器的IPv6地址将会加入到路由表中作为默认路由。现在，所有匹配该路由的IPv6目的地址都可以利用隧道通过IPv4基础设施。默认路由的掩码为零，只有不存在具有特定匹配掩码或网络前缀的其他路由器的情况下，才会使用此默认路由。

2. 自动配置的隧道

自动配置的隧道（Auto-configured Tunnel）的建立和拆除是动态的，它的端点根据分组的目的地址确定，适用于单独的主机之间或不经常通信的站点之间。自动配置的隧道需要站点采用IPv4兼容的IPv6地址（IPv4 Compatible IPv6 Address，0::IPv4ADDR/96），这些站点之间必须有可用的IPv4连接，每个采用这种机制的主机都需要有一个全球唯一的IPv4地址。

采用这种机制不能解决IPv4地址空间耗尽的问题（采用手工配置隧道的站点就不需要IPv4地址）。此外，还有一种危险就是如果把Internet上全部IPv4路由表包括到IPv6网络中，那么会加剧路由表膨胀的问题。这种隧道的两个端点都必须支持双协议栈（手工配置就不需要）。这种机制不可以在隧道要经过NAT设施的情况下使用。

3. 自动隧道与配置隧道的配合使用

很多时候，在不包含IPv6路由器的网段中，其中的IPv6/IPv4主机需要配合使用这两种隧道技术。这类主机可以有两个隧道路由条目。一个路由条目指向全零的96位前缀。只要数据包的目的地址为兼容IPv4的IPv6，这些数据包就会通过这个路由发送。另一个路由条目指向一个配置成自动隧道的IPv6路由器。目的地址确实为IPv6的所有数据包将会通过该配置隧道进行路由。这些真正的IPv6主机的应答数据包将会被发送至该IPv6路由器上，由该路由器通过自动隧道将这些数据包传送回原始主机。

如果发送数据包的主机既有兼容IPv4的IPv6地址，又有一个全局的真正IPv6地址，则对于发往兼容IPv4的IPv6目的主机上的数据包，该主机会用兼容IPv4的IPv6地址作为数据包的源地址；而对于发往真正IPv6目的主机上的数据包，该主机会用真正的IPv6地址作为数据包的源地址。下面通过一个名称为PC-A的主机的路由表例子说明隧道配置情况：

```
C:\>ipv6 rt
::/0 → 2/::131.107.152.32 pref 0 (lifetime:1800s, publish, no aging)
2002::/16 2 pref 0 (lifetime:1800s, publish, no aging)
```

::/96 → 2 pref 0（lifetime: infinite）

C: \ >

显示路由表的命令是 ipv6rt。第一个条目为::/0。零长度的前缀表明该路由是默认路由。数据包将通过 2 号接口跳至下一跳，其 IPv6 地址为 131.107.152.32。这是一个兼容 IPv4 的 IPv6 地址，也就是 PC-A 所配置的 6to4 中继路由器。这样，所有无法匹配特定路由条目的 IPv6 通信都将被封装进一个 IPv4 首部中，然后通过该默认路由被路由。PC-A 上启用了路由，其相关生存时间与发布标志位表明该路由是一个发布路由。2 号接口是隧道式伪接口，所有通过 2 号接口送出的通信都将被封装进一个 IPv4 首部中。2002::/16 这个条目表示该 6to4 中继器的路由，同样也要通过 2 号接口送出，同样要进行封装。有了这两个路由之后，该主机既能到达 6Bone，也能到达 6to4 主机。第 3 个路由条目表明路由指向前缀全零的 96 位掩码。所有匹配该前缀的兼容 IPv4 的 IPv6 地址只要无法找到其他特定条目，就只有通过 2 号接口路由。

4. IPv4 多播隧道 6over 4

6 over 4 也是一种自动建立隧道的机制，在 RFC2529 中描述和定义，这种隧道端点的 IPv4 地址采用邻居发现的方法确定。与手工配置隧道不同的是，它不需要任何地址配置；与自动隧道不同的是它不要求使用 IPv4 兼容的 IPv6 地址。但是采用这种机制的前提就是 IPv4 网络基础设施支持 IPv4 多播。这里的 IPv4 多播域可以是采用全球唯一的 IPv4 地址的网络，或是一个私有的 IPv4 网络的一部分。这种机制适用于 IPv6 路由器没有直接连接的物理链路上的孤立的 IPv6 主机，使得它们能够将 IPv4 广播域作为它们的虚拟链路，成为功能完全的 IPv6 站点。

采用这种方法连接的 IPv6 站点不需要采用 IPv4 兼容地址，也不需要手工配置的隧道。当采用 6 over 4 的站点通过一台支持 6 over 4 的路由器与外界相连时，站点内的主机可以和外部 IPv6 站点通信。

7.3.5 隧道 IPv6

技术文档 RFC2473 给出了 IPv6 封装的隧道模型与实现机制。IPv6 隧道中的主要差别在于：数据包会被封装进一个 IPv6 首部中，并会通过 IPv6 网络发送；所封装的数据包可以是 IPv6 数据包，也可以是 IPv4 数据包，甚至还可能是其他协议包。隧道入口点会预处理 IPv6 首部，如果必要的话，会在原始数据包首部上添加一组扩展（Extension）首部。隧道入口点所做的预处理工作称为隧道 IPv6（Tunnel IPv6）首部。隧道 IPv6 首部及组成如图 7-7 所示。

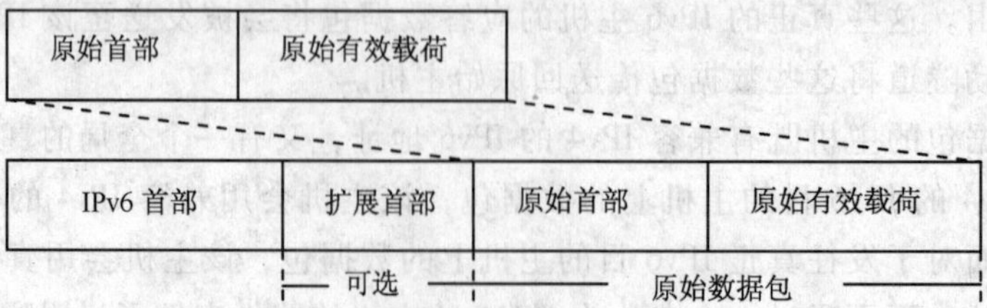

图 7-7 隧道 IPv6 首部及组成

在隧道入口点处的 IPv6 首部中，其源地址是隧道入口节点的地址，而目的地址则是隧道出口节点的地址。隧道入口节点也可以是原始数据包的源节点。原始数据包的首部根据标准的转发规则进行处理。若是 IPv4 首部，则 TTL 字段将会减 1。若是 IPv6 首部，Hop Limit 字段会递减 1。这样，隧道入口点和隧道出口点之间的网络只相当于一跳，而不管实际上其中存在多少跳。

Tunnel IPv6 首部根据 IPv6 规则进行处理。如果数据包存在扩展首部，也把该数据包看成标准的 IPv6 数据包进行处理。举个例子，Hop-by-Hop Extension 首部会被 Hop-hop Options 字段中的所有节点进行处理。Destination Options 首部会被目的主机处理，也就是由隧道出口点加以处理。所有这些选项都在隧道入口点处进行配置，需要用到的 Destination Options 首部，例如隧道封装限制选项（TELO，Tunnel Encapsulation Limit Option）的配置。

嵌套隧道的时候也可以使用该选项。隧道的某一跳可以是另一隧道的入口点，这时就用到了嵌套隧道。第一个隧道称为外部隧道，而第二个隧道则称为内部隧道。内部隧道入口点把从自外部隧道接收的整个数据包看成原始数据包。嵌套隧道的数目本身只有一个限制，就是 IPv6 数据包的最大尺寸。每次封装都会增加 Tunnel IPv6 首部的尺寸，理论上可以允许大约 1600 层嵌套隧道，不过这并不太现实。并且，也要考虑数据包被分段的情况，如果因为附加的 Tunnel IPv6 首部使数据包的尺寸增大而导致再次分段，那么分段的数目将会加倍。因此，需要有一种机制限制嵌套隧道的层数。RFC2473 对隧道封装限制选项（TELO）做了规定，该选项会带有一个 Destination Option 首部，隧道封装限制选项的格式如图 7-8 所示。

选项类型	选项数据长度	选项数据

图 7-8　隧道封装限制选项的格式

隧道封装限制选项的格式中 3 个字段的功用如下：

1）选项类型（Option Type）字段，占 1 字节，十进制值 4 则表示隧道封装限制选项。

2）选项数据长度（Option Data Length）字段，占 1 字节，图 7-8 中该字段的十进制值为 1，这代表接下来的选项数据（Option Data）字段的长度。

3）选项数据（Option Data）字段，占 1 字节，在图 7-8 中选项字段的长度为 1 字节，存储了隧道封装限制选项的真正值。该字段的值表示能够允许多少层封装。如果该值为零，就直接丢弃该数据包，向该数据包的源地址（即前一个隧道的隧道入口点）发送一条 ICMP 参数问题报文。如果该值为非零值，就封装并转发该数据包，这时候会应用一个新的隧道封装限制选项，其值比已封装的数据包中所收到的限制小 1。如果所接收到的数据包没有隧道封装限制，但该隧道的入口点却配置了该选项，这时隧道入口点就必须考虑目的选项首部以及所配置的值。

应该避免环路封装。当某个节点所封装的数据包来源于自身，并且目标也是自己，这时就会出现回送封装。如果隧道的入点与出口点都属于同一个主机，这时的 IPv6 实现应该检查、拒绝这种隧道配置，从而避免环路封装。另一种意外情况则是路由循环嵌套封装。如果某个来自于内部隧道的数据包重新进入外部隧道（但这时它还没有退出该外部隧道），这时就会出现路由循环嵌套封装。只有配合使用原始数据包的跳数限制和隧道封装限制配置，才能控制这种路由循环嵌套封装。

隧道 IPv6（Tunnel IPv6）首部的格式如图 7-9 所示。

隧道入口点上可以预处理的 IPv6 首部中的字段包括：

1）版本（Vision），该字段的值为 6。

版本	传输类型	流标签	有效载荷长度	下一个首部	跳数限制	源地址	目标地址

图 7-9 隧道 IPv6 首部格式

2）传输类型（Traffic Class），该字段的值为原始数据包的值，或在隧道入口点上预先配置的值。

3）流标签（Flow Label），该字段的值为 0 或者隧道入口点上预先配置的值。

4）有效载荷长度（Payload Length），该字段的值为原始数据包的长度值，加上隧道入口点所预处理的所有扩展首部（若有的话）的长度值。

5）下一个首部（Next Header），该字段的值为协议编号或扩展首部的编码值，例如 41 标识 IPv6、0 标识 Hop-by-Hop 扩展首部、60 标识目的选项首部。

6）跳数限制（Hop limit），该字段的值为隧道入口点上预先配置的值。

7）隧道 IPv6 首部的源地址（Source Address），该字段的值为隧道入口点外接口的 IPv6 地址。

8）目标地址（Destination Address），该字段的值为隧道出口点的 IPv6 地址。

需要注意的是，配置成隧道入口点的主机必须支持所封装数据包的分段。所封装的数据包可以超过隧道的路径 MTU（Path MTU）的值。由于人们把隧道入口点当做已封装数据包的源，因此必要的时候必须进行分段。隧道出口节点将重新组装该数据包。如果原始数据包是 IPv4 数据包且设置了不分段（Don't Fragment）标志位，这时隧道入口点将丢弃该数据包，同时向该数据包的源地址发送回一条目的地不可达（Destination Unreachable）ICMP 报文，该报文附带的信息为“需要分段和设置 DF 位（Fragmentation Needed and DF Set）”。

7.3.6 6to4 机制

技术文档 RFC3065 定义和描述的 6to4 也是一种自动构造隧道的机制，这种机制要求站点采用特殊 IPv6 地址（2002:IPv4ADDR::/48），这种地址是自动从站点的 IPv4 地址派生出来的。所以每个采用 6to4 机制的节点至少必须具有一个全球唯一的 IPv4 地址，这种地址分配方法，可以使得其他域的边界路由器自动区分隧道接收端点是否在本域内。由于这种机制下隧道端点的 IPv4 地址可以从 IPv6 地址中提取，所以隧道的建立是自动的。6to4 不会在 IPv4 的路由表中引入新的条目，在 IPv6 的路由表中只增加一条表项。采用 6to4 机制的 IPv6 ISP 只需要做很少的管理工作，这种机制很适用于运行 IPv6 的站点之间的通信。6to4 要求隧道中至少有两台路由器支持双栈和 6to4，主机要求至少支持 IPv6 协议栈。

6to4 机制允许在采用 6to4 的 IPv6 站点和纯 IPv6 站点之间通过中继路由器（6to4 Relay Router）进行通信，这时不要求通信的两个端点之间具有可用的 IPv4 连接，中继路由器建议运行 BGP4+。

这种机制把广域 IPv4 网络作为一个单播的点到点链路层。这种机制适合作为 IPv4 和 IPv6 共存的初始阶段的转换工具，它可以与防火墙、NAT 共存，但是 NAT 必须具有全球唯一的 IPv4 地址，并且应有 6to4 机制和完备的路由功能。

在隧道终点，任何从正常 IPv4 链路传来的 6to4 数据流都可以被接受和解封装。为了防止 IPv6 欺骗，可采用附加的基于源地址的包过滤技术。一种方法就是检查用于封装的 IPv4

地址是否与被封装的IPv6包头地址一致。这种检查要在中继路由器（Relay Router）中设置。在任何情况下，6to4数据流中的源和目的地址嵌入的IPv4地址必须是以全球唯一单播地址格式，否则这些数据包将会在不被警告的情况下被丢弃。

6to4隧道技术可以实现IPv6节点之间使用不经过事先声明的IPv4隧道通过IPv4网络相互通信。6to4机制在RFC3056文档"经过IPv4网络的IPv6域连接（Connection of IPv6 Domains via IPv4 Clouds）"中定义和说明，所经过的IPv4网络可以被看作一个单播的点对点链路层，纯IPv6域通信通过6to4网关连接IPv4网络，6to4网关实现时是一台6to4路由器。IPv6数据包在6to4网关上被封装进IPv4，这种配置中至少需要一个全球唯一的IPv4单播地址。6to4自动构造隧道机制在构造地址时采用6to4地址，6to4地址是一种特殊的IPv6地址，它以2002开头，后面跟着32位的IPv4地址转化为32位十六进制表表示，构成一个48位的6to4前缀2002::IPv4ADDR::/48。ICANN为这种6to4机制指派了一个特定的顶级聚合（TLA，Top Level Aggregation），其地址前缀为2002::/16。6to4前缀的格式如图7-10所示。

3位	13位	32位	16位	64位
FP 001	TLA 0x0002	IPv4 地址	SLAID	接口 ID

图7-10　6to4前缀的格式

前缀2002::/16之后是以十六进制表示的32位IPv4地址，标识6to4网关地址。紧接着后面80位地址空间，可以用16位表示本地网络地址，即能创建65 536个网络，剩下的64位可用来表示某个网络中的节点地址，每个网络可以有2^{64}个节点。

通过6to4中继路由器，6to4网络中的主机可以和远程IPv6网络（例如6Bone）上的其他IPv6主机通信。中继路由器用以把6to4网络连接至纯IPv6网络上。需要说明的是，Internet上有很多公共的6to4中继路由器可供使用，这些中继路由器的列表可以通过浏览网页http://www.kfu.com/–nsayer/6to4/查到。

6to4中继路由器任播地址在RFC3068文档中定义，目的是简化6to4网关的配置，原来这种网关需要一个默认路由才能找到Internet上的6to4中继路由器。所指派的任播地址对应着前缀中的第一个节点，例如192.88.99.1。6to4路由器上必须配置一个默认路由指向该任播地址。使用这个地址意味着6to4数据包会自动地路由至最近的可用6to4中继路由器。如果6to4中继路由器掉线了，也没有必要重新配置6to4网关，数据包会自动重新路由至下一个可用的中继路由器。如果主机希望和纯IPv6子网中的某个节点进行通信（例如目的地址为3ffe:b00:c18:1::10的节点），IPv4首部目的地址将是保留的任播地址192.88.99.1，而该IPv4数据包则被传递至最近的6to4中继路由器。对某个纯IPv6主机希望把数据包发送至6to4网络群中的情况，纯IPv6主机将会广播前缀2002::/16，把自己的数据包路由至最近的6to4中继路由器。

6to4站点的IPv6数据包进入外部IPv4网络的时候，通过6to4网关把这些IPv6数据包封装进IPv4数据包中，再在外部IPv4网络中传输。

6to4网络进行通信的两个主机，若一个仅有6to4地址，而另一个有一个6to4地址及一个纯IPv6地址，这两个主机都应该使用6to4进行通信。若两个都有6to4地址及纯IPv6地址，则既可以使用6to4地址也可以使用纯IPv6地址进行通信，默认情况是选用纯IPv6地址通信。

7.3.7 ISATAP

ISATAP 是站点内自动隧道寻址协议（Intra-Site Automatic Tunnel Addressing Protocol）的缩写，用来为没有 IPv6 路由器的 IPv4 内部网中的 IPv6 节点提供 IPv6 连接。通过 ISATAP 配置，不需要有 IPv6 路由器就可以在内部网络中、防火墙之后部署 IPv6。如果使用了专用 IPv4 地址及 NAT，ISATAP 还可以提供一种自动隧道机制。ISATAP 用到的地址是在其 EUI-64 接口标识符内嵌入一个 IPv4 地址。与 ISATAP 有关的技术文档可以查阅 http://www.ietf.org/internet-drafts/draft-ieft-ngtrans-isatap-04.txt。ISATAP 地址的格式如图 7-11 所示。

ISATAP 地址格式可以概括成“64 位前缀：5EFE：IPv4 地址”。ISATAP 地址有一个标准的 64 位前缀，可以是本地链路、本地站点、6to4 前缀，也可以是全球可汇聚单播地址。接口标识符中用到了 IANA 的 OUI，即 00 00 5E，后面一个字节是类型字段，取值 FE 表示该地址中包含一个嵌入式 IPv4 地址。最后 4 字节指 IPv4 地址，这里可以写成点分十进制表示。例如，假设所指派的前缀为 2001:620:600:200::/64，IPv4 地址为 62.2.84.115，这时 ISATAP 地址为 2001:620:600:200:0:5EFE:3E02:5473。也可以把该地址写成 2001:620:600:200:0:5EFE:62.2.84.115。所对应的本地链路地址为 FE80::5EFE:62.2.84.115。

64 位	32 位	32 位
前缀	00005EFE	IPv4 地址

图 7-11 ISATAP 地址的格式

IPv4 网络中的 IPv6 主机可以利用 ISATAP 相互通信，不需要 IPv6 路由器。如果这些主机要和 Internet 上的 IPv6 主机进行通信，例如 6Bone 上的 IPv6 主机通信，需要配置一个边界路由器，这个边界路由器可以是 ISATAP 路由器，也可以是 6to4 网关。

IPv4 网络中所有主机的 IPv4 地址都可以嵌入到标准 ISATAP 前缀中，使得这些地址是唯一的且可路由的。具有标准 ISATAP 前缀的主机称为 ISATAP 主机，可以给大量的 ISATAP 主机指派一个 ISATAP 前缀。对于内部网络中的某个网段上部署了 IPv6 的情况，可以在某个纯 IPv6 节点配置一个 ISATAP 接口，使得这个 IPv6 节点担当纯 IPv6 网段与 IPv4 网段内 ISATAP 主机之间的路由器。由于 IPv4 网络上的 ISATAP 节点没有能给它们发送自动配置前缀信息的 IPv6 路由器，因此就需要配置这些 ISATAP 节点的前缀。若这些 ISATAP 节点需要连接 Internet，需要配置能指向 ISATAP 路由器或 6to4 网关的默认路由。ISATAP 机制可以实现自动启用站内 IPv6 路由器搜索与无状态地址自动配置。现在正在讨论一种 ISATAP 路由器任播地址，这种地址的工作方式类似前面所阐述的 6to4 任播地址。

7.4 协议转换技术

地址与协议转换（翻译）技术在文档 RFC2765 和 RFC2766 中定义和描述，是与双栈技术、隧道技术一起提供的主要过渡机制。该机制的目标是为 IPv6 网络节点与 IPv4 网络节点相互通信提供透明的路由。RFC2766 中定义和描述的内容如下：

1）网络地址转换（NAT），转换 IP 地址、TCP、UDP 及 ICMP 首部校验和等。

2）网络地址接口转换（NAPT，Network Address Port Translation），除了 NAT 传输中所转

换的字段之外，还要转换其他标识符，如 TCP 端口号、UDP 端口号、ICMP 报文类型等。

3）网络地址转换与协议转换（NAT-PT，Network Address Translation Protocol Translation）允许 IPv6 数据包与等价 IPv4 数据包之间的相互转换。

7.4.1　NAT

NAT（Network Address Tranlation）最初用于解决 IPv4 地址短缺问题，允许一个内网只有一个合法的 Internet 地址，在内部网络中可以使用专用 IP 地址，通过设置硬件的或软件的 NAT，把内网（Intranet）的专用 IP 地址转换为外网（Internet）上可以使用的公用 IP 地址。NAT 的另一个主要作用是对外网屏蔽了内网节点的地址，实现内网和外网之间的隔离，起到了网络安全作用。NAT 的功能可以设置在路由器、防火墙或 NAT 设备中，NAT 通过维护一个地址转换表，把内网的专用 IP 地址映射到外网的 IP 地址。NAT 有三种类型：静态 NAT；动态 NAT；网络地址端口转换 NAPT。对于 IPv4 向 IPv6 过渡机制来讲，这里的内网和外网可以分别对应 IPv4 网络或 IPv6 网络。

在内网与外网之间的 NAT 提供了 IPv6 网络与 IPv4 网络之间的路由。NAT 可以是双向的，也可以是非双向的。双向的例子是两端都可以发起会话，单向的例子是只有 IPv6 主机才能发起会话。IPv4 网络上的主机使用 DNS 解析域名，把域名解析为该域名所对应的 IP 地址，DNS 应用层网关 ALG（Application Layer Gateway,）能相互转换 IPv6 地址与 IPv4 NAT 地址绑定。

NAT 网关使用一个 IPv4 地址池，并把这些地址和相应 IPv6 地址绑定在一起。不需要对终端节点做任何修改。

7.4.2　NAPT

NAPT 数据包从 IPv6 主机经 NAPT 网关发送至 IPv4 主机上，然后返回，NAPT 数据包的传输过程如图 7-12 所示。

例子中，IPv6 主机 PC-B 的 IPv6 地址为 ABCD: BEEF: : 2228: 7001。NAPT 路由器另一端 PC-A IPv4 地址为 120. 140. 160. 101。NAPT 网关所指派的地址池为 120. 10. 40/24。NAPT 数据包的传输过程涉及到的步骤如下：

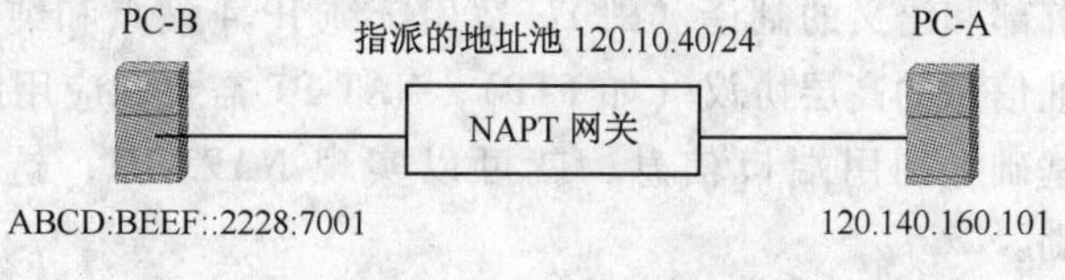

图 7-12　NAPT 数据包的传输过程

1）PC-B 给目的地址（前缀为 120. 140. 160. 101，端口号为 23）发送了一个数据包之后，就发起了与 PC-A 的会话。NAPT 向 IPv6 网络广播前缀: : /96，只要有数据包发送至该前缀，就将其通过 NAPT 进行路由。作为源地址，PC-B 使用了自己的 IPv6 地址及端口号 3056。

2）NAPT 网关将从自己的地址池中抽取出一个 IPv4 地址及一个端口号。这里假定使用了地址 120. 10. 40. 10。在从 NAPT 发至 PC-A 的后续包中，其源地址是 120. 10. 40. 10，端口号为 1025；其目的地址是 120. 140. 160. 101，端口号为 23。

3）PC-A 做出应答的时候，所发送的数据包的源地址将是 120. 140. 160. 101，端口号为 23；而目的地址则是 120. 10. 41. 10，端口号为 1025。

4）NAPT 根据其缓存中会话生存期的相关参数进行数据包的转换，把数据包从源地址（前缀为 120.141160.101，端口号为 23）发送至目的地址（ABCD:BEEF::2228:7001，端口号为 3056）。

需要说明的是：RFC2766 文档中所描述的这些转换机制存在的问题是：这种机制无法充分利用 IPv6 所提供的某些功能；也存在着网络拓扑限制，与同一会话有关的入站及出站数据报必须穿越同一 NAT 路由器。改进的措施之一是在某些应用程序中使用 IP 数据报有效载荷中的 IP 地址，NAT 并不知道应用层，也就不会查看有效载荷中的 IP 地址。这类应用程序在实现时，NAT 必须和应用层网关 ALG 配合使用。

技术文档 RFC2766 描述了域名系统应用层网关（DNS ALG），用于实现在 IPv6 网络中的 NAT－PT 设备通过 IPv4 网络传输至 DNS 服务器之间的请求和访问服务。提供完成 IPv4 资源记录类型（A 类型）到 IPv6 资源记录类型（AAAA 类型或 A6 类型）的转换的机制。在 RFC2428 文档中定义了替换原来的 PORT 命令与 PASV 命令的两个新扩展的 FTP 命令，新命令提供对 IPv6 长地址的支持，并用来传送所使用协议的附加信息。FTP ALG 应该能够把这些 FTP 命令转换成 NAT 上能用的命令。

需要指出的是，任何 NAT 机制都无法提供端到端的安全性。只有使用纯 IPv4 或纯 IPv6 的两个端点才能很好的使用 IPsec 安全机制，实现可靠的安全性。

7.4.3 NAT-PT

1. NAT-PT

网络地址转换与协议转换（NAT-PT）在 RFC2766 文档中描述和定义。网络地址转换与协议转换（NAT-PT）在 RFC2766 文档中描述和定义。NAT-PT 的基本原理是利用 IPv4 地址池指定的 IPv4 地址给 IPv6 节点，作为 IPv6 节点与 IPv4 网络通信时暂时对应的 IP 地址。NAT-PT 很重要的一项工作就是建立 IPv6 地址与 IPv4 地址之间的映射表。

NAT-PT 就是在做 IPv4/IPv6 地址转换（NAT）的同时在 IPv4 分组和 IPv6 分组之间进行首部和语义的翻译（PT），适用于纯 IPv4 站点和纯 IPv6 站点之间的通信。对于一些内嵌地址信息的高层协议（如 FTP），NAT-PT 需要和应用层的网关协作来完成翻译。在 NAT-PT 的基础上利用端口信息，就可以实现 NAPT-PT，这点同目前 IPv4 下的 NAPT 没有本质区别。

NAT-PT 的原理和 SIIT 类似，其改进的地方是将传统的 IPv4 下的 NAT 应用于 SIIT 中的 IPv4 地址的选取当中。SIIT 的一个最大的缺点是需要比较大的 IPv4 地址池，以供 IPv6 应用动态分配。这个 IPv4 地址池很大程度上制约了 SIIT 的应用。而 NAT-PT 采用传统的 IPv4 下的 NAT 技术来分配 IPv4 地址，这样就可以以很少的 IPv4 地址构成自已的 IPv4 地址分配池，可以给大量的需要进行地址转换的应用使用协议转换服务。

在实现方面，如果没有 DNS-ALG 的支持，只能实现由 IPv6 发起的与 IPv4 之间的通信，反之，包就会被丢弃。如果有 DNS-ALG 的支持，就可以实现双向的通信。有一些应用需要一定程度的地址稳定性，NAT-PT 可以被配置成提供 TPv6 到特定 TPv4 地址的静态映射。

该机制适用于过渡的初始阶段，使得基于双协议栈的主机，能够运行 IPv4 应用程序与 IPv6 应用互相通信。这种技术允许不支持 IPv6 的应用程序透明地访问纯 IPv6 站点。该机制要求主机必须是双栈的，同时要在协议栈中插入 3 个特殊的扩展模块：域名解析器、地址映射器和翻译器，相当于在主机的协议栈中使用了NAT-PT。

NAT-PT只允许IPv6网络的节点去访问IPv4网络，进程的建立是单向的。例如IPv6节点通过NAT-PT获得一个IPv4地址10.1.1.1，与IPv4网络通信。可以采用多个端口对应单一IPv6地址的方法，通过端口对应，每一个IPv4地址可以处理65 535个TCP或UDP进程。该方法存在的不足是一次只能提供一个使用同一种端口的服务器。NAT-PT实现了对终端节点透明，因为NAT-PT提供IPv4/IPv6地址转换，不需要对终端节点做任何改动。

2. DNS-ALG与NAT-PT相结合

下面讨论DNS-ALG与NAT-PT相结合的方法。IPv4和IPv6的DNS在记录格式等方面有所不同，为了实现IPv4网络和IPv6网络之间的DNS查询和响应，可以将应用层网关DNS-ALG与NAT-PT相结合，作为IPv4和IPv6网络之间的翻译器。例如，IPv4的地址域名映射使用"A"记录，而IPv6使用"AAAA"或"A6"记录。那么，IPv4节点发送到IPv6网络的DNS查询请求是"A"记录，DNS-ALG就把"A"改写成"AAAA"，并发送给IPv6网络中的DNS服务器。

当服务器的回答到达DNS-ALG时，DNS-ALG修改回答，把"AAAA"改为"A"，把IPv6地址改成DNS-ALG地址池中的IPv4转换地址，把这个IPv4转换地址和IPv6地址之间的映射关系通知NAT-PT，并把这个IPv4转换地址作为解析结果返回IPv4主机。IPv4主机就以这个IPv4转换地址作为目的地址与实际的IPv6主机通过NAT-PT通信。

7.4.4 无状态IP/ICMP转换

无状态IP/ICMP转换（SIIT，Stateless IP/ICMP Translation）定义了在IPv4和IPv6的分组首部之间进行翻译的方法，这种转换不记录流的状态，因而称为是无状态的，因此对于每一个分组都要进行翻译。SIIT在文档RFC2765中描述和定义。这种机制可以和其他的机制（如NAT-PT）结合，用于纯IPv6站点与纯IPv4站点之间的通信，但是在采用网络层加密和数据完整性保护的环境下这种技术不可用。纯IPv6节点和纯IPv4节点通过一个SIIT转换器通信，IPv6节点看到对方一个IPv4 mapped地址的主机，同时它自己则使用一个IPv4 translated的地址。如果IPv6主机发出的IP分组中的目的地址是一个IPv4 mapped地址，那么SIIT转换器就知道这个IP分组需要进行协议转换。

有了协议转换器之后，就可能在内部建立新的纯IPv6网络，同时能让这些纯IPv6客户端访问标准IPv4 Internet或其他纯IPv4节点。这样也就引入了一种新的地址类型：IPv4转换地址。这种地址的格式为0::FFFF:0:0:0/96。主机标识符是从特定地址池中抽取的一个IPv4地址，该标识符指派给了希望和IPv4节点通信的那个IPv6节点。

协议转换器一般涉及对TCP首部及UDP首部的修改，对于计算校验和的情况，会涉及到伪首部的计算范围。另外，ICMP错误报文中还包含有效载荷中原始数据包的IP首部，协议转换器需要修改这个首部，否则接收节点就无法理解原始数据包。需要说明的是在多播中也不能使用该协议转换技术，原因是IPv4多播地址与IPv6多播地址不能相互转换。

需要注意的是，SIIT技术使用特定的地址空间来完成IPv4地址与IPv6地址的转换，需要一个IPv4地址池，由于SIIT不提供地址复用，地址池的空间限制了IPv6节点的数量，SIIT技术所能应用的网络规模也受到了限制。

7.4.5 IPv4 转换至 IPv6

在 IPv4 转换到 IPv6 的过程中，转换器接收传来的 IPv4 数据报。由于已经配置的转换器具有映射 IPv6 节点的 IPv4 地址池，转换器把 IPv4 首部中的所有信息转换进 IPv6 首部中，这样就去掉 IPv4 首部，并替换上一个 IPv6 首部。

需要考虑路径 MTU 发现（Path MTU discovery）协议的应用，路径 MTU 在 IPv4 中是可选的，但在 IPv6 却是捆绑执行的。如果 IPv4 主机设置了首部中的不分段（Don't Fragment）标志位，说明要进行路由 MTU 发现，这时转换器可以使用路径 MTU 发现。如果 IPv4 数据包中并没有设置不分段（Don't Fragment）标志位，IPv6 转换器将要确保该数据包能够安全地通过 IPv6 网络，采用的方式是对 IPv4 数据包进行分段，必须满足 IPv6 数据包最小尺寸为 1280 字节的要求。IPv6 协议可以保证在传输 1280 字节数据包的过程中不需要再次分段。转换器在进行分段过程中需要给每一个分段加上一个分段首部，以此表示发送者允许分段。数据包在传输过程中通过 IPv6 到 IPv4 的转换器时，该转换器就会知道自己可以对该数据包进行分段。表 7-1 详细列出了需要转换为 IPv6 首部的信息。

表 7-1 需要转换为 IPv6 首部的信息

首部字段	说　明
Version	6
Traffic Class	所有复制自 Type of Service（服务类型）与 Precedence Field（优先字段）的字节（8 位）
Flow Label	零
Payload Length	IPv4 首部字段的总长减去 IPv4 首部的长度（包括选项，如果有的话）
Next Header	复制自 IPv4 首部的 Protocol Field（协议字段）
Hop Limit	复制自 IPv4 首部的 TTL 值。由于转换器是路由器，这个值会递减 1（可以在转换前递减，也可以在转换后递减）然后进行检查。如果该值为 0，那么应该产生一个"超出 TTL"的 ICMP 报文
Source Address	IPv4 映射地址前缀与 IPv4 地址低 32 位的合并，如::FFFF:0:0:192.168.0.1
Destination Address	IPv4 转换地址前缀与 IPv4 目的地址的合并，如 0::FFFF:0:0:0:192.168.0.99
IPv4 Options	如果存在 IPv4 选项，那么这些选项都会被忽略。如果存在源路由选项，那么该数据包将被丢弃，然后返回给发送者一个 ICMPv4 错误报文"destination unreachable/source route failed"（Type3，Code 5）（不可达的目的/源路由）

如果要添加一个 Fragment（分段）首部，就会在 IPv6 数据包中插入所列出的信息，带分段的 IPv6 首部字段如表 7-2 所示。

表 7-2 带分段的 IPv6 首部字段

首部字段	说　明
Payload Length	IPv4 首部字段的总长度减去 IPv4 首部的长度（包括选项如果有的话），然后加上 8 位相当于 Fragment 首部的长度
Next Header	44（分段首部）
Fragment 首部的字段	
Next Header	复制自 IPv4 首部的 Protocol 字段
Fragment Offset	复制自 IPv4 首部的 Fragment Offset 字段
M-Flag	复制自 IPv4 首部的 More Fragments（更多分段）标志位
Identification	高 16 位设置成 0；低 16 位复制自 IPv4 首部的 Identification（标识）字段

对于IP数据报的数据部分为运输层UDP协议数据包的情况，协议转换器必须计算出一个有效的与IPv6数据报中字段联系的校验和。在接收端进行差错检查，若所接收到的是已分段的UDP数据包的第一个分段，发现出错，那么转换器应该丢弃该数据包，并产生一条系统报文指出IP地址及端口号，其他的分段都应被丢弃掉。

7.4.6 ICMPv4转换至ICMPv6

对于所有的ICMPv4报文，转换器都必须计算出有效的校验和，原因就是ICMPv6需要它。除此之外，还应该转换类型值，而且对于错误报文还需要转换所包含的IP首部。表7-3说明了ICMP查询报文的转换情况。

表7-3 ICMPv4查询报文的转换情况

报文类型	转换
“回声”与“回声应答”（类型8与0）	将类型值相应地调整成128或129，调整ICMP校验和的时候要考虑到类型值改变及ICMPv6伪首部
信息请求/应答（类型15与16）	ICMPv6中已废止。无声无息地丢弃掉即可
“时间戳”与“时间戳应答”（类型13与14）	ICMPv6中已废止。无声无息地丢弃掉即可
地址掩码请求/应答（类型17与18）	ICMPv6中已废止。无声无息地丢弃掉即可
路由器广播（类型9）	单跳报文。无声无息地丢弃掉即可
路由器触发（类型10）	单跳报文。无声无息地丢弃掉即可
未知ICMPv4类型	无声无息地丢弃掉即可

IGMP报文是单跳报文，无法通过路由器转发。因此，IGMP报文不请求转换，无声无息地丢弃掉这些报文即可。表7-4说明了ICMP错误报文的转换。

表7-4 ICMP错误报文的转换

报文类型	转换
不可达的目的地（类型3）	对于这里没有列出的所有节点，都将这一类型值设置为1
代码0/1，不可达的网络/主机	类型1，代码0：没有路由指向目的地
代码2，不可达的协议	类型4，代码0：不可达的端口。让指针指向IPv6的下一首部字段
代码3，不可达的端口	类型1，代码4：不可达的端口
代码4，需要分段但设置了DF	类型2，代码0：数据包太大。需要重新计算MTU字段以反映出IPv4与IPv6首部尺寸的差别
代码5，源路由故障	类型1，代码0：没有路由指向目的地（注意源路由并没有被转换）
代码6，7，未知的目的网络/主机	类型1，代码：没有路由指向目的地
代码8，独立的源路由	类型1，代码：没有路由指向目的地
代码9，10，与目的地的通信被管理性禁止	类型1，代码1：与目的地的通信被管理性禁止
代码11，12，不可达的TOS网络/主机	类型1，代码0：没有路由指向目的地
重定向，类型5	单跳报文。无声无息地丢弃掉即可
源结束，类型4	ICMPv6中已废止。无声无息地丢弃掉即可
超时，类型11	类型3：超时。不改变代码字段
参数问题，类型12	类型4：参数问题。需要更新指针以指向转换后（或已嵌入）IP首部中的相应字段

ICMP 错误报文中所嵌入的 IP 首部使用上述同样的机制进行转换。

7.4.7 IPv6 转换至 IPv4

对 IPv6 转换至 IPv4 的情况，转换器需要根据 IPv6 与 IPv4 映射目的地址进行转换。转换器去掉 IPv6 首部并替换上一个 IPv4 首部。需要注意 IPv4 中 MTU 的最小值是 68 字节，而 IPv6 中 MTU 的最小值是 1280 字节。转换器在接收了发送往 IPv4 网络的较小 MTU 数据包之后，它会创建一个 1280 字节的数据包，转换后再进行分段。表 7-5 说明了 IPv4 首部的转换。

表 7-5 IPv4 首部的转换

首部字段	信 息
Version	4
Internet Header Length	5（不带选项）
TOS and Precedence	所有复制自 Traffic Class 的字节（8 位）
Total Length	IPv6 中的有效载荷长度加上 IPv4 首部的长度
Identification	零
Flags	More Fragments Flag 设置成 0；Don't Fragment Flag 设置成 1
Fragment Offset	零
Time to Live	复制自 IPv6 首部的 Hop Limit 值。由于转换器是路由器，该值会递减 1（转换前或转换后递减）然后再进行检查。如果该值为 0，则要生成一条“超出 TTL” ICMP 报文
Protocol	复制自 IPv6 首部的 Next Header 字段
Header Checksum	生成 IPv4 首部后所计算出的字段
Source Address	如果 IPv6 地址是某 IPv4 转换地址，则将此 IPv4 转换源地址的低 32 位复制到 IPv4 的 Source Address 字段中。否则，NAT 将从已配置地址池中指派一个 IPv4 地址，将这一地址复制到 IPv4 的 Source Address 字段中
Destination Address	IPv4 映射目的地址的低 32 位被复制到 IPv4 的 Destination Address 字段中
Options	如果存在 IPv6 的 Hop-by-Hop Options 首部、Destination Options 首部或 Segments Left 字段为 0 的路由首部，这时并不转换这些首部，而且还会对应地调整 Total Length 字段及 Protocol 字段。如果遇到的路由首部中 Segments Left 字段为非零值，这时会给发送者返回一个 ICMPv6 参数问题报文（类型 4，代码 0），其中 Pointer（指针）字段指向 Segment Left 字段的第一个字节

如果 IPv6 数据包中存在 Fragment 首部，表 7-6 说明存在 Fragment 首部时转换对应的字段的情况。

表 7-6 存在 Fragment 首部时转换对应的字段的情况

首部字段	信 息
Total Length	IPv6 首部中的 Payload Length 减 8（代表 Fragment 首部），然后加上 IPv4 首部的大小
Identification	复制自 Fragment 首部内 Identification 字段的低 16 位
Flags	More Fragment 标志位复制自 Fragment 首部的 M 标志位。Don't Fragment 标志位设置成 0，这样 IPv4 路由器就可以对数据包进行分段
Fragment Offset	字段复制自 IPv6 首部
Protocol	复制自 Fragment 首部的 Next Header 值

7.4.8 ICMPv6 转换至 ICMPv4

ICMPv6 转换至 ICMPv4 类似从 ICMPv4 转换至 ICMPv6 时所做的改变，不过转换方向相反而已。表 7-7 说明 ICMPv6 信息报文的转换详细情况。

表 7-7 ICMPv6 信息报文的转换情况

报文类型	转 换
"回声请求"与"回声应答"（类型 128 与 129）	对应地把这些类型调整成 8 与 0，然后调整 ICMP 校验和（考虑到类型的改变，但不考虑 ICMPv6 伪首部）
MLD 多播监听者查询/报告/完成（类型 130、131、132）	单跳报文。无声无息地丢弃掉即可
邻近节点搜索报文（类型 133 ~ 137）	单跳报文。无声无息地丢弃掉即可
未知信息报文	无声无息地丢弃掉即可
地址掩码请求/应答（类型 17 与 18）	ICMPv6 中已废止。无声无息地丢弃掉即可
路由广播（类型 9）	单跳报文。无声无息地丢弃掉即可
路由独立（类型 10）	单跳报文。无声无息地丢弃掉即可
未知 ICMPv4 类型	无声无息地丢弃掉即可

表 7-8 给出了 ICMPv6 错误报文的转换情况。

表 7-8 ICMPv6 错误报文的转换情况

报文类型	转 换
不可达的目标（类型 1）	设置类型字段为 3，代码字段如下所示
类型 1，代码 0：没有路由指向目的地	类型 3，代码 1：不可达的主机
类型 1，代码 1：与目的地的通信被管理性禁止	类型 3，代码 10：与目的地的通信被管理性禁止
类型 1，代码 2：超出源地址范围	类型 3，代码 1：不可达的主机
类型 1，代码 3：不可达的地址	类型 3，代码 1：不可达的主机
类型 1，代码 4：不可达的端口	类型 3，代码 3：不可达的端口
数据包太大（类型 2）	类型 3，代码 4：需要分段但设置了 DF 位。需要调整 MTU 字段以适应 IPv6 首部和 IPv4 首部之间的差别（包括 Fragment 首部，如果有的话）
超时（类型 3）	类型 11：不改变 Code 字段
参数问题（类型 4）	如果 Code 字段设置为 1，转换为类型 3，代码 2（不可达的协议）否则，转换为类型 12，代码 0（参数问题）。需要更新指针以指向转换后所包含 IP 首部中的相应字段
未知错误报文	无声无息地丢弃掉即可

同样，ICMP 错误报文内所包含的 IP 首部也要根据同样的规则进行转换，这样目的主机才可能理解其中的信息。

7.5 过渡技术分析与比较

7.5.1 几种转换技术的比较

1. 双栈技术

向 IPv6 过渡必须是渐进的，相比之下双栈技术易于使用且比较灵活，IPv6 和 IPv4 是功能相近的网络层协议，两者都基于同样的物理网络平台，加载其上的运输层协议 TCP 和 UDP 也没有什么区别。双栈技术是主机或路由器在同一网络接口是运行 IPv6 栈和 IPv4 栈。主机可以使用 IPv4 与 IPv4 主机通信，也可以使用 IPv6 与 IPv6 主机通信。所有主机均升级至 IPv6 之后，简单地禁用或删除 IPv4 栈即可。需要指出的是，允许两个协议栈并行工作的主要困难在于需要同时处理两套不同的地址方案。双栈技术必须能够接收、发送和转发 A 记录和 AAAA 记录，并根据 DNS 查询给出的信息，决定采用哪个协议进行通信。

双栈技术应用时，只有当 IPv6 节点需要利用 IPv4 的路由机制传递数据包时，需要使用隧道技术，此时隧道的建立需要双栈的支持。

该技术的不足在于要运行两个独立的协议栈，对主机节点的性能要求比较高，对主机的 CPU 速度能力和内存空间有一定的要求。协议转换表需要存储在每个协议栈。该技术需要给每个新的运行 IPv6 协议的网络设备和节点分配唯一的 IPv4 地址，使得 IPv4 地址更加缺乏。

IPv6 和 IPv4 协议有各自的命令行选项集，需要处理各个协议上的不同命令。此外要求双栈主机上所运行的 DNS 解析器必须能够同时解析 IPv4 地址与 IPv6 地址。一般来讲，双栈主机上运行的所有应用程序都必须能决定主机与 IPv4 主机通信还是 IPv6 主机通信。在使用了双栈技术的情况下，需要确保现有的防火墙不仅能保护 IPv4 网络还能保护 IPv6 网络。

2. 隧道技术

在过渡技术中，许多局部的 IPv6 网络需要通过 IPv4 骨干网络互相连接，必须采用隧道技术。隧道技术是计算机网络中常用的技术，有时也称为“封装的封装”，例如在虚拟专用网 VPN 技术中就用到隧道技术。隧道技术的核心思想就是把 IPv6 数据报封装到 IPv4 数据报中，在现有的 IPv4 网络载体上进行 IPv6 的通信。具体实现时，路由器将 IPv6 的数据报作为 IPv4 数据报的数据部分封装在 IPv4 数据报中，此时 IPv4 数据报首部的协议字段值设置为 41，标识后面的数据字段是 IPv6 数据报（分组）。IPv4 数据报的源地址和目的地址分别对应隧道入口和出口的 IPv4 地址。

隧道技术仅要求在隧道的入口和出口位置进行修改，在技术实现是比较容易。隧道技术确定入口是直接的，这是因为入口出现在 IPv4 网络的边界，而确定隧道的出口相对比较复杂些，这是因为需要根据隧道地址的获得方式。

隧道技术的优点还包括隧道的透明性，通过隧道进行通信的两个 IPv6 主机感觉不到隧道的存在。隧道仅起到物理通道的作用，不需要专用链路和 IPv6 专用路由器，减少了投资。

隧道技术的不足是在 IPv4 网络上配置 IPv6 隧道的过程比较麻烦，隧道技术并不能实现 IPv6 主机与 IPv4 主机之间的通信。同时在隧道的入口和出口节点还面临着出现单点故障的可能，故障解决会更加复杂。另一方面因为存在跳数及 MTU 的限制，在隧道的入口和出口节点还要考虑分段问题等。

可以说隧道技术与双栈技术是目前 IPv6 过渡中广泛认可的两种技术，同时这两种技术也可以在同一网络中共存。

3. 转换技术

转换技术也称为协议翻译技术。一般情况下，只有不能使用隧道技术或双栈技术时，才考虑使用协议转换（NAT）技术。协议转换技术是通过地址和协议的形式的转换实现 IPv4 网络和 IPv6 网络的互操作性。

转换技术依据转换所对应计算机网络体系结构的层次，分为网络层转换、运输层转换和应用层转换 3 类，目前多采用的是网络层的转换。

在实现其他转换技术之前，NAT 都只能被看成一种临时解决方案。采用转换技术的优点是：对 IPv4 地址的需求少；具有较好的可扩展性；技术对 IPv6 和 IPv4 应用程序透明；数据包传输过程中其他开销少；允许 IPv6 主机与 IPv4 主机直接相互通信。

NAT 技术的缺点是不支持 IPv6 高级特性，例如端到端的安全。NAT 技术还面临着设计网络拓扑上的限制，因为应答报文必须来自于被发送的同一 NAT 路由器。NAT 路由器容易形成单点故障，而且无法使用灵活的路由机制。另外，地址和协议翻译需要较大的时间延迟，可能存在有些字段不能转换带来信息的丢失，有时可能会产生碎片数据。

7.5.2 如何选择合适的过渡机制

人们经常问何时选择 IPv6，有一句金玉良言是：尽量不要动正在运行的系统。这句话在 IPv4 网络向 IPv6 网络过渡的阶段也同样适用。只要 IPv4 网络还能完成人们所期望的工作，就尽量使用现有的网络。IPv4 协议与 IPv6 协议是互相不兼容的两个协议，IPv6 过渡需要一个过程。

在需要建设一个新的网络，同时又需要端节点对端节点的安全性时，需要考虑选择 IPv6 技术。另一方面尽量不要对已有的 IPv4 网络设置或配置进行过高的投资。

在现有的 IPv4 网络上逐步融合 IPv6 技术，过渡的内容包括：网络的过渡；主机节点的过渡；应用程序的过渡；IPv4 网络与 IPv6 网络之间的互通；IPv6 网络之间的互通。

从已有的过渡机制可以看出，目前所有的方案都是针对某一种问题而提出的。这些过渡机制都不是普遍适用的，每一种机制都适用于某种或几种特定的网络情况，而且常常需要和其他的技术组合使用。在实际应用时需要综合考虑各种实际情况来制定合适的过渡策略。对于某一类互连问题，设计者们可以找出新的方式，并随着网络技术的发展不断的改进和更新这种方式。

在选择一个合适的过渡机制时，首先需要明确网络应用的类型、涉及到的范围，以及需要互通的网络系统的类型。进一步设计合适的转换机制，尽量选择容易进行和实施的过渡机制。IPv6 过渡时期建议采用的过渡原则是：

1）在能直接建立 IPv6 链路的情况下，使用纯 IPv6 路由。

2）在不能使用 IPv6 链路的情况下，IPv6 节点之间使用隧道技术。

3）双栈的 IPv6/IPv4 主机和纯 IPv6 网络或者纯 IPv4 网络的主机通信尽量不要采用协议转换，最好直接自动选择相应的通信协议，例如 IPv4 或者 IPv6。

4）对于纯 IPv6 网络和纯 IPv4 网络主机之间的通信，应该使用协议转换或者应用层网关

（ALG）技术，所设计的协议转换器或者 ALG 应该尽量保证不修改原有应用使用。

5）采用逐步渐进的过渡方式，以保护原有 IPv4 网络的投资，过渡的技术应尽可能简单。由于两种网络要共存一段时间，应尽量保证 IPv6 与 IPv4 之间的互操作性。

思考题和练习题

7-1　简述 IPv6 过渡期的特点。

7-2　描述 IPv4 网络向 IPv6 网络的过渡的 4 个阶段的特点。

7-3　推动 IPv6 技术实用化的措施可以归纳为哪几个方面？

7-4　简述 IPv6 过渡期面临的主要问题。

7-5　确保 IPv6 和 IPv4 的共存所使用的技术主要有哪些？

7-6　给出 IPv6/IPv4 双协议栈的协议结构。

7-7　目前的双栈技术有哪些？各有什么特点？

7-8　双协议栈过渡机制（DSTM）有哪些基本假定？

7-9　DSTM 的优点主要有哪些？

7-10　简述隧道技术在 IPv6 过渡期的作用。

7-11　给出两个 IPv6 网络通过纯 IPv4 网络实现互联的图示。

7-12　简述采用隧道技术 IPv6 数据包的封装步骤。

7-13　简述地址与协议转换（翻译）技术的特点，主要有哪些协议转换（翻译）技术？

7-14　描述 NAPT 数据包的传输过程涉及的步骤。

7-15　给出几种过渡技术的比较。

7-16　IPv4 向 IPv6 过渡时期通常采用的原则有哪些？

第 8 章　IPv6 与底层网络技术

8.1　IPv6 对底层网络的支持

8.1.1　IPv6 技术与网络中的第 2 层

IP 层对应当代计算机网络体系结构中的网络层，TCP/IP 协议簇包括 4 个层次，其中最底层称为网络接口层，对应着网络体系结构中的数据链路层和物理层。国际标准化组织 ISO 在 1983 年制订的 OSI/RM 包括 7 层协议，最低两层协议为数据链路层和物理层。在计算机网络中术语第 2 层指的是 OSI/RM 模型的第 2 层，即数据链路层。

IPv6 与 IPv4 是属于网络层的互相不兼容的协议。在对网络层协议设计时，对网络体系结构中除网络层之外的其他层次，例如网络层之上的运输层和应用层，以及网络层之下的数据链路层和物理层，不应产生过大的影响。在计算机网络体系结构中，数据链路层和物理层通常与各种底层网络相联系，底层网络属于通信子网的范畴，这些低层网络可以是各种各样的物理网络，例如以太网、帧中继网络、ATM 网络、点到点网络 PPP 等。

IPv6 技术的开发需要提供对底层网路的支持，就是说 IPv6 在不需要对 IP 层之上的运输层进行改动的基础上，应尽可能的与不同的物理网络融合在一起。IPv6 技术可以实现的这一特征称为适应一切的 IP（IP over Everything）。

IPv6 技术对底层网络的支持，设计到两个主要内容：一个是 IP 层独立于数据链路层，IP 层通过底层网络提供的接口，将 IPv6 数据包作为底层网络的数据链路层协议数据单元帧的数据部分，数据链路层的接口驱动程序在 IPv6 数据包上加上数据链路协议首部，把帧在底层网络中传输。另一个是 IPv6 独立于物理网络传输介质，这是因为当 IPv6 数据包从一个网络传输到另一个网络时，不可能会事先知道所要经过的物理网络的类型。IP 协议只关心目的地址，并且必须找到一条通往该地址的路径，而不考虑所使用的网络硬件。

8.1.2　IPv6 与 Ethernet

以太网（Ethernet）由施乐（Xerox）公司于 1975 年研制成功，最初以太网用无源电缆作为传输介质来传输数据，网络拓扑为总线型结构，是一种基带总线型局域网，当时的数据传输速率为 2.94Mbit/s。"以太"二字是采用历史上的宗教术语，当时认为地球表面的空间中充满了可以传播电磁波的"以太"物质（而后的研究表明，在大气和真空中是可以传播电磁波的），以太网的名字就一直沿用下来。

1976 年 7 月，施乐公司的 Metcalf 和 Boggs 发表了里程碑式的以太网论文。1980 年 9 月，由 DEC、Intel 和 Xerox 三家公司成立以太网联盟，制订出以太网规范 DIX 版本 1，采用总线型拓扑，信道访问协议为 CSMA/CD，传输介质为阻抗 50Ω 的粗同轴电缆，数据传输速率为 10Mbit/s。之后，在 1982 年给出以太网规范 DIX 版本 2，成为世界上第一个 LAN 产品规范。

在以太网协议基础上，IEEE 802 委员会于 1983 年制订出 IEEE 802.3 LAN 标准，IEEE

802.3 仅对以太网标准的帧（MAC 帧）格式做了很小的改动，也就是说两者的差别很小，目前常常把 IEEE 802.3LAN 也称为以太网。

进入 20 世纪 90 年代以后，以太网在 LAN 市场处于垄断地位，这主要是由于以太网结构实现简单、可扩充性好、使用方便，再加上以太网数据传输速率不断提高，从 1990 年的 10Mbit/s，到 1995 年的 100 Mbit/s、1998 年的 1 000 Mbit/s、2002 年的 10 000 Mbit/s。

依据局域网的 3 个要素分析，以太网的拓扑结构为总线型或星形，传输介质是同轴电缆、双绞线、光纤，信道访问协议采用 1—持续的 CSMA/CD，10Mbit/s 以太网物理信号编码是采用曼彻斯特编码。目前以太网的传输介质主要为双绞线和光纤。

以太网的 MAC 帧格式有两个标准，即 DIX Ethernet v2 和 IEEE 802.3 标准，两者主要的区别在于第 3 个字段的规定：IEEE 802.3 标准规定第 3 个字段为“长度/类型”，当该字段值大于 0x0600 时，表示为类型字段，与 DIX Ethernet v2 完全一致，当该字段值小于 0x0600 时，表示为长度字段，帧中的数据字段必须装入上面的 LLC 子层的 LLC 帧。

目前使用较多的是 DIX Ethernet v2 标准，以太网 v2 的 MAC 帧格式如图 8-1 所示，MAC 帧由 5 个字段组成。第 1、2 字段分别为目的地址和源地址，各占用 6 个字节。第 3 个字段是类型字段，占用 2 个字节，用来标识上一层采用的协议，也即帧中数据字段的内容，由施乐公司管理该字段的代码标识，例如类型字段的值为 0x0800 时，标识上层为 IP 数据报，若为 0x8137 时，标识上层为 IPX。第 4 个字段为数据字段，数据长度可以在 46 ~ 1500 字节之间。第 5 个字段是帧校验序列 FCS，占用 4 个字节，用于差错控制，采用的是 CRC 校验，帧校验范围为前 4 个字段。

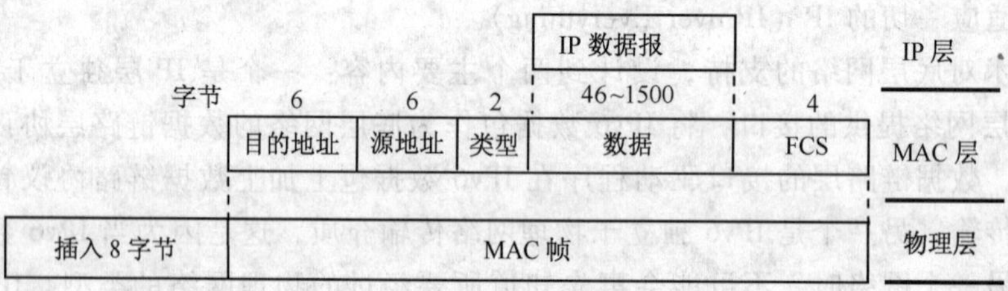

图 8-1 以太网 v2 的 MAC 帧格式

对以太网帧的长度有一定的范围要求，帧长包括帧首部、数据部分和 CRC 校验字段，规定以太网的帧长度在 64 个字节至 1518 个字节之间。可以计算出以太网上数据包默认的 MTU 为 1500 个字节。在应用时可以通过包含 MTU 选项的路由器通告，或者通过对每台设备进行手动配置来配置较小的 MTU。

电气电子工程师协会（IEEE，Institute of Electrical and Electronic Engineers），以及一些 IT 和电信公司，正在开发一种新的称为第一英里以太网（EFM，Ethernet for the First Mile），或长距离以太网（LRE，Long Reach Ethernet ）的新提案。正在研究一种使得以太网标准可以用于通向家庭和公司的第一英里连接的方式。

有关 10 000Mbps（万兆以太网）的描述可以在网站 http：//www.10gea.org 看到，有关 EFM 的描述可以在 http：//grouper - ieee.org/groups/802/3/efm/ public/index.html 文档上看到。RFC2464 描述了以太网上传输的 IPv6 数据报的格式的方法，以及本地链路和无状态自动配置地址是如何形成的。RFC2464 文档说明 IPv6 支持 DIX Ethernet v2 和 IEEE 802.3 标准

的以太网，以及采用 IEEE802.1Q 和 Cisco 的交换机间链路 ISL（Inter - Switch Link）技术的虚拟局域网 VLAN（Virtual Local Area Network）。

以太网网卡的物理地址为 48 位二进制位，物理地址也称为硬件地址、MAC 地址或网卡地址。该物理地址由 ICNAA 负责分配，每块网卡的硬件接口地址都是全球唯一的，ICNAA 分配物理地址的前 24 位给生产厂商，以太网网卡硬件生产商被分配得到一些以太网地址块，各厂商在得到的地址块内按照顺序分配后 24 位地址。

IPv6 的以太网类型代码是 0x86DD。IPv6 数据报的以太网首部如图 8-2 所示。以太网类型（Ethernet Type）字段占 2 个字节，该字段的值为 0x86DD，该值标识以太网帧的数据部分。

目的地址(6 字节)	源地址(6 字节)	以太网类型(2 字节) 0x86DD

图 8-2 IPv6 数据报的以太网首部

RFC2464 文档规定：如果目的地址是一个多播地址的话，那么 MAC 地址的前两个字节就被设为 3333，而最后四个字节就是 IPv6 目的多播地址的最后四个字节。如果目的地址是被请求节点的多播地址，那么 MAC 首部包含着多播前缀 0x3333，而第三个字节为 FF，最后三个字节包含 IPv6 请求节点多播地址的最后三个字节，IPv6 地址格式为：FF02:0:0:0:1:FFXX:XXXX。IPv6 多播地址和以太网 MAC 地址的关系如图 8-3 所示。

前缀(2 字节) 0x3333	目的(4 字节) IPv6 多播地址的最后 4 个字节

目的地址是一个多播地址

前缀(2 字节) 0x3333	目的(4 字节)oxFF XX XX XX XX XX XX 是请求节点多播地址的最后 3 个字节

目的地址是被请求节点的多播地址

图 8-3 IPv6 多播地址和以太网 MAC 地址的关系

8.1.3 用于点对点协议的 IPv6CP

Internet 中用到的数据链路层协议是点对点协议 PPP（Point - to - Point Protocol）。IETF 在 1992 年制订出 PPP 协议，它支持异步链路（无奇偶校验的 8 位数据），也支持面向比特的同步链路，该协议在 1993 年和 1994 年又经过了修订，成为 Internet 的正式标准，PPP 协议的技术文档是 RFC 1661。PPP 协议的帧格式如图 8-4 所示。

与高级数据链路控制（HDLC，High Data Link Control）协议类似，PPP 帧由 7 个字段组成，前 3 个字段和后 2 个字段与 HDLC 的格式是一样的。标志字段 F 的值为 01111110，用十六进制数表示为 0x7E。地址字段 A 的值为 11111111，十六进制数表示为 0xFF，表示所有的节点都接收该帧，为一个广播帧。PPP 只用于点对点链路，地址字段 D 实际不起什么作用。控制字段 C 的值通常设置为 00000011，用十六进制数表示为 0x03，表示 PPP 帧不使用编号，注意此时 PPP 帧中控制字段的最低位画在右边为 11，而在 HDLC 中是画在最左边，同样也是 11。

RFC2472 文档给出在 PPP 上传输 IPv6 数据包方法的描述，也说明了如何在 PPP 链路上

				IP 数据报		
字节 1	1	1	2	不超过 1500 字节	2	1
标志 F	地址 D	控制 C	协议	数据 data	帧校验 FCS	标志 F

图 8-4　PPP 的帧格式

形成 IPv6 本地链路地址。

与 PPP 相关的 IPv6 控制协议是 IPv6CP，RFC2472 给出了 IPv6CP 的描述和定义。IPv6CP 的主要功用是负责建立和配置在 PPP 上 IPv6 通信。依据网络协议封装原理，当 PPP 帧中协议字段的值被设置为 0x0057 时，表示 PPP 帧中的数据为 IPv6 数据包，即一个 IPv6 数据包被封装在一个 PPP 数据链路层帧内。支持 IPv6 的 PPP 链路的 MTU 应配置为符合 IPv6 数据报要求的最小 MTU，即 1280 字节。

IPv6CP 通过一套独特的选项对 IPv6 参数进行协商，这些选项（Options）字段的格式与标准的链路控制协议 LCP（Link Control Protocol）类似，目前为 IPv6CP 定义好的选项有两个。一个选项是接口标识符（Interface Identifier），接口标识符提供了一种方式来协商一个 64 位的接口标识符，它在 PPP 链路中必须是唯一的。另一个选项是 IPv6 压缩协议 IPv6CP（IPv6 Compression Protocol），IPv6 压缩选项被用来协商一个特殊的数据包压缩协议，该协议只适用于在 PPP 链路上进行传输的 IPv6 数据包，该选项默认状态是没有开启。

IPv6 的地址自动配置功能以最小的代价支持简单的管理和客户配置，对客户端点的前缀分配可以通过路由器发现来实现。ISP 为了让 IPv6 数据报能在用于连接 Internet 的非对称用户数字线 ADSL 上使用，需要采取适合的底层网络封装方式，一般是以太网上的 PPP 协议 PPPoE（PPP over Ethernet），或是 ATM 上的 PPP 协议 PPPoA（PPP over ATM）。此外，IPv6 还对验证、授权和记账（AAA）带来一些影响，在使用 IPv6CP 时，需要进行验证后再进行地址分配。

8.1.4　IPv6 与 ATM

在网络通信过程中，通信双方需要高度协调工作，双方需要协商在何时接收和处理信号，实现同步。同步是实现接收方按照发送方发送的每个二进制位的起止时刻和速率来接收数据，通常采用同步传输模式或异步传输模式进行同步处理。同步传输模式（STM）采用时分复用技术（TDM），STM 应用的例子是数字语音传输中的 T1 传输和 E1 传输，多路语音信号以固定的、可以预知的时间间隔轮流向帧中的时间隙插入约定的二进制数据位。

ATM（Asynchronous Transfer Mode）是异步传输模式的缩写。异步传输模式（ATM）中所传输的各路信号之间没有固定的时间间隔，采用异步时分复用技术（ATDM），把所传输的数据分割成固定长度为 53 字节的信元，也称为快速分组，各路信号按照先进先出 FIFO 的顺序在缓冲队列中排队、输出。多种媒体信息都划分或装配为信元，使在一个网络中传输多媒体信息成为可能。ATM 技术是一种面向连接的高速网络技术，是在 20 世纪 80 年代末期迅速发展的一项计算机网络技术，ATM 技术可用于局域网和广域网，目前主要用在广域网。采用 ATM 技术的网络也称为 ATM 网络。

ATM 网络中采用信元交换，信元可以看作一个很小的快速分组，长度为 53 个字节，其中信头占 5 个字节，数据载荷部分占 48 字节。信元长度是固定的，易于采用硬件实现信元交换，由于信元比较小，在交换节点的时延很小。可以让多个交换单元以并行方式做同样的事，每一交换单元都花费相同的时间去完成自己的工作。而 IP 数据报的长度是不固定的，仅对数据报的长度给出一个最大长度限制。信元的格式如图 8-5 所示。

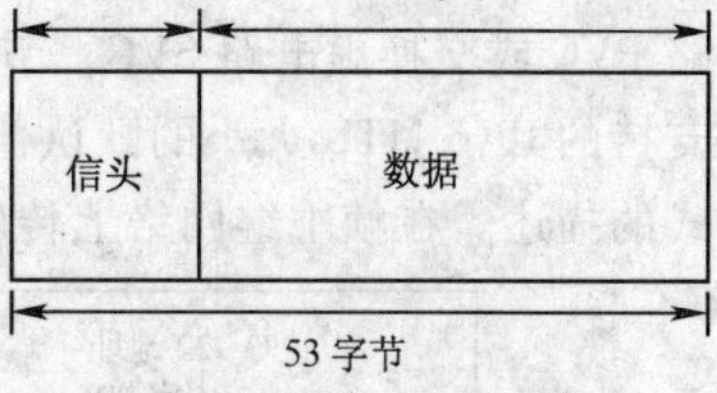

图 8-5 信元格式

ATM 体系结构包含 3 层：最下面层次为物理层；中间为 ATM 层；最上面层次为 ATM 适配层 AAL（ATM Adaptation Layer）。AAL 将高层来的用户数据转换成 ATM 网络中信元的数据载荷，AAL 层涉及到 AAL1 ~ AAL5 共五个协议，分别与所支持的不同业务相对应，在 Internet 中常用的是支持突发数据传输的 AAL5。在 RFC 2684 中对 AAL5 做了描述和定义。ATM 技术采用点到点的传输，不支持广播和多播，为了解决广播和多播的传输问题，在 RFC2225 中描述和定义了一种 ATM 的 ARP 模拟机制，ATM 的 ARP 是地址解析协议（ARP）的一个变体。一个 ATM 网络中所有的主机都要向 ATM 的 ARP 服务器进行注册。如果子网中的一台主机发送了一条广播或多播的数据，该数据将被先发往 ATM 的 ARP 服务器，然后 ATM 的 ARP 服务器把这个数据包分发到子网/链路上所有已经注册的主机上。ATM 网络中多播和广播都是作为一个单播在 ATM 层上传播的。

IPv6 数据包在 ATM 网络上的传输方式由 RFC2492 文档描述，与该文档有关的技术文档是 RFC2491 “非广播多路访问（NBMA）网络上的 IPv6”。

ATM 网络采用面向连接的虚电路服务方式，支持永久虚拟电路 PVC（Permanent Virtual Circuit）和交换式虚拟电路 SVC（Switched Virtual Circuit）。对永久虚拟电路 PVC（Permanent Virtual Circuit）服务，每个 PVC 连接着两个节点，一直保持虚电路的连接，IPv6 ATM 接口在每条链路上只有一个邻居，对 ATM 网络来说邻居发现协议的用途不大。ATM PVC 链路的默认 MTU 大小为 9180 字节。

PVC 没有数据链路层地址，因此在邻居发现报文中没有使用链路层地址的选项。在 ATM 层上传送的 IPv6 单播和多播数据包作为数据部分封装在 LLC/SNAP 帧中，帧中的目的服务访问点 DSAP 和源服务访问点 SSAP 字段的值设置为 AA，CT 字段的值为 0x03，OUI 字段值为 0，Ethertype 字段的值为标识 IPv6 的 0x86DD。

对交换式虚拟电路 SVC 服务，类似对 PVC 的描述，IPv6 单播数据包是使用 LLC/SNAP 封装进行传输的。对于 SVC 上多播数据包的传输，OUI 字段被设为 0x00005E，而 Ethertype 字段设为 0x0001。

8.1.5 IPv6 与帧中继

帧中继 FR（Frame Relay）是一种减少网络节点处理时间的技术，主要用于广域网，采用面向连接的虚电路服务。帧中继技术是由贝尔实验室在 20 世纪 80 年代后期把它作为ISDN 标准的一部分而开发出来。这个标准在 20 世纪 90 年代早期又经过了重新定义。帧中继的原理很简单，帧中继交换机收到一个帧的首部时，只要一查出帧的目的地址就立即开始转发该帧。帧中继技术是采用在第 2 层，即数据链路层上的交换，对于帧中继网络，网络中的各节点没有网络层，并且其数据链路层只有有限的差错控制功能，只有在网络两端节点的主机中的数据链路层才具有完全的差错控制功能。帧中继网络只有数据链路层和物理层。

如何在帧中继链路上传输 IPv6 数据包在技术文档 RFC2590 规定和描述，该文档也描述了 IPv6 本地链路地址是如何形成的，以及如何把 IPv6 地址映射为帧中继地址。这些规定和描述的方法适用于帧中继网络中的终端节点以及帧中继设备。帧中继虚拟电路可以是永久虚电路 PVC 或交换虚电路 SVC，节点之间的通信可以是一对一，也可以是一对多。帧中继接口支持的 IPv6 MTU 大小的默认值是 1592 字节。RFC2590 也给出关于编址机制和帧中继地址格式的描述。在帧中继网络上传输 IPv6 数据报的帧中继首部格式如图 8-6 所示。

Q.922 地址 (2~4 字节)	CTL(1 字节)0x03 0x03 表示未编号的信息	NLPID(1 字节)0x8E 0x8E 表示 IPv6

图 8-6 传输 IPv6 数据报的帧中继首部格式

Q. 922 地址（Q. 922Address）字段可以是 2 个或 4 个字节，长度取决于不同的地址。控制 CTL（Control）字段设为 0x03，表示未编号的信息。下一级协议标识（NLPID，Next Level Protocol ID）的值为 0x8E，表示 IPv6。IPv6 地址的映射遵循邻居发现的规定。关于编址机制和帧中继地址格式在 RFC2590 中有详细讨论。

8. 2 IPv6 与多播

8. 2. 1 多播的选路方法

1988 年首次提出了 IP 多播概念，1992 年 3 月 IETF 在因特网中利用多播传输会议数据。因特网中单播协议是采用无连接服务，而多播协议不是无连接服务，多播的连接状态信息需要在处理多播分组的节点中建立和维护，需要使用多播路由器，运行多播路由协议和控制信息。多播也称为组播，为了实现多播，每个节点都需要知道自己属于哪个组，同时需要计算一棵覆盖整个子网的生成树。在转发过程中，对生成树进行修剪，去掉那些不能到达小组成员的路径，最终得到一个只包含小组成员的生成树。

如何对多播分组进行编址，怎样知道和识别接收多播分组的节点，是否可以让多播分组携带所有接收节点的 IP 地址？在因特网中，多播分组采用间接地址（address indirection）来编址，用一个标识表示一组接收节点。因特网中是采用 D 类 IP 地址为多播地址，D 类 IP 地址的前缀是 1110，地址范围是 224. 0. 0. 0 到 239. 255. 255. 255。与 D 类地址有关的多个接收节点称为一个多播组（multicast group）。需要注意的是：属于多播组的每个节点各自还有一个惟一的 IP 单播地址，也就是说，参与多播的节点用到两个不同的 IP 地址。

需要解决的问题有一个多播组是如何形成的？节点如何加入多播组？在因特网中通过因特网组管理协议 IGMP（Internet Group Management Protocol）解决上述问题。

多播选路的目标就是发现一棵连接了属于多播组节点的路径树，多播分组沿着这棵树从发送节点到多播组中的其它节点。在实践中，有两种方法用于确定多播树，一种是使用组共享树进行多播选路，另一种是使用一棵基于源的树进行多播选路。

远程矢量多播路由协议 DVMRP（Distance Vector Multicast Routing Protocol）是 Internet 上部署的第一个多播路由协议，采用一种叫做截断式反向路径广播 TRPB（Truncated Reverse Path Broadcasting）的多播转发算法，通过一种和 RIP 相似的远程矢量路由协议维护着拓扑信息。OSPF 的多播扩展 MOSPF（Multicast Extension to OSPF）为 OSPF 提供了路由能力。协议无关多播 PIM（Protocol Independent Multicast）是 Internet 上最流行的多播路由协议，专门用来支持多播组成员稀疏地分散在广域网中情况下的多播路由。用于自治系统 AS 之间的，基于 BGP 的边界网关多播协议 BGMP（Border Gateway Multicast Protocol）具有较高的运行效率。

8.2.2 IPv6 中多播实现的机制

IETF 在制订 IPv6 协议时保留了多播，并对多播的功能进行了增强，用多播实现广播功能，在 IPv6 协议中取消了广播。多播有时也称为组播。

IPv6 多播地址的前 8 位为 11111111。多播标识字段占 4 位，用 0000 标识熟知的多播地址，用 0001 标识临时的多播地址。范围字段占 4 位，界定多播传输的范围，可以方便的划分多播域。一个多播组地址可以属于本地链路范围（FF02），本地站点范围（FF05），或者全局范围（FF0E）。IPv6 多播组地址的列表可以在 http：//www. iana. org/assignments/ ipv6 - multicast - addresses 查到。IPv6 扩充后的地址空间提供了大量的多播组地址，而添加的多播范围（multicast scope）字段使得多播更加灵活，更具缩放性。

多播监听者发现（MLD）协议是从 IGMPv2 协议发展起来的，所具有的功能已经被引入到 ICMPv6 中，用于 IPv6 多播群组的管理。MLD 协议不再使用 IGMP 报文的格式，而是采用 ICMPv6 报文格式，它使用 3 种不同的 ICMPv6 消息类型。

IPv6 多播路由和 IPv4 多播路由类似。IPv6 网络中的路由器利用 MLD 协议发现直接连接的链路上是否有多播组成员，以及相邻路由器正在监听哪些多播地址，路由器上所运行的多播路由协议根据这些信息，把多播报文发送给多播组成员。OSPF 的多播扩展在 OSPFv3 中延续使用，PIM 可以通过最小的改动来实现。PIM 第 2 版在 RFC2362 文档中描述和定义，在第 2 版 PIM 加入了支持 IPv6 协议的内容。

IPv6 多播核心技术包括：多播地址管理；多播网络管理；可靠多播传输；多播网络安全；多播拥塞控制和多播流量控制等。

8.3 简单 IPv6 网络设计思路

8.3.1 底层网络之上的 IPv6 网络构成

对 IPv6 网络的设计和部署应从 IPv6 与底层网络的融合开始，目前人们最常用的底层网络为以太网。通过简单的设计达到理解 IPv6 地址结构、掌握路由器的 IPv6 地址和静态路由配置方法、掌握 RIPng 配置方法和基本原理。

需要注意的是简单 IPv6 网络的构成可以有多种方案，在初次设计 IPv6 协议的应用时，可以采用已有的 IPv4 网络基础设施，在之上增加支持 IPv6 协议的主机节点和设备，逐步增加 IPv6/ IPv4 双栈主机、IPv6 路由器和网关设备等。

最简单的 IPv6 协议应用是在一个 IPv4 网络中配置 IPv6 主机，它们会自动配置本地链路 IPv6 地址，它们使用 ICMPv6 邻居发现消息来互相找到对方，能够在 IPv6 主机之间进行互相通信。如果网络中的主机节点是双栈主机，即 IPv6 主机上还有 IPv4 协议栈的话，这些 IPv6 主机就可以和 IPv4 网络中的主机进行通信。

一个不具备 IPv6 路由器的网络内的主机通过使用 ISATAP，这些主机之间可以进行通信。通过把一个 IPv6 节点配置为 6to4 网关，并且把该节点连接到 Internet，就可以通过使用 6to4 中继路由器访问 Internet 上其他的 IPv6 节点。

进一步在所设计的网络中添加一台 IPv6 路由器。网络上的 IPv6 主机配置可以通过路由器发现报文和路由器通告报文进行。一个公司网络内部可能存在多种组合，有些网段可能具有混合使用的 IPv6 主机和 IPv4 主机，以及双栈主机。还有一些网段可能只有 IPv6 主机。

在现阶段，小型办公室或家用网络一般拥有一个共用的合法 IP 地址，内部网络节点的接口使用专用 IP 地址，通过 NAT 设备连接 Internet。目前的网络应用大部分还是 IPv4 应用，网络中多数为 IPv4 主机，需要首先考虑升级 NAT 设备为 NAT-PT 服务器。

8.3.2 简单 IPv6 网络设计例子

设计 IPv6 网络的主要原因有：保证技术的先进性；支持端到端的连接；有新的 IPv6 应用需要；需要与其他 IPv6 网络连接；解决 IP 地址短缺。一个简单的企业 IPv6 网络拓扑设计如图 8-7 所示，图中使用一种支持 IPv6 的路由协议，例如 RIPv6 路由协议，把两台 IPv6 路由器添加到子网中。路由器也可以被配置为 6to4 网关，把内部 IPv6 网络连接到 Internet 上其他的 IPv6 站点。网络中可以设置 DNS 服务器和 DHCP 服务器，DNS 服务必须运行支持 IPv6 的 DNS 服务器，例如 BIND9，或是一个基于 BIND9 并且支持 IPv6 的第三方 DNS 服务器。

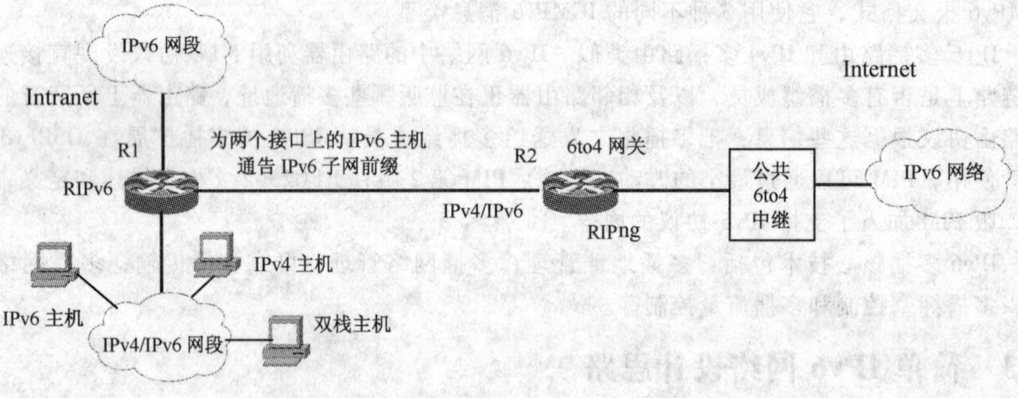

图 8-7 一个简单的企业 IPv6 网络拓扑设计

所设计的 IPv6 网络应结合已有的网络段和网络地址配置范围。例子中的这个网络具有不同的网段，一些网段仅支持 IPv6 主机，一些网段仅支持 IPv4 主机，而另一些支持混合了 IPv6 和 IPv4 的双栈主机。为了简化设计和说明思路，图中只给出一个 IPv6 网段和一个 IPv6/IPv4 网段。路由器 R1 的一个接口连着纯 IPv6 的网段，运行着 IPv6 和 RIPng 协议，并且向网络之外的主机通告这个纯 IPv6 网段的子网前缀。R1 的另一个接口连着混合网段，并且绑定着 IPv6/IPv4 两种协议版本。该网段的一些主机仅支持 IPv4，有些主机仅支持 IPv6，还有一些主机则运行在双栈模式下。路由器 R1 向这个子网通告子网前缀，并且运行着 RIPng 协议。R1 连接着路由器 R2，R2 的内部接口是双栈的。R2 还被配置为一个 6to4 网关。R2 的另一个接口连接 Internet，该接口是 IPv4 单协议栈的，具有一个公网的 IPv4 地址。在 6t04 网关的配置中，可以指定一个公共 6to4 中继代理的地址，或者可以使用 6to4 任播地址来找到最近的 6to4 中继路由器。企业网络内部的所有 IPv6 主机都可以到达其他所有连接着这个 6to4 中继路由器的 IPv6 主机。

企业内部网络的部署可以考虑先升级部分网络支持 IPv6 协议，当该部分网络运行稳定后，再将网络的其余部分逐步升级到 IPv6 网络。可以考虑先将某个边缘路由器升级为双栈，这样可以同时接入 IPv6 或 IPv4 网络。在网络各个部分进行 IPv6 互连时，可以选择一种第 2 层数据链路技术，例如帧中继、ATM 等，在第 2 层链路技术基础上直接建立纯 IPv6 链路。采用此种方法会比隧道技术更加稳定可靠。

IPv6 路由和 IPv4 路由是互相独立分发的，之间不会互相影响。解析网络中的域名需要将网络中的 DNS 服务器升级支持类型为 AAAA 记录。

思考题和练习题

8-1　简述 IPv6 技术与网络中的第 2 层的关系。

8-2　简述 IPv6 技术与以太网（Ethernet）的关系。

8-3　简述用于点对点协议的 IPv6CP 的特点。

8-4　给出在帧中继网络上传输 IPv6 数据报的帧中继首部格式。

8-5　简述 IPv6 多播的特点。

8-6　一个简单 IPv6 网络设计需要考虑哪些主要技术问题？

第9章　移动 IPv6 技术

9.1　移动 IPv6 概述

9.1.1　移动 IP 技术的基本概念

移动 IP 技术是指移动节点在跨 TCP/IP 网络环境中随意地移动和漫游，不需要修改主机的 IP 地址，仍然可以继续使用在原网络中的一切权限和服务的技术。移动 IP 技术不仅可以用于跨越同类传输介质的网络，也适用跨越不同种类传输介质的网络。移动 IP 在网络层增加了新的特性，移动节点在改变网络连接点时，移动节点总是通过本地地址进行通信，移动机制对 IP 层以上的协议层是完全透明的。

移动数据业务是移动通信和数据通信相结合的业务，其基础设施是移动网络通信平台，这些业务包括视频点播、移动定位、远程监控、Internet 访问、Intranet 访问、多媒体短信和电子商务等。在新一代网络中，采用开放的体系结构、统一的标准协议，任何接入网络只要是采用 IPv6 都可以互连互通，将实现有线网和移动网的融合，有线网和移动网通信仅仅是接入方法不同。

在移动技术出现之前，人们习惯于从家里、办公室里或者公共场合的公用电话打电话进行联系。今天移动电话的使用已经很普遍了，人们几乎可以从任何地方，在任何生活状态下打电话。笔记本电脑、无线网络和便携式设备的使用也正在普及。现在，人们拥有具备 IP 地址的移动电话或者个人手持设备（PDA），并且可以在任何时候方便地使用它们，这些设备需要使用 IP 作为传输协议，需要移动 IP 技术来实现信息的传输。移动 IP 技术可以提供当人们到处移动，并且改变网络接入点的时候，网络通信能够自动切换和重连而不需要人工交互，就像人们今天已经习惯的手机漫游一样。例如，假设有一台带有 IEEE802.11 无线接口和通用分组无线业务（GPRS，General Packet Radio Service）的 PDA，在旅馆的房间里，PDA 可以通过无线接口连接到无线网络上的接入点（AP，Access Point），当人们离开房间走在街上时，PDA 自动切换到 GPRS 而不会丢失连接。在 PDA 上运行的所有程序保持原样不变。

在有线 TCP/IP 网络环境中，IP 通过 IP 地址为 Internet 提供了路由能力，网络中的所有节点（主机或路由器）的每个网络接口都分配有唯一的 IP 地址。IP 地址包括网络前缀和主机标识，同一条链路上的所有主机通常有同样的网络前缀和不同的主机标识，IP 网络就是通过网络前缀标识来进行路由选择的。网络中的路由器只需要在路由表中保存一条简单的网络前缀路由表项信息，不必为属于该网络前缀的网络中的每个主机都保存一条表项信息。当网络中的节点从一条链路切换到另一条链路而没有及时更改为属于新链路的 IP 地址时，该节点不能够在新链路上与网络中的其他节点通信。

为了实现网络中的移动通信，需要通过漫游（Roaming）和移动（Mobile）技术。漫游是指移动节点访问 Internet 上的资源，例如浏览网页和收发电子邮件。移动是指移动节点不仅要访问 Internet 上的资源，还要能够让 Internet 上的主机可以访问移动节点，实现移动节点与固定节点，以及移动节点之间的通信。网络中节点实现漫游的方法主要有 3 种：拨号上网；通过动态主机配置协议（DHCP）分配 IP 地址；手工配置 IP 地址。这 3 种方法存在的问题分别是：IP 地址不固定使得节点的访问权限受到限制；实现漫游的节点只能作为网络应用中的客户机而不能用作服务器；不支持无缝的通信，在更改 IP 地址的过程中已经建立的连接会中断。

移动通信的基本要求是，节点在移动过程中能够时刻保持同网络的连接、同权限地访问 Internet 资源、能够作为服务被其他节点访问。需要注意的是，移动 IP 目标是解决通信对端和移动主机之间 IP 分组的传输问题，它实质上是一个网络层解决方案。

9.1.2　移动 IP 技术涉及的术语

（1）移动节点（Mobile Node）　网络中的主机或路由器，在切换链路时不改变 IP 地址，不中断正在进行的通信。

（2）通信对端节点（Correspondent Node）　与移动节点通信的对端节点，可以是一台主机或路由器，也称为对端通信节点或通信者。对端节点可以是移动的，也可以是固定的。

（3）家乡网络（Home Network）　在一个网络环境中，与一个移动节点的 IP 地址网络前缀一致的网络链路。也称为移动节点的归属网络。

（4）家乡代理（Home Agent）　一般设置在一台路由器上，一个端口连接在移动节点的家乡链路上，移动节点在家乡代理上注册它当前的转交地址。该端口截获所有发往移动节点家乡地址的数据报，然后将其封装，通过隧道将数据报送往移动节点最新注册的转交地址上。

（5）外地网络（Foreign Network）　移动节点目前所在的网络。也称为被访网络。

（6）外地代理（Foreign Agent）　一般设置在一台路由器上，一个端口连接到移动节点的外地链路上，它帮助移动节点完成移动检测，给移动节点提供路由服务。一般放置在外部网络的边缘路由器上。

（7）家乡地址（Home Address）　移动节点 IP 地址的网络前缀与该节点家乡网络链路的网络前缀一致，是移动节点的对端节点所知道的移动节点的 IP 地址。移动节点的家乡地址是一个路由可达的单播地址。当移动节点在 Internet 上移动时，其家乡地址不变。家乡地址与家乡网络链路和家乡代理密切联系。家乡地址也称为永久地址（Permanent Address）。移动节点可以拥有多个家乡地址，例如当移动节点的家乡链路上有多个地址前缀时，移动节点有可能得到多个家乡地址。

（8）转交地址（CoA，Care of Address）　一般为用作外部代理的外部网络边缘路由器接口的 IP 地址。CoA 用于把数据报通过外部代理重新选路到移动节点。当移动节点在 Internet 上移动时，转交地址会发生改变。移动节点的转交地址与外地网络链路和外地代理密切联系。转交地址分为外地代理转交地址和配置转交地址两类。外地代理转交地址是一个端口在移动节点当前链路上的外地代理的地址；配置转交地址是暂时分配给移动节点某一个端口的地址。

（9）移动　移动节点改变它的 Internet 接入点，移动节点当前接入点不是它的家乡链路，其离开了家乡网络链路。

（10）绑定　是指移动节点家乡地址与转交地址的关联，绑定有一定的有效期。

（11）注册　移动节点发送一个绑定更新请求到它的家乡代理或通信对端节点，使家乡代理或通信对端节点为实施注册的移动节点创建一条绑定记录。

（12）移动报文　指包含移动扩展首部的 IPv6 报文。

（13）绑定授权　移动节点在向通信对端节点更新注册的过程需要授权，使得接收者相信发送者有权指定新的绑定。

需要说明的是，家乡代理和外地代理是运行在节点（主机或路由器）上的软件系统。通常一个节点可以是一些移动节点的家乡代理，同时又是一些节点的外地代理。移动节点、家乡代理和外地代理 3 个实体可以同时在一个节点上实现，就是说移动节点也能承担外地代理的职责。例如，一个移动节点可以在外地网络中通过使用 DHCP 得到一个 CoA，并且由它自己把它的 CoA 通告给家乡代理。

需要指出的是，移动节点、家乡代理和通信对端节点是移动 IPv6 中最主要的 3 个逻辑功能实体，移动过程主要围绕 3 者展开。这 3 个逻辑实体是概念上的，并不是指某个具体的、物理的 IPv6 网络节点。同一个 IPv6 网络节点可能在不同的通信过程中扮演不同的逻辑实体角色。

9.1.3　移动 IP 技术的发展历程

1996 年 6 月 IESG 通过了移动 IPv4，并于 1996 年 11 月发布为建议标准。IETF 的无线移动工作组（IP Routing for Wireless Mobile Hosts）制订的移动标准包括：RFC3220“IP Mobility Support”，描述移动 IPv4，替代了 RFC2002；RFC2003“IP Encapsulation within IP”、RFC2004“Minimal Encapsulation within IP”、RFC1701“Generic Routing Encapsulation”，描述移动 IPv4 用到的 3 种隧道技术；RFC2005“Applicability Statement for IP Mobility Support”，描述移动 IPv4 的应用；RFC2006“The Definitions of Managed Objects for IP Mobility Support Using SMIv2”，描述移动 IPv4 的管理信息库等内容。

到目前为止，移动 IPv6 的标准仍在制订的过程中，并经历了多次版本更新。最新的草案（Draft）为第 19 版本的 Mobility Support in IPv6。需要指出的是，移动 IPv6 技术是作为 IPv6 的组成部分存在的。

移动 IPv6 技术充分利用了 IPv6 对移动性的内在支持。路由器在路由器通告报文中指示了它是否能担任本地代理。同一个链路内允许多个本地代理存在，移动节点可以向任意一个本地代理注册。本地代理中保存有移动节点的家乡地址和转交地址的对照表，收到发送给移动节点的报文后，根据对照表把报文转发给移动节点。每当移动节点收到其他主机发来的报文后，在响应报文中以转交地址作为源地址，并要附带上移动节点的家乡地址。其他主机的后续报文以移动节点的转交地址为目的地址，但是要附带源路由选择头，首部内容为移动节点的家乡地址。使用这种机制的目的是保证移动节点即使在移动过程中也不会丢失报文。

IPv6 中定义了重定向过程。当移动节点在小区间切换时，移动节点重新登记成功后，基站（接入点）应该向原来的基站发重定向报文，使切换过程中路由有偏差的报文重新找到移动节点。

移动 IPv6 的主要目标就是使得移动节点总是通过家乡地址寻址，不管是连接在家乡链路还是移动到外地网络。移动 IPv6 对于 IP 层以上的协议层是完全透明的，这使得移动节点在不同的网络间移动时，运行在该节点上的应用程序不需修改或配置仍然可用。

目前，移动 IPv6 的主要研究方向是：移动中的快速切换，研究如何保持通信对端和移动节点之间，在移动切换发生时通信的连续性；移动 IPv6 安全性，IPv6 在引入移动性的同时也引入了许多不安全因素；移动 IPv6 的 QoS，移动 IPv6 由于其无线接入方式的特殊性，与固定接入方式比较，更难提供对服务质量的保证；网络移动性，有时单个节点的移动不容易满足需求，需要网络移动性的支持。

9.1.4 移动 IPv6 与移动 IPv4 的比较

在移动性方面，IPv4 网络提出的是一种补救性的措施，移动 IPv4 有很多不完善的地方，主要表现在以下几个方面：

1）在移动 IPv4 中，存在一个外地代理的概念，它实际上是外地链路上的一个路由器，由它来为移动到本链路的移动节点接收数据报。

2）在移动 IPv4 中，有两种转交地址：配置转交地址和代理转交地址。其中，配置转交地址通过配置规程如 DHCP、BOOTP 等协议得到，它是一个真正的独立的 IPv4 地址，此时移动节点可以自己用此地址发送或者接收数据报；代理转交地址实际上就是外地代理的地址，外地代理代替移动节点接收数据报，简单处理后，再把包传送给移动节点。

3）移动 IPv4 中存在着“三角路由”问题。由通信节点送给连接在外地链路上的移动节点的数据报先被路由到它的家乡代理上，然后经隧道送到移动节点的转交地址，然而，由移动节点发出的数据报却被直接路由到了通信节点，这构成了一个三角形路由。在安全性方面，移动 IPv4 采用的是静态配置的移动安全关联（MSA，Mobile Security Association），因此不能对移动 IPv6 进行路由优化。

IPv6 在制定之初就考虑到了要解决移动性问题，因此它的基本理论中就有许多是为解决移动问题而提出的，这使得 IPv6 的移动解决方案是一个对移动性问题的根本的解决方案。IPv6 有许多适用于解决移动性问题的新特性，这些特性都是 IPv4 所不具备的，因此 IPv6 能够更好地解决移动性问题。主要表现在以下方面：

（1）地址自动配置　IPv6 有足够多的全球地址，另外 IPv6 实现了一种称为无状态地址自动配置的机制，任意节点可以根据当前所在链路的前缀信息以及自己的网络接口信息自动生成一个全球地址。IPv6 的地址自动配置机制使得移动节点可以很容易地得到转交地址，不需要人为地参与。

（2）邻居发现　在邻居发现中规定，路由器应该定期广播发送其前缀信息，移动节点根据这些前缀信息能够快速地判断自己是否发生了移动，并通过地址自动配置得到转交地址；邻居发现中还定义了代理通告（Proxy Advertisement）的概念，使得家乡代理可以通过发送代理邻居通告报文，截获发送到移动节点家乡地址的数据报，并通过隧道（Tunnel）方式把这个包送到移动节点的转交地址。

（3）内嵌的安全机制　IPv6 内置安全机制并已经标准化，安全部署是在更加协调统一的层次上。IPv6 同 IP 安全性（IPSec）机制和服务一致。除了必须提供网络层安全这一强制性机制外，IPSec 还提供两种服务：认证首部（AH，Authentication Header）用于保证数据的一致性，进行身份鉴别和认证；封装安全载荷首部（ESH，Encapsulation Security Payload Header）用于数据的加密，也提供鉴别和数据的一致性。同时可以利用 IPv6 的新特性，为移动 IPv6 专门设计安全机制。

（4）黑洞检测　移动 IPv6 中的移动检测机制提供了移动节点和它的当前路由器之间的双向可到达的确认机制，即移动节点可以随时知道当前路由器是否继续可达，同时路由器也可以知道节点是否继续可达。如果移动节点检测到当前路由器不再可用，它就会去请求另外一台路由器。而移动 IPv4 只提供了“前向”可到达的检测机制，即路由器可以随时确认移动节点是否继续可达，但是移动节点却不能检测到路由器是否继续可达。

（5）路由首部　IPv6 中定义了路由首部，首部中指定了数据报在从源节点到目的节点的过程中应该经过的节点的地址。大多数发送到移动节点的数据报都要使用路由首部，数据报的目的地址是移动节点的转交地址，并且包含一个路由首部。路由首部的下一跳是这个移动节点的家乡地址。

（6）动态家乡代理地址发现机制　在 IPv6 中，定义了一种任播地址（Anycast Address），它也是一个地址组，地址组中的所有的节点都会收到发往这个任播地址的数据报，但是只会有一个节点对这个数据报做出响应。移动节点家乡链路上所有的路由器都配置为“Mobile-IPv6 Anycast Address”，移动节点把“家乡代理地址发现请求”消息发到这个“Mobile-IPv6 Anycast Address”，所有的家乡代理都收到了这条消息，但是有且仅有一个家乡代理对此做出响应。

（7）透明性的实现　移动节点定义了移动 IPv6 扩展首部，通过其中的家乡地址选项，通信对端节点在收到移动节点的数据报时，将转交地址替换成家乡地址，从而实现通信对端对上层协议的透明性。借助第二类路由头，移动节点在收到通信对端的 IP 数据报时，从路由头重新提取家乡地址作为数据报的最终地址，实现了移动节点对上层协议的透明性。利用这两种扩展首部，可以保证 IP 数据报能够正常通过防火墙等具有 IP 过滤功能的网络设备。对于通信节点来说，移动节点发送数据报时使用“Home Address Option”，可以使其不必知道移动节点的转交地址；对于移动节点上的应用程序来说，通信节点发送数据报时采用“Router Header”，仍旧可以使应用程序不必知道移动节点的转交地址。

（8）移动 IPv6 中可以采用移动节点与通信对端节点绑定　通信对端节点直接与移动节点的转交地址通信，从而有效地避免了三角路由问题。

虽然移动 IPv6 从移动 IPv4 中借鉴了许多概念和术语，例如 IPv6 中移动节点（MN）、家乡代理（HA）、家乡地址、家乡链路、转交地址和外地链路等概念和移动 IPv4 中的几乎一样，但是两者还是有差别的。移动 IPv4 具有的概念与移动 IPv6 具有的概念的比较见表 9-1。

表 9-1　移动 IPv4 具有的概念与移动 IPv6 具有的概念的比较

移动 IPv4 具有的概念	移动 IPv6 具有的概念
移动节点，家乡代理，家乡链路，外地链路	相同
移动节点的家乡地址	全球可路由的家乡地址和链路本地地址
外地代理，外地转交地址	外地链路上的一个纯 IPv6 路由器，没有外地代理，只有配置转交地址
配置转交地址，通过代理搜索、DHCP 或手工得到转交地址	通过主动地址自动配置、DHCP 或手工得到转交地址
代理搜索	路由器搜索
向家乡代理的经过认证的注册	向家乡代理和其他通信节点（CN）的带认证的通知
到移动节点的数据传送采用隧道	到移动节点的数据传送可采用隧道和源路由
由其他协议完成的路由化	集成了路由优化

移动 IPv6 中没有外地代理的概念，只定义了一种转交地址，是移动节点通过地址自动配置得到的配置转交地址。

9.1.5 移动 IP 的工作过程

IPv4 网络和 IPv6 网络的子网地址或前缀标识随着移动节点从属的网络而改变。当一个移动节点改变了其网络接入点的时候，最有可能的情况是它需要获取一个新 IP 地址，这就会干扰它的 TCP 或 UDP 连接。RFC2002 技术文档“IP 移动性支持（IP Mobility Support）”描述了 IPv4 网络中移动 IP 的概念，可以允许 IP 数据报透明地路由到 Internet 中的移动节点上。

大多数 Internet 数据传输都使用了 TCP 连接。一个 TCP 连接由通信双方端点各自的源和目的 IP 地址和端口号共同定义。如果这 4 个参数中有一个改变了，那么通信就会中断，需要重新建立 TCP 连接。如果一个移动节点从一个网络连接到另一个网络接入点（AP）的话，它需要一个新的 IP 地址。移动 IP 通过给移动节点分配两个不同 IP 地址而解决了在不改变节点 IP 地址的情况下，把节点移动到另一个接入点的问题。这两个地址中，第一个是家乡地址，它是静态的，不会发生改变，因此它被用来识别 TCP 连接；第二个地址被称为转交地址，它随着节点目前所属的网络而改变。为了实现 IP 节点的移动，移动 IP 需要一个家乡代理（Home Agent）。当移动节点不属于其本地（家乡）网络的时候，家乡代理会把所有去往该移动节点家乡地址的数据报收集起来，并把它们转发到该节点的转交地址。每当移动节点移动到一个不同的网络时，它都必须向它的家乡代理注册新的转交地址。在移动 IPv4 中，外部网络具有一个协助移动节点接收数据报的外部代理（Foreign Agent）。一个向移动节点发送数据报的节点被称为联系人节点（Correspondent Node）。

家乡代理（HA）接收那些发往移动节点（MN）家乡地址的数据报，并把它们转发到转交地址。家乡代理之所以知道转交地址，是因为移动节点必须在每次移动到其他网络的时候，向代理注册当前的转交地址。

当家乡代理要对发往移动节点的家乡地址的数据报重新定向的时候，必须要把目的 IP 地址改为移动节点的转交地址。当移动节点收到数据报的时候，IP 地址又一次被改变，以使得它看起来是把移动节点的家乡地址作为目的 IP 地址。家乡代理通过应用一个目的地址字段包含着转交地址的新的 IP 首部，并且把原始数据报封装在这个新的 IP 首部内来实现这一功能。当移动节点收到这个数据报的时候，它会除去附加的 IP 首部，像往常一样处理原始数据报。因此，家乡代理实际上是起到了隧道的作用。移动 IP 发现过程要使用路由器通告（在 RFC1256 和 RFC2461 中定义），并且把它们扩展加入了移动信息，例如转交地址。这些扩展后的路由器通告被称为代理通告（Agent Advertisements）。代理按照一定的周期发布通告。如果移动节点不想等待下次通告的话，移动节点可以请求通告。这些请求报文称为代理请求（Agent Solicitation）报文。

移动节点向其家乡代理发送一条包含着转交地址的注册请求。家乡代理接受该请求并且返回一条注册应答。注册请求包含着有关这种特殊隧道的参数和标记，还包括一个注册生命期。家乡地址、转交地址和注册生命期合在一起称为绑定（Binding）。当移动节点移动到一个不同的网络时，它会发出一个绑定更新来注册新的转交地址。很明显，这种机制具有一个潜在的安全漏洞。移动节点和家乡代理需要一种验证机制，这样家乡代理才能判断该绑定更新是来自移动节点。移动节点和家乡代理必须能够使用具有 128 位密钥的报文摘要 5（Message Digest 5）来为注册请求创建不易遗忘的数字签名，该签名是通过对注册消息首部内的所有数据以及签名之前的扩展执行报文摘要 5 单向哈希（Hash）算法计算出来的。报文摘要 5 简写为 MD5，报文摘要（MD）的描述可以参考 RFC1321。

上述移动 IP 技术的概念同时适用于 IPv4 网络和 IPv6 网络。IPv6 的高级特性使得移动 IP 更容易实现。移动 IPv6 不需要外部代理，因为无状态自动配置和邻居发现提供了所需的功能，并且它们是内建在 IPv6 中的。RFC2473 描述和定义了 IPv6 内的 IPv6 隧道，也是家乡代理在把数据报转发到移动节点的转交地址时所做的事情。对于移动 IPv4，发送给移动节点的所有数据报通常都要经过家乡代理，这容易构成三角路由。对于移动 IPv6，则是使用扩展首部，通过把移动节点的家乡地址及其转交地址的绑定缓存起来，从而使得数据报能够直接被发送到它的转交地址上。从属于外部网络的移动节点现在使用它的转交地址作为发送数据报时的源地址，该移动节点的家乡地址位于目的地选项（Destination Options）首部中，这意味着会话控制信息也是装载在同一个数据报上的。在移动 IPv4 中，这些控制消息必须在单独的 UDP 数据报中进行发送。把转交地址用作源地址也简化了多播路由。

对于移动 IPv4，为了使用家乡地址作为多播包的源地址，多播数据报必须被隧道到家乡代理上；而在 IPv6 中，这些信息被包括在目的地选项首部中，并且可以被每一个进行接收的节点所处理。对于移动 IPv4，在移动节点连接着外部网络的时候，所有发往家乡地址的数据报必须被封装；而在 IPv6 中，虽然发往移动节点家乡地址的数据报仍必须被封装，但是在发生绑定更新的时候，曾经直接交换的数据报可以使用路由首部进行发送，这样效率更高，而且增加的额外载荷会更少。对于移动 IPv4，移动节点通过发出广播请求来检测家乡代理，因此会从同一网段中所有的家乡代理那里收到各自的应答；而在 IPv6 中，该请求是通过使用任播地址而发出的，只会有一个应答。

9.2 移动 IPv6 的组成和特征

9.2.1 移动 IPv6 的技术要求

移动 IP 提供了一种 IP 路由机制，使移动节点可以以一个固定的 IP 地址连接到任何链路上。移动 IP 可以看做是一个路由协议，只是与其他路由协议相比，移动 IP 具有特殊的功能，它的目的是将数据报路由到那些可能一直在快速地改变位置的移动节点上。移动 IP 只是将数据报路由到移动节点的网络层，对 TCP 等其他技术以及应用程序的改进则不是移动 IP 的范畴。设计移动 IP 时有以下几个要求：

1）移动节点在改变数据链路层的接入点后应仍能与 Internet 上的其他节点通信。

2）无论移动节点连接哪个数据链路层接入点，它应仍能用原来的 IP 地址进行通信。

3）移动节点应能与不具备移动 IP 功能的计算机通信。

4）移动节点不应比 Internet 上的其他节点面临新的或更多的安全威胁。

9.2.2 移动节点具有的 3 种功能

移动检测功能是移动节点通过移动检测确定当前连接的是家乡网络链路还是外地网络链

路，同时也判定移动节点是否从一条网络链路移动到另一条网络链路。若是连接到外地网络链路，移动节点会获得一个转交地址。移动检测也称为代理搜索，移动检测通过家乡代理和外地代理周期地发送代理通告报文来实现，代理通告报文是 ICMP 路由器通告报文的扩展。

注册功能是移动节点向家乡代理通告该节点当前转交地址的一种认证机制，移动节点在移动到一个外地网络链路时均需要注册，在返回到家乡网络链路时需要撤销注册。注册消息使用的运输层协议是 UDP，移动节点向其家乡代理发送注册请求消息，家乡代理通过注册应答消息告诉移动节点注册的结果。

隧道技术功能是对数据报穿越不同网络链路进行路由的一种机制，隧道技术针对的是移动节点在外地网络链路时数据报传输的情况。移动节点在外地网络链路时，发给移动节点家乡地址的数据报依据网络前缀先被路由到该节点的家乡网络（归属网络），家乡代理截获数据报后，通过隧道技术将该数据报送到移动节点的转交地址（一般是外地网络的路由器），在转交地址处，从隧道中取出数据报后送往移动节点。

9.2.3　移动 IPv6 的组成

移动 IPv6 的组成与移动 IPv4 类似，家乡网络链路是具有本地子网前缀的链路，移动节点使用本地子网前缀创建或获得家乡地址，外地网络链路是移动节点移动到的网络，移动节点使用外地子网前缀创建转交地址。移动节点可以同时具有多个转交地址，但只有一个转交地址可以在移动节点的家乡代理中注册为主转交地址。

在移动 IPv6 中取消了外部代理。移动节点的家乡代理是家乡网络链路上的一台路由器，主要负责维护离开本地链路的移动节点，以及这些移动节点所使用的地址信息。移动 IPv6 中一个重要的组成部分是对端节点，对端节点是与离开家乡链路的移动节点进行通信的 IPv6 节点，对端节点可以是一个固定节点或一个移动节点。移动 IPv6 的组成如图 9-1 所示。

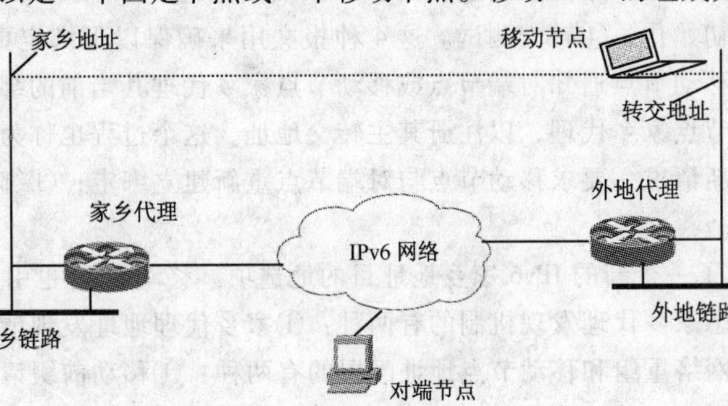

图 9-1　移动 IPv6 的组成

9.2.4　移动节点和对端节点之间的通信模式

移动节点在家乡网络链路或是离开家乡网络链路，总是期望通过家乡地址寻址，移动节点离开家乡网络链路移动到外地网络链路时，是通过一个或多个转交地址寻址，移动节点可以通过 IPv6 有状态或无状态地址自动配置机制来获得其转交地址。

移动节点家乡地址和转交地址之间的联合被称为移动节点的绑定，移动节点离开家乡网络链路时，在家乡链路上的一台路由器上注册其转交地址，该路由器用作移动节点家乡代理。移动节点通过发送绑定更新至家乡代理来执行绑定注册，家乡代理通过应答绑定确认消息响应移动节点。

移动节点通过对端注册可以将其当前位置的信息提供给对端节点。移动节点和对端节点之间有两种通信模式：

（1）反向隧道模式　不要求对端节点支持移动 IPv6，即使移动节点还没有注册其当前的对端节点绑定时依然可以使用。在此种模式中，家乡代理使用邻居发现截取家乡网络链路上所有发送至移动节点家乡地址的 IPv6 数据报，每一个截取的数据报通过隧道发送至移动节点的主转交地址。来自对端节点的数据报路由至家乡代理，然后通过隧道发送至移动节点。从移动节点向对端节点发送的数据报是从移动节点通过隧道发送至家乡代理（反向隧道）的，然后由家乡网络链路路由到对端节点。

（2）路由优化模式　移动节点在对端节点注册其当前绑定，来自对端节点的数据报能够直接路由至移动节点的转交地址。在发送一个数据报至任何一个 IPv6 节点时，对端节点检查其缓存地数据报目的地地址条目的绑定，若找到绑定，对端节点使用一个新的 IPv6 路由首部类型，以绑定中标识的转交地址将数据报路由至移动节点。

移动 IPv6 提供多个家乡代理支持，也提供家乡网络重新配置的有限支持。例如，随着时间的迁移，家乡子网前缀可能发生了改变，通过动态家乡代理地址发现机制，使得移动节点可以动态地发现其家乡链路上的家乡代理的 IP 地址，通过移动前缀发现机制，可以使移动节点获得家乡子网前缀的最新信息。

9.2.5　移动 IPv6 增加的新协议及内容

移动 IPv6 增加的支持移动计算的 IPv6 新协议称为移动首部，该移动首部提供用于执行移动节点到对端节点的返回路由可达过程的 4 种报文（消息）：①家乡测试初始化；②家乡测试；③转交测试初始化；④转交测试。这 4 种报文用来确保以下绑定更新信息的正确性：①绑定更新，用于移动节点通知对端节点或移动节点家乡代理其当前的绑定，移动节点将绑定更新发送到移动节点家乡代理，以注册其主转交地址，这个过程也称为家乡注册；②绑定确认，用于绑定更新请求，要求移动节点与对端节点重新建立绑定；③绑定错误，用于表示有关移动性的错误。

移动 IPv6 定义了一个新的 IPv6 家乡地址目的地选项。移动 IPv6 也引入了 4 种新的ICMP 报文类型。用于动态家乡代理发现机制的有两种：①家乡代理地址发现请求；②家乡代理地址发现响应。用于网络重组和移动节点地址配置的有两种：①移动前缀请求；②移动前缀通告。

用于移动 IPv6 的数据结构有 3 种：①绑定缓存，是指其他节点绑定的缓存，该缓存由家乡代理和对端节点维护，缓存中的表项有对端注册和家乡注册；②绑定更新列表，该列表由一个移动节点维护，移动节点具有的和正在试图与特定节点建立的绑定在列表中均有对应的表项，对端注册和家乡注册都包括在该列表中，在某一表项的绑定生存周期超过时，将被删除；③家乡代理列表，家乡代理需要知道在同一网络链路上的其他家乡代理，该列表用于在动态家乡代理地址发现期间通知移动节点。

9.3　移动 IPv6 报文和选项格式

9.3.1　移动 IPv6 首部格式

移动首部是移动节点、通信对端节点和家乡代理在绑定创建和管理等过程中，所有报文都要使用的扩展首部。移动首部用在前一个首部中的下一个首部字段的值为 135 来标识。移动首部的排列要与其他 IPv6 扩展首部的排列相同，以 8 字节为分界排列。移动首部的格式如图 9-2 所示。

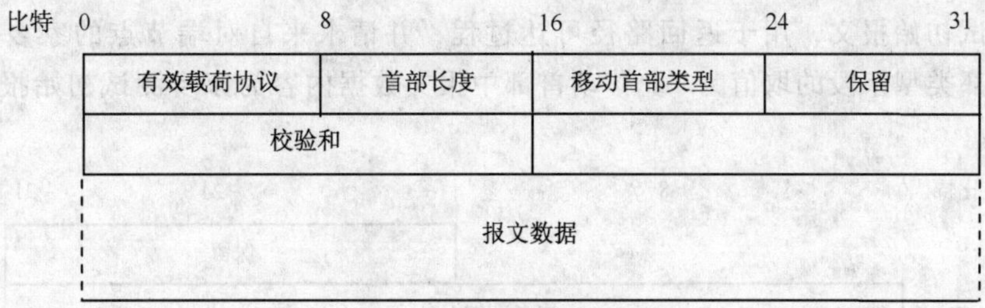

图 9-2　移动首部的格式

移动首部中各字段的含义解释如下：

1）有效载荷协议，占 8 位，表示紧跟在移动首部之后的首部类型，与 IPv6 下一个首部字段中的取值相同。该字段用于扩展。RFC3775 规定，此值应该设置为 IPPROTO_ NONE (59)。

2）首部长度，占 8 位，值为无符号整数，以 8 字节为单位表示移动首部的长度，不包括前 8 字节。要求移动首部的长度必须是 8 位的整数倍。

3）移动首部类型，占 8 位，标识该移动首部的报文类型，不能识别的移动首部类型会导致返回一个错误标识。

4）保留，占 8 位，用于将来扩充使用，发送方将该字段值设置为全 0，接收方将忽略该字段。

5）校验和，占 16 位，值为无符号整数，内容为移动首部的校验和，校验范围是以伪首部为基础进行的。

6）报文数据，包含对应移动首部类型中类型值的移动选项。

9.3.2　绑定更新请求报文

绑定更新请求报文要求移动节点更新其移动绑定，移动首部类型字段的取值为 0，移动首部中报文数据内容为绑定更新请求报文的格式如图 9-3 所示。

绑定更新请求报文的报文数据部分有两个字段，含义解释如下：

1）保留，占 16 位，发送方将该字段值设置为全 0，接收方将忽略该字段。

2）移动选项，该字段包含 0 个或多个 TVL（类型-长度-值）编码的移动选项，接收方将忽略和跳过其无法解析的选项。该字段的长度必须是 8 字节的整数倍。若该报文中不存在实际选项，不需要填充位，此时首部长度字段的值将设置为 0。移动选项允许对已定义的绑

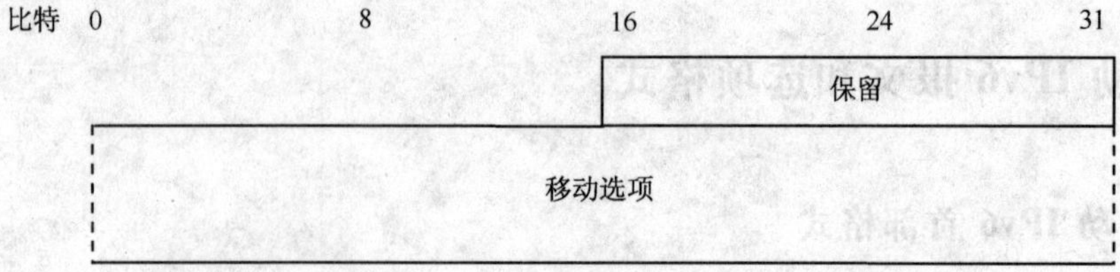

图 9-3 绑定更新请求报文的格式

定更新请求报文格式做进一步扩展。

9.3.3 家乡测试初始报文

家乡测试初始报文，用于返回路径可达过程，并请求来自对端节点的家乡密钥生成令牌。移动首部类型字段的取值为 1，移动首部中报文数据内容为家乡测试初始报文的格式如图 9-4 所示。

图 9-4 家乡测试初始报文的格式

家乡测试初始报文的报文数据部分有 3 个字段，含义解释如下：

1）保留，占 16 位，发送方将该字段值设置为全 0，接收方将忽略该字段。

2）家乡初始 Cookie，占 64 位，是由移动节点生成的一个随机值。

3）移动选项，该字段包含 0 个或多个 TVL 编码的移动选项，接收方将忽略和跳过其无法解析的选项。该字段的长度必须是 8 字节的整数倍。RFC3775 未定义任何对于家乡测试初始报文有效的选项。若该报文中不存在实际选项，不需要填充位，此时首部长度字段的值将设置为 1。

移动节点离开家乡时，该报文使用隧道通过家乡代理传输。这种隧道模式使用 IPsec ESP。

9.3.4 转交测试初始报文

转交测试初始报文，移动节点使用该报文初始化返回路由可达过程，并请求来自对端节点的转交密钥生成令牌。移动首部类型字段的取值为 2，移动首部中报文数据内容为转交测试初始报文的格式如图 9-5 所示。

转交测试初始报文的报文数据部分有 3 个字段，含义解释如下：

1）保留，占 16 位，发送方将该字段值设置为全 0，接收方将忽略该字段。

2）转交初始 Cookie，占 64 位，是由移动节点生成的一个随机值。

3）移动选项，该字段包含 0 个或多个 TVL 编码的移动选项，接收方将忽略和跳过其无法解析的选项。该字段的长度必须是 8 字节的整数倍。RFC3775 未定义任何对于家乡测试请

图 9-5　转交测试初始报文的格式

求报文有效的选项。若该报文中不存在实际选项，不需要填充位，此时首部长度字段的值将设置为 1。

9.3.5　家乡测试报文

家乡测试报文，是对于家乡测试初始报文的响应，家乡测试报文从对端节点发送至移动节点。移动首部类型字段的取值为 3，移动首部中报文数据内容为家乡测试报文的格式如图 9-6 所示。

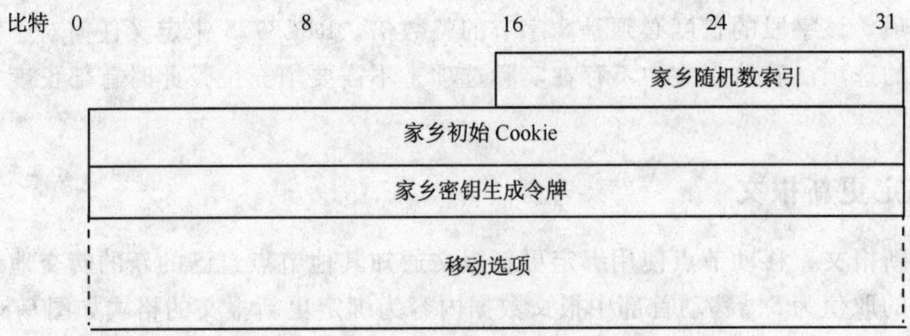

图 9-6　家乡测试报文的格式

家乡测试报文的报文数据部分有 4 个字段，含义解释如下：

1）家乡随机数索引，由通信对端生成，发送给移动节点。在后续的绑定过程中，移动节点将该字段返回给对端节点。

2）家乡初始 Cookie，占 64 位，内容为家乡初始 Cookie，是由移动节点生成的一个随机值。

3）家乡密钥生成令牌，占 64 位，由通信对端生成，发送给移动节点。

4）移动选项，该字段包含 0 个或多个 TVL 编码的移动选项，接收方将忽略和跳过其无法解析的选项。该字段的长度必须是 8 字节的整数倍。RFC3775 未定义任何对于家乡测试请求报文有效的选项。若该报文中不存在实际选项，不需要填充位，此时首部长度字段的值将设置为 2。

9.3.6　转交测试报文

转交测试报文，是对转交测试初始报文的响应，该报文从对端节点发送至移动节点。移动首部类型字段的取值为 4，移动首部中报文数据内容为转交测试报文的格式如图 9-7 所示。

转交测试报文的报文数据部分有 4 个字段，含义解释如下：

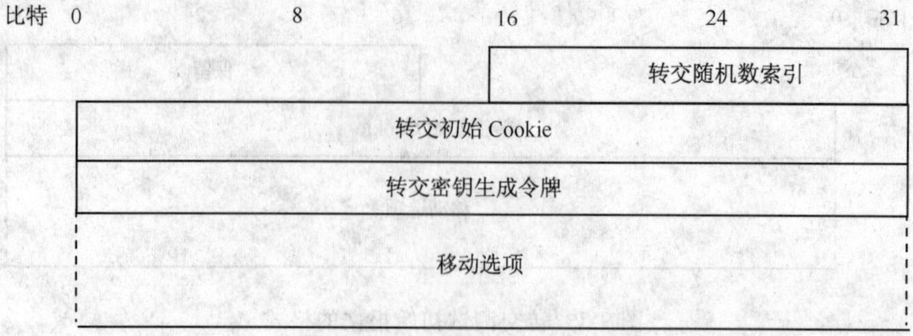

图 9-7 转交测试报文的格式

1）转交随机数索引，由通信对端生成，发送给移动节点。在后续的绑定过程中，移动节点将该字段返回给对端节点。

2）转交初始 Cookie，占 64 位，内容为转交初始 Cookie，是由移动节点生成的一个随机值。

3）转交密钥生成令牌，占 64 位，由通信对端生成，发送给移动节点。

4）移动选项，该字段包含 0 个或多个 TVL 编码的移动选项，接收方将忽略和跳过其无法解析的选项。该字段的长度必须是 8 字节的整数倍。RFC3775 未定义任何对于家乡测试请求报文有效的选项。若该报文中不存在实际选项，不需要填充位，此时首部长度字段的值将设置为 2。

9.3.7 绑定更新报文

绑定更新报文，移动节点使用绑定更新报文通知其他节点自己的新的转交地址。移动首部类型字段的取值为 5，移动首部中报文数据内容为绑定更新报文的格式如图 9-8 所示。

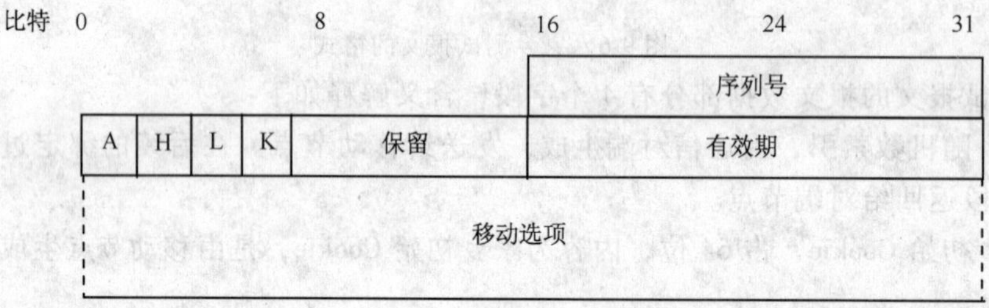

图 9-8 绑定更新报文的格式

绑定更新报文的报文数据部分有 8 个字段，含义解释如下：

1）确认位（A），移动节点设置此位，该位置 1，表示要求对方在收到此绑定更新后返回一个绑定确认。

2）家乡注册位（H），移动节点设置此位，该位置 1，指明请求对方做自己的家乡代理。该报文应发向与移动节点家乡地址前缀有相同子网前缀的有家乡代理功能的路由器。

3）链路本地地址兼容位（L），移动节点的家乡地址和移动节点的链路本地地址具有相同的网络接口标识符部分时，该位设置为 1。

4）移动性密钥管理能力位（K），若手动设置 IPsec，必须设置该位值为 0。该位仅于发送至家乡代理的绑定更新中有效，在其他绑定更新中应清除。通信对端节点应忽略该位。

5）保留，发送方将该字段值设置为全 0，接收方将忽略该字段。

6）序列号，占 16 位，无符号整数。发送方用于匹配绑定更新和绑定确认，接收方用于排序绑定更新。

7）有效期，占 16 位，无符号整数。指明绑定的有效时间，单位是 4s。若该字段值为 0，表明请求删除绑定记录。

8）移动选项，该字段的长度必须是 8 字节的整数倍。在绑定更新报文中，该字段可以是：

① 绑定授权数据选项。在发送至对端节点的绑定更新中，此项是必需的。

② 随机数索引选项。

③ 备用转交地址选项。若没有指定备用地址转交选项，IPv6 首部中的源地址将被认为是转交地址，对通信对端节点来说，转交地址必须是一个可路由的单播地址，否则这个绑定更新应简单丢弃。

若该报文中不存在实际选项，需要 4 字节填充，并且将首部长度字段的值设置为 1。

可以通过将有效期设置为 0、将转交地址设置为家乡地址来标识绑定的删除。在删除过程中，绑定管理密钥的生成只依赖于家乡密钥生成令牌。

若任何以对端节点作为主机的应用程序可能需要与移动节点通信，则在有效期过期之前对端节点不应该删除绑定缓存记录。过早地删除绑定记录可能会导致包含家乡地址目的地选项的后续数据报从移动节点丢弃。

9.3.8 绑定确认报文

绑定确认报文用于确认收到了绑定更新，移动首部类型字段的取值为 6，移动首部中报文数据内容为绑定确认报文的格式如图 9-9 所示。

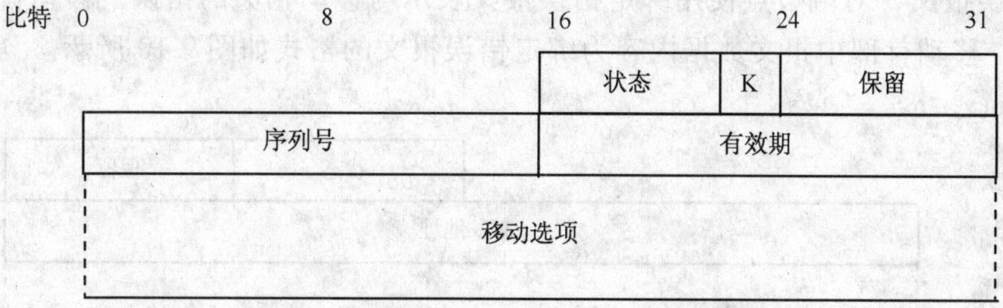

图 9-9　绑定确认报文的格式

绑定确认报文的报文数据部分有 6 个字段，含义解释如下：

1）移动性密钥管理能力位（K），若该位设置为 0，用于指明在移动节点和家乡代理之间建立 IPsec 安全关联的协议没有免于移动。IPsec 安全关联本身期望免于移动，对端节点必须将该位设置为 0。

2）保留，发送方将该字段值设置为全 0，接收方将忽略该字段。

3）状态，占 8 位，无符号整数。移动节点可以通过该字段值判断绑定更新是否被接受、或失败的原因。该字段值小于 128 表明更新被接受，大于等于 128 表明被拒绝。状态值编码的含义见表 9-2。

4）序列号，该字段内容从绑定更新报文中复制。移动节点用该字段值匹配绑定更新请求和确认。

5）有效期，指明该绑定记录的有效时间，以 4s 为单位。

6）移动选项，该字段的长度必须是 8 字节的整数倍。在绑定确定报文中，该字段可以是：

① 绑定授权数据选项，在通信对端节点发送的绑定确认中，此选项是必需的。

② 绑定刷新建议选项。

若该报文中不存在实际选项，需要 4 字节填充，并且首部长度字段的值设置为 1。

表 9-2 状态值编码的含义

状态字段编码	含 义
0	接收的绑定更新
1	接收但需要前缀发现
128	未指定原因
129	管理层禁止
130	资源不足
131	不支持家乡注册
132	无家乡子网
133	无该移动节点的家乡代理
134	重复地址发现失败
135	序列号溢出
136	过期的 Home Nonce Index
137	过期的 Care of Nonce Index
138	过期的 Nonce
139	未允许的注册类型或改动

9.3.9 绑定错误报文

绑定错误报文，对端节点使用绑定错误报文表示与移动相关的错误。移动首部类型字段的取值为 7，移动首部中报文数据内容为绑定错误报文的格式如图 9-10 所示。

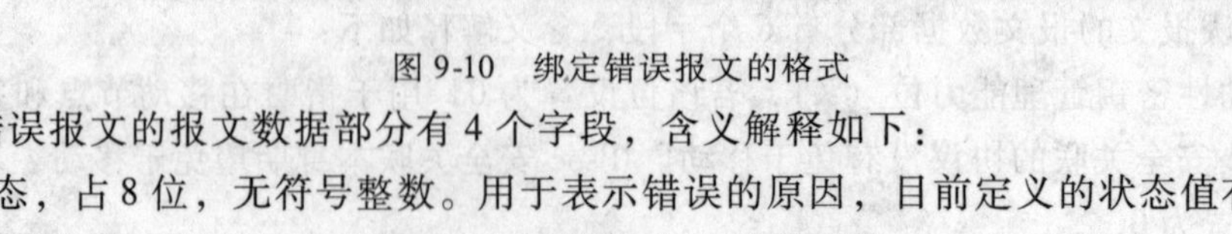

图 9-10 绑定错误报文的格式

绑定错误报文的报文数据部分有 4 个字段，含义解释如下：

1）状态，占 8 位，无符号整数。用于表示错误的原因，目前定义的状态值有两个：1—对家乡地址目的选项未知的绑定；2—未知的移动首部类型值。

2）保留，发送方将该字段值设置为全 0，接收方将忽略该字段。

3）家乡地址，在家乡地址目的选项中包含的家乡地址。移动节点有可能有多个家乡地址，移动节点可以使用该字段内容确定是哪个家乡地址的绑定出了问题。

4）移动选项，该字段包含 0 个或多个 TVL 编码的移动选项，接收方将忽略和跳过其无法解析的选项。该字段的长度必须是 8 字节的整数倍。

对于不需要在所有发送的绑定错误报文中出现的消息内容，可能存在与这些绑定错误报文相关的附加信息。移动选项允许对已经定义的绑定错误报文格式做进一步扩展。

若该报文中不存在实际选项，不需要字节填充，并且首部长度字段的值设置为 2。

9.4 移动选项

9.4.1 移动选项格式

移动选项在移动报文数据字段编码，采用 TLV 格式，移动选项格式如图 9-11 所示。

比特 0	8	16　24　31
选项类型	选项长度	选项数据

图 9-11　移动选项格式

移动选项格式有 3 个字段，含义解释如下：

1）选项类型，占 8 位，当处理包含移动选项的移动首部时，若选项类型无法识别，接收方必须跳过并忽略该选项，继续处理剩下的选项。

2）选项长度，占 8 位，无符号整数，以字节为单位，表示移动选项的长度，不包括选项类型和选项长度字段。

3）选项数据，对应指定选项的数据。执行时必须忽略任何无法解析的移动选项。

移动选项可能会有长度排列的要求，例如，宽度为 n 个字节的字段从首部开始以 n 个字节的整数倍放置。

9.4.2 Pad1 和 Pad N

Pad1 和 Pad N 主要用于对齐填充。Pad1 选项没有排列要求，Pad1 选项的格式是个特例，没有选项长度和选项数据字段。Pad1 选项用于在移动首部的移动选项区域中插入 1 字节的填充，若要求多个填充，应使用 Pad N 选项。Pad1 选项格式如图 9-12 所示。

比特 0　7
选项类型=0

图 9-12　Pad1 选项格式

Pad N 选项也没有排列要求，用于在移动首部的移动选项区域中插入 2 字节或多个字节的填充。对于 N 个字节填充，选项字段值为 N－2，选项数据由 N－2 个 0 值字节组成。接收方必须忽略 Pad N 选项数据。Pad N 选项格式如图 9-13 所示。

比特 0	8	16　24　31
选项类型=1	选项长度	选项数据

图 9-13　PadN 选项格式

9.4.3 绑定更新建议选项

绑定更新建议选项有 2n 字节的排列要求，绑定更新建议选项格式如图 9-14 所示。

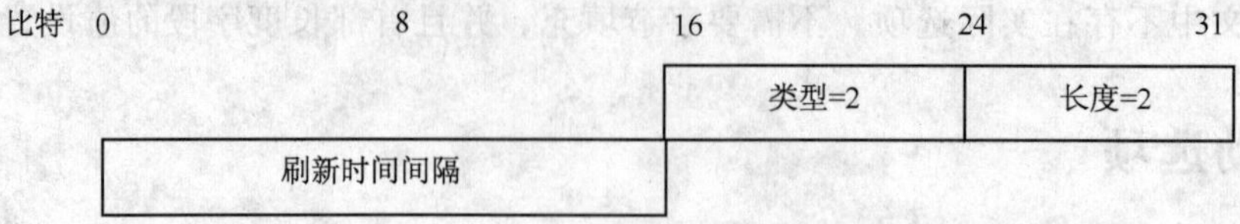

图 9-14 绑定更新建议选项格式

绑定更新建议选项仅在绑定确认中存在，且仅存在于家乡代理应答移动节点的家乡注册的确认中。刷新时间间隔字段表示家乡代理建议移动节点发送新的家乡注册至家乡代理的剩余时间，单位是 4s。刷新时间间隔必须是一个小于绑定确认报文中有效期的值。

9.4.4 备用转交地址选项

备用转交地址选项有 8n +6 字节的排列要求，备用转交地址选项格式如图 9-15 所示。

一般说来，绑定更新以 IPv6 首部的源地址作为转交地址，但在有些情况下，例如未使用安全机制保护的 IPv6 首部时，使用 IPv6 首部的源地址作为转交地址并不合适。对于这些情况，移动节点可以使用备用转交地址选项，该选项只在绑定更新中有效。

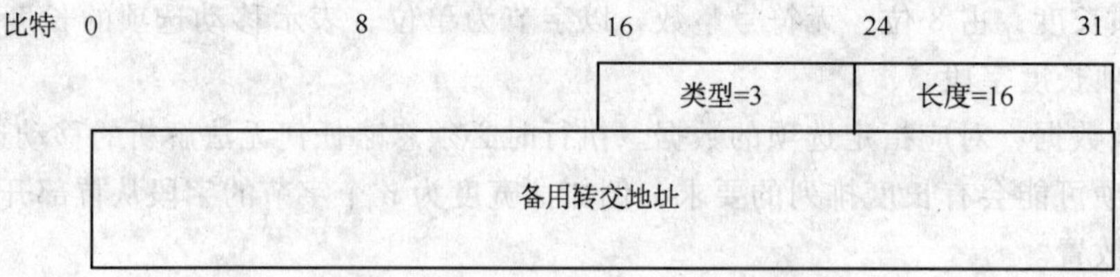

图 9-15 备用转换地址选项格式

备用转交地址字段中的内容为用作绑定的转交地址的地址，而不是使用 IPv6 首部的源地址作为转交地址。

9.4.5 随机数索引选项

随机数索引选项有 2n 字节的排列要求，随机数索引选项格式如图 9-16 所示。

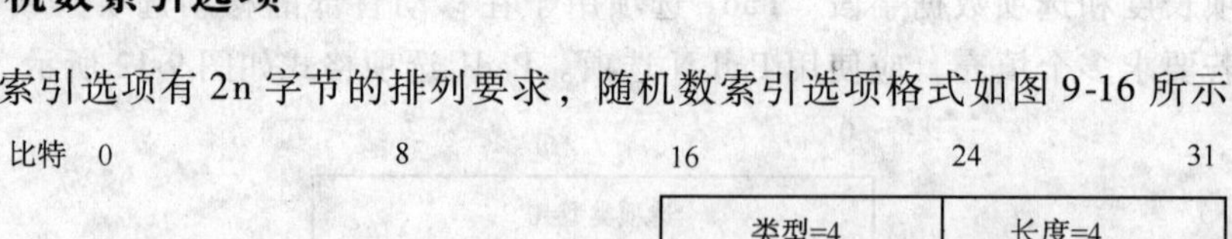

图 9-16 随机数索引选项格式

随机数索引选项仅在发送至对端节点的绑定更新报文中，且仅当与绑定授权数据选项一起出现时有效。对端节点授权绑定更新时，需要产生来自其存储的随机数值的家乡和转交密钥生成令牌。家乡随机数索引字段告诉对端节点产生家乡密钥生成令牌时使用哪个随机数值。

在要求删除一个绑定时，应忽略转交随机数索引字段。

9.4.6 绑定授权数据选项

由于该选项必须是最后一个移动选项，隐式地规定绑定授权数据选项有 8n + 2 个字节的排列长度，绑定授权数据选项格式如图 9-17 所示。

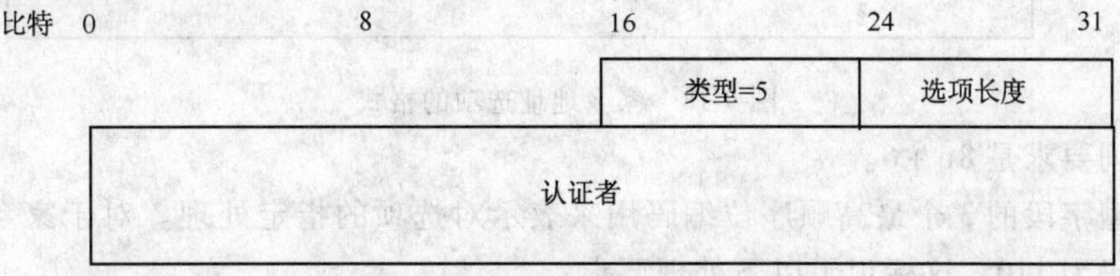

图 9-17 绑定授权数据选项格式

绑定授权数据选项存在于绑定更新报文和绑定确认报文中。选项长度字段以字节为单位，包含认证者字段的长度。认证者字段用于保证报文来源的可靠性，该字段内容包含可用于确定正在讨论的报文是否来自正确的认证者的加密值，计算加密值的规则依赖于所使用的授权程序。计算认证者的规则如下：

移动数据 = 转交地址 | 对端 | MH 数据认证者 = First（96，HMAC_ SHA1（Kbm，移动数据））

其中，"|"表示串联。"转交地址"是绑定更新成功时对于移动节点注册的转交地址，或该选项用于取消注册时移动节点的家乡地址。需要注意的是，在使用备用转交地址移动选项或绑定有效期设置为 0 时，该地址可能与绑定更新报文的源地址不同。"对端"是指对端节点的 IPv6 地址，需要注意的是，若报文发送的目的地址是移动节点本身，"对端"地址可能不是在 IPv6 首部中目的地地址字段中找到的地址，应为来自需要使用的第 2 类路由首部的家乡地址。"MH 数据"是除了认证者字段本身之外的移动首部内容，认证者值的计算与移动首部中的校验和值为 0 时的情况相同。传输的数据报中的校验和还是用通常方法计算。"Kbm"是绑定密钥管理，可以使用对端节点提供的随机数创建。需要注意的是，潜在的家乡地址目的地选项在该公式中没有隐藏，"Kbm"的计算规则将家乡地址考虑在内，以确保不同的家乡地址的介质访问控制（MAC）不同。

9.5 家乡地址选项和第 2 类路由首部

9.5.1 家乡地址选项

家乡地址选项通过目的站选项扩展首部（下一个首部值 = 60）携带，用于移动节点在离开家乡网络链路发送的数据报中，用来告知接收方移动节点的家乡地址。家乡地址选项的格式遵循类型-长度-值（TLV）格式编码，家乡地址选项的格式如图 9-18 所示。

家乡地址选项格式有 3 个字段，含义解释如下：

1）选项类型，该字段值为 201 = 0xC9。

2）选项长度，占 8 位，无符号整数，以字节为单位，不包括选项类型和选项长度字段。该字段值必须设置为 16。

3）家乡地址，发送数据报的移动节点的家乡地址，必须是可路由的单播地址。对于家

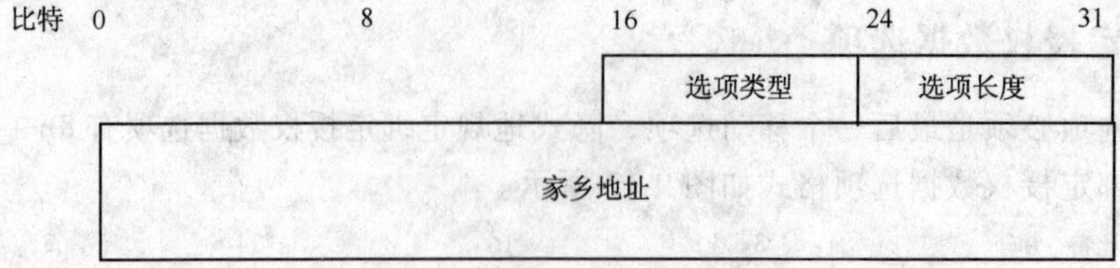

图 9-18　家乡地址选项的格式

乡地址的排列要求是 8n + 6。

选项类型字段的 3 个最高顺序位编码用来表示对选项的指定处理。对于家乡地址选项，这 3 个位编码为 110，这标识了以下处理要求：

① 任何未识别出选项类型的节点必须丢弃数据报。若数据报的目的地址不是一个多播地址，返回一个代码为 2 的 ICMP 参数问题报文至数据报的源地址。ICMP 报文中的指针字段应该指向选项类型字段。此外，对于多播地址，不发送 ICMP 报文。

② 选项中的数据在到达最终目的地的途中不能被更改。

家乡地址选项的放置遵循下列规则：

① 如果存在路由首部，则放置在路由首部之后。

② 如果存在分段首部，则放置在路由首部之前。

③ 如果存在 AH 或 ESP 首部，则放置在这两种首部之前。

需要说明的是，对于每一个 IPv6 数据报首部，家乡地址选项只能出现一次。但是，一个封装数据报可能包含一个与每个封装的 IP 首部相关的单独的家乡地址选项。

9.5.2 第 2 类路由首部

移动 IPv6 定义了一个新的路由首部，即第 2 类路由首部。当通信对端节点将数据报直接发送到移动节点的转交地址时，将移动节点的家乡地址放入第 2 类路由首部中。当数据报到达移动节点时，移动节点从路由首部中取出家乡地址，替换掉 IPv6 首部中的目的地址。第 2 类路由首部的格式如图 9-19 所示。

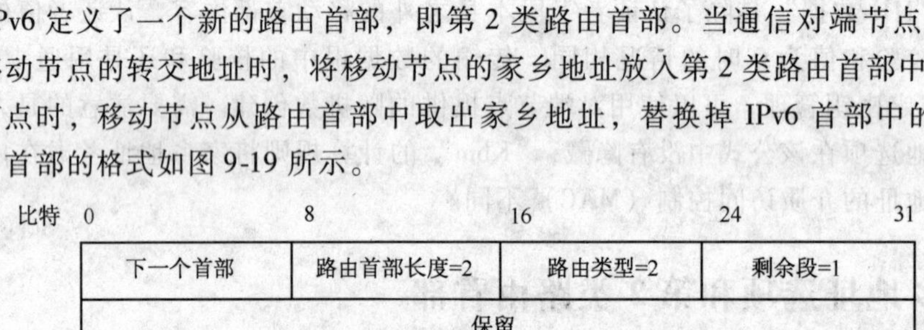

图 9-19　第 2 类路由首部的格式

第 2 类路由首部的格式有 6 个字段，含义解释如下：

1）下一个首部，占 8 位，表示紧跟在该首部之后的下一个首部的类型。

2）路由首部长度，占 8 位，无符号整数，以 8 字节为单位，表示不包含前 8 字节的路由首部的长度。该字段值设置为 2。

3）路由类型，占 8 位，无符号整数。该字段值设置为 2。

4）剩余段，该字段值设置为1。

5）保留，占32位，发送方必须把该字段值初始化为0，接收方将忽略该字段。

6）家乡地址，目的移动节点的家乡地址。

需要说明的是，第2类路由首部的首部长度字段值必须为2。剩余段描述了路由分段剩余的数量，例如在到达最终目的地之前还要访问的中间节点的数量，剩余段的字段值必须设置为1。如果同时存在第0类和第2类路由首部，第2类路由首部应该在其他路由首部之后。

9.6 移动 IPv6 对 ICMPv6 的扩展

9.6.1 ICMP 家乡代理地址发现请求报文

ICMP 家乡代理地址发现请求报文，移动节点用该报文动态地初始化其家乡代理。移动节点发送该请求至其家乡代理的任播地址。ICMP 家乡代理地址发现请求报文的格式如图9-20所示。

比特 0 8 16 24 31

0–7	8–15	16–31
类型	代码	校验和
标识		保留

图 9-20 ICMP 家乡代理地址发现请求报文的格式

ICMP 家乡代理地址发现请求报文的格式中各字段的含义解释如下：

1）类型，该字段值设置为144。

2）代码，该字段值设置为0。

3）校验和，ICMP 校验和。

4）标识，用于匹配 ICMP 家乡代理地址发现请求和 ICMP 家乡代理地址发现应答。

5）保留，发送方必须把该字段值初始化为0，接收方将忽略该字段。

需要说明的是，家乡代理地址发现请求报文的源地址可能是移动节点的当前转交地址之一，在执行该动态家乡代理地址发现程序时，有可能移动节点没有注册任何家乡代理，此时既无法确定地址种类，也无法确定移动节点的身份。家乡代理必须将家乡代理发现应答报文直接返回至移动节点选择的源地址。

9.6.2 ICMP 家乡代理地址发现应答报文

ICMP 家乡代理地址发现应答报文响应移动节点发来的 ICMP 家乡代理地址发现请求报文。ICMP 家乡代理地址发现应答报文的格式如图9-21所示。

ICMP 家乡代理地址发现应答报文的格式中各字段的含义解释如下：

1）类型，该字段值设置为145。

2）代码，该字段值设置为0。

3）校验和，ICMP 校验和。

4）标识，用于匹配 ICMP 家乡代理地址发现请求和 ICMP 家乡代理地址发现应答。复制对应的 ICMP 家乡代理地址发现请求报文中的标识。

比特 0	8	16	24 31
类型	代码	校验和	
标识		保留	
家乡代理地址			

图 9-21 ICMP 家乡代理地址发现应答报文的格式

5）保留，发送方必须把该字段值初始化为 0，接收方将忽略该字段。

6）家乡代理地址，移动节点家乡网络链路上的家乡代理地址列表。列表中的地址数量由携带家乡代理地址发现应答报文的 IPv6 数据报的剩余长度标识。

9.6.3 ICMP 移动前缀请求报文

当移动节点离开其家乡时，发送 ICMP 移动前缀请求报文至其家乡代理，请求其家乡网络链路的子网前缀。ICMP 移动前缀请求报文的格式如图 9-22 所示。

比特 0	8	16	24 31
类型	代码	校验和	
标识		保留	

图 9-22 ICMP 移动前缀请求报文的格式

ICMP 移动前缀请求报文的格式中各字段及相关字段的含义解释如下：

（1）IP 字段

1）源地址，移动节点的转交地址。

2）目的地址，移动节点的家乡代理地址。

3）跳数限制，设置为初始跳数限制值。

（2）目的地选项　必须包括家乡目的地选项。

（3）ESP 首部　必须支持 IPsec 首部。

（4）ICMP 首部

1）类型，该字段值设置为 146。

2）代码，该字段值设置为 0。

3）校验和，ICMP 校验和。

4）标识，用于匹配 ICMP 移动前缀通告报文。

5）保留，发送方必须把该字段值初始化为 0，接收方将忽略该字段。

需要说明的是，移动前缀请求报文可以具有选项，要求这些选项使用 RFC2461 中定义的选项格式。家乡代理必须忽略任何其无法识别的选项，并且能够继续处理报文。

9.6.4 ICMP 移动前缀通告报文

当移动节点离开其家乡时，家乡代理通过 ICMP 移动前缀通告报文把家乡网络链路的子网前缀告诉移动节点。ICMP 移动前缀通告报文的格式如图 9-23 所示。

比特 0–7	8–15	16–23	24–31
类型	代码	校验和	
标识		M | O	保留
选项			

图 9-23 ICMP 移动前缀通告报文的格式

ICMP 移动前缀通告报文的格式中各字段及相关字段的含义解释如下。

（1）IP 字段

1）源地址，移动节点期望看到的家乡代理地址。

2）目的地址，如果该报文对应一个 ICMP 前缀请求报文，则该地址为对应 ICMP 前缀请求报文的源地址。对于非请求报文，该地址应该是移动节点的转交地址。

（2）路由首部　必须包括第 2 类路由首部。

（3）ESP 首部　必须支持 IPsec 首部。

（4）ICMP 首部

1）类型，该字段值设置为 147。

2）代码，该字段值设置为 0。

3）校验和，ICMP 校验和。

4）标识，复制 ICMP 移动前缀请求报文中标识字段的内容。

5）M 位，可控制地址配置标志。该位设置时，除了已使用无状态地址自动配置的地址之外，对于地址自动配置，主机使用可管理的（有状态的）协议。

6）O 位，其他有状态配置标志。该位设置时，对于其他非地址信息，主机使用可管理的（有状态的）协议。

7）保留，发送方必须把该字段值初始化为 0，接收方将忽略该字段。

8）选项。

需要说明的是，移动前缀通告报文可以具有选项。要求这些选项使用 RFC2461 中定义的选项格式。家乡代理必须使用已更改的前缀信息选项来发送家乡网络链路前缀。每个报文包含一个或多个前缀信息选项。每个选项携带移动节点将用于配置其家乡地址的前缀。如果家乡代理不支持 DHCPv6，则必须清除 M 和 O 位，若支持，则依据家乡网络的管理设置来配置这两个位。

9.7 移动 IPv6 技术分析

9.7.1 移动 IPv6 工作原理

移动 IPv6 的工作原理可以归纳如下：

1）移动节点采用 IPv6 路由器搜索确定它的转交地址。

2）移动节点连接在它的家乡链路上时与任何固定的主机和路由器一样工作。

3）当移动节点连接在它的外地链路上时，它采用 IPv6 定义的地址自动配置方法得到外地链路上的转交地址。由于移动 IPv6 没有外地代理，因此移动 IPv6 中唯一的一种转交地址是配置转交地址，移动节点用接收的路由器广播报文中的 M 位来决定采用哪一种方法。如果 M 位为 0，那么移动节点采用被动地址自动配置，否则移动节点采用主动地址自动配置。

4）移动节点将它的转交地址通知给家乡代理。

5）如果可以保证操作时的安全性，移动节点也将它的转交地址通知几个通信节点。

移动 IPv6 采用通告（Notification）过程通知移动节点家乡代理或其他节点它当前的转交地址。移动 IPv6 中的通告和移动 IPv4 中的注册有很大的不同。在移动 IPv4 中，移动节点通过 UDP/IP 包中携带的注册信息将它的转交地址告诉家乡代理，相反地，移动 IPv6 中的移动节点用目的地址可选项（Destination Options）来通知其他节点它的转交地址。为移动 IPv6 通告所定义的 3 条消息为绑定更新（Binding Update）、绑定应答（Binding Acknowledgment）和绑定请求（Binding Request）。这些消息都被放在目的地可选首部中，这表明这些消息都只被最终目的节点检查。移动 IPv6 通告过程包括在移动节点和家乡代理或通信节点间交换绑定更新和绑定应答。绑定应答很可能是在移动节点收到一个绑定请求后发出的。有时，通信节点通过向移动节点发送一个绑定请求启动通告过程，移动节点则通过发送绑定更新（不是由任何绑定请求激起的）启动通告过程。在这两种情况中，移动节点都向家乡代理或通信节点告知它当前的转交地址。移动节点可以通过绑定更新中的应答位（A）来要求接收者是否通过向移动节点发送绑定应答来响应。绑定应答首先通知移动节点绑定更新已收到，其次还告诉移动节点绑定更新是否被接受。

6）移动 IPv6 中同时采用隧道和源路由技术向连接在外地链路上的移动节点传送数据报。

7）知道移动节点的转交地址的通信节点可以利用 IPv6 选路首部直接将数据报发送给移动节点，这些包不需要经过移动节点的家乡代理，它们将经过从始发点到移动节点的一条优化路由。

8）如果通信节点不知道移动节点的转交地址，那么它就像向其他任何固定节点发送数据报那样向移动节点发送数据报。这时，通信节点只是将移动节点的家乡地址（也是它知道的唯一地址）放入目的 IPv6 地址域中，并将它自己的地址放在源 IPv6 地址域中，然后将数据报转发到合适的下一跳上（这由它的 IPv6 路由表决定）。这样发送的一个数据报将被送往移动节点的家乡链路，就像移动 IPv4 中那样。在家乡链路上，家乡代理截获这个数据报，并将它通过隧道送往移动节点的转交地址。移动节点将送过来的包拆封，发现内层数据报的目的地是它的家乡地址，于是将内层数据报交给高层协议处理。

9）在相反方向，移动节点送出的数据报采用特殊的机制被直接路由到它们的目的地。

然而，当存在入口方向的过滤时，移动节点可以将数据报通过隧道送给家乡代理，隧道的源地址为移动节点的转交地址。

9.7.2 移动 IPv6 机制实现的例子

下面给出 IPv6 对移动性问题解决方案的例子。

节点 A 链接到链路 1 上，它有一个地址 A1，这个地址 A1 是可以通过路由器 1 到达的，当节点 A 没有发生移动时，节点 B 与节点 A 通信时，节点 B 发送的数据报会按照现有的路由方式到达节点 A。

可是当节点 A 发生了移动，从链路 1 移动到链路 2 时，如果节点 A 不改变其 IP 地址，节点 B 发送的数据报按照现有的以前缀为基础的路由方式就不能够到达节点 A 了。此时移动机制实现的过程是：

1）路由器会定期广播发送路由器通告报文，带有本地链路上的前缀信息，节点 A 接收到这个报文后，知道自己发生了移动，它会根据新的前缀信息通过地址自动配置得到一个新的地址 A2。

2）节点 A 会发送一个信息包 M2 给路由器 1，这个信息包告诉路由器 1 现在节点 A 的新地址 A2，此后，路由器 1 再发现有需要送到节点 A 的原来的地址 A1 的数据报，它会把这个数据报截获，然后把这个包作为净载荷，在其上面再加上一层 IPv6 首部，把新的数据报发送到节点 A 的新地址 A2，这个过程应用的是“隧道技术”。

3）假如节点 B 发送数据报给节点 A，它并不知道节点 A 已经发生了移动，此时它会把这个数据报继续发送给节点 A 原来的地址 A1。

4）节点 B 发送的数据报到达路由器 1 以后，路由器 1 会截获这个数据报，同时把这个数据报转发到节点 A 的新地址 A2。

5）节点 A 收到路由器 1 转发过来的数据报以后，通过检查这个数据报的源地址，它知道节点 B 想与它进行通信，于是它会发送一个信息包 M3 给节点 B，告诉自己的新地址 A2。

6）节点 B 收到这个数据报以后，会记录下节点 A 的新地址 A2，这样如果再有数据报需要发给节点 A，它会直接把数据报发给地址 A2。至此，节点 A 和节点 B 之间可以实现双向通信。

7）若有其余节点想与节点 A 进行通信，其建立通信的过程与节点 B 类似。

9.7.3　移动 IPv6 快速切换

移动 IPv6 已经提供了切换过程，但是在某些情况下不适合支持实时应用程序。研究切换的目的是要减少切换的延迟和丢包率，这样移动 IPv6 才能很好地处理运行实时应用的移动节点的移动问题。除了移动 IPv6 给出的基本切换过程外，也可以采用其他信令过程和优化方法。

完美的切换是无缝切换，包括快速切换和平滑切换。快速切换意味着低延迟，而平滑切换就是低的数据报丢失率。

（1）快速切换　快速切换是一种切换操作，它减小或者消除了移动节点建立新的通信路径的延迟。

通常，根据控制分类，切换可以分为两种：网络控制和移动节点控制。在网络控制的切换中，服务域中的网络元素决定移动节点的连接点，某个实体指导建立与移动节点的连接。在移动节点控制的切换中，移动节点决定新的连接点，并且在新连接点建立连接。

（2）平滑切换　对于平滑切换，在切换时通过附加控制结构传输必要的状态信息，这样在切换时，运行在移动节点上的应用程序能保持较低的延迟、最小的中断和最小的数据报丢失率。

9.7.4 移动 IPv6 性能分析

移动 IPv6 的发展还处在初级阶段，目前提出来的还只是移动解决方案的基础理论，移动 IPv6 的最终目标是实现全球范围的真正的移动网络，它会满足移动计算和个人通信的所有要求。

要真正实现全球范围内移动网络，还需要完成以下几个方面的工作：

1）在协议的发展方面，还需要进一步完善以下几个协议：①IPv6；②Mobile IPv6；③IPSec；④SCTP；⑤Diameter 等。

2）在协议的改进方面，需要研究以下几个问题：①服务质量，包括差分服务质量和端到端服务质量的支持；②增强 TCP，以支持移动 IP。

TCP 假设所有的数据段丢失都是由于拥塞引起的，这种假设在 Internet 中大多数情况下是正确的，但在无线和移动环境中这个假设却不成立，在这种环境中，TCP 的这个假设使得 TCP 性能变得很差。在这些背景之下，有人提出了对 TCP 改进的方案，许多改进方案关系到协议栈中各层（数据链路层、网络层、TCP 和应用层）的协调工作以达到最佳的性能。因为，对于移动功能来说，问题并不只是如何将数据报路由到移动节点上，虽然移动 IP 提供了这种数据报的路由能力，但它并未包括这些提供更完整的移动功能的改进方案。

3）在移动本身方面，还需要解决如下问题：①身份认证、授权机制、自动计费（AAA，Authentication Authorization Accouting）；②缓存管理（Buffer Management），移动 IPv6 中定义了多种数据结构，在节点中需要占用一定的资源，如何有效地管理这些资源，并使之不会对现有的服务性能造成太大的影响，是一个需要研究的问题；③与无线通信技术的融合，Internet 技术的发展日新月异，无线通信技术如 AMPS、GSM、CDPD、GPRS、WAP、BLUETOOTH、IMT-2000 等层出不穷，再加上移动通信设备的进一步完善，以移动无线 Internet 为核心的移动计算网络正在向我们走来，未来的网络将是一个无线、有线与互联网三者合一的数字化的地球，其覆盖将超越一切地理的障碍，使得信息无处不在，因此，移动 IP 技术与无线通信技术的融合就变得是必不可少的了；④无缝切换（Seamless Handover），无缝切换是为了解决节点移动过程中可能出现的问题而提出的，它把节点移动对通信产生的影响减小到最小，这是为了提高性能，在移动的微观方面所做的改进。无缝切换包括两个方面的内容：快速切换和平滑切换。现在，解决快速切换和平滑切换都已经有人提出了一些方案，但是大多数都还没有成为标准。

移动 IPv6 的前景是诱人的，前面介绍的移动 IPv6 的基础理论只是在宏观的方面解决移动性问题，即它所解决的问题是，当一个节点改变了网络接入点以后，如何把数据报继续路由到这个节点上，它并没有考虑这个过程对其他方面的影响，也没有过多地考虑性能和服务质量方面的问题。实际上，要实现全球范围的真正的移动网络，需要整个移动 IPv6 的体系结构的协调，除了解决路由问题以外，还有许多需要解决的问题，整个移动 IPv6 体系的完善还有很长的路要走。

目前，世界上有很多组织或者机构在对移动 IPv6 进行研究，并且已有了一些在不同操作系统上开发出来的实验系统。例如，Windows 下的 Microsoft MIPv6 Project（MIPv6）实验系统，Free BSD 下的 CMU Monarch Project，KAME Project 实验系统，以及 Linux 下的 Lancaster 移动 IPv6、USAGI（UniverSAI playGround）、MIPL 移动 IPv6 实验系统等。

9.7.5　移动 IPv6 的安全特性

移动 IPv6 提供的安全特性包括对家乡代理和通信对端节点绑定更新、移动前缀发现的保护，以及对移动 IPv6 传输机制的保护。

移动节点和家乡代理必须使用 IPsec 安全关联保护绑定更新报文和确定报文的完整性和真实性，支持在传输模式中使用 ESP，使用非空的载荷认证算法提供数据源认证、无连接完整性、重播攻击保护。安全关联需要支持手动配置，对于不同的移动节点，所使用的共享密钥必须是随机和唯一的，共享密钥采用离线方式分发给移动节点。

为了使用 IPsec 保护移动节点和家乡代理之间的报文交换，需要创建安全策略数据库记录。需要防止一个移动节点使用其安全关联代表另一个使用相同家乡代理的移动节点发送绑定更新，这需要家乡代理确认使用的家乡地址对应正确的安全关联。在 IPsec 的处理过程中，移动节点和家乡代理的绑定更新对应安全策略数据库中的一个单独的安全关联。

移动 IPv6 也支持 Internet 密钥交换（IKE）的自动密钥管理。使用 IKE 时，安全策略数据库记录移动 IPv6 所需要确定的 IKE 阶段 1 证书（IKE Phase 1 Credentials），该证书用于批准创建保护特定家乡地址绑定更新的安全关联。

对于发送至通信对端节点的绑定更新，不需要安全关联或移动节点和通信对端之间存在的鉴别基础构架。替代的方法是采用返回路径可达过程确保它们之间的互信。返回路径可达过程主要限制那些有权使用 Internet 特定路径的潜在攻击，以及来自 Internet 中其他位置伪造绑定更新的攻击者。

移动 IPv6 使用密钥散列（Keyed-Hash）算法保证发往通信对端的绑定更新报文的真实性和完整性，使用绑定管理密钥为散列算法提供密钥。使用返回路径可达过程期间交换的数据确定 Kbm。移动 IPv6 通过使用节点密钥、Nonce、Cookie、令牌和特定的加密功能实现安全的数据交换。

RFC3775 技术文档描述了移动 IPv6 的主要安全特性，这些安全特性包括：反向隧道加密支持；对发送至家乡代理的绑定更新的保护；对发送至通信对端节点的绑定更新的保护；防止使用家乡地址目的地选项的攻击；对移动节点和家乡代理之间的隧道的保护；防止路由首部攻击；减轻对于移动 IPv6 安全机制本身的拒绝服务攻击。

9.7.6　移动 IPv6 的服务质量支持

移动节点改变网络接入点时，数据报经过的网络链路会发生变化，在不同的网络链路中需要提供适当的服务质量支持。需要对运行在移动节点上的应用程序提供可用的服务质量保证。

移动 IPv6 服务质量支持技术主要有基于 RSVP 的移动 IPv6 服务质量（QoS）体系和层次化移动管理（HM IPv6）。

基于 RSVP 的移动 IPv6 服务质量体系提出了一套用于移动网络中的信令协议，当移动节点从一个子网移动另一个子网时，允许移动节点在当前位置的路径上建立和维持资源预留。通过对 IPv6 流标记（Flow Label）字段的应用设置实现对服务质量的支持。流标记是按位产生的伪随机数，在一定的时间内，源端不能重用流标记。若流标记字段值为 0，表明这个数据报不属于任何流。

移动 IPv6 与 RSVP 结合，采用两种方式标识数据流：一种是基于移动节点的家乡地址来标识源端或目的端，另一种是用移动节点的转交地址（CoA）来标识源端或目的端。需要进一步解决的问题是，如果采用移动节点的家乡地址标识数据流，可能会出现数据报分类不匹配，预留路径上中间路由器的数据报分类将可能是基于移动节点的家乡地址而不是基于移动节点的转交地址，说明这种方法是不可行的。如果采用移动节点的转交地址来标识数据流，当移动节点移动到另一个子网时，携带了新的转交地址的 PATH 报文与 RSVP 报文将会触发预留路径上的路由器进行新的资源预留，而不是重用原来设置的资源预留。可以看出，无论移动节点作为源端或目的端，都必须在切换后在新的路径上重新进行资源预留，不能实现流透明。

通过对移动 IPv6 与 RSVP 的扩展，出现了一些改进的移动 IPv6 QoS 模型，这些改进技术主要有以下两种：

（1）流透明的移动 IPv6 QoS 模型。把移动节点发出的数据报的家乡地址选项的存放位置由目的选项首部改为逐跳选项首部，基本思路是需要路径上所有的中间路由器都对每个数据报的逐跳选项首部进行检查。问题是当路径上的路由器很多时会增大开销，该种模型没有可扩展性。

（2）移动 IPv6 基于条件的 QoS 切换模型，采用基于层次化管理的 QoS 条件切换机制，减少了区域内切换时信令的数目，该种模型只是提出了一种框架，没有给出具体的处理机制，也没有考虑到流透明。

层次化移动管理（HM IPv6）的基本思路是，有 69% 的移动是在一个区域内，因此可以考虑采用类似层次路由的概念，对移动 IPv6 的服务质量实现提供层次化管理。层次化移动 IPv6 是对移动 IPv6 的补充，引入了一种称为移动锚点（MAP，Mobility Anchor Point）的功能实体。MAP 可以使移动 IPv6 的绑定报文处理限制在本地区域内，实现在 MAP 区域内部节点的移动性对通信对端节点保持透明。

HM IPv6 对移动 IPv6 的扩展对移动节点和家乡代理的操作进行了少量的修改，没有对通信对端节点操作做改动。HM IPv6 引入了两个转交地址的概念，一个是移动节点在 MAP 上获得的区域转交地址（RCoA，Regional Care-of Address)，以 RCoA 作为转交地址注册到家乡代理和通信对端节点；另一个移动节点的接入地址称为接入链路转交地址（LCoA，on-Link Care-of Address)，当移动节点在 MAP 管理区域内改变了 LCoA 时，仅需要向 MAP 注册更新，不需要向家乡代理和对端节点注册。可以认为，MAP 就相当于移动节点的本地家乡代理（LHA，Local Hone Agent)，MAP 代表注册在其上的移动节点接收所有的数据报，并经过隧道封装发送到移动节点的 LCoA。

思考题和练习题

9-1 简述移动通信的基本要求。

9-2 为什么说移动节点、家乡代理和通信对端节点是移动 IPv6 中最主要的 3 个逻辑功能实体。

9-3 目前移动 IPv6 的主要研究方向是什么？

9-4 给出移动 IPv6 与移动 IPv4 的比较。

9-5 IPv6 能够更好地解决移动性问题，主要表现在哪些方面？

9-6 简述移动 IP 的工作过程。

9-7 设计移动 IP 时有哪些要求？

9-8 移动节点具有哪些基本功能？

9-9 给出移动 IPv6 的组成图示。

9-10 简述移动节点和对端节点之间两种通信模式的特点。

9-11 说明移动 IPv6 增加了哪些新协议及内容。

9-12 写出移动 IPv6 首部格式。

9-13 写出移动 IPv6 移动选项格式。

9-14 写出移动 IPv6 家乡地址选项的格式。

9-15 移动 IPv6 定义了一个新的路由首部，即第 2 类路由首部，有什么作用？

9-16 简述移动 IPv6 对 ICMPv6 的扩展的内容。

9-17 写出移动 IPv6 的工作原理。

9-18 移动 IPv6 提供的安全特性包括哪些内容？

9-19 移动 IPv6 服务质量支持技术主要有哪些？

附　录

附录 A　书中英文缩写词

（按英文字母顺序排列，每一行末括号中的数字为该缩写词在书中可找到解释的章节编号）

AA	（Anycast Address）	任意点传送地址（2.4.1）
AAA	（Authentication Authorization Accounting）	认证、授权和记账（6.1.3）
AAL5	（ATM Adaptation Layer 5）	ATM 适配层 5（8.1.4）
ABR	（Area Border Router）	区域边界路由器（5.3.2）
AC	（Access Control）	接入控制（6.1.3）
AFI	（Address Family Identifier）	地址族标识符（5.4.9）
AGUA	（Aggregatable Global Unicast Addresses）	可聚类全球单播地址（3.2.2）
AH	（Authentication Header）	身份认证扩展首部（2.2.5）
ALG	（Application Layer Gateway）	应用层网关（7.4.1）
ARP	（Address Resolution Protocol）	地址解析协议（4.1.2）
AS	（Autonomous System）	自治系统（5.1.1）
AP	（Access Point）	接入点（9.1.1）
ASBR	（Autonomous System Border Router）	自治系统边界路由器（5.3.2）
ATM	（Asynchronous Transfer Mode）	异步传输模式（8.1.4）
BDR	（Backup Designated Router）	备份指定路由器（5.3.5）
BGMP	（Border Gateway Multicast Protocol）	边界网关多播协议（8.1.5）
BGP	（Border Gateway Protocol）	边界网关协议（5.1.2）
CATNIP	（Common Architecture for the Internet）	Internet 通用体系结构（1.3.2）
CERNET	（China Education and Research NETwork）	中国教育与科研计算机网络（1.4.2）
CIDR	（Classless Inter Domain Router）	无分类域间路由（2.4.1）
CoA	（Care of Address）	转交地址（9.1.2）
DAD	（Duplicate Address Detection）	重复地址检测（3.3.1）
DD	（Database Description）	数据库描述报文（5.3.4）
DEC	（Digital Equipment Corporation）	美国数字设备公司（1.1.1）
DES	（Data Encryption Standard）	数据加密标准（6.5.1）
DES-CBC	（Data Encryption Standard in Cipher Block Chaining）	密码字组链接模式的数据加密标准（6.4.2）
DHCP	（Dynamic Host Configuration Protocol）	动态主机配置协议（3.3.3）
DIPAD	（Duplicate IP Address Detection）	重复 IP 地址检测（4.3.4）
DNS	（Domain Name System）	域名系统（3.3.4）
DNSSEC	（Domain Name System Security Extensions）	域名系统安全扩展（3.3.3）
DOI	（Domain of Interpretation）	Internet IP 安全解释域（6.6.2）

DPH	(Destination Option Header)	目的站选项扩展首部 (2.2.7)
DR	(Designated Router)	指定路由器 (5.3.5)
DSTM	(Dual Stack Transition Model)	双栈翻译机制 (7.2.3)
DVMRP	(Distance Vector Multicast Routing Protocol)	远程矢量多播路由协议 (8.1.5)
EFM	(Ethernet for the First Mile)	第一英里以太网 (8.1.2)
EGP	(Exterior Gateway Protocol)	外部网关协议 (5.4.1)
EH	(Extension Header)	扩展报头 (1.3.4)
EP	(Encryption Parameters)	加密参数 (6.5.1)
ESP	(Encapsulation Security Payload)	封装安全载荷 (2.2.6)
ESPH	(Encapsulation Security Payload Header)	封装安全载荷首部(9.1.4)
FH	(Fragment Header)	分段扩展首部 (2.2.4)
FO	(Fragment Offset)	段偏移 (7.3.2)
FP	(Format Prefix)	格式前缀 (3.1.2)
FR	(Frame Relay)	帧中继 (8.1.5)
GRE	(Generic Routing Encapsulating)	通用路由封装 (6.3.5)
GRP	(Global Routing Prefix)	全局路由前缀 (3.2.1)
HDLC	(High Data Link Control)	高级数据链路控制 (8.1.3)
HHOH	(Hop-by-Hop Options Header)	逐跳选项扩展首部 (2.2.2)
IAB	(Internet Architecture Board)	Internet 体系结构委员会 (1.3.2)
IANA	(Internet Assigned Number Authority)	Internet 号码分配局 (3.1.3)
ICANN	(Internet Corporation for Assigned Names and Numbers)	Internet 名称与地址分配指派机构(1.5.1)
ICMP	(Internet Control Message Protocol)	Internet 控制报文协议 (4.1.1)
IDEA	(International Data Encryption Algorithm)	国际数据加密算法 (6.6.4)
IEEE	(Institute of Electrical and Electronic Engineers)	电气电子工程师协会 (8.1.2)
IESG	(Internet Engineering Steering Group)	Internet 工程指导小组 (1.3.2)
IETF	(Internet Engineering Task Force)	Internet 工程任务组 (1.3.1)
IGMP	(Internet Group Management Protocol)	Internet 组管理协议 (4.1.2)
IGP	(Interior Gateway Protocol)	内部路由协议 (5.1.1)
IKE	(Internet Key Exchange)	Internet 密钥管理协议 (6.6.4)
IPAE	(IP Address Encapsulation)	IP 地址封装 (1.3.2)
IPng	(IP-the next generation)	下一代互联网协议 (1.3.1)
IPSP	(IP Security Policy)	IP 安全策略 (6.3.2)
IPv6CP	(IPv6 Compression Protocol)	IPv6 压缩协议 (8.1.3)
ISA	(Internet Security Architecture)	Internet 安全体系结构 (6.3.4)
ISAKMP	(Internet Security Association and Key Management Protocol)	Internet 安全关联与密钥交换协议 (6.6.1)
ISATAP	(Intra-Site Automatic Tunnel Addressing Protocol)	站点内自动隧道寻址协议 (7.3.7)

ISL	(Inter-Switch Link)	交换机间链路 (8.1.2)
ISO	(International Standardization Organization)	国际标准化组织 (1.1.1)
ITU	(International Telecommunication Union)	国际电信联盟 (1.4.3)
ITU-T	(ITU Telecommunication Standardization Sector)	国际电信联盟电信标准化部 (1.5.1)
JPL	(Jumbo Payload Length)	超大有效载荷长度 (2.2.2)
KDC	(Key Distribution Centers)	密钥分发中心 (6.6.4)
LCoA	(on-Link Care-of Address)	链路转交地址(9.7.6)
L2FP	(Layer 2 Forwarding Protocol)	第二层转发协议 (6.3.5)
L2TP	(Layer 2 Tunneling Protocol)	第二层隧道协议 (6.3.5)
LCP	(Link Control Protocol)	链路控制协议 (8.1.3)
LDSM	(Limited Dual Stack Model)	有限双栈技术 (7.2.3)
LHA	(Local Hone Agent)	本地家乡代理(9.7.6)
LNHNA	(Length of Next Hop Network Address)	下一跳网络地址的长度 (5.4.9)
LRE	(Long Reach Ethernet)	长距离以太网 (8.1.2)
LS	(Link-State)	链路状态 (5.3.1)
LSA	(Link State Acknowledgment)	链路状态确认报文 (5.3.4)
LSA	(Link State Advertise)	链路状态通告 (5.3.1)
LSDB	(Link State DataBase)	链路状态数据库 (5.3.2)
LSR	(Link State Request)	链路状态请求报文 (5.3.4)
LST	(Link State type)	链路状态类型 (5.3.7)
LSU	(Link State Update)	链路状态更新报文 (5.3.4)
MA	(Multicast Address)	多点传送地址 (2.4.1)
MAC	(Media Access Control)	介质访问控制 (8.1.1)
MAP	(Mobility Anchor Point)	移动锚点(9.7.6)
MD	(Message Digest)	报文摘要(6.4.1)
MDU	(Maximum Data Unit)	最大数据单元 (2.1.1)
MLD	(Multicast Listener Discovery)	多播监听者发现 (4.5.1)
MOSPF	(Multicast Extension to OSPF)	OSPF 的多播扩展 (8.1.5)
MSA	(Mobile Security Association)	移动安全关联(9.1.4)
MTU	(Maximum Transfer Unit)	最大传输单元 (2.1.1)
NANH	(Network Address of Next Hop)	下一跳网络地址 (5.4.9)
NAPT	(Network Address Port Translation)	网络地址接口转换 (7.4.1)
NAT	(Network Address Translation)	网络地址转换 (6.4.2)
NAT-PT	(Network Address Translation Protocol Translation)	网络地址转换与协议转换 (7.4.1)
NBMA	(Non Broadcast Multi Access)	非广播多连接 (5.3.12)
ND	(Neighbor Discovery)	邻居发现 (3.3.1)
NGI	(Next Generation Internet)	下一代 Internet (1.4.3)
NGN	(Next Generation Network)	下一代网络 (1.4.3)

NLPID	(Next Level Protocol ID)	下一级协议标识（8.1.5）
NLRI	(Network Layer Reachability Information)	网络层可达性信息（5.4.1）
NSAP	(Network Service Access Point)	网络服务访问点（3.2.2）
NSSA	(Next Sub Stub Area)	次末节区域（5.3.2）
OSI/RM	(Open System Interconnection Reference Model)	开放系统互连参考模型（1.1.3）
OSPF	(Open Shortest Path First)	开放最短路径优先（5.1.2）
PDU	(Protocol Data Unit)	协议数据单元（1.1.5）
PEM	(Privacy Enhanced Mail)	个人嵌入邮件（6.2.3）
PGP	(Pretty Good Privacy)	一种电子邮件加密技术（6.2.3）
PIM	(Protocol Independent Multicast)	协议无关多播（8.1.5）
PKI	(Public Key Infrastructure)	公共密钥基础设施（6.2.4）
PKIX	(X.509 Public Key Infrastructure)	X.509 公共密钥基础设施（6.3.2）
pNLA	(pseudo Next Level Aggregator)	伪下一层地址分配机构（1.5.1）
PPP	(Point-to-Point Protocol)	点对点协议（8.1.3）
PPPoA	(PPP over ATM)	ATM 上的 PPP 协议（8.1.3）
PPPoE	(PPP over Ethernet)	以太网上的 PPP 协议（8.1.3）
PPTP	(Point to Point Tunneling Protocol)	点对点隧道协议（6.3.5）
pTLA	(pseudo Top Level Aggregator)	伪顶层地址分配机构（1.5.1）
p-TLA	(pseudo Top Level Aggregation)	顶级聚类（1.5.2）
PVC	(Permanent Virtual Circuit)	永久虚拟电路（8.1.4）
QoS	(Quality of Service)	服务质量（2.4.4）
RARP	(Reverse Address Resolution Protocol)	反向地址解析协议（4.1.2）
RCoA	(Regional Care-of Address)	区域转交地址(9.7.6)
RDI	(Router Dead Interval)	路由器失效间隔（5.3.5）
RFC	(Request for Comments)	Internet 技术文档（1.5.3）
RH	(Routing Header)	路由选择扩展首部（2.2.3）
RIB	(Routing Information Base)	路由信息库（5.4.2）
RIB	(Routing Information Broadcast)	路由信息通告（5.4.9）
RIP	(Routing Information Protocol)	路由信息协议（5.1.2）
RIR	(Regional Internet Registry)	区域 Internet 注册处（3.1.3）
RP	(Router Priority)	路由器优先级（5.3.5）
RTCP	(Real Transfer Communication Protocol)	实时传输通信协议（1.2.2）
RTE	(Route Table Entry)	路由表项（5.2.4）
RTP	(Real Transfer Protocol)	实时传输协议（1.2.2）
SA	(Security Association)	安全关联（6.3.3）
SA	(Stub Area)	末节区域（5.3.2）
SADB	(Security Association Data Base)	安全关联数据库（6.3.3）
SAFI	(Subsequent Address Family Identifier)	子序列地址族标识符（5.4.9）

SAP	(Service Access Point)	服务访问点 (1.1.5)
SHA	(Secure Hash Algorithm)	安全散列算法 (6.6.4)
SHTTP	(Security Hyper Text Transfer Protocol)	安全超文本传输协议 (1.2.2)
SIIT	(Stateless IP/ICMP Translation)	无状态 IP / ICMP 转换 (7.4.4)
SIPP	(Simple Internet Protocol Plus)	简单增强 IP(1.3.2)
SKEM	(Secure Key Exchange Mechanism)	Internet 安全密钥交换机制 (6.6.3)
SLD	(Second Level Domain)	二级域 (3.3.4)
SNA	(System Network Architecture)	系统网络体系结构 (1.1.1)
SPD	(Security Policy Database)	安全策略数据库 (6.3.4)
SPD	(Security Protocol Design)	安全协议设计 (6.1.3)
SPI	(Security Parameter Index)	安全参数索引 (6.3.4)
SPT	(Shortest Path Tree)	最短通路树 (5.3.2)
SSL	(Security Socket Layer)	安全套接字层 (2.4.3)
SVC	(Switched Virtual Circuit)	交换式虚拟电路 (8.1.4)
TELO	(Tunnel Encapsulation Limit Option)	隧道封装限制选项 (7.3.5)
TEP	(Tunnel End Points)	隧道端点 (7.2.3)
TLA	(Top Level Aggregation)	顶级聚合 (7.3.6)
TLD	(Top Level Domain)	顶级域 (3.3.4)
TLV	(Type Length Value)	类型长度值 (2.2.1)
TRPB	(Truncated Reverse Path Broadcasting)	截断式反向路径广播 (8.1.5)
TSIG	(Transaction Signatures)	事务签名 (3.3.3)
TTL	(Time To Live)	生存时间 (7.3.2)
TUBA	(The TCP/UDP Over CLNP-Addressed Networks)	CLNP 编址网络上的 TCP/UDP (1.3.2)
UA	(Unicast Address)	单点传送地址 (2.4.1)
VLAN	(Virtual Local Area Network)	虚拟局域网 (8.1.2)
VPN	(Virtual Private Network)	虚拟专用网 (6.3.5)

附录 B RFC 文档

表 B-1 给出了与 IPv6 技术有关的一些 RFC 文档,大部分是与书中内容相联系的。读者可以从 RFC Editor 的网站(http://www.rfc-editor.org/rfc.html)上得到 RFC 文档的详细内容。

表 B-1 与 IPv6 技术有关的一些 RFC 文档

文档号	文档题目	日期
1981	Path MTU Discovery for IP Version 6(IPv6 的路径 MTU 发现)	1996.08
2003	IP heapsuialion within IP(IP 内部的 IP 封装)	1996.10
2080	RIPng for IPv6(IPv6 的 RIPng)	1997.01
2185	Routing Aspects of IPv6 Transition(IPv6 转换中的路由方面的问题)	1997.09
2205	Resource Reservation Protocol Version 1 Functional Specification(资源预留协议(RSVP)版本 1 的功能说明)	1997.09

（续）

文档号	文 档 题 目	日期
2207	RSVP Extensions for IPSEC Data Flows（IPSEC 数据流的 RSVP 扩展）	1997.09
2210	The Use of RSVP with IETF Integrated Services（RSVP 与 IETF 集成服务的协同使用）	1997.09
2292	Advanced Sockets API for IPv6（IPv6 的高级 Socket API）	1998.02
2324	Hyper Text Coffee Pot Control Protocol（HTCPCP/1.0）（超文本咖啡壶控制协议）	1998.04
2373	IP Version 6 Addressing Architecture（IPv6 地址结构）	1998.07
2374	An IPv6 Aggregatable Global Unicast Address Format（IPv6 的可聚集全局单播地址格式）	1998.07
2375	IPv6 Multicast Address Assignments（IPv6 多播地址分配）	1998.07
2401	Security Architecture for the Internet Protocol（网际协议安全体系结构）	1998.11
2402	IP Authentication Header（IP 认证报头）	1998.11
2406	IP Encapsulating Security Payload（ESP）（IP 封装安全有效载荷）	1998.11
2407	The Internet IP Security Domain of Interpretation（DOI）for ISAKMP（Internet IP 安全的 ISAKMP 解释域）	1998.11
2408	Internet Security and Key Management Protocol（ISAKMP）（因特网安全和密钥管理协议）	1998.11
2409	Internet Key Exchange（IKE）（因特网密钥交换）	1998.11
2411	IP Security Document Roadmap（IP 安全文档指南）	1998.11
2412	The OAKLEY Key Determination Protocol（OAKLEY 密钥确定协议）	1998.11
2428	FTP Extensions for IPv6 and NATs（IPv6 和 NAT 的 FTP 扩展）	1998.09
2450	Proposed TLA and NLA Assignment Rules（TLA 和 NLA 分配规则提案）	1998.12
2452	IP Version 6 Management Information Base for the Transmission Control Protocol（传输控制协议的 IPv6 管理信息库）	1998.12
2454	IP Version 6 Management Information Base for the User Datagram Protocol（用户数据报协议的 IPv6 管理信息库）	1998.12
2460	Internet Protocol，Version 6（IPv6）Specification（IPv6 规范替代了 RFC1883）	1998.12
2461	Neighbor Discovery for IP Version 6（IPv6）（IPv6 的邻居发现替代 RFC1970）	1998.12
2462	IPv6 Stateless Address Autoconfiguration（IPv6 的无状态地址自动配置）	1998.12
2463	Internet Control Message Protocol（ICMPv6）for the Internet Protocol Version 6（IPv6）Specification（IPv6 规范的 Internet 控制报文协议）	1998.12
2464	Transmission of IPv6 Packets over Ethernet Networks（以太网上 IPv6 数据包的传输）	1998.12
2465	Management Information Base for IP Version 6：Textual Conventions and General Group（IPv6 的管理信息库：正文规范和普通组）	1998.12
2466	Management Information Base for IP Version 6：ICM4Pv6 Group（IPv6 管理信息库：ICMPv6 组）	1998.12
2467	Transmission of IPv6 Packets over FDDI Networks（FDDI 网络上 IPv6 数据包的传输）	1998.12
2470	Transmission of IPv6 Packets over Token Ring Networks（令牌环网络上 IPv6 数据包的传输）	1998.12
2471	IPv6 Testing Address Allocation（IPv6 检测地址分配）	1998.12
2472	IP Version 6 over PPP（PPP 上的 IPv6）	1998.12
2473	Generic Packet Tunneling in IPv6 Specification（IPv6 规范中的普通数据包隧道）	1998.12

（续）

文档号	文档题目	日期
2474	Definition of the Differentiated Services Field(DS Field) in the IPv4 and IPv6 Headers(IPv4 和 IPv6 报头中 DS 字段的定义)	1998.12
2475	An Architecture for Differentiated Services(分类服务的体系结构)	1998.12
2491	IPv6 over Non-Broadcast Multiple Access(NBMA) Networks(非广播多路访问(NBMA)网络上的 IPv6)	1999.01
2492	IPv6 over ATM Networks(ATM 网络上的 IPv6)	1999.01
2497	Transmission of IPv6 Packets over ARCnet Networks(ARCnet 网络上 IPv6 数据包的传输)	1999.01
2507	IP Header Compression(IP 报头压缩)	1999.02
2526	Reserved IPv6 Subnet Anycast Addresses(保留的 IPv6 子网任播地址)	1999.03
2529	Transmission of IPv6 over IPv4 Domains without Explicit Tunnels(在没有显式隧道的情况下越过 IPv4 域的 IPv6 传输)	1999.03
2545	Use of BGP-4 Multiprotocol Extensions for IPv6 Inter-Domain Routing(IPv6 域间路由的 BGP-4 多协议扩展的使用)	1999.03
2553	Basic Socket Interface Extensions for IPv6(IPv6 的基本 Socket 接口扩展)	1999.03
2590	Transmission of IPv6 Packets over Frame Relay Networks Specification(帧中继网络上 IPv6 数据包的传输规范)	1999.05
2675	IPv6 Jumbograms	1999.08
2710	Multicast Listener Discovery(MLD) for IPv6(IPv6 的多播监听者发现)	1999.10
2711	IPv6 Router Alert Option(IPv6 路由器警报选项)	1999.10
2732	Format for Literal IPv6 Addresses in URLs(URL 中字面 IPv6 地址的格式)	1999.12
2740	OSPF for IPv6(用于 IPv6 的 OSPF)	1999.12
2765	Stateless IP/ICMP Translation Algorithm(SIIT)(无状态的 IP/ICMP 转换算法)	2000.02
2766	Network Address Translation-Protocol Translation(NAT-PT)(网络地址转换-协议转换)	2000.02
2772	6Bone Backbone Routing Guidelines(6Bone 骨干网路由指导方针)	2000.02
2874	DNS Extensions to Support IPv6 Address Aggregation and Renumbering(支持 IPv6 地址集合和重编号的 DNS 扩展)	2000.07
2893	Transition Mechanisms for IPv6 Hosts and Routers(IPv6 主机和路由器的转换机制),替代了 RFC1933	2000.08
2894	Router Renumbering for IPv6(IPv6 的路由器重编号)	2000.08
2921	6Bone pTLA and pNLA Formats(Ptlay)(6Bone 的 pTLA 和 pNLA 格式)	2000.09
2925	Definitions of Managed Objects for Remote Ping ,Traceroute , and Lookup Operations(用于远程 Ping 追踪路由和查找操作的受控对象的定义)	2000.09
2928	Initial IPv6 Sub-TLA ID Assignments(初始的 IPv6 子 TLAID 分配)	2000.09
3019	IP Version 6 Management Information Base for The Multicast Listener Discovery Protocol(多播监听者发现协议的 IPv6 管理信息库)	2001.01
3041	Privacy Extensions for Stateless Address Autoconfiguration in IPv6(IPv6 中无状态地址自动配置的秘密扩展)	2001.01
3053	IPv6 Tunnel Broker(IPv6 隧道代理)	2001.01
3056	Connection of IPv6 Domains via IPv4 Clouds(通过 IPv4 云连接 IPv6 域)	2001.02
3068	An Anycast Prefix for 6 to 4 Relay Routers(6 to 4 中继路由器的任播前缀)	2001.06

（续）

文档号	文 档 题 目	日期
3111	Service Location Protocol Modifications for IPv6（IPv6 的服务位置协议修正）	2001.05
3122	Extensions to IPv6 Neighbor Discovery for Inverse Discovery Specification（为反向发现规范所作的 IPv6 邻居发展扩展）	2001.06
3142	An IPv6-to-IPv4 Transport Relay Translator（6 to 4 传输中继翻译器）	2001.06
3146	Transmission of IPv6 Packets over IEEE 1394 Networks（IEEE 1394 网络上 IPv6 数据包的传输）	2001.10
3162	RADIUS and IPv6（RADIUS 和 IPv6）	2001.08
3175	Aggregation of RSVP for IPv4 and IPv6 Reservations（用于 IPv4 和 IPv6 预留的 RSVP 集合）	2001.09
3177	IAB/IESG Recommendations on IPv6 Address（对 IPv6 地址的 IAB/IESG 建议）	2001.09
3178	IPv6Multihoming Support at Site Exit Routers（站点退出路由器的 IPv6 多宿主支持）	2001.10
3209	RSVP-TE：Extensions to RSVP for LSP Tunnels（RSVP-TE：LSP 隧道的 RSVP 扩展）	2001.12
3226	DNSSEC and IPv6 A6 Aware Server/Resolves Message Size Requirements（支持 DNSSEC 和 IPv6 A6 的服务器/解析器报文大小的要求）	2001.12
3246	An Expedited Forwarding（PHB Per-Hop Behavior）（用于 PHB 每一跳性能的加速转发）	2002.01
3247	Supplemental Information for the New Definition of the EF PHB（EF PHB 新定义补充信息）	2002.01
3260	New Terminology and Clarifications for DiffServ（用于 DiffServ 的新术语和澄清）	2002.03
3261	SIP：Session Initiation Protocol（会话初始协议 SIP）	2002.03
3266	Support for IPv6 in Session Description Protocol（SDP）（会话描述协议对 IPv6 的支持）	2002.06
3306	Unicast-Prefix-based IPv6 Multicast Addresses（基于单播前缀的 IPv6 多播地址）	2002.08
3307	Allocation Guidelines for IPv6 Multicast Addresses（IPv6 多播地址分配指南）	2002.08
3314	Recommendations for IPv6 in Third Generation Partnership Project（3GPP）Standards（关于 3GPP 标准的 IPv6 推荐）	2002.09
3315	Dynamic Host Configuration Protocol for IPv6（DHCPv6）（IPv6 动态主机配置协议）	2003.07
3363	Representing Internet Protocol Version 6（IPv6）Addresses in the Domain Name System（DNS）（DNS 中的 IPv6 地址表示）	2002.08
3376	Internet Group Management Protocol，Version 3（Internet 组管理协议，版本 3）	2002
3484	Default Address Selection for Internet Protocol Version 6（IPv6）（IPv6 默认地址选择）	2003.02
3513	Internet Protocol Version 6（IPv6）Addressing Architecture（IPv6 地址结构）	2003.04
3587	IPv6 Global Unicast Address Format（IPv6 全球单播地址格式）	2003.08
3595	Textual Conventions for IPv6 Flow Label（IPv6 流标签文本规范）	2003.09
3646	DNS Configuration options for Dynamic Host Configuration Protocol for IPv6（DHCPv6）（DHCPv6 的 DNS 配置选择）	2003.12
3697	IPv6 Flow Label Specification （IPv6 流标签定义）	2004.03
3715	IPsec-Network Address Translation （IPsec 网络地址转换）	2004.03
3756	IPv6 Neighbor Discovery（ND）Trust Models and Threats（IPv6 邻居发现协议模型和轮廓）	2004.05
3775	Mobility Support in IPv6（IPv6 中的移动支持）	2004.06
3810	Multicast Listener Discovery Version 2（MLDv2）for IPv6（IPv6 多播侦听发现协议版本 2）	2004.06
3849	IPv6 Address Prefix Reserved for Documentation（IPv6 地址前缀保留文档）	2004.07

（续）

文档号	文档题目	日期
3919	Remote Network Monitoring(RMON) Protocol Identifiers for IPv6 and Multi Protocol Label Switching(MPLS)(用于 IPv6 和多协议标签交换的远程网络监控协议标识)	2004.10
3956	Embedding the Rendezvous Point(RP) Address in an IPv6 Multicast Address(IPv6 多播地址中的嵌入交会点地址)	2004.11
4007	IPv6 Scoped Address Architecture(IPv6 有效地址体系结构)	2005.03
4057	IPv6 Enterprise Network Scenarios(IPv6 企业网络描述)	2005.06
4068	Fast Handovers for Mobile IPv6(移动 IPv6 快速转交)	2005.07
4135	Goals of Detecting Network Attachment in IPv6(IPv6 中检测网络附件的目标)	2005.08
4177	Architectural Approaches to Multi-homing for IPv6(IPv6 多宿体系结构探讨)	2005.09
4213	Basic Transition Mechanisms for IPv6 Hosts and Routers (IPv6 主机和路由器基本转换机制)	2005.10
4241	A Model of IPv6/IPv4 Dual Stack Internet Access Service(IPv6/IPv4 双栈因特网访问服务模型)	2005.12
4260	Mobile IPv6 Fast Handovers for 802.11 Networks(802.11 网络移动 IPv6 快速转交)	2005.11
4285	Authentication Protocol for Mobile IPv6(移动 IPv6 鉴别协议)	2006.01
4294	IPv6 Node Requirements(IPv6 节点需求)	2006.04
4311	IPv6 Host-to-Router Load Sharing IPv6(主机至路由器之间负载均衡)	2005.11
4330	Simple Network Time Protocol(SNTP) Version 4 for IPv4, IPv6 and OSI(用于 IPv4、IPv6 和 OSI 的简单网络时间协议版本 4)	2006.01
4334	Certificate Extensions and Attributes Supporting Authentication in Point-to-Point Protocol(点对点协议中支持鉴别的证书扩展和属性)	2006.01
4339	IPv6 Host Configuration of DNS Server Information Approaches(具有 DNS 服务器信息途径的 IPv6 主机配置)	2006.02
4364	BGP/MPLS IP Virtual Private Network(VPNs)(BGP/MPLS IP 虚拟专用网)	2006.02
4366	Transport Layer Security(TLS) Extensions(运输层安全扩展)	2006.03
4398	Storing Certificates in the Domain Name System(DNS)(DNS 中的证书保存)	2006.03
4429	Optimistic Duplicate Address Detection(DAD) for IPv6 (IPv6 优化双地址检测)	2006.04
4443	Internet Control Message Protocol(ICMPv6) for the Internet Protocol Version 6(IPv6) Specification(用于 IPv6 的 ICMPv6 规范)	2006.03
4449	Securing Mobile IPv6 Route Optimization Using a Static Shared Key(使用安全共享密钥的 IPv6 路由优化安全模型)	2006.06
4487	Mobile IPv6 and Firewalls: Problem Statement(移动 IPv6 和防火墙:问题综述)	2006.05
4554	Use of VLANs for IPv4-IPv6 Coexistence in Enterprise Networks(企业网中 IPv4-IPv6 共存的 VLAN 应用)	2006.06
4620	IPv6 Node Information Queries(IPv6 节点信息查询)	2006.08
4659	BGP-MPLS IP Virtual Private Network(VPN) Extension for IPv6 VPN(IPv6 的 BGP-MPLS 虚拟专用网扩展)	2006.12
4671	RADIUS Accounting Server MIB for IPv6(用于 IPv6 的 RADIUS 记账 MIB)	2006.08
4727	Experimental Values In IPv4, IPv6, ICMPv4, ICMPv6, UDP, and TCP Headers(IPv4、IPv6、ICMPv4、ICMPv6、UDP 和 TCP 首部实验值)	2006.11
4773	Administration of the IANA Special Purpose IPv6 Address Block(INAN 特殊用途 IPv6 地址块的管理)	2006.12
4818	RADIUS Delegated-IPv6-Prefix Attribute(RADIUS 授权 IPv6 前缀属性)	2007.04

（续）

文档号	文 档 题 目	日期
4852	IPv6 Enterprise Network Analysis-IP Layer 3 Focus(IPv6 企业网 IP 层 3 要点分析)	2007.04
4861	Neighbor Discovery for IP Version 6(IPv6)(IPv6 邻居发现)	2007.09
4862	IPv6 Stateless Address Autoconfiguration(IPv6 无状态地址自动配置)	2007.09
4864	Local Network Protection for IPv6(IPv6 局部网络保护)	2007.05
4891	Using IPsec to Secure IPv6-in-IPv4 Tunnels(采用 IPsec 安全机制的 IPv6 打包在 IPv4 中的隧道技术)	2007.05
4968	Analysis of IPv6 Link Models for 802.16 Based Networks(用于 802.16 基础网络的 IPv6 链路模型分析)	2007.08
5006	IPv6 Router Advertisement Option for DNS Configuration(用于 DNS 配置的 IPv6 路由通告选项)	2007.09
5014	IPv6 Socket API for Source Address Selection(用于源地址选择的 IPv6 套接字 API)	2007.09
5026	Mobile IPv6 Bootstrapping in Split Scenario(移动 IPv6 引导拆分方案)	2007.10

附录 C　IPv6 参数

表 C-1　下一个首部字段值

十进制值	协 议 名 称	参考内容
0	IPv6 Hop-by-Hop Option	RFC1883
1	Internet Control Message	RFC792
2	Internet Group Management	RFC1112
3	Gateway-to-Gateway	RFC823
4	IP in IP(Encapsulation)	RFC2003
5	Stream	RFC1190
6	Transmission Control	RFC793
7	CBT	Ballardie
8	Exterior Gateway Protocol	RFC888
9	Any Private Interior Gateway (Used by Cisco for Their IGRP)	IANA
10	BBN RCC Monitoring	SGC
11	Network Voice Protocol	RFC741
12	PUP	PUP, Xerox
13	ARGUS	RWS4
14	EMCON	BN7
15	XNET, Cross Net Debugger	IEN 158, JFH2
16	CHAOS	NC3
17	UDP	RFC768
18	Multiplexing(MUX)	IEN90, JBP
19	DCN Measurement Subsystems	DLM 1
20	Host Monitoring (HMP)	RFC869
21	Packet Radio Measurement (PRM)	ZSU
22	XEROX NS IDP	ETHERNET, XEROX
23	Trunk-1	BWB6

（续）

十进制值	协 议 名 称	参考内容
24	Trunk-2	BWB6
25	Leaf-1	BWB6
26	Leaf-2	BWB6
27	Reliable Data Protocol（RDP）	RFC908
28	Internet Reliable Transaction（IRTP）	RFC938
29	ISO Transport Protocol Class 4	RFC905
30	Bulk Data Transfer Protocol	RFC969
31	MFE Network Services Protocol	MFENET, BCH2
32	MERIT Internodal Protocol	HWB
33	Sequential Exchange Protocol（SEP）	JC 120
34	Third Party Connect Protocol	SAF3
35	Inter-Domain Policy Routing Protocol	MXS 1
36	XTP	GXC
37	Datagram Delivery Protocol（DDP）	WXC
38	IDPR Control Message Transport Protocol	MXS1
39	TP ++ Transport Protocol	DXF
40	IL Transport Protocol	Presotto
41	IPv6	Deering
42	Source Demand Routing Protocol（SDRP）	DXE1
43	Routing Header for IPv6	Deering
44	Fragment Header for IPv6	Deering
45	Inter-Domain Routing Protocol（IDRP）	Sue Hares
46	Reservation Protocol（RSVP）	Bob Braden
47	General Routing Encapsulation（GRE）	Tony Li
48	Mobile Host Routing Protocol（MHRP）	David Johnson
49	BNA	Gary Salarnon
50	Encapsulated Security Payload for IPv6	RFC1827
51	Authentication Header for IPv6	RFC1826
52	Integrated Net Layer Security TUBA	GLENN
53	IP with Encryption（SWIPE）	JI6
54	NBMA Address Resolution Protocol（NARP）	RFC1735
55	IP Mobility	Perkins
56	Transport Layer Security Protocol（TLSP）	Oberg
57	SKIP	Markson
58	ICMP for IPv6（IPv6-ICMP）	RFC1883
59	No Next Header for IPv6（IPv6-NoNxt）	RFC1883
60	Destination Options for IPv6（IPv6-Opts）	RFC1883
61	任意主机内部协议	IANA
62	CFTP CFTP	CFTP, HCF2
63	任意本地网络	IANA

（续）

十进制值	协 议 名 称	参考内容
64	SATNET 和 Backroom EXPAK	SHB
65	Kryptolan	PXL1
66	Remote Virtual Disk Protocol（RVD）	MBG
67	Internet Pluribus Packet Core（IPPC）	SHB
68	Any Distributed File System	IANA
69	SATNET Monitoring	SHB
70	VISA Protocol	GXT1
71	Internet Packet Core Utility（IPCU）	SHB
72	Computer Protocol Network Executive（CPNX）	DXM2
73	Computer Protocol Heart Beat（CPHB）	DXM2
74	Wang Span Network（WSN）	VXD
75	Packet Video Protocol（PVP）	SC3
76	Backroom SATNET Monitoring	SHB
77	SUN ND PROTOCOL-Temporary	WM3
78	WIDEBAND Monitoring	SHB
79	WIDEBAND EXPAK	SHB
80	ISO Internet Protocol	MTR
81	VMTP	DRC3
82	SECURE-VMTP	DRC3
83	VINES	BXH
84	TTP	JXS
85	NSFNET-IGP	HWB
86	Dissimilar Gateway Protocol（DGP）	DGP，ML 109
87	TCF	GAL5
88	EIGRP	CISCO，GXS
89	OSPFIGP	RFC 1583
90	Sprite RPC Protocol	SPRITE，BXW
91	Locus Address Resolution Protocol（LARP）	BXH
92	Multicast Transport Protocol（MTP）	SXA
93	AX. 25 Frames	BK29
94	IP-within-IP Encapsulation Protocol	JI6
95	Mobile Internetworking Control Protocol（MICP）	JI6
96	Semaphore Communications Sec. Protocol	HXH
97	Ethernet-within-IP Encapsulation	RDH1
98	Encapsulation Header	RFC1241
99	Any Private Encryption Scheme	IANA
100	GMTP	RXB5
101	Ipsilon Flow Management Protocol（IFMP）	Hinden
102	PNNI over IP	Callon
103	Protocol Independent Multicast(PIM)	Farinacci
104	ARIS	Feldman

（续）

十进制值	协 议 名 称	参考内容
105	SCPS	Durst
106	QNX	Hunter
107	Active Networks	Braden
108	IP Payload Compression Protocol	RFC2393
109	Sitara Networks Protocol（SNP）	Sridhar
110	Compaq Peer Protocol	Volpe
111	IPX in IP	Lee
112	Virtual Router Redundancy Protocol（VRRP）	Hinden
113	Reliable Transport Protocol（PGM）	Speakman
114	Any Zero-Hop Protocol	IANA
115	Layer Two Tunneling Protocol	Aboba
116	Data Exchange（DDX）	Worley
117	Interactive Agent Transfer Protocol(IATP)	Murphy
118	Schedule Transfer Protocol（STP）	JMP
119	SpectraLink Radio Protocol（SRP）	Hamilton
120	UTI	Lothberg
121	Simple Message Protocol（SMP）	Ekblad
122	SM	Crowcroft
123	Performance Transparency Protocol（PTP）	Welzl
124	ISIS over IPv4	Przygienda
125	FIRE	Partridge
126	Combat Radio Transport Protocol（CRTP）	Sautter
127	Combat Radio User Datagram(CRUDP)	Sautter
128	SSCOPMCE	Waber
129	IPLT	Hollbach
130	Secure Packet Shield（SPS）	Mcintosh
131	Private IP Encapsulation within IP（PIPE）	Petri
132	Stream Control Transmission Protocol（SCTP）	Stewart
133	Fibre Channel（FC）	Rajagopal
134 ~ 254 未指派	IANA	
255	保留	IANA

表 C-2 ICMPv6 消息类型与代码值

类 型	名 称	参考资料
1	Destination Unreachable①	RFC2463
2	Packet Too Big	RFC2463
3	Time Exceeded①	RFC2463
4	Parameter Problem①	RFC2463
128	Echo Request	RFC2463
129	Echo Reply	RFC2463

（续）

类 型	名 称	参考资料
130	Multicast Listener Query	MC-LIST
131	Multicast Listener Report	MC-LIST
132	Multicast Listener Done	MC-LIST
133	Router Solicitation	RFC2461
134	Router Advertisement	RFC2461
135	Neighbor Solicitation	RFC2461
136	Neighbor Advertisement	RFC2461
137	Redirect Message	RFC2461
138	Router Renumbering	Crawford
139	ICMP Node Information Query	Craw ford
140	ICMP Node Information Response	Crawford

① 类型 1、3、4 的代码及说明见表 C-3 ~ 表 C-5。

表 C-3 Destination Unreachable 报文（类型 1）的代码及说明

代 码	说 明
0	No route to destination 如果路由器由于其路由表中不存在到目的网络的路由而不能转发数据包时，便会生成此消息。这种情况只发生在路由器没有默认路由条目的时候
1	Communication with an administratively prohibited destination 如果由于防火墙设置了数据包过滤器而不能将数据包转发到防火墙后的主机，那么该防火墙就会发送此类型的消息，或者当某个节点被配置为不接受未经认证的回声请求时，也会发送此类型的消息
2	未分配，以前在 RFC1885 中定义为无邻居，现已不用
3	Address unreachable 如果不能将目的地址解析为相应的网络地址，或者如果出现了数据链路层错误而使节点无法到达目的网络，那么就使用此代码
4	Port unreachable 如果诸如 UDP 等传输协议没有监听器，或者在无能通知发送方的时候，便使用此代码。例如，如果向某主机发送了 DNS 查询，而该 DNS 服务器没有运行，就会生成此类型的消息

表 C-4 Time Exceeded 报文（类型 3）的代码及说明

代 码	说 明
0	Hop limit exceeded in transit 可能的原因：原始的跳数限制值过低，或者出现了路由循环
1	Fragment reassembly time exceeded 如果数据包由于使用了 Fragment 报头而进行分段发送（详细情况请参阅第 2 章），并且接收主机不能在某个时刻将所有的数据包重新组装起来，那么就发送此类型的 ICMP 消息来通知发送方

表 C-5 Parameter Problem 报文(类型 4)的代码及说明

代 码	说 明
0	遇到了错误的报头字段
1	遇到了不能识别的 Next Header 类型
2	遇到了不能识别的 IPv6 选项

表 C-6 局域网和广域网技术中的 IPv6 MTU

局域网和广域网技术	IPv6 MTU
以太网(Ethernet II 封装)	1500
以太网(IEEE 802.3 协议封装)	1492
令牌环	可变
FDDI	4352
ARCNet	9072
PPP	1500
X.25	1280
帧中继(FR)	1592
异步传输模式(ATM)	9180

附录 D 常用网址

[1] http://www.ipv6.org
[2] http://www.6bone.net
[3] http://www.kame.net
[4] http://www.ipv6forum.com
[5] http://www.ietf.org
[6] http://www.6wind.com
[7] http://www.linux-ipv6.org
[8] http://ipv6.aerasec.de
[9] http://www.notjusthosting.com
[10] http://www.6tap.net
[11] http://www.6bone.es.net
[12] http://www.ipv6.com.cn
[13] http://www.internet6.com.cn
[14] http://v6RT.ecn.6test.edu.cn
[15] http://www.ipv6.net.edu.cn
[16] http://www.ntl.ict.ac.cn

参考文献

[1] Hagen S. IPv6 Essentials[M]. O'Reilly Media Inc,2002.

[2] Joseph Davies. Understanding IPv6[M]. Microsoft Press,2003.

[3] 张云勇,等.基于 IPv6 的下一代互联网[M].北京:电子工业出版社,2004.

[4] 李振强,等.IPv6 技术揭密[M].北京:人民邮电出版社,2006.

[5] Regis Desmeules. Cisco IPv6 网络实现技术[M].王玲芳,等译.北京:人民邮电出版社,2004.

[6] 邓宪法.IPv6 技术初探[M].北京:国防工业出版社,2007.